权威·前沿·原创

皮书系列为

“十二五”“十三五”国家重点图书出版规划项目

BLUE BOOK

智库成果出版与传播平台

文化科技蓝皮书
BLUE BOOK OF
CULTURE AND TECHNOLOGY

文化科技创新发展报告（2020）

ANNUAL REPORT OF CULTURE AND TECHNOLOGY INNOVATIVE DEVELOPMENT(2020)

主　编／李凤亮
副主编／周建新　胡鹏林　徐天基

社会科学文献出版社
SOCIAL SCIENCES ACADEMIC PRESS (CHINA)

图书在版编目（CIP）数据

文化科技创新发展报告．2020/李凤亮主编．--北京：社会科学文献出版社，2020.12
（文化科技蓝皮书）
ISBN 978-7-5201-7667-5

Ⅰ．①文…　Ⅱ．①李…　Ⅲ．①文化事业-技术革新-研究报告-中国-2020　Ⅳ．①G12

中国版本图书馆CIP数据核字（2020）第235122号

文化科技蓝皮书
文化科技创新发展报告（2020）

主　　编／李凤亮
副 主 编／周建新　胡鹏林　徐天基

出 版 人／王利民
组稿编辑／蔡继辉
责任编辑／王玉霞
文稿编辑／李小琪

出　　版／社会科学文献出版社·城市和绿色发展分社（010）59367143
地址：北京市北三环中路甲29号院华龙大厦　邮编：100029
网址：www.ssap.com.cn
发　　行／市场营销中心（010）59367081　59367083
印　　装／天津千鹤文化传播有限公司

规　　格／开 本：787mm×1092mm　1/16
印 张：24.75　字 数：372千字
版　　次／2020年12月第1版　2020年12月第1次印刷
书　　号／ISBN 978-7-5201-7667-5
定　　价／128.00元

文化科技蓝皮书编委会

主要编撰者简介

李凤亮　讲席教授、博士生导师，现任南方科技大学党委副书记，兼任深圳大学文化产业研究院院长、国家文化创新研究中心主任。美国南加州大学访问学者，享受国务院政府特殊津贴，国家社会科学基金重大项目首席专家，“国家高层次人才特殊支持计划”（“万人计划”）入选专家，全国文化名家暨“四个一批”人才，“百千万人才工程”国家级人选和“有突出贡献的中青年专家”，教育部高等学校艺术学理论类专业教学指导委员会委员，教育部“新世纪优秀人才支持计划”入选者，教育部霍英东教育基金会“高校青年教师基金”和“高校青年教师奖”获得者，广东省宣传思想文化领军人才，“鹏城杰出人才奖”获得者，深圳市国家级高层次专业领军人才。兼任中国世界华文文学学会副会长、海峡两岸文化创意产业高校研究联盟副理事长、文化产业（中国）协作体专家委员会委员等。专业领域为文艺理论、文化创意产业和城市文化研究，独立主持国家级项目 6 项、省部级课题 9 项，出版专著（含合著）24 部，发表论文百余篇。

周建新　教授、博士生导师，现任深圳大学文化产业研究院执行院长、国家文化创新研究中心副主任、客家研究所所长。中山大学博士，国家社科基金项目通讯评审和结题鉴定专家，兼任中国中外文艺理论学会文化创意产业研究会秘书长、中国人类学民族学会客家专业委员会副主任、中国博物馆学会服装专业委员会副主任、中国社会学会理事、《世界客家文库》学术委员会委员。主要从事区域文化产业、客家文化研究。现主持国家社科基金重大招标项目 1 项，完成国家社科基金项目 2 项、教育部人文社科研究项目 1 项、省社科规划项目等 10 余项，出版专著 7 部，发表论文 150 余篇。研究成果获得省社会科学优秀成果奖一等奖2项、二等奖和三等奖各1项。为国家社科基金重大项目首席专家、国务院政府特殊津贴专家、新世纪百千万人才工程省级人选，获深圳市国家级高层次领军人才、深圳市领航人才（A类）、深圳大学荔园领军学者等荣誉称号。

胡鹏林　武汉大学博士，先后在湖北师范大学、武汉大学等校任教，现为深圳大学文化产业研究院研究员、副院长，主要从事艺术理论与艺术产业、文化产业规划、文化产业新业态等研究。出版《中国艺术美学》等学术专著3部，发表论文80余篇。主持国家社科基金、教育部人文社科基金和中国博士后基金等项目，参与文化和旅游部、国家开发银行、深圳市及各区委托的文化产业项目。

徐天基　讲师，硕士生导师，香港中文大学文化与宗教研究系博士，法国远东学院访问学者，法国高等研究院访问学者，深圳市海外高层次人才，深圳市领航人才。现任深圳大学文化产业研究院学术研究部副主任。目前从事文化消费研究，担任1项国家社会科学基金青年项目主持人及2项国家社会科学基金项目子课题负责人，参与多项文化部及国际合作项目。在国内及海外学术期刊发表十余篇学术论文和研究报告。

摘　要

《文化科技创新发展报告（2020）》是关于文化与科技融合背景下的产业发展现状、应用、理论探索及创新实践的研究报告，其主要内容吸收了国内外相关领域专家的前沿性理论及最新研究成果，同时集合了深圳大学文化产业研究院、国家文化创新研究中心在文化科技融合创新领域的最新成果。

文化与科技的深度融合、数字与人文的融合已经是全世界经济发展的重要引擎，这种融合趋势与应运而生的新经济对当下的经济和文化格局提出了新的诉求与挑战。《文化科技创新发展报告（2020）》正是在此背景下开展的文化与科技融合理论、文化产业观察、数字人文和数字创意产业等方面的研究。

在文化与科技融合的大背景及趋势下，数字人文是文化与科技融合的重要表现之一，有关数字人文领域的理论研究、前景展望、产业观察及其与传统文化之关联等越来越成为文化、经济、政策的一个重要关注对象。有关数字人文的研究、实践及展望代表着数字经济、数字创意产业的未来发展趋势，它亦是文化与科技融合浪潮中的重要面向和表达维度。本书新设“数字人文”篇，旨在从学理及实践层面给予上述时代趋势以回应和反思。全书分七个部分。

第一部分为总报告。该报告论述了 2019 年文化与科技的融合趋向及发展态势，并结合科技创新与文化产业及经济发展的关系，论述了文化与科技融合的重要作用并做出前景展望。

第二部分为数字人文篇。作为《文化科技创新发展报告（2020）》的新增主题，该部分主要关注数字人文在大数据、人工智能、文化产业、文化旅游及博物馆展览艺术中的实践和应用，试图总结并梳理作为“数字人文 +”

的实践属性和内涵。

第三部分为理论前沿篇。该部分的三篇报告围绕数字经济、数字创意产业、数字人文的概念对文化与科技的融合发展创新提出了理论的反思和前瞻，为文化产业的发展提供了理论维度的关怀，这类理论的探讨为未来指导文化与科技的深度融合提供了可行性参考。

第四部分为产业观察篇。该部分的七篇报告从电影、旅游、知识产权、虚拟现实、游戏及艺术展览诸多行业一线观察出发，探讨文化与科技融合、数字人文在行业发展中所扮演的重要角色。

第五部分为创新实践篇，结合数字科技、数字经济、文化传承与创新等议题，用实际案例的形式做深入诠释。

第六部分为遗产保护篇。该部分的两篇报告既有理论层面对遗产保护与数字人文关系的思考，也有个案层面对传统文化在当代科技语境下发展的展望和反思。

第七部分为大事记。

关键词： 文化科技融合　文化创意产业　数字人文

目 录

Ⅰ 总报告

Ⅱ 数字人文篇

Ⅲ 理论前沿篇

Ⅳ 产业观察篇

Ⅴ 创新实践篇

Ⅵ 遗产保护篇

皮书数据库阅读**使用指南**

总 报 告

General Report

B.1

文化科技深度融合的领域与趋势：数字内容和文化装备*

李凤亮　胡鹏林**

摘　要： 数字内容的呈现方式、使用场景、互动方式不断丰富，文化装备持续降低个人用户的技术门槛和价格门槛，并通过超高清和互动化，加强日常生活与数字内容的联系。数字内容方面，网络文学通过 IP 衍生实现文字、音频、视频全媒介发展；网络视频不断强化和丰富用户参与探索互动多元发展；网络游戏积极探索电子竞技与传统业态融合发展；超高清直

* 本文是国家社科基金重大项目“习近平总书记关于文化建设重要论述研究”（项目编号：18ZD01）和深圳市哲学社会科学重点项目“深圳建设全球区域文化中心城市研究”（项目编号：SZ2019A005）的阶段性成果。

** 李凤亮，南方科技大学党委副书记、讲席教授，兼任深圳大学文化产业研究院院长；胡鹏林，武汉大学博士，深圳大学文化产业研究院副院长。

播行业应用日益丰富，“5G+4K+VR”的视频直播解决方案日益成熟。文化装备方面，影视设备和终端制造通过超高清与增强现实手段，不断创新数字内容互动方式；演艺和游乐游艺设备为了满足日益繁复的演出和游乐体验，不断加强数据协同和智能协作；文化信息服务终端持续降低个人用户生产和传播数字内容的门槛，提高日常生活数字化程度。

关键词： 文化科技融合　数字内容　文化装备

2019年，我国正式进入5G商用时代，超大容量、超高速率、超低时延，支持数字内容以更加多元的方式丰富用户体验，国内视频网站纷纷推出了具有探索性质的互动剧和互动视频制作平台，国庆阅兵首次实现“5G+8K”直播；支持文化装备以更为多样的方式呈现内容，华为、小米、OPPO、vivo等企业均推出了5G智能手机，微软发布可供商用的混合现实设备“HoloLens 2”。在文化科技融合领域，5G已经开始推动数字内容和文化装备运用新技术，探索新的文化业态和商业模式。

一　数字内容的场景变换

数字内容依托互联网和数字化，通过“去中心化”或“个人用户中心化”的方式丰富阅读场景和增加用户体验，为大众文化的创作、传播、欣赏搭建了新的媒介和展现方式。数字内容的主要形态经历了文字、音频、视频的发展过程，数字内容的感官刺激不断增加，使用场景不断丰富，用户与数字内容的交互日益多元化。

（一）网络文学：媒介融合

网络文学媒介融合发展，经历了从文字到音频、视频，逐渐从抽象走向具象，作品的受众门槛不断降低。音频方面，网络文学主要以有声书的形式传播，主要媒介平台有喜马拉雅、蜻蜓 FM、懒人在线等。视频方面，网络文学主要以影视作品的形式传播，包括传统媒介传播的院线电影、电视剧，以及通过网络平台传播的网络电影、网络剧、短视频。

从传统文学到网络文学，文学创作、欣赏和评论的樊篱被打破，理论上为所有用户提供了平等的文学创作和欣赏的权利。网络文学诞生和发展的基础是互联网的普及，尤其是近十年移动互联网快速普及，网络文学用户规模持续扩大，从2010年末的1.62亿人到2020年初的4.55亿人。[①] 互联网为大众文学的创作、欣赏、传播提供了媒介，打破了精英阶层对文学传播权和解释权的垄断。网络文学兴起于世纪之交，部分学者指出网络文学是传统文学的“快餐化”，认为网络文学将会消解传统文学的文学性、艺术性。但1949年我国文盲率为80%，2000年我国高等教育群体人口仅占总人口的3.4%，也就是说从人口比例上看，严肃文学的作者和读者都是社会中的小部分人。网络文学的勃兴，不是传统文学的衰亡，而是并行于传统文学或严肃文学。同时，网络文学作为一种媒介，促进了经典传统文学作品的传播。例如，2019年掌阅上线了茅盾文学奖作品《繁花》《平凡的世界》电子版，二者成为全年用户最受欢迎的出版物。

在互联网大规模普及之前，有声书通过唱片、磁带、光盘、无线电波等介质传播，一方面为盲人、儿童和低识字率人群等特殊群体提供服务，另一方面是通过广播电台传播大众文化产品。从形态上看，网络有声书与传统有声书并无本质区别，主要是通过文字内容“音频化”，丰富文字内容的受众群体和阅读场景。移动互联网是网络有声书快速发展的核心因素，相较于磁

① 中国互联网络信息中心：《第25次中国互联网络发展状况统计报告》，中国互联网络信息中心网，2010年1月15日，http://www.cnnic.net.cn/hlwfzyj/hlwxzbg/201001/P020120709345300487558.pdf；中国互联网络信息中心：《第45次中国互联网络发展状况统计报告》，中国互联网络信息中心网，2020年4月28日，http://www.cnnic.net.cn/hlwfzyj/hlwxzbg/hlwtjbg/202004/P020200428596599037028.pdf。

带、光盘等声音储存介质和无线电波，移动互联网极大地扩展和丰富了有声书的传播范围和使用场景，促进有声书的用户群体和市场需求迅猛增长。同时，网络有声书的品类不断增多，经历了从“朗读”到“创作”的发展历程，一方面从单一的文学作品“音频化”到影视、综艺、曲艺等多元内容“音频化”，另一方面从“内容移植”到针对有声书用户需求的“内容创作”。

从网络有声书到媒介融合，网络文学依托大量的优质内容和庞大的粉丝群体，通过 IP 衍生实现文字、音频、视频全媒介发展。从互联网到移动互联网（4G），媒介变化持续改变网络文学传播形态；从 4G 到 5G，媒介变化不会进一步诱发网络文学传播形态的变化，因为 4G 已经充分满足了文字、音频内容对于通信速率和时延的要求。网络文学开始“出圈”。一方面，网络文学用户参与作品创作和评论的方式越发多元，除了传统的“打赏”“投票”，还有类似于“弹幕”的“本章说”“段评”“章评”，作品粉丝黏性越发增强，并形成了以内容为核心的粉丝社群。例如，《诡秘之主》仅起点中文网上就有超过 200 万条评论，是迄今为止评论数最多的男频作品，微博“诡秘之主”超话阅读量近千万，在 B 站上有众多粉丝创作的同人曲、手书、互动视频及其他优秀同人作品，播放量最高的达几十万，LOFTER 上作品相关话题阅读量也有近 500 万。[①] 另一方面，经历了时间和大量用户筛选的优质文本，为网络文学 IP 化发展奠定了基础，在“信息视频化”的发展潮流中越来越多的网络文学作品被改编为影视作品，获得了观众口碑和商业利益的双丰收，例如网络剧《庆余年》《长安十二时辰》，电视剧《甄嬛传》《大江大河》，电影《诛仙 I》。

（二）网络视频：圈层互动

网络视频是用户规模最大的“网络娱乐应用”，达到 8.5 亿人，占网民

① 肖惊鸿等：《2019 年度网络文学发展报告》，中国作家网，2020 年 2 月 20 日，http：//www.chinawriter.com.cn/n1/2020/0220/c404027－31595926.html。

总数的94.1%。[①] 网络视频通过改变呈现方式持续强化信息对感官的刺激和降低内容制作的难度、优化内容互动的方式，推动网络视频互动多元发展。

网络视频通过改变内容呈现方式获得用户的注意力，通过丰富社群互动方式提升用户参与度。数字内容从文字和图像发展到音频和视频，呈现"信息视频化"的特征，信息对感官的冲击力以及获得和长期占有人们注意力的能力越来越强，尤为突出的代表便是从今日头条的图文信息流到抖音的视频信息流。同时，网络视频提供了"关注""点赞""投币""转发""弹幕"等多种互动方式，用户围绕视频内容通过互动缔结联系方式实现不同群体的产生和聚合。哔哩哔哩（以下简称"B站"）是国内视频门户中最具社群互动特点的视频网站，从视频观看者通过弹幕"造梗"到"UP主"在视频制作中主动"埋梗"，作者与读者、读者与读者、作者与作者通过"玩梗"形成奇妙的社群联系。此外，网络视频的影响力已经超越巅峰时期的传统媒体，1992年《半月谈》《参考消息》的订阅户分别达到700万和400万[②]，2020年5月20日，B站超过700万粉丝数和400万粉丝数的"UP主"分别有5位和33位。[③] 基于庞大规模的用户的广泛互动，网络视频作为媒介开始承担更多的社会功能，事实上代替了传统媒体作为公共媒体的职能，并充分利用互联网特点推动部分功能更好的发展。以往关注度较低的电视媒体政论类新闻，在网络视频平台通过短视频、Vlog等形式得到了更好的反响；在电视购物影响力逐渐下降的情况下，网络直播带货的热度陡然上升。网络视频通过互动实现了更加多维的融合共生，网络视频作为数字内容，正在依托互动衍生出更多的功能。

持续增加和优化网络视频的互动方式是各大视频网站积极探索的新趋势。2019年，爱奇艺、B站、腾讯视频、优酷、芒果TV分别上线了互动剧

① 中国互联网络信息中心：《第45次中国互联网络发展状况统计报告》，中国互联网络信息中心网，2020年4月28日，http://www.cnnic.net.cn/hlwfzyj/hlwxzbg/hlwtjbg/202004/P020200428596599037028.pdf。

② 《〈半月谈〉发行突破七百万 〈参考消息〉订户增长百分之十三》，《中国记者》1992年第1期，第12页。

③ https://www.kanbilibili.com/rank/ups/fans。

和互动视频制作平台。互动剧赋予读者更多文本层面的选择权，视频观看者可以根据提供的选项，选择故事线的发展方向，增强了视频的交互体验。互动视频仍处于探索阶段，从内容层面来看，频繁的选择和多条故事线的延展存在割裂作品整体性的风险；从技术层面来看，可用于增强交互体验的虚拟现实囿于成本因素无法在普通用户中大量普及，收窄了互动视频增强交互体验的技术路线。互动视频是网络视频提升用户参与度的最新尝试，但是视频本身还在作者设定的文本结构之中，也就是说可供视频观看者选择的选项仍然是有限的。按照丰富用户参与和增强交互体验的发展趋势，互动视频将不断丰富读者的选项，提供一个无限接近于仅保留书写规则的开放式文本，推动“视频游戏化”发展。

（三）网络游戏：电竞新业态

网络游戏是游戏产业最核心的业态，电子竞技则是网络游戏中最受产业界关注的发展方向。近年来腾讯充分发挥游戏研发和运营商的优势，深度学习和借鉴 NBA、英超等竞技体育联盟赛事运营经验，搭建了以英雄联盟职业联赛（LPL）、英雄联盟发展联赛（LDL）、英雄联盟高校联赛为代表，从职业到大众的电子竞技赛事体系。依托完善的赛事体系，电子竞技展现出强大的横向产业生态聚合作用，不仅涵盖了文化内容生产和传播、文化设备研发和制造，而且展现出与服务业、零售业广阔的融合前景。苏宁、京东、李宁、B 站等不同类型的企业纷纷组建职业俱乐部，积极探索电子竞技与传统体育、电子商务、网络直播等其他业态的融合发展。2018 年，英雄联盟职业联赛（LPL）正式开启类似于传统体育赛事的主客场赛制对战机制，电子竞技俱乐部在全国各地设立主场，电子竞技产业资源由上海逐渐扩散到北京、西安、重庆等城市。俱乐部通过设立主场，不仅实现了地域文化认同和俱乐部的绑定，强化了俱乐部与粉丝之间的情感纽带，也有助于制造更多类似于“同城德比”“南北大战”之类的舆论爆点，强化电子竞技与社会生活的联系。

在电子竞技线上生态日益完善的基础上，电子竞技产业势必要走向线下探索其与传统业态的融合发展。电子竞技作为数字化生活的重要内容，以物理空间为载体的电子竞技综合体将成为电子竞技实现业态聚合的媒介。随着互联网、移动互联网和电脑、智能手机的普及，从“80 后”到“10 后”，青少年与电子竞技的联系越来越紧密。广义的电子竞技是“80 后”“90 后”“00 后”成长历程中无法抹去的印记，以任天堂为代表的红白机到游戏厅的电子游戏机，从以“PlayStation”为代表的游戏主机到以《魔兽世界》为代表的网游再到以《王者荣耀》为代表的手游。以前，这些游戏仅仅是一种娱乐手段；现在，这些游戏已经成为一代人内心深处最温暖的回忆。当这些游戏“内化于心”时，这些人也就愿意通过购买 IP 衍生品的方式“外化于物”。但是，电子游戏的 IP 衍生品，不会局限于手机壳、钥匙链、水杯、U 盘、帽子等具体事物，而是变成一种以电子竞技为核心的生活方式。从游戏厅到网吧、网咖、电竞馆，电子竞技物理空间承载的功能越来越多，涉及的业态越来越丰富。随着电竞空间人员流量和停留时间的增加，电子竞技综合体将发展为一种现代都市生活方式，成为“10 后”“20 后”次世代文化生活的重要内容。

在电子竞技综合体方面，创梦天地、人潮互娱、李宁、苏宁正在进行积极且有成效的探索。创梦天地负责内容整合，其与落地的腾讯视频好时光娱乐街区围绕数字内容为青年社群提供涵盖影音、游戏、电竞、团建、衍生品、餐饮等内容的文化消费场景。人潮互娱通过举办 IP 主题展览开展综合性 IP 运营，“《王者荣耀》大型浸入式实景巡回展”依托闲置的上海滨江船厂，通过数字展示设备为参观者还原游戏场景，提供深度的沉浸式体验。李宁围绕俱乐部 IP 推出了体育休闲鞋服及配饰产品并在部分线下零售店设立电竞专区。苏宁在组建俱乐部前便积极地在线下门店运营电竞体验中心。李宁和苏宁作为传统体育赛事运营经验丰富且在全国拥有大量门店和体育场馆的企业，如何在线下进一步落地电子竞技产业，非常值得我们期待。

（四）高清直播：拟真场景

超高清（ultra-high definition）是在高清（high definition）的基础上发展

而来的。超高清与高清区别在于更高标准的分辨率、帧率、色深、色域、三维声，从而实现画面更加细腻、色彩更加丰富、声音更加立体，营造更为良好的沉浸式体验。目前，高清仍是网络视频的主流，常见分辨率为“1080P”，包括1440×1080像素和1280×1080像素两种规格，而超高清包括4K分辨率（3840×2160像素）和8K分辨率（7680×4320像素），分别是“1080P”分辨率的4倍和16倍，像素越高，图像越清晰，同时也将占用更大的存储空间。[①] 帧率是评判视频流畅度的重要指标，更高的帧率意味着单位时间内可以播放更多的像素，在播放田径、赛车等高速运动视频内容时更高的帧率有助于实现更为逼真的显示效果，常见的液晶显示器的帧率为60Hz～75Hz，超高清视频需要达到120Hz～240Hz。色深是用来表达数码影像色彩数目的单位，色深越高视频色彩表现越精准，不同色彩之间的过渡更加平顺。色域是视频可以呈现的真实物体彩色的显示范围，更广的色域有助于提升画面的层次感和真实感。三维声（3D Audio）是通过音箱阵列或耳机为听众创造具有三维空间感、方位感的声音影像，使听众在虚拟的场景中获得与人们在真实世界中心理听觉方式相符、与临场相似的听觉感受的声音系统。[②]

超高清视频涉及的要素对技术、资金、团队均提出了极为苛刻的条件，导致目前只有大型新闻报道、演出、展会、比赛等专业化场景才会使用超高清视频直播。传媒行业正在超高清视频领域开展积极的探索，“5G＋4K＋VR”的视频直播案例日渐丰富，例如央视春晚和CBA联赛的视频直播，新华社在2020年全国两会期间推出基于增强现实技术的5G全息异地同屏系列访谈节目。同时，8K领域的应用经验也越发成熟，例如新中国成立70周年阅兵式和2020年全国两会的8K直播。超高清视频大幅提升游戏、影视、展示、设计的画面清晰度、流畅度、饱和度，从而提供更好的拟真性。未来，超高清视频与行业融合发展存在两种侧重点不同的使用场景，一种是娱

① 秦雷等：《超高清数字电视新进展和展望》，《电视技术》2014年第4期，第56页。

② 汪芮等：《三维声（3D Audio）音频技术方案与标准测试》，《广播与电视技术》2017年第12期，第28页。

乐体验，追求身临其境或感同身受的沉浸式体验，例如游戏、影视、动漫等数字娱乐内容；另一种是交流协作，侧重于通过超高清视频实现人员协作交流提高生产效率，例如数字展示、协同设计等。

二 文化装备的场景实现

文化装备通过超高清和互动化，提升用户体验并拓展使用场景，深化数字内容与日常生活的融合。在专业级设备追求极致体验的同时，消费级设备持续降低内容创作的技术门槛，人工智能承担更多以往需要专业人士才能完成的操作，从而降低个人用户内容创作的难度。

（一）影视设备和终端制造：高清互动和多元场景

高清是推动影视设备和终端承担更多功能的基础。从人的角度而言，清晰地看见事物只是实现更多目的的途径，高清晰度的意义在于为探索新兴产业模式提供手段。从超高清视频的使用场景来看，5G 为对传输容量和速率提出更高要求的交互式内容提供了通信保障。5G 赋能的超高清影视设备和终端扮演的角色不止于“显示器”，更是产业发展中的“搅局者”，承担或取代游戏机、电影院等设备和场景的功能。

交互是推动影视设备和终端承担更多功能的方式，也就是通过创造新的要素交换方式实现产业模式创新。2019 年，华为推出“智慧屏”，增加了常在手机上配备的升降式摄像头，产品开始承担更多的交互式功能，包括视频聊天、健身等功能。以任天堂《健身环大冒险》为代表的体感游戏，也在不断地创新人与数字内容互动的方式。华为“智慧屏”的意义不在于技术创新，而在于摆脱了“数字电视”“智能电视”的思维禁锢，改变了以“电视”为核心的家庭娱乐中心的思维定式，以数字内容娱乐终端的形式重新定义了物联网场景中的家庭娱乐中心。

移动是推动影视设备和终端胜任更多场景的条件，头戴式虚拟现实设备是影视设备和终端移动化发展的重要趋势。行业级应用方面，微软发布了头戴式混合显示设备“HoloLens 2”，基于云服务和人工智能的支持，“HoloLens 2”在实景扫描的基础上，可以实现高效的头动追踪和眼动追踪，实现自然手势对全息影像的触摸、抓握和移动，并结合语音交互实现更多复杂的命令控制。头戴式混合显示设备在可视化工业设计和装备制造、交互式数字展览展示、电子游戏等领域具有广阔的发展前景。消费级应用方面，高通联合包括中国联通、中国电信、影创科技、OPPO、vivo、中兴在内的通信运营商和装备制造企业，研发虚拟现实头戴显示设备“XR Viewer”，可以配合5G手机使用，为用户带来更加便捷的沉浸式体验，预计在2021年推出消费级产品，有助于优化数字娱乐内容的沉浸体验，增强个人消费者的数字娱乐体验。

（二）演艺和游乐游艺设备制造：数据协同和智能协作

专业音响、专业灯光、舞台机械的数据协同和智能协作是演艺装备行业的核心发展方向。为了实现更富梦幻魅力的沉浸式体验，使舞台形式和声光效果更加繁复，推动演出舞台和灯光设计多样化，对演艺设备数据协同和智能协作提出了更高的要求。超常规的舞美设计和演出效果正在成为演艺的新常态。东方卫视2020年跨年晚会，综合运用超大屏高清荧幕和增强现实技术，将舞台设计为“一艘满载希望与梦想的飞船，驶向2020”，巨幕作为船体环绕着观众台，使观众完全沉浸在巨幕和灯光营造的光影效果之中，同时，增强现实技术实现了影视动漫虚拟人物与演员实景同台演出，进一步扩大了演出体验的边界，极大地增强了演出的沉浸式体验。[①] 近年来兴起的城市实景演出，演艺设备布置需要充分考虑城市景观现状，基于声学和光学需要，因地制宜地设置演出场景。2015年上海北外滩歌剧周，依托黄浦江天际线景观设置歌剧舞台。各类设施密布的城市对音场的设置和演艺设备的整合均提出了极高的要求。同时，演艺设备越来越多地

① 孟欣：《跨年晚会的那些“科技范儿”》，中国演出行业协会网，2020年1月9日，http://www.capa.com.cn/news/showDetail/168066。

用于非传统的演艺场景，例如体育比赛中声音的采集，如何在嘈杂的环境中，为直播提供真切的三维声，均对演艺设备数据协同和智能协作提出了更高的要求。

游乐游艺设备的数字化体验日益增强，通过数字化游乐游艺设备优化游乐体验和丰富商用场景是游乐游艺设备的主要发展趋势。以过山车为代表的传统游乐设备和以增强现实为核心的新型游乐设备，分别通过位移和视错觉营造超重和失重的感觉。传统游乐设备占地面积大、安全风险高，无法在大型城市中心商业综合体等室内空间运营，限制了游乐游艺设备的商用场景。以巨幕3D、环境4D、飞行影院、动感球幕等为代表的数字化游乐游艺设备，呈现出两种发展思路，一种是大型主题乐园通过数字化游乐游艺设备丰富传统游乐游艺设备的娱乐体验，例如华侨城文旅科技推出的过山车和飞行影院融合的游乐游艺设备；另一种是室内游乐场所积极布局支持虚拟现实、超高清设备的数字化游乐游艺设备，拓展和丰富了游乐游艺设备的商业模式。

（三）文化信息服务终端制造：数字生活与设备互联

文化信息服务终端是数字生活的基础工具和重要节点，在移动互联网建构的数字化场景中，文化信息服务终端为数字内容的生产和传播提供了持续发展的动力。文化信息服务终端降低了个人用户生产和传播数字内容的门槛，并通过设备互联，持续推动日常生活数字化。

影像摄录设备为个人生活数字内容的制作和表达提供了硬件支持，发展趋势是不断降低技术门槛和价格门槛，越来越多的用户可以用影像记录生活。1999年，数码相机的像素普遍为200万，售价在1万元左右；2020年，华为“P40 Pro”手机配备了5000万像素的后置摄像头和3200万像素的前置摄像头，售价为5988元。从“博客”到“Vlog”，从手持摄像机到智能手机，用影像记录生活变得越来越常见，影像摄录的技术难度也在不断降低，例如华为“AI HDR”可以自动优化照片的光影效果，大疆“Story模式”可以自动生成高观赏性的视频。

电视机和音响仍是获取娱乐内容的重要媒介，内容获取的渠道将更加丰富。相较于注重便携的智能手机和平板电脑，支持4K的超大荧屏电视为用户提供了更好的影音体验。其充分依托丰富的数字娱乐内容，充当智能化的家庭娱乐生活终端，提供更好的影音娱乐交互体验，并在不同的场景中承担游戏、健身、教育等多种功能。消费级音响呈现出两种发展趋势，一种是追求更加优质的音效，配合电视提供更好的影音体验；另一种则是智能音响，充当人与机器交互的媒介，承载智能家居控制中心的功能。

可穿戴设备是潜在使用场景最丰富的终端设备。手表、手环是目前最常见的可穿戴设备，主要的功能是量化身体数据，包括心率、心跳、血氧饱和度、睡眠情况等。无论是柔性屏还是虚拟屏幕，受限于当前的技术水平，仍然无法用于消费级可穿戴设备。在技术有重大突破之前，可穿戴设备的发展前景有限，只能在少数场景作为智能手机的补充来使用。

三　结语

数字内容和文化装备总的发展趋势是通过实现更好的拟真性和交互性，满足和创造更多用户和场景的数字内容使用需求。数字作为要素在文化生产中的流动方式更加多元，会催生新的业态和商业模式，进一步加深日常生活的数字化程度。

基于互联网传播的数字内容，一是通过超高清实现更好的拟真性；二是通过创新用户互动方式丰富数字内容的交互性。互动视频为我们展现了未来数字内容互动的极致化体验，基于开放的文本结构，推动用户交互走向内容交互，甚至提供一个无限接近于仅保留书写规则的开放式文本，推动视频游戏化发展。

文化装备的发展程度决定了数字内容发展的最高形态。文化装备的物联化将持续增加和丰富数字内容的传输和接收终端，同时人工智能、大数据的应用，有助于持续降低个人用户数字内容创作的门槛和提升用户体验并扩展使用场景。混合现实通过数字内容与现实场景深度融合，为未来数字内容与日常生活的融合提供了途径，支持自然手势对全息影像的触摸、抓握和移动，并结合语音交互实现更多复杂的命令控制。这一技术无限地接近我们关于虚拟现实应用的想象，有助于深度激发虚拟现实相关业态的产业活力。

数字人文篇

Digital Humanities Reports

B.2 数字人文与新视听时代分析报告

花 建*

摘 要： 在全球化深入发展、数字化加快推进的时代背景下，“数字人文”正在成为一种新的文化开发能力体系，形成影响深远的潮流。它包括以数字化准客体为中心，建立新的文化生产力关系；立足于数字经济所催生的新视听技术，培育一系列文化产业的新业态，实现跨媒体、跨现实、跨智能发展；依托数字经济重塑文化市场的形态，鼓励互联互通的竞争与合作方式，如人机协同、定制服务、沉浸式体验等。“数字人文”正在显示出广泛的经济价值和社会价值。

关键词： 数字人文 新视听技术 文化产业新业态

* 花建，上海社会科学院文化产业研究中心主任、研究员，深圳大学文化产业研究院学术委员会委员，研究方向为文化产业和创意经济、文化政策与管理、国际文化合作与国际文化贸易。

一　新的层级结构：建立数字化准客体

在全球化深入发展、数字化加快推进的时代，“数字人文”正在成为一个影响深远的现实潮流。它是以国家和城市为本位，由数字化的人文积累、文化创造、艺术生产、文化贸易等组成的文化开发能力体系。它对传统意义上的国家和城市文化竞争力体系进行了深刻的重塑。这种重塑在历史、现实和未来三个维度上展开。从历史传承的维度上看，数字经济改变了一个国家和城市对历史人文遗产的传承、保护和开发的能力结构，使数字技术应用和数字内容开发在遗产保护中具有了举足轻重的重要意义；从现实开发的维度上看，数字经济把过去相互分离的在地、在场、在线等三种文化生产方式全部打通，以数字化方式进行了文化生产力要素的组合，以 UGC、PGC、EGC 等多种方式催生了互联网时代的文化流通平台和服务体系；从面向未来的维度上看，在新兴经济体和发展中国家稳步崛起，世界格局发生百年未有之大变局的情况下，以数字经济为基础的文化生产体系，有利于非西方国家的大量人口进入文化消费市场和参与文化创造，有利于实施联合国一贯倡导的文化多样化原则，让人类的文化艺术创造进入更加多样化的广阔空间。

在世界范围内对数字经济的研究，是由科学、技术、产业、文化、社会等领域的专业人士共同推动的。美国学者泰普斯科特 1996 年在《数字经济时代》中提出了数字经济概念。从 1998 年到 2000 年美国商务部出版了《浮现中的数字经济》（Ⅰ，Ⅱ）和《数字经济》，联合国、欧盟等国际组织和美国、英国、日本等国的研究机构从信息经济、网络经济、互联网社会等角度进行了研究。2016 年 G20 杭州峰会颁布《二十国集团数字经济发展与合作倡议》，在共同利用数字机遇、应对挑战，促进数字经济推动经济实现包容性增长方面达成了重要共识。该倡议指出：“数字经济是指以使用数字化的知识和信息作为关键生产要素、以现代信息网络作为重要载体、以信息通信技术的有效使用作为效率提升和经济结构优化的重要推动力的一系列经济活动。”[①] 2017年联合国贸发会议颁布的《世界投资报告（2017）：投资与数字经济·要旨与概述》［简称《世界投资报告（2017）》］强调，数字经济是投资和增长的一种关键驱动力，“数字经济对于投资具有重要影响，而投资对于数字发展又至关重要”。[②] 该报告提出“数字多国公司”这一类别，引人注目。它包括数字内容企业、互联网平台和电子商务公司等。它们以数字化的知识和信息作为关键要素，超越了传统多国公司的运作模式。传统多国公司在外国的资产和销售额比重大体保持平衡，而数字多国公司可以用有限的资产和少量的雇员进军广阔的国际市场。最大的互联网平台公司的海外销售额比例是海外资产配置比例的2.5倍，换言之，如果一家互联网平台公司海外资产配置比例是30%，其海外销售额比例可以高达75%。[③] 它比20世纪在能源、航空、制造、金融等领域中的多国公司及经济形态，更能够加快各类要素的流通，提供全球范围内的数字内容和服务供给。数字经济已经成为世界范围内最有吸引力的投资领域之一。

数字经济不但推动了产业结构的升级和生产方式的重组，而且对文化、人权、民主和民生等人文和社会领域也产生了深远的影响。这种前所未有的影响力与数字经济的结构密切相关。根据《世界投资报告（2017）》的研究，数字经济好比是由七个芯片组成的智能化系统，即全球经济数字化、电子商务、数字内容、数字解决方案、互联网平台、信息技术软件和硬件（IT）、通信等（见图1）。其中，电子商务、数字内容、数字解决方案、互联网平台四个领域更易催生数字多国公司，而IT和通信领域更易催生信息通信多国公司。它们密切相关，智能联接，形成了相互依赖且协同发展的整体，从而不断放大数字经济所推动的技术、产业和社会发展效益。

数字经济推动了社会生产力的重新组合，也推动了文化生产力和生产关

① 《二十国集团数字经济发展与合作倡议》，G20官方网站，2016年9月20日，http://www.g20chn.org/hywj/dncgwj/201609/t20160920_3474.html。

② 联合国贸发会议：《世界投资报告（2017）：投资与数字经济·要旨与概述》，联合国贸发会议官方网站，2017年9月30日，https://unctad.org/。

③ 联合国贸发会议：《世界投资报告（2017）：投资与数字经济·要旨与概述》，联合国贸发会议官方网站，2017年9月30日，https://unctad.org/。

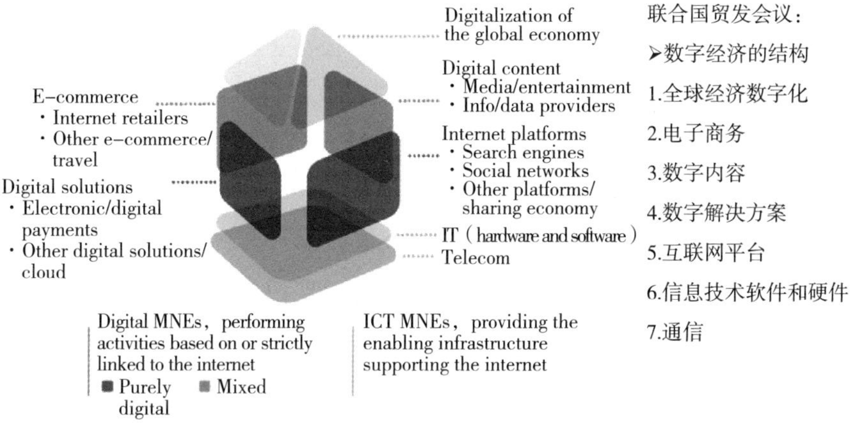

图 1　数字经济的架构

资料来源：联合国贸发会议《世界投资报告（2017）：投资与数字经济 · 要旨与概述》，联合国贸发会议官方网站，2017 年 9 月 30 日，https：//unctad. org/。

系的深刻调整和不断更新。它可以广泛连接全球经济、信息技术软件和硬件、数字内容、创意、资本等要素，形成具有前所未有的流通性和联接性的文化商业生态系统。它以数字信息的超量增长、即时传播、快速流通等特征，颠覆了农业经济、工业经济时代关于土地、物产、能源要素之独占性、排他性的理念。它超越了过去时代对土地、资本、能源、初级劳动力等的倚重，把数字信息的创造、生产和流通作为关键生产要素。根据专家研究，在数字经济时代，“人类存储信息量的增长速度比世界经济的增长速度快 4 倍，而计算机数据处理能力的增长速度则比世界经济的增长速度快 9 倍”①。联合国贸发会议颁布的《世界投资报告（2019）》进一步指出，数字经济之所以快速增长，是因为它体现了前沿技术突飞猛进的带动作用，特别是包括区块链、大数据、人工智能、3D 打印、物联网、智能制造和工业机器人、云计算等在内的七大技术的驱动力作用。人类依托生产、存储、处理数字信息能力的加速增长，可以把文化资源、资本资源、技术资源等进行跨领域的

① 〔英〕维克托 · 迈尔 - 舍恩伯格、肯尼思 · 库克耶：《大数据时代——生活、工作与思维的大变革》，盛杨燕、周涛译，浙江人民出版社，2013，第 13 页。

组合。这种组合方式的增长速度，也达到了前所未有的能级。根据《世界投资报告（2019）》的研究成果，全球的数字经济正在呈现三大圈层：核心部分是数字技术的进步，包括数字技术的软件和硬件，信息服务、通信和电脑等；中间部分是狭义数字经济，包括数字服务、平台经济等；延展部分是广义数字化经济，包括工业4.0、电子商务等，并且延伸到社会组织、人文内容、生活方式的层面（见图2）。它犹如一个核反应堆，通过核聚变释放出巨大的能量。

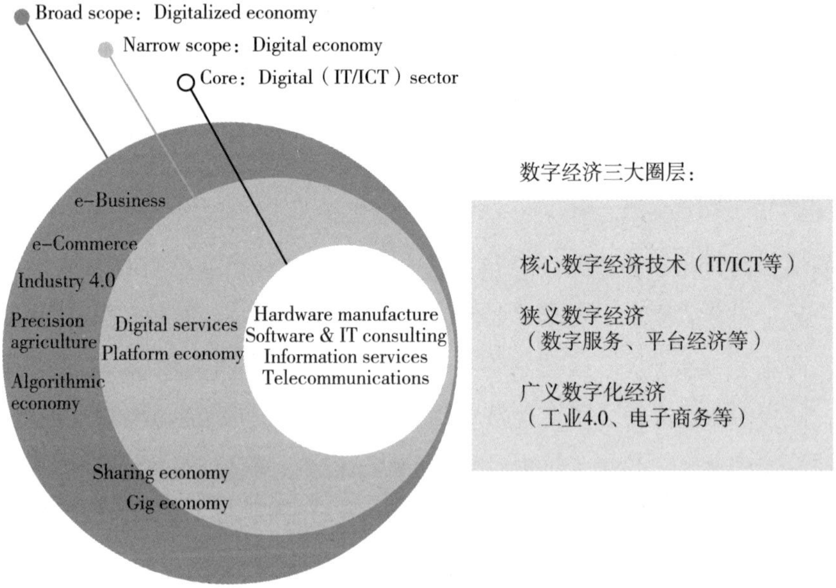

图2　数字经济的圈层结构

资料来源：联合国贸发会议《世界投资报告（2019）：价值创造和获取对发展中国家的影响》，联合国贸发会议官方网站，2019年9月4日，https://unctad.org/。

数字经济复杂而严密的圈层结构，以及七大前沿技术的推动，培育了新的文化生产力关系，深刻地影响了人文内容的创造。在地球上的所有生物物种中，唯有人类可以进行文化信息的创造和传承，并且为拥有更加自由和多样的文化创造机会。联合国开发计划署在《2004年人类发展报告——当今多样化世界中的文化自由》中指出，对自由的追求是人类发展的核心意义，也是文化建设的核心价值。文化是人类最为持久的产品，人类在地球上的繁荣主要是通过文化实现的。而“文化自由是人类发展的重要部分，因为拥有完整生活的一个重要前提是个人能够对身份进行选择——即决定‘我是谁’，而同时又不至于因此丧失别人的尊重或被排除到其他选择之外”[①]。从人类进化的意义上看，人类在漫长的历史岁月中逐渐发展起许多具有逻辑和规则的符号体系，并且以此具有了想象、虚构和叙事的能力。这使人类有可能生活在双重的现实之中：人类一方面生活在河流、树木、矿产和暴风雪等现实存在的物理世界中，另一方面又创造出神话、艺术、身份、企业组织、社会团队等想象的规则和事物，从而引导人群按照不同的方式组织起来。正如以色列学者尤瓦尔·赫拉利在《人类简史——从动物到上帝》中指出的：“正由于大规模的人类合作是以虚构的故事作为基础的，只要改变所讲的故事，就能改变人类合作的方式。”[②] 这正是人类“文化”的核心组成部分，也是人类超越地球上任何一种动物而具有了排山倒海之力量的核心密码。美国娱乐创意专家罗伯特·歌德在分析现代娱乐产业时指出：人类与地球上其他生物的最大区别，在于“我们用幻想服务于文化，因为人是唯一具有幻想的生物”[③]。人类创造了神话、理论、宗教、艺术、娱乐乃至主题公园等，从而定义了人类生存的意图、价值和目的，也让人类拥有了无比丰富的人文和艺术世界。从这个意义上说，人类正是通过想象虚构出越来越多的故事，发明了越来越丰富的合作方式，从而推动了人类文明的进步。从史前岩画、青铜铸鼎到活字印刷，从近代油画、舞台戏剧、工业设计到环境艺术等，正代表了人类以想象驱动现实，探索无限可能性的历程。

在数字经济的背景下，以数字技术为基础的新视听技术，在文化的创造和表达方面揭开了新的历史篇章。从史前岩画、青铜铸鼎，到活字印刷、近

① 联合国开发计划署：《2004 年人类发展报告——当今多样化世界中的文化自由》，中国财政经济出版社，2004，第 1 页。

② 〔以色列〕尤瓦尔·赫拉利：《人类简史——从动物到上帝》，林俊宏译，中信出版社，2014，第 34 页。

③ 〔美〕罗伯特·歌德：《畅享未来：体验、故事和魔法之谛》，上海国际文化装备博览会，2018 年 6 月 16 日。

代油画和舞台戏剧的传统文化艺术产品，是一种以物理产品或者实体行为为载体的符号系统。物理载体的损耗和毁坏，即意味着符号系统的损失。即使是人类自身的表演艺术如舞蹈，随着真人表演的结束，舞蹈的价值也结束了。但是，以数字技术为基础的新视听艺术则具有了新的价值表达和载体形式。中国学者李三虎指出："数字物不同于自然物而属于技术人工物，可以被称为'数字人工物'。"① 根据李三虎的研究，所有的数字物尽管林林总总，但都可以归结为0和1的二进制数字表达。它们都属于非物质性的技术人工物，而不同于传统的技术人工物（如建筑物、雕塑、书本、书画等）。他把这些数字物统称为"数字客体"，从而从本体论的意义上对数字物进行了界定。

从人类文化创造的角度看，构成古希腊神庙、敦煌洞窟艺术的岩石、雕刻、壁画等和构成《蒙娜丽莎》的材料都是物质实体，同时又是前人在大量智慧和技巧的基础上创造的符号体系。它们在两者的结合方面达到了一种极高的美感境界，具有难以复制的人文特色。而所谓的数字物，则是通过二进制数字语言表达的"元数据"系统，并非物理性质的物质存在。根据李三虎先生的研究，数字物的"元数据"必须依托电脑和通信设备、光效制作和视频播放设备，以及支持它们的基础设施和工程管理等才能存在，从而形成了一种与特定物质关联环境密不可分的数字化"准客体"（quasi-object）。② 数字化准客体的特点见图3。

随着5G、8K、MR技术、大数据、物联网、人工智能等的快速发展，人类对于"数字化准客体"的设计、创造、传播和应用达到了前所未有的广度和深度，也形成了快速增长的数量级。这种准客体在原有的主体和客体之间，通过0和1的数字载体，以人的创意和创造为基础形成，成为人们可以通过视觉、听觉、触觉去体验的符号化非物质形态体系。它具有了"五

① 李三虎：《从物性视角看数字世界》，《中国社会科学报》2018年11月6日，第4版。

② 李三虎：《从物性视角看数字世界》，《中国社会科学报》2018年11月6日，第4版。

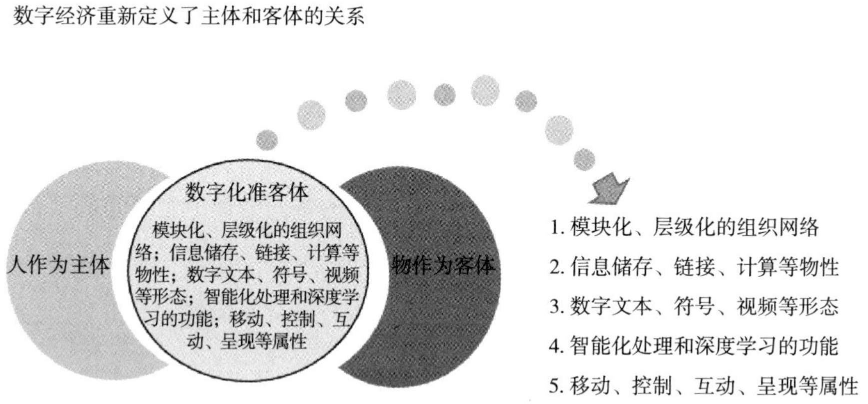

图3　数字化准客体的特点

资料来源：笔者设计和绘制。

全信息特征”，即所谓全空域、全流程、全场景、全解析和全价值。[①] 它不但可以打破区域和空间障碍，而且可以介入人类生产、生活流程中每一个点，预测人类所有的行为信息，把人类生活、工作中的行为场景全部打通，穿透所有价值体系，并整合与创建出前所未有的巨大的价值链。它给了人们进行创意、创造、创新的极大自由，成为人文建设的一个历史性飞跃。比如从2017年开始，获评联合国教科文组织全球创意城市的蒙特利尔启动了“城市记忆”（City Memoire）项目，引导人们去发现和体验蒙特利尔独特的城市记忆。该项目组织了800多位艺术家、创作者和手工艺者，采用超过115台投影仪、20层楼高的大型油画投影，每年提供四种语言免费体验，从而为蒙特利尔的墙壁、树木和街道带来了新的活力。夜晚，随着“城市记忆”的开启，奇妙的光影表演把人们带回它500年的沧桑岁月中。蒙特利尔的广场、公园，甚至是随意走过的街角，蓦然出现这里曾经发生过的故事：印第安人的渔猎生活、蒙特利尔河流域的殖民开发、牛仔骑马奔驰在一望无际草原上、工业革命把世界博览会也带到了这里……而2019年中华人

① 黄奇帆：《互联网数字化平台的“五全”基因及其颠覆性作用》，中国经济形势报告网，2020年7月13日，http：//www. china - cer. com. cn/jinrongkeji/202007136619. html。

民共和国成立70周年联欢活动光艺总导演沙晓岚曾经用“国演·责任”来形容这一盛世奇观的创作过程：广场上数千块流动的荧光屏构成“巍峨的长城”“飘曳的风筝”“展翅的和平鸽”“飘动的五星红旗”等壮观的巨幅动感图。[①] 它依托北京理工大学团队多年研发的数字表演与仿真高科技成果，也融入了诸多优秀艺术家和演员呕心沥血的共同创作。它既是数字科技的成果结晶，也是人文创意的精彩呈现。而如果没有创造这一系列数字化准客体的技术基础，这一壮观的符号化非物质内容就难以呈现。

二　新的视听生产：智能化的内容创造

在数字经济的基础上，视听技术获得了快速发展，从而催生了大批文化产业的新业态。随着先进技术包括区块链、大数据、人工智能、3D 打印、物联网、智能制造和工业机器人、云计算等的快速推广，特别是随着智慧城市的建设，数字经济正在迈向泛在连接与全面智能化的新阶段。

人类提升视觉和听觉能力，是依托科学和技术的不断进步而实现的。从18 世纪工业革命以来，科学家、工程师和艺术家们在音频和视频的不同领域做了反复的探索。所谓音频技术，指把人工和自然声音进行可录制、可压缩、可传输、可播放的技术。1877 年，发明家爱迪生通过纯机械录音技术发明了人类历史上第一款留声机。以此作为重要的起点，科学家和工程师们逐步突破了机械录音技术，进一步发展出光学录音、磁性录音和电子录音技术。至于扬声器则是将上述各种光学、磁性和电子信号转换为声音的终端装置。它作为整个工作链的最末端，在音频技术的运用中具有重要的作用。而视频技术，则是把从静态到动态的各种图像进行摄录、编码、制作、压缩、储存、传输、还原和播放的技术。它开创了人类把静态和动态图像进行大规模摄录、远距离传输、保真性还原的新阶段。这一阶段可以称为“单媒体时代”(Monomedia Time)。从20 世纪后半叶开始，随着互联网的不断升级和快速普

① 沙晓岚：《国演·责任》，中国文旅创作发展高峰论坛，2019 年10 月10 日。

及，各种媒体和娱乐形式包括广播、电视、出版物等在数字化基础上形成了互联互通，以0和1的数字载体为基础，各种媒体和娱乐内容可以快速进行转换，在世界范围内快速流通。人类在新的“多媒体时代”（Multimedia Time），依托人工智能、大数据、移动互联、混合现实、3D打印等技术，在视听内容的开发方面进入新的自由天地，跨越了三个发展阶段（见图4）。

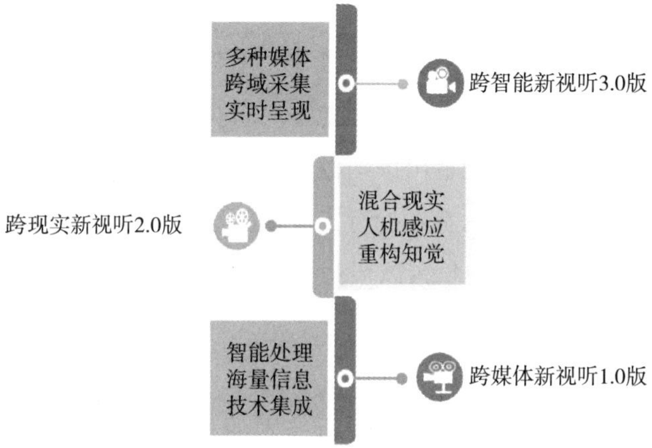

图4　新视听技术发展的三大阶段

资料来源：笔者设计和绘制。

第一阶段，从20世纪末开始，视听技术的发展进入“跨媒体新视听1.0版”。它指人们可以突破原有媒体分类的束缚，把两种以上的信息包括声音、图形、图像、文字、动画、视频等混合使用。2008年11月，在全球金融危机的背景下，IBM在美国发布《智慧地球：下一代领导人议程》，提出了“智慧地球”的理念，强调要把新一代信息技术充分运用在智慧城市（Smart City）建设中。IBM商业价值研究院在2009年推出了白皮书《智慧地球赢在中国》，提出了智慧城市、智慧企业、智慧交通等新的应用方案。这一新的前景激发了业界对于城市媒体融合发展的探讨；日本学者提出“泛在城市理论”，主张日本应该从EJapan（电子日本）时代迈向UJapan

（物联网日本）时代。依托互联网的进步，大量跨媒体的视听产品和服务开始涌现。它们在全球范围内快速流通，形成了一个巨大的视听娱乐消费市场，也降低了数字化视听产品的价格，使数字化视听产品成为当年松下公司领导人所说的“自来水产品”。

第二阶段，从2000年开始，视听技术的发展迈进“跨现实新视听2.0版”。它立足于先进科技所创造的“模拟”（Simulation）与“拟真”（Virtuosity）手段，创造出虚拟真实（Virtual Reality，VR）与增强现实（Augmented Reality，AR）的环境。它指人们通过研发虚拟现实、增强现实等技术，把物理现实和虚拟现实相结合，在混合形态的多维现实空间获得更加自由的体验。这种多维的新视听技术，为人们创造出虚构世界的广阔天地，形成虚拟与真实合一的情境。它让娱乐产品的消费者拥有了更多的选择，也让人类用幻想服务于文化、用虚构创造出故事的长久欲望获得了前所未有的释放。VR和AR技术变得越来越便宜，也越来越方便，便于大量人群使用这些技术，创造出更加新颖而丰富的视听产品。

第三阶段，从2010年开始，视听技术的发展迈入了“跨智能新视听3.0版”。它结合从人类智能到人工智能的进步，依托人工智能的自主学习能力和对海量信息的智能化处理，把视听技术发展到一个新阶段。其特点是自主学习、全面集成、智能处理、人机互动。在1956年达特茅斯会议上，美国学者首次提出人工智能概念。从那以来，人工智能在5G、大数据、超级计算、脑科学等技术的驱动下，逐步具有了深度学习、跨界融合、人机协同、自主操控等新特征。当人类智能和人工智能逐步融合的时候，在数字人文和新视听领域产生了一系列深刻变化：智能学习可以快速处理海量信息，搜集和掌握人类已有的知识和技能；智能推荐可以依托大数据分析，预测用户对视听消费的喜好，形成供需双方的对接；智能视觉可以赋能影像生成，开发出大量个性化和特色化的视听产品；智能语音可以在既有的声音基础上，形成新的语音内容等。

当人工智能融入人类智能的创作领域，就会开拓过去难以想象的广阔领域，激发新的文化生产力。它有助于形成新的产业集聚形态，有助于科技赋能文创，文创带动科创，培育以ART&AI为引领的新型产业集群。如上海西岸提出ART&AI战略，打造“一港一谷一城”核心项目，即西岸传媒港、西岸智慧谷和西岸金融城，构建人工智能、文化创意、科技金融“三足鼎立”的产业结构，成为全国首批战略性新兴产业集群中4个人工智能战略新兴产业集群之一，受到国务院表彰。这一新型的产业集群，以ART&AI战略吸引着微软、腾讯、华为、商汤、小米、澜起、依图、联影、阿里巴巴、亚马逊AWS、湘芒果等一大批优秀企业和科研机构集聚。2019年上海徐汇区人工智能相关产业总产出达到292亿元，连续两年保持30%以上的增长；2020年第一季度总产出同比增长达到24.1%。[①] 实践证明：科创和文创领域的企业和机构，通过跨界合作可以激发出前所未有的新理念、新技术、新成果。正如有关专家在2020年7月第三届世界人工智能大会云端峰会上指出的：“未来的人工智能，将是从理性到感性，从有限到无限，从专门到综合。这样的过程更具有挑战性，所以人工智能发展之路还很漫长。”[②]

三　新的竞争模式：数字人文助力消费升级

在后工业化时代，现代服务业正在成为大城市群的一种新经济形态，以消费文化为导向的符号经济逐步成为推动城市经济发展的新动力，驱动城市的传统商业模式转向现代消费模式。英国国家科学、技术和艺术基金会在《软创新》和《创新人群》等研究报告中指出，从传统的意义上讲，经济合作与发展组织（OECD）创新的观念包括产品创新、过程创新、组织创新和营销创新，其重点是技术和材质领域的“硬创新”。开发价廉物美的消费品成为过去很长一段时期内市场竞争的主要手段之一。而随着物质产品的巨大增长和许多商品领域产能过剩，另一种注重产品知觉、审美情趣、品牌认知的“软创新”焕发出越来越大的活力。这种“软创新”需要技术和创意的投入，通

① 《上海徐汇：人工智能产业集群，从无到有，从有到优，从优到最》，《解放日报》2020年5月22日，第11版。

② 张煜、徐蒙：《AI权威眼中　上海魅力独特》，《解放日报》2020年7月10日，第13版。

过迭代更新，赋予产品更多的风格、造型、品牌等符号因素。① 这种软创新，适应了后工业化时代人类对体验经济和符号消费的需求，具有巨大的市场潜力，也吸引了大批有识之士，形成了一个庞大的创新人群。② 实践证明，文化产业的可持续发展，必须结合软和硬两种创新，才能有效地扩大市场空间。有鉴于此，数字人文以新视听技术为重点，在后工业化的背景下开创了人文价值和文化产业的新天地。它的主流正在结合虚拟现实、增强现实、人工智能、5G 技术、区块链等，即"VR + AR + AI + 5G + Blockchain = Vive Realty"，创造出人与环境、主观与客观、真实与梦幻之间无数种鲜活灵动的关系，打造出一个以数字化准客体为核心的多维世界。它从四个方面助力消费升级。

第一，人机协同，定制服务。从人的文化生产，发展成人机协同的文化生产。通过人机协同理解用户的偏好，提供个性化的视听内容定制服务。随着数字经济以及大数据、人工智能、智能制造和工业机器人、云计算等七大技术的快速发展，新的视听娱乐产业不仅在视觉和交互方面改善了人们的体验，还能理解用户的偏好和情感，为用户提供个性化的视听内容定制服务。在这方面，平台经济、全面感知、移动互联、大数据等的深度融合，正在极大地提高视听产品定制服务的能量。有研究者指出，在世界范围内，数字化平台正在快速升级，并且向三大方向提升。③

第一类为交易类平台，包括电商平台、共享服务平台，其核心价值是算法与软件，属于轻资产型的运作实体，代表性案例有亚马逊、阿里巴巴淘宝、优步、爱彼迎等。第二类为社交和内容类平台，包括社交网络、社交媒体、视频直播平台等，其核心价值是算法与软件及内容派送，属于轻资产型的运作实体，代表性案例有 Twitter、Facebook、Netflix、腾讯、优酷土豆、喜马拉雅 FM 等。第三类是技术支撑/产业平台，包括自动驾驶、医疗服务等。如

---

① NESTA，"Soft Innovation—Towards a More Complete Picture of Innovative Change，" July 2009，www. nesta. org. uk.

② NESTA，"Innovation Population，" April 2014，www. nesta. org. uk.

③ 参见中国信息化百人会课题组：《数字经济——迈向从量变到质变的新阶段》，中国工信出版集团电子工业出版社，2018，第 182 页。本报告做了补充和更新。

2015 年在深圳成立的来画，是一家商业级短视频智能创作营销平台，也是继 Google 后，全球又一家掌握和提供手绘动画路径识别服务的技术驱动型互联网公司。来画以领先的技术优势，开创了“标准化、模块化、大众化”的短视频创作和服务模式。它的平台用户，通过简单的拖曳、编辑与设置，可以如同做 PPT 一样制作短视频，并且广泛应用于会展、娱乐、广告、社交、工程、科普等领域。这些互联网文化企业开发的多种视听服务平台加强了对用户的渗透力和吸引力。未来，基于情感识别和面部识别技术的视频内容运营商还可以在平台集成的基础上推荐服务，比如 iPhone X 的前置摄像头捕捉用户面部，通过计算机视觉算法解锁手机；苹果公司投放广告的新技术，可以通过摄像头跟踪用户眼球的活动方向，并且在屏幕相应的位置为用户推送广告等。

第二，混合现实，全感体验。把单向度的视听传播，升级为全感觉的交互式体验。根据生物科学的有关研究，人类所感觉的世界是由人的器官与外界接触后形成的生物电流信号在大脑中合成与创造的结果（Reality is created by mind）。人类所看到的东西，并不一定都是物理世界的现实。人类作为地球上的最高智慧生物，不应满足于感官的直觉，而要去探索永无止境的视听“高边疆”。这个探索的过程，永远不会停止。有鉴于此，新视听技术创造的沉浸式体验，以数字化准客体为核心，为人类提供了丰富多彩的体验方式，大大拓展了体验经济的消费形态。比如 2020 年 2 月，中国著名导演滕俊杰执导的 8K 全景声电影长片《这里的黎明静悄悄》，在国际 3D 先进影像协会第 11 届年度颁奖典礼上，荣获最佳 8K 制作“金卢米埃尔奖”，这是继 2015 年 3D 电影《霸王别姬》之后，滕俊杰领衔团队第二次赢得这一美国主流电影奖项。《这里的黎明静悄悄》作为世界上第一部 8K 长电影，突破了该领域过去只有 10 多分钟短片的局限性，在音频和视频方面达到了令人惊叹的超高清水准。滕俊杰指出：“电影的内容是支点，最新的科学技术是杠杆……两者的结合，能给当代电影带来无穷的想象和生命力。”①

① 颜维琦：《中国首部 8K 电影〈这里的黎明静悄悄〉斩获“卢米埃尔奖”》，光明网，2020 年 2 月 2 日，https：//m. gmw. cn/baijia/2020 -02/02/33517184. html。

第三，授权开发，衍生链条。从物理形态为主的授权复制和衍生产品开发，发展到依托人工智能、大数据与新视听技术相结合的新业态。传统的艺术授权产业包括三大门类：艺术品原作复制授权、创作者品牌授权、衍生产品 IP 内容授权（见图 5）。过去以艺术品原作的平面造型艺术和高端艺术作品为主，近年来已经扩散到其他造型艺术，包括绘画、书法、文物、设计、雕塑、装置艺术、网页和网站等，艺术授权的形式和载体也得到了极大的丰富。如日本著名设计师三宅一生创作了大量富有东方魅力的服饰和时尚产品，他的创新关键在于对整个西方设计思想的强烈冲击与大胆突破。现今，三宅一生的品牌已归属日本著名的奢侈品品牌——资生堂（Shiseido）旗下。这可以被称为艺术授权方式的 1.0 版。

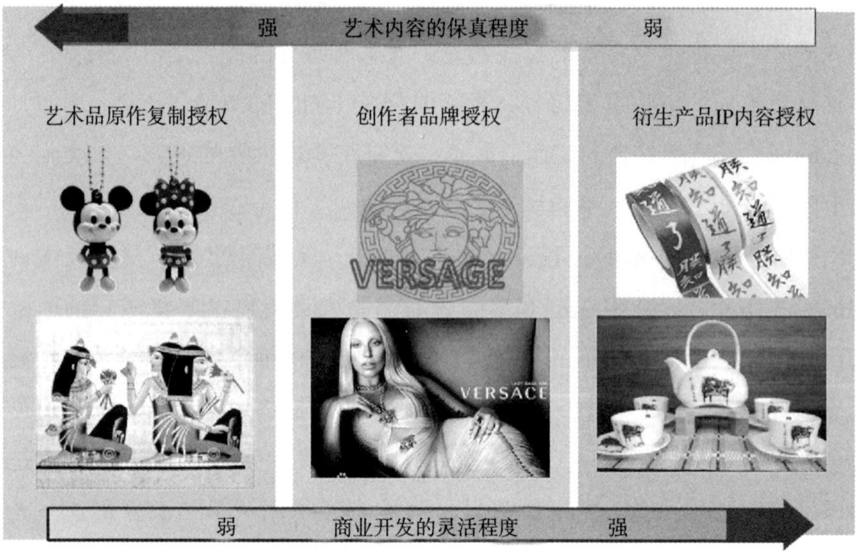

图 5　艺术授权方式的 1.0 版

资料来源：笔者设计和绘制。

而在数字经济的背景下，传统的授权交易发展成为人工智能与新视听技术的结合，可以被称为艺术授权方式的 2.0 版（见图 6）。它不仅可以通过 3D 打印和智能制造大大提升衍生产品的加工精度，使其达到很高的仿真程度，也能够通过深度学习创作者的特点，助力视听形象的生成；还可以深度模仿艺术家的视听特征，包括他们的造型、动作和语气，延续艺术家的表演生命周期。更重要的是，在人工智能的背景下，对原创产品和艺术家本人学习的次数越多，人工算法就越智能。在人工智能的应用领域，人类每提出一个问题，发布一条指令，都可以作为一条训练数据。它们可以让人工智能装置更加聪明，在快速的积累和拓展中，让后续开发的产品具有更大的市场前景。

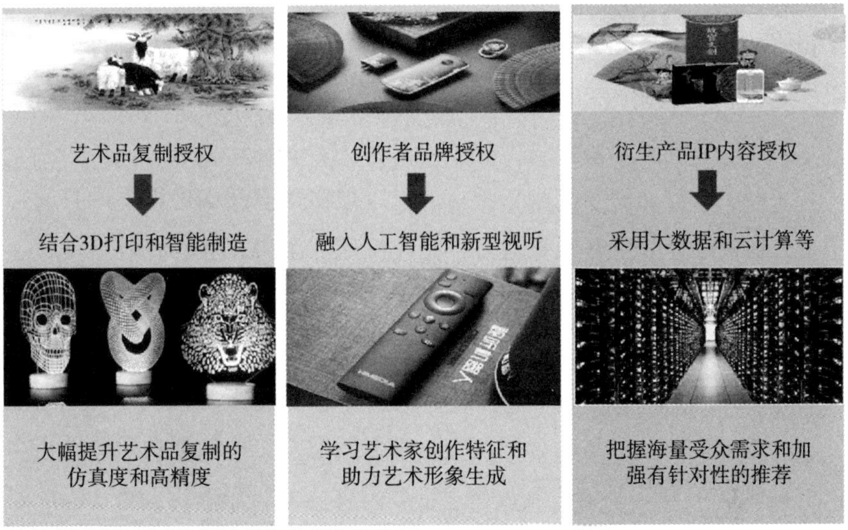

图 6　艺术授权方式的 2.0 版

资料来源：笔者设计和绘制。

第四，跨界合作，无限可能。数字经济推动文化产业与相关产业的联动，在跨界合作中催生出大量的新业态。这一趋势在 21 世纪城市更新的背景下显得更加充满活力。城市是人与人交往的空间，也是让人们体验和感受生活品质、激发创意和灵感的空间。随着智慧城市建设的不断推进，5G、物联网、大数据、人工智能等的广泛应用，大量的工业空间、商业空间、办公空间等，被城市的建设者和运营者导入了丰富多彩的数字内容，植入了新视听体验。这种依托现代科技的城市“缝合术”开发出大量富有艺术魅力的新空间。它融合了文化主题、审美设计和空间功能，让城市空间具有了承载记忆、激发想象、丰富体验的价值。近年来，一大批采用数字视听的文创特展在中国许多城市的大型商厦和超高层建筑中举行，把许多商业空间和社交空间转化成艺术体验空间。如2020年春天，632米高的上海中心大厦举办“三体时空沉浸展”。《三体》由中国作家刘慈欣创作，获得了科幻界最高奖项“雨果奖”。主办方忠于原著场景和科幻故事，采用了激光投影、VR、5D等先进视听手段，呈现三体“水滴”、三体世界、“三日临空”、浩瀚宇宙等大型“名场面”，为这座中国第一高楼带来了新的艺术品位。这些数字视听盛宴在各大城市地标性建筑登场，也意味着后者的基础设施在加快升级。它们在物理构架和网络基础设施之上，集合了数字视听文化的存储、计算、分析、视听、混合现实等多种通用能力。

数字经济所推动的新型视听项目，可以把实体空间和虚拟空间打通，突破了过去地理边界和空间距离对多样文化交流的阻碍，从而有效地实践联合国所倡导的文化多样性原则。联合国教科文组织在2005年发布了《保护和促进文化表现形式多样性公约》。2015年9月联合国可持续发展峰会通过的《变革我们的世界——2030年可持续发展议程》，在历史上首次将“文化创新”和“文化多样性”写进了联合国议程。它强调鼓励文化创新和保护文化多样性，是实现2030年可持续发展议程之重要内容。2020年春季以来，为应对新冠肺炎疫情的冲击，许多国家的城市开展了“云展览”“云直播”“云观演”等新视听消费形态。如第22届中国上海国际艺术节借助数字网络的力量，与许多国际演艺机构开展“屏对屏”的“云签约”。它涉及三大洲，横跨十多个时区，与美国、英国、法国、德国、日本、葡萄牙、瑞士、塞尔维亚、立陶宛、摩纳哥等国的演艺机构完成线上“云签约”，内容涉及舞台演出、“艺术天空”、“节中节”三大板块，也是以实际行动向世界传递用艺术连接人心、合作战胜新冠肺炎疫情的信心，获得了许多国家演艺机构的热烈响应。

结束语

在全球化深入发展、数字化加快推进的时代背景下，数字人文正在成为一种新的文化开发能力体系。本报告重点研究了以数字化准客体为中心，正在不断发展和完善的视听文化新业态。以此为基础，笔者在未来将展开更多的研究。第一是在全世界范围内，不同发展水平的国家和城市面对发展数字人文的不同任务。根据华为发布的《全球联接指数 2019：量化数字经济进程》[①]，主要国家可分为起步者（人均 GDP 3900 美元）、加速者（人均 GDP 17200 美元）和领跑者（人均 GDP 58100 美元）。针对中国作为数字经济进程中加速者的现状，要研究中国数字人文在未来加快发展的路径。第二是针对数字人文与视听文化新业态所具有的大奇观、超震撼、全体验、逻辑力特点，进一步研究数字人文时代的美感和文化消费特点。马克思把“人的全面发展”和“按照美的规律来建造”作为人类发展的最高境界[②]，而数字经济为审美创造和新视听打开了广阔的空间。研究数字人文与新视听时代的美感，将有助于推动消费升级，满足人民日益增长的美好生活需要。第三是研究以数字化准客体为中心的新视听形态与城市空间深度融合的可行性。数字视听作为人们可以通过视觉、听觉、触觉去全方位体验的符号化非物质形态体系，正在向跨媒体、跨现实、跨智能方向不断提升。要进一步探索数字经济与城市更新的结合，让更多的楼宇、街区、场馆、水岸、田园等成为具有人文内涵和审美价值的视听文化空间。

参考文献

〔美〕杰夫·戴尔、赫尔·葛瑞格森、克莱顿·克里斯坦森：《创新者的基因》，曾佳宁译，中信出版社，2013。

屠启宇主编《国际城市发展报告（2020）》，社会科学文献出版社，2020。

上海社会科学院信息研究所编著《智慧城市辞典》，上海辞书出版社，2011。

UNCTAD，“Digital Economy Report 2019—Value Creation and Capture：Implication for

① 《全球联接指数 2019：量化数字经济进程》，全球合作点亮智能联接网，https：//www. huawei. com/minisite/gci/cn/。

② 马克思：《1844 年经济学哲学手稿》，人民出版社，2002。

Developing Countries," www. unctad. org.

EY, "Cultural Times—First Global Map of Cultural and Creative Industry," Dec. 2015, www. unesco. org.

UNCTAD, "Creative Economy Outlook: Trends in International Trade in Creative Industries 2002 - 2015," www. unctad. org.

European Agenda for Culture, "Good Practice Report—On the Cultural and Creative Sector's Export and Internationalization Support Strategies," Jan. 2014, http: //ec. europa. eu/culture/library/studies/access - finance_ en. pdf.

B.3

人工智能与文化产业融合发展研究

周建新　杨玉凤*

摘　要： 人工智能是全球新一轮科技革命和产业变革的战略性先导性技术，发展迅猛、应用广泛，与各行各业都发生着密切融合，人工智能对相关产业的赋能，成为社会发展的一大趋势和新的方向。当前，人工智能赋能文化产业创新发展初现端倪，有关这方面的研究也正在积极开展，成为学界关注的一个热点。人工智能广泛应用于文化产业各个领域，在文化产业的发展中起到了积极的作用，为文化产业的发展带来了新的机遇。更为重要的是，人工智能对于传统文化的创造性转化、创新性发展带来了新的契机和发展方向。但同时，人工智能与文化产业在融合过程中也存在诸多问题。对于未来人工智能如何更好地赋能文化产业，实现更好的融合发展，我们认为应该注重技术应用，加强人才培养，强化优质内容提供，充分挖掘传统文化资源，促进我国由文化大国向文化强国转变。

关键词： 人工智能　文化产业　融合发展

引　言

作为全球新一轮科技革命和产业变革的战略性先导性技术，人工智能自

* 周建新，深圳大学文化产业研究院执行院长，法学博士，教授，博士生导师，主要研究方向为区域文化产业、客家文化；杨玉凤，深圳大学文化产业研究院 2019 级研究生，主要研究方向为艺术学理论。

一出现就备受瞩目。从世界范围内看，2015 年，美国发布《国家人工智能研究与发展战略计划》、《为人工智能的未来做好准备》以及《人工智能、自动化和经济报告》等报告；日本制定了《人工智能的研究开发目标和产业化路线图》；欧盟有《欧盟人工智能》报告，并制定了“欧盟人工智能行动计划”。就国内而言，习近平总书记在 2016 年的杭州 G20 峰会上指出，“人工智能……将给人们的生产方式和生活方式带来革命性变化”①；2017 年，国务院印发《新一代人工智能发展规划》，为我国人工智能技术及其产业下一阶段的发展做出了规划。在中共中央政治局第九次集体学习时，习近平总书记强调，人工智能是新一轮科技革命和产业变革的重要驱动力量，人工智能是引领这一轮科技革命和产业变革的战略性技术，具有溢出带动性很强的“头雁”效应，正在对经济发展、社会进步、国际政治经济格局等方面产生重大而深远的影响。② 2019 年 3 月，习近平总书记在中央全面深化改革委员会第七次会议上明确指出，要促进人工智能和实体经济深度融合，构建数据驱动、人机协同、跨界融合、共创分享的智能经济形态。③ 由此可见，人工智能已经上升到了国家战略高度，成为当下最热门的行业。

人工智能作为一种新兴的极具革命性的应用技术，具有机器智能和创意多元的特点，人工智能与各行业的融合成为必然趋势。随着人们生活水平的提高，人们日常生活中的物质需求已经得到了最基本的满足，人们对精神文化的需求更加迫切，尤其是对高水准、高质量的精神文化的需求量增加。文化产业作为一种体现精神文化与价值追求的产业，自 2011 年十七届六中全会首次提出“文化强国”战略后，文化产业在我国国民经济发展中的地位逐年增高，到“十三五”期末，文化产业将成为国民经济支柱

① 《习近平出席 G20 峰会开幕式并发表主旨演讲（全文）》，人民网，2016 年 9 月 3 日，http：//cpc. people. com. cn/n1/2016/0903/c64094 –28689036. html。

② 《习近平在中共中央政治局第九次集体学习时强调：加强领导做好规划明确任务夯实基础，推动我国新一代人工智能健康发展》，《人民日报》2018 年 11 月 1 日。

③ 《习近平主持召开中央全面深化改革委员会第七次会议》，新华网，2019 年 3 月 19 日，http：//www. xinhuanet. com/politics/leaders/2019 –03/19/c_ 1124255626. htm。

性产业。然而，从目前文化产业的规模和发展速度来看，文化产业的产值要达到整个国民经济生产总值的5%，还有较大的难度。人工智能与文化产业的融合，能够更好地推进传统文化产业转型升级，提高文化产品质量，促进文化产业如期成为国民经济支柱性产业，从而最大限度地满足人们的精神文化需求。

一　人工智能赋能文化产业相关研究

据中国信息通信研究院2019年4月发布的《全球人工智能产业数据报告》，自2009年至2018年，全球人工智能领域相关论文发表量逐年增加。其中，中国是发表人工智能论文最多的国家，近十年发表9万余篇，占全球人工智能论文发表总量的22.7%（见图1）。从被引论文量来看，近10年来，中国在人工智能领域的高被引论文数量涨势明显，2018年中国高被引论文数量占全球总量的45%。[①] 当前就全球范围来看，在人工智能

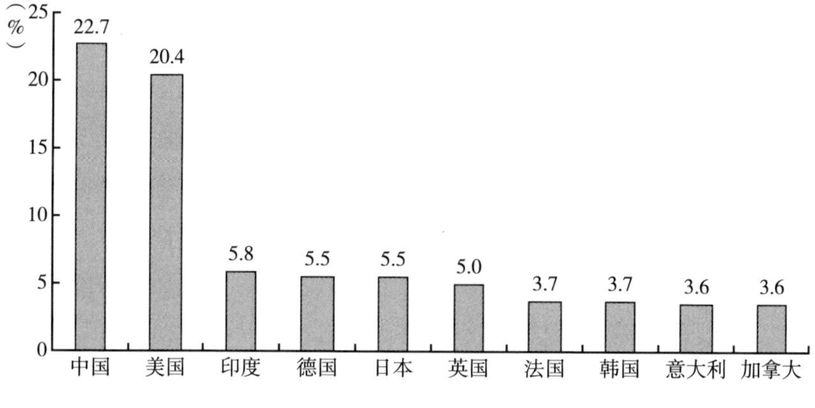

图1　2009～2018年全球人工智能论文分布

资料来源：中国信息通信研究院：《全球人工智能产业数据报告》，2019年4月。

① 前瞻产业研究院：《2019年人工智能行业现状与发展趋势报告》，2019年10月9日。

科研论文方面，中美两国之间的合作规模最大，可以称为全球人工智能合作网络的中心，同时，中美两国的合作对全球人工智能的发展也具有深刻影响。①

近年来，“文化 + 科技”成为文化产业的一个主流模式，在此背景下，人工智能与文化产业的融合成为一个新的热点，相关的学术研究成果也开始涌现。概而言之，人工智能在文化产业中的应用与影响主要集中在三个方面：人工智能与文化产业融合模式、人工智能与文化产业融合路径、人工智能与文化产业融合的政策支持。

（一）人工智能与文化产业融合模式研究

黄美玲和向辉从产业融合的视角，对人工智能与文化产业融合的内在机理进行了研究，并详尽分析了技术融合、业务融合、市场融合和运作融合四种典型人工智能与文化产业融合模式实践范畴，明晰了人工智能对提升文化生产效率、优化产品品质、完善文化市场、加快产业升级的重要作用。他们认为，人工智能与文化产业融合的内核是文化产业吸收智能技术进而带动传统文化产业智能化发展和价值链创新。黄美玲等人通过分析人工智能的技术特征和文化市场的结构特点得出结论，认为人工智能与文化产业的融合应该以技术为先导，通过多元主体和多向路径的推动，带动业务、市场等的融合，形成智能产业和文化产业融合交织、协同发展的大趋势，实现产业生产链、价值链的创新发展和智能化变革。黄美玲等人提出，技术边界、业务边界、市场边界和运作边界等产业边界是导致产业分立发展的重要原因，而产业融合正是突破了这些固定产业边界的限制，因此，人工智能与文化产业融合体现在产业边界的突破上，主要表现在四个方面，这也正是他们所提出的四种融合模式，分别为技术融合模式、业务融合模式、市场融合模式、运作

① 《2019 年中国人工智能产业研究报告》，新浪 VR 网，2019 年 12 月 3 日，http：//vr. sina. com. cn/news/hot/2019 - 12 - 03/doc - iihnzhfz3170229. shtml。

融合模式。①

杨毅、向辉、张琳从目前智能技术与文化产业融合的实践中，探索出人工智能与文化产业融合的具体模式。他们认为，人工智能技术与文化产业的融合，并不是单一的技术与产业的融合，在实践中往往是多重技术同时作用的结果。同时，他们结合人工智能赋能文化产业的特性，从内容生产、传播渠道、文化消费三大维度对人工智能赋能文化产业的融合实践进行了深入探究，从而提出了人工智能与文化产业的三种融合模式，即文化生产融合、文化传播融合、文化消费融合，并阐明了三种融合模式各自的优势与作用。其中，文化生产融合模式能够提高文化生产效率与质量、丰富文化产品内涵、创新文化产品形式；文化传播融合可以提高渠道传播效率、丰富传播形式；文化消费融合能够提升文化消费质量、刺激文化消费需求。②

（二）人工智能与文化产业融合路径研究

黄美玲等人分别从政府、产业、企业三个层面对人工智能与文化产业融合的路径进行了探讨。他们提出，政府应该出台相关的政策进行引导，从而创造人工智能与文化产业融合的客观条件与有利环境，同时制定相关制度，以合理规制和风险防范为主，兼顾创新引导和融合刺激；产业层面要注重环境打造与主体激活，在产业环境营造与优化上，应从市场机制的引入和配套体系的完善协同发力，在产业主体的培养与激活上，构建起良好的产业分工和竞争合作关系；企业要抢占布局与缜密规划。③ 杨毅等人除提出政策方面的优化路径外，也从法律法规与技术创新方面提出了科学可行的融合路径。他们建议，完善相关法律制度，使人工智能与文化产业融合有法可依，同

---

① 黄美玲、向辉：《人工智能与文化产业融合模式及规制路径研究》，《企业科技与发展》2018 年第 11 期，第 117 ~ 120、122 页。

② 杨毅、向辉、张琳：《人工智能赋能文化产业融合创新：技术实践与优化进路》，《福建论坛》（人文社会科学版）2018 年第 12 期，第 66 ~ 73 页。

③ 黄美玲、向辉：《人工智能与文化产业融合模式及规制路径研究》，《企业科技与发展》2018 年第 11 期，第 117 ~ 120、122 页。

时，完善智能监管体系，使人工智能与文化产业有序融合。杨毅等人基于人工智能技术更多的是停留在技术创新和产业概念层面，而落实到具体应用场景和文化产品服务的企业实践偏少，提出了企业应该加紧智能化布局，推动智能技术在产品、业务与市场等诸多环节应用的建议。①

（三）人工智能与文化产业融合的政策支持研究

通过对人工智能与文化产业融合政策研究的梳理，可以看出，从 2013 年起，我国陆续出台了“网络文化”“文化科技融合”“文化创意与相关产业融合”等方面的政策，对文化产业加以引导。黄蕊等人还指出，2014 ~ 2016 年，我国关于文化科技的相关政策主要侧重于加强互联网与文化产业的融合，而人工智能与文化产业融合被写进政策是从 2016 年开始的。② 黄美玲、向辉谈到，党的十九大报告中提出要推动人工智能和实体经济深度融合，同时提及 2017 年 4 月文化部印发的《文化部关于推动数字文化产业创新发展的指导意见》也指出文化产业发展要深度应用大数据、云计算、人工智能等科技创新成果。③ 2018 年 6 月，北京市委、市政府印发的《关于推进文化创意产业创新发展的意见》中强调，要加快文化产业转型升级，构建高精尖经济结构。2019 年 3 月，习近平总书记在中央全面深化改革委员会第七次会议上明确指出，要促进人工智能和实体经济深度融合，构建数据驱动、人机协同、跨界融合、共创分享的智能经济形态。④ 从这些政策中能够发现，人工智能与文化产业融合的相关政策制度与法律规范还不够健全，有待完善，这对文化产品的产权保护以及创作者的积极性都会造成一定的

---

① 杨毅、向辉、张琳：《人工智能赋能文化产业融合创新：技术实践与优化进路》，《福建论坛》（人文社会科学版）2018 年第 12 期，第 66 ~ 73 页。

② 黄蕊、徐倩：《我国“人工智能 + 文化产业”深度融合发展问题研究》，《经济视角》2019 年第 3 期，第 22 ~ 28 页。

③ 黄美玲、向辉：《人工智能与文化产业融合模式及规制路径研究》，《企业科技与发展》2018 年第 11 期，第 117 ~ 120、122 页。

④ 北京市第 16 期局级领导干部研修一班：《推进人工智能与文化产业深度融合》，求是网，2019 年 8 月 19 日，http：//www. qstheory. cn/science/2019 - 08/19。

影响。

综上所述，目前我国学界关于人工智能与文化产业融合的相关研究大多倾向于融合模式、融合路径、融合的政策支持等方面，较为明显的是，人工智能与文化产业融合的相关研究成果较少，且主要是从文化与科技融合机制角度来探讨。本报告将梳理并分析人工智能与文化产业融合发展的现状，主要通过研究人工智能在文化产业领域的具体应用及文化企业对人工智能技术的应用，揭示人工智能在文化产业发展中的作用，同时，进一步指出人工智能在传统文化创造性转化和创新性发展过程中的机制。此外，本报告也将重点关注人工智能与文化产业融合发展过程中存在的问题，并对人工智能如何更好地赋能文化产业提出对策建议。

二　人工智能赋能文化产业现状分析

人工智能的蓬勃发展给整个社会的生产生活方式带来了颠覆性、革命性的影响，在金融业、医疗业、运输业、制造业等行业，人工智能都发挥了巨大的创新作用，也深受人们的喜爱与欢迎。同样地，在文化产业领域，人工智能也被更加频繁且广泛地应用，这在很大程度上为文化产业的发展带来了全新的机遇，推动着文化产业生产经营的变革，促进文化与科技紧密融合，有助于传统文化创造性转化与创新性发展，为传统文化的现代性表达提供了有利的条件。

（一）人工智能在文化产业领域的应用

在文化产业中，无论是在文化生产、文化传播还是文化消费环节，人工智能自身的技术优势都可以得到充分发挥。在文化产业应用中，人工智能的技术类型主要表现为以下五点。第一，在内容生产中，人工智能可以实现自动写作与自动摘要、抽取式新闻写作，并试图使机器像人类一样阅读与思考。第二，在信源数据收集中，人工智能可以基于传感器应用生成内容，实现信息传播的可视化追踪。第三，在文化创意视频类服务中，人工智能可以实现文本和视频之间的转换、高效寻找视频片段与资源以及优化视频内容搜索等。第四，在文化信息传播中，人工智能可以通过受众的好奇点与文化传媒内容进行匹配、通过信号源获取受众的兴趣点，并且精准分析受众，预测其内容消费需求，实现精准投放。第五，在市场调研与客户管理方面，人工智能可以获知受众对内容消费的使用特点、通过深度神经网络技术来感知受众对文化内容的情感参与和变化，从而进行有效的客户管理与市场营销。① 详情如表 1 所示。

表 1 人工智能在文化产业领域的应用

技术类型	应用场景
虚拟代理与机器人工程自动化	聊天机器人；与人类友好互动的高级智能系统；聪明管家式服务；机器人写作等
机器学习与深度学习	受众阅读习惯分析；内容定制化推送；文化内容消费方面的偏好与趋势分析
生物识别与语音识别	通过人脸识别、表情判断等应用进行市场研究；判断受众使用心理；语音识别服务
自然语言生成与文本分析	提供产业发展报告；文化创意文本内容分析；应用程序非结构化数据挖掘，实现内容分析与处理
AI 优化硬件与决策管理	协助或执行自动化决策；与机器学习以及深度学习等方法结合；提高系统的文化创意内容分析能力

资料来源：原洋《人工智能技术在文化产业中的应用与影响研究》，人民网，2019 年 1 月 10 日，http://media.people.com.cn/GB/n1/2019/0110/c424557-30515665.html。

具体而言，人工智能主要应用于新闻传播、影视音乐、艺术创作、游戏、文化产品等领域，贯穿于文化产业的内容生产、传播、营销、消费等诸多环节，产生广泛而深远的影响。

1. 人工智能在新闻传播行业的应用

美联社是最早运用 AI 技术进行自动化写作的媒体之一。2014 年，美联

① 原洋：《人工智能技术在文化产业中的应用与影响研究》，人民网，2019 年 1 月 10 日，http://media.people.com.cn/GB/n1/2019/0110/c424557-30515665.html。

社与美国 Automated Insights 企业合作，使用该企业开发的自动化写作程序 Wordsmith 自动编辑和分发公司财务方面的新闻。该程序几分钟内可写出 150～300 字的快讯，每季度能生产 4000 篇财报新闻，是过去数量的 10 倍。2015 年之后，国内腾讯新闻、新华社和今日头条等也陆续推出了写稿机器人。腾讯新闻、新华网、今日头条、南方都市报等多家媒体都使用了人工智能编写技术。由今日头条人工智能实验室与北京大学联合研发的智能写稿机器人“小明”基于强大的自然语言处理智能技术，通过自动提取、筛选、概括总结多个文本摘要，融合系统储备的相关体育知识，为里约奥运会创作出 200 余篇直播赛事报道，获得 200 万名网民阅读。在不断升级优化之后，“小明”撰写的文章内容由原来的体育领域扩大到科技、财经、房产、医疗、就业等十几个领域。在阿里巴巴战略入股第一财经后，二者联合推出了一款智能写稿系统——“DT 稿王”，用以在 DT（数据技术）时代帮助财经记者快速及时写稿，它具有“多、快、好”三大特点。在“多”方面，通过海量抓取、海量分析，每天的阅读量可以达到 3000 万字，完成一部四库全书只需不到 30 天的时间；在“快”方面，通过使用多个服务器以分布式方式扫描已发布的公告，同时立即对公告进行分类和筛选，从而选出备写新闻稿的公告，其阅读速度是普通人的 50 倍，输出速度是普通人打字速度的 35 倍；在“好”方面，由“DT 稿王”生成的稿件语句通顺流畅，与人类的自然语法完全相符。由此可以看出，科技发展所带来的智能写作技术，必将颠覆传统的媒体生产方式，从而推动媒体进入智能时代，并与新兴的智能制造和物联网技术一起，使整个信息流通逻辑和人类对信息的理解发生前所未有的改变。人工智能在文化产业中的应用，不仅会提高文化产业内容生产的效率，而且会使文化内容更加精细化、多样化。

2. 人工智能在影视、音乐领域的应用

人工智能利用其强大的学习能力，可以大大提高人类在影视制作中灯光、剪辑、后期等诸多流程上的效率，进而解放人类劳动。比如在影视领域，迪斯尼和皮克斯的人工智能模型，通过对《海底总动员 2》中大量具有瑕疵的视频案例进行研究，可以自动将光线不足的影像调整为光线饱满且清晰自然的图像。在音乐领域，人工智能已经能够深入题材选择、编曲、作词、声音合成、初步生成等环节。如初音未来和洛天依等虚拟偶像歌手，她们的声音和形象都是来自数字技术，能够与真实音乐偶像相媲美，追捧者与喜爱者极多，是人工智能技术在音乐领域应用的高级和成功体现。再如，2016 年 3 月 29 日北京一场张国荣诞辰 60 周年纪念活动中，百度语音团队通过对张国荣音视频数据进行全网抓取，利用“情感语音合成技术”，制作出张国荣生前的声音，得以让粉丝与偶像进行跨越时空的“对话”。此外，日本节目《金 SMA》也曾凭借全息投影技术让已故歌手邓丽君“重生”，再度演绎了她的名曲《我只在乎你》，为人们带来全新的艺术体验，在场观众无不唏嘘。

3. 人工智能在艺术创作领域的应用

2017 年 4 月 27 日，阿里巴巴在 UCAN 大会上正式推出“鲁班”人工智能系统。在 2016 年“双 11”期间，“鲁班”系统仅制作了 1.7 亿张商品海报，但经过一年的学习强化，其制作能力突飞猛进，在 2017 年“双 11”期间制作了 4 亿多张海报。微软开发的人工智能机器人“微软小冰”能根据不同意境的图片进行诗歌创作，在 2017 年出版了一本叫作《阳光失了玻璃窗》的现代诗歌集。尽管人工智能在艺术创作各领域被愈加广泛地应用，人工智能已经嵌入人们休闲娱乐生活的多个方面，并且得到了人们的普遍认可，但是人工智能尚不具备人类特有的思维能力和情绪情感，只能辅助人类创作或代替人类完成部分低难度的重复性工作，在创作领域的潜力还有待进一步开发与完善。

4. 人工智能在游戏领域的应用

人工智能在游戏领域的应用主要包括两个方面。一方面，利用人工智能开发游戏内容，比如制作像模型、声音、贴图、非玩家角色（NPC）等游戏所需的各种素材。例如，英伟达（NVIDIA，一家人工智能计算公司）便是基于机器学习与神经网络技术研发多种游戏开发工具，包括通过照片自动生成材质、把像素低的图片恢复到清晰度较高的状态等；美国佐治亚理工大学的研究人员通过让 AI 观看游戏视频，教它如何重新制作游戏引擎。人工智能与游戏的结合不仅可以帮助专业人员开发出用户体验更佳的游戏，还可以作为玩家去玩游戏，如腾讯 AI Lab 的“绝艺”战胜了世界棋王柯洁。在网络时代，人与人之间的距离不可避免地被网络隔离开来，人们的游戏活动从以前的实际生活中逐渐转移到虚拟网络中，人与人的疏离感增强，“陪伴”似乎成为一件难以实现的事。人工智能的出现和应用，代替了人们生活中缺失的“玩伴”，填补了人们独处中的孤独感，人们可以与人工智能造就的玩家一起玩游戏，在一定程度上来说，人工智能所具备的“人”的存在属性更显得珍贵。

5. 人工智能在文化产品产销中的应用

通过对大数据进行分析，人工智能可实现精准化、靶向性地为用户推荐文化产品，并依据用户点击反馈对传播内容和传播策略进行适时调整，从而提升用户黏性。在互联网环境中，文化产品的产生、传播、营销都可以通过人工智能实现，随着 UGG 的流行，视频、摄影、文字等内容生产的边界被消解，人人都可以是文化产品生产者，在网络中每天都有成千上万的文化产品产生，抖音、快手、微博、哔哩哔哩（B 站）、B612 咔叽等手机软件为人们的文化创作与文化享用提供了广阔天地，导致文化产品参差不齐、雅俗不等，于是各大内容平台十分重视对优质内容的挖掘与推荐，纷纷利用智能技术优化推荐过程。凭借实时分析用户行为大数据，人工智能将对用户进行精准和实时的画像，并在此基础上理解用户的信息需求，进而准确推送不同用户所需的信息及知识，提供内容精准发行和满意阅读服务。如抖音、快手、西瓜视频等短视频平台，通过算法精准定位用户所喜爱的视频类型，从而“封闭式”地对其进行视频输送。在广告投放中，利用人工智能算法的文化企业不同于传统企业广撒网、粗放的方式，而是通过对用户数据的搜集、获取与分析产生消费者画像，进行远程跨屏追踪，根据消费者喜好与产品特点实时定位目标用户、确定用户群，从而进行精准化广告推荐与投放。

6. 人工智能在其他艺术活动中的应用

人工智能在文化传播、文艺展演等领域也有所应用。如北京龙泉寺推出的“贤二小法师”智能机器人，可以和人们在网上进行对话，通过可爱的方式向人们讲述佛学中的哲理，引起人们对龙泉寺的兴趣，提高了龙泉寺的知名度，不仅让佛法文化传播广泛，还促进了龙泉寺文旅产业的发展，带动了龙泉寺其他周边产品的市场。再如，2018 年平昌冬奥会闭幕式“北京八分钟”利用人工智能技术特殊的魅力和独特的创造力，实现了表演节目的创新，24 名轮滑演员和 24 个智能机器人在舞台上跳出华丽的舞步，中国传统元素通过科技的手法、现代的思维观念实现了技术化、情感化，用科技辅助文化，为观众带来了颠覆式的视听盛宴。

由此可见，在整个文化产业中，人工智能的应用已经非常广泛，已贯穿于整个文化产业链中。人工智能与云计算、大数据等现代技术的深度融合及进一步提升发展，将在更大的程度上、更广的范围内为文化产业的发展发挥作用。因此，毫无疑问，不断升级迭代的人工智能技术将对文化产业产生革命性的影响。

（二）文化企业对人工智能技术的应用

在人工智能的驱动下，“智造力”成为衡量一家科技公司技术水平的新要素，同时“智能化”也是文化公司转型升级的重要技术依托。文化企业日渐认识并逐步将人工智能应用于自身的发展中。

1. 全球文化企业层面

根据 IABM 最终用户调查数据，广播和媒体公司采用人工智能技术仍处于早期阶段。该调查数据显示，只有 8% 的媒体公司在 2017 年之前采用了人工智能技术，约 36% 的媒体公司表示他们不太可能采用该技术，而 56% 的媒体公司表明他们可能在未来 2～3 年内采用该技术（见图 2）。这表明文化企业对人工智能技术的应用正处于起点阶段。然而，文化企业对人工智能技术的低应用率预示着该技术使用率的快速增长。[①] 事实上，根据 IABM 最终用户调查数据，2017 年 4 月至 9 月，表示不太可能采用人工智能技术的

① https://www.ibc.org/tech-advances/the-future-is-artificial-ai-adoption-in-broadcast-and-media/2549.article.

媒体公司的占比从57%下降到36%，这表明人们已经越来越意识到人工智能技术的好处；已经采用人工智能技术的媒体公司的占比也从5%上升到8%。与此同时，在IABM技术优先指数中，“大数据分析和人工智能”已从第13位跃升至第10位。尽管就目前的全球文化产业而言，仅有8%的文化企业部署并使用了人工智能技术，但人工智能技术对文化产业乃至整个社会的影响早已有所显现。

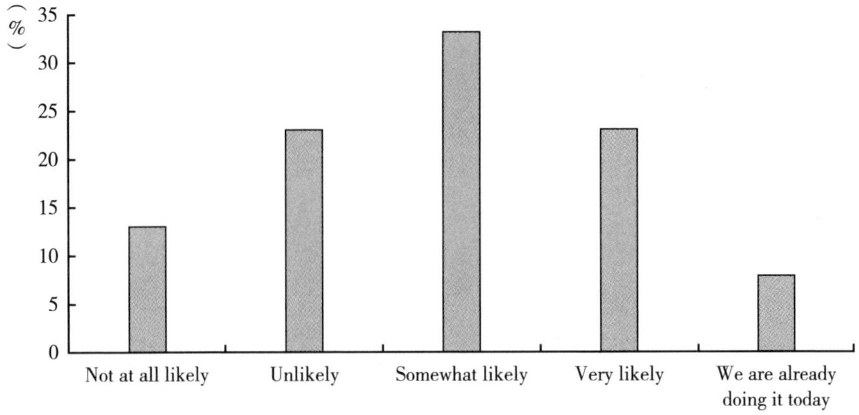

图2 2017年全球文化企业在未来2~3年内部署并使用人工智能技术的可能性

资料来源：https：//www. ibc. org/tech – advances/the – future – is – artificial – ai – adoption – in – broadcast – and – media/2549. article。

2.具体文化企业层面

在国内，华为、阿里巴巴、科大讯飞、腾讯、百度等科技企业不仅在技术的开发和使用中走在前列，而且在技术赋能文化方面十分成功。2016年百度和传奇影业合作，百度利用“百度大脑”的能力来推广电影《魔兽》，为其进行营销，实现了增加电影票房收入的目的，这一案例很好地诠释了人工智能对文化营销的正面作用。同时，腾讯的写稿机器人也已经运行三年多。近年来，科大讯飞多次在机器翻译、自然语言理解、图像识别、图像理解、知识图谱、知识发现、机器推理等各项国际评测中取得佳绩。

越来越多的文化企业迫切拥抱人工智能，相信在不久的将来，将有更多企业实现人工智能赋能文化产业，这也是文化企业优化升级的必由之路。

（三）人工智能对文化产业发展的作用

随着人民生活水平的不断提高，人们的物质需求得到基本满足，对精神文化消费的需求越来越迫切。而智能技术的快速发展，能使人工智能与文化产业实现更加紧密的融合，催生了文化产业新兴业态，使文化的存在形态、呈现方式以及传播途径拥有了多样化的可能。人工智能的应用不仅能够满足用户的个性化文化需求，为用户提供精确的文化内容，也能够提高文化生产的创新性和创意性，推动文化产业链的完善。

1. 精准定位，分析用户需求

人工智能为分析用户文化需求提供了重要的工具与方法。随着物质需求的不断满足，人们的精神文化需求逐渐呈现个性化、多样化、多元化、多层次等特点，人工智能技术具有对用户数据的多样化、规模化获取，模式的自动化识别，内容的自动生成等优势，可以精确地分析用户的文化需求，从而靶向性地将文化内容推荐给用户。

2. 促进个性化生产和内容创新

人工智能能够有效促进个性化生产和内容创新。随着文化生产的大众化、交互性需求的增加，文化生产、文化传播、文化消费三个环节逐渐融合，人工智能所具有的信息互联、智能感知、数据挖掘、个性定制、广泛传播、创意生成与分享等特性将广泛地被应用到文化生产与传播过程中，最大限度地促进个性化生产和内容创新。

3. 推动文化产业链完善

人工智能技术也推动着文化产业生产与传播各个环节的优化与改善，同时，人工智能技术在文化产业的整体应用，可以推进产业链和价值链的整合和创新。例如在旅游业中，人工智能中的智能感知、机器学习、智能推理和智能行动等技术，可以促进旅游信息的收集、搜索及推送，促进旅游解说系统和旅游线路规划的智能化。[①]

4. 增强文化产业内容分析能力

2016 年，日本广告公司 MaCann Erickson Japan 聘用了全球第一个使用人工智能开发的机器人创意总监 AI-CD。当年 9 月，机器人创意总监与人类创意总监以同一个广告主题各自开发了 10 分钟的广告片，并交由全国民意调查评判。尽管人类创意总监以 8% 的微弱优势险胜，但 AI 在受众分析与市场营销方面的潜力不容小觑。[②] 这种从技术赋权到技术赋能的现象已然越发明显，其在帮助重塑文化产业体系中产生了相当大的动能。[③]

（四）利用人工智能促进传统文化创造性转化和创新性发展

人工智能技术对于优秀传统文化的创造性转化和创新性发展以及传统文化资源的数字化升级也具有深远意义。能够将丰富广博的传统文化资源挖掘出来，以大众喜闻乐见的现代化方式展现并传播出去。人工智能技术与传统文化的融合，不仅能够提高大众对传统文化的学习热情和效率，推动传统文化的大众化传承，而且能够促进传统文化的数字化发展，提升传统文化的个性化创新。人工智能时代，文化创意产业创新的范式发生改变[④]，人工智能与文化产业的融合范围越来越广、程度越来越深。当前，传统文化的创造性转化与创新性发展也是文化产业所关注的重点，在智能化时代，计算机视觉技术、AR/VR 技术、深度学习技术、大数据技术等人工智能技术也无疑会助力传统文化更好地发展、转化、创新、传承，为传统文化注入新的活力，从而使未公开的文物、陈列在广阔大地上的遗产、书写在古籍里的文字都活起来。利用人工智能技术促进传统文化创造性转化和创新性发展，可以从以下几方面进行实践。

---

① 柳红波：《人工智能技术在智慧旅游中的应用》，《自动化与仪器仪表》2016 年第 2 期。

② 柳红波：《人工智能技术在智慧旅游中的应用》，《自动化与仪器仪表》2016 年第 2 期。

③ 解学芳、张佳琪：《技术赋能：新文创产业数字化与智能化变革》，《出版广角》2019 年第 12 期，第 9 ~ 13 页。

④ 解学芳：《人工智能时代的文化创意产业智能化创新：范式与边界》，《同济大学学报》（社会科学版）2019 年第 1 期，第 42 ~ 51 页。

1. 促进传统文化的数字化保存

如前所述，北京龙泉寺基于人工智能技术的 AI“贤二小法师”的出现，为传统文化的传播带来了新的方式与启发。在时代迅速发展的浪潮中，文化的遗失与损毁不可避免，我们要尽力为后人留住传统文化的精髓与光辉。要借助人工智能与科技的便利，打破传统的纸质书籍制作周期长、易损坏的局限，建立优秀传统文化的大数据库，尤其是将书写在古籍里的文字、展现在画卷中的风景人物以及各种非物质文化遗产用高科技、数字化的方式保存起来。文字的数据化、影音化能够使书籍内容的传播更方便，也能够让书中的静态内容活起来，同时能够增强这些传统文化的生命力，使传统文化不因时间的流逝而被消耗乃至侵蚀。

2. 创新传统文化的呈现方式

人工智能与传统文化的融合，使传统文化以多种多样的方式出现在人们的生活中，如文字、图片、音频、短视频、影视剧、网络直播等，使深刻晦涩的传统文化走入大众视野，并能够随时出现在我们的感官世界中。如为《汉字风云会》提供人工智能技术支持的“出题官”咪咕灵犀是中国移动咪咕公司旗下的中文人工智能助手，咪咕灵犀凭借其在节目中的智能化表现受到了网友的一致好评，在节目中咪咕灵犀会调侃、会卖萌、会装傻、会生气，一句“词库搜索中，请稍后”之后就又能为大家提供很多生僻汉字的解析，无论是小孩还是老年观众，无不对咪咕灵犀的智能与可爱心生喜欢。如今，VR、人工智能、直播等技术不断升级，内容展现形式、个性化设置等功能体验不断完善，使传统文化的广泛传播更加容易。

3. 凸显传统文化的时代价值

在传统文化与智能科技融合的过程中，尽管技术手段只是传播优秀传统文化的途径与载体，但由于技术是时代发展的新产物，往往会成为抢占人们注意力的新宠儿，甚至有些文化企业为了博得眼球、获取利益，故意以人工智能为噱头，过于强调技术的重要性而消解了文化的内在价值。技术赋能文化产业的过程中，内容引领的模式采用的是技术拿来和够用主义，缺乏进一步的创新；技术引领的模式缺乏内容的深度发掘和发展，比如近几年较为火热的虚拟现实技术，虽然其在文化产业领域有所运用，但目前和文化内容的结合并没有达到一定深度。因此，必须加强科技文化创新力度，在文化与科技融合的过程中，文化与科技两大要素均可互为主次，从而形成不同的产品群。但无论如何，“技术创新不得取代文化创意本身，技术必须服务于文化”，“创意引领”“内容为王”是提升文化科技融合品质的必由之路。

总体来说，就其积极意义而言，人工智能在文化产业中的作用不言而喻，其在提高文化内容生产效率、提升用户留存率以及优化文化产业资源管理、促进传统文化创新发展等方面都具有重要意义，具有毋庸置疑的高效率和部分不可替代性。然而，科技是一把双刃剑，人工智能技术也不例外，它在促进文化产业快速高效发展的同时，势必会带来一定的负面影响，由这些负面影响所产生的产业、社会甚至伦理问题也是值得我们关注的重点。

三 人工智能赋能文化产业存在的问题

人工智能是引领未来产业转型的战略性技术，全球发达国家将发展人工智能作为提升国家竞争力、维护国家安全的重大战略，我国作为文化大国也应在新一轮国际科技竞争中掌握文化创意产业人工智能化发展战略的主导权。[①] 在信息多元与科技迅速发展的当代社会，人工智能为文化产业转型升级带来了前所未有的机遇，但与此同时，人工智能的机械复制属性与文化产业的创意内容、文化价值内涵属性相矛盾，人工智能在与文化产业的融合过程中也存在诸多技术、制度、法律、应用、伦理等问题。此外，人工智能在促进传统文化创造性转化和创新性发展的过程中，能否完全激活传统文化的内在价值，能否通过新技术新形式完美呈现传统文化的魅力，也都是存在的

① 解学芳、臧志彭：《人工智能在文化创意产业的科技创新能力》，《社会科学研究》2019 年第 1 期，第 35 ~ 44 页。

问题。面对势不可当的技术潮流，其产生的社会风险与问题不容忽视，我们应该高度警惕由技术引发的各种负面效应。

（一）技术问题——技术不够精准，影响应用效果

计算机视觉技术是指计算机通过图像来识别和理解周围环境的事物、场景和活动，包含图像与语言映射的建立、3D 模型的构建以及定位与控制等技术。然而，计算机对于图像的识别只是基于数据和算法，是对图像进行机械性计算后的判断，是一种对人类视觉的模仿，它与真正意义上人类通过大脑和认知进行的识别与判断存在本质上的区别，因而计算机识别的精确性十分有限，非常容易产生误差或错误。例如 2015 年，为 5 亿用户提供管理和备份照片功能的某照片应用软件，错误地将非洲裔美国人识别为大猩猩，引起了全社会的强烈指责。很多情况下，计算机视觉技术在识别与判断相似性很高的图片时不是十分精准，准确率往往较低，而这次事件能够引起社会的反响是因为该事件涉及种族歧视问题。由此可以看出，人工智能技术的不完善会造成十分严重的后果。

（二）知识产权问题——法律不够完善，人工智能作品版权缺乏保护

人工智能在文学创作、影视、音乐、游戏等文化产业领域的应用逐渐广泛，在技术快速渗透到产业的过程中，相关法律法规的滞后，使人工智能创作者版权和法律主体负责人等问题浮出水面，在产业内部甚至整个社会中引起了极大的争议。人工智能“微软小冰”在 2017 年 5 月创作出版的诗集《阳光失了玻璃窗》，在 6 月就被“侵权”，网络上就出现了电子盗版，还有许多网友引用诗集中的内容或者在网上发布诗集链接。这种行为如果放在人类诗人创作的诗歌上，那就是确证无疑的侵权，然而我国并没有出台关于人工智能作品的任何版权保护条例。尽管在当年 7 月，微软（亚洲）互联网研究院宣布放弃“微软小冰”所著诗歌的版权，并宣称任何人可以对“微软小冰”创作的诗歌进行再加工创作，但是这并不能从根本上解决问题，

因为我国《著作权法》中也没有规定谁可以放弃人工智能创作物的版权。此外，如前所提到的由人工智能合成的张国荣的声音及邓丽君的歌曲，是否又受到法律的保护，其版权应该归属于谁呢？随着科技的不断发展，人工智能技术将发展得更加成熟，会创作出更多的智能创作程序及作品，如果这些人工智能机器及其所创作的作品在不受法律保护的情况下大量涌入市场，那么势必会对市场秩序造成不可估量的危害。因此，人工智能时代下的法律法规亟待健全和完善，对人工智能创作物的版权保护问题也应该引起高度重视。

（三）技术滥用问题——智能技术应用过度，造成“信息茧房”

智能推荐算法在社交平台、媒体平台中，通过向用户推送他们喜欢的文章、新闻、视频、图片、信息等内容，在很大程度上增加了用户黏性。但是，像这样根据用户的喜好而刻意迎合用户的算法推荐也造成了严重的信息封闭、信息不全面等问题，也就是所谓的“信息茧房”问题。在智能算法的推荐下，用户被困在狭小的信息空间，在自己的媒介平台上的所见所闻都是自己喜欢看且愿意看的内容，所获得的信息十分有限。一般来讲，信息是广泛而多元的，世界十分精彩，在互联网媒体上，每天都有成千上万种来自不同地区不同民族不同文化的丰富信息与知识内容，但用户往往被智能算法限制在特定种类的信息区域，就像生活在“蚕茧”中一样，只接触与自己相关或相似的信息，与广而繁的其他内容隔绝而不自知。人工智能在为我们提供个性化内容的同时，无疑促进了文化产业的发展，但是也限制了我们的认知。此外，在大众传媒时代，人人都可以随时随地接触各种信息，人工智能利用算法追踪、分析用户数据，可以推算出哪些内容是热点、是人们较为偏好的，但无法判断这些内容的质量。对于那些人们出于猎奇心理而点击的低俗、媚俗内容并不会自动过滤，反而因用户的点击量多而不断推送到首页，长此以往，这会在很大程度上降低用户审美水平、文化素养，也会纵容更多出于牟利目的而生产低俗内容以迎合受众的不良内容生产者。

（四）就业问题——机器智能取代人类劳动，造成一定失业风险

人工智能技术在处理一些简单、重复或者规律性较高、创意性较低的工作时，其效率与准确性完全可以超越人工，如在动漫游戏、广告绘制、传媒服务、新闻制作等方面，人工智能都已经可以胜任，这也就造成了许多文化产业领域的岗位被人工智能取代。如在 2018 年 11 月 7 日举行的第五届世界互联网大会上，搜狗和新华社联合发布了世界上第一个仿真的人工智能主持人，其利用语音合成、唇形合成、面部表情合成和深度学习等技术，克隆出一个具有现场主持人播报能力的人工智能主持人，其外在形象、播报能力、播音标准等专业技能都完全与真人主播一样，展现了与真人主播无异的信息传达效果。这种技术与操作方式能够减少新闻媒体后期制作的各项人力成本，让新闻视频的制作效率有所提高，但同时给播音主持专业的人才带来了严峻的挑战。尽管人工智能可以代替人类做一些技术性、执行性的工作，但是人工智能并不具备人类特有的思维能力和情感，因此，对于内容创作者来说，提高创意思维、既懂技术又有情怀是人工智能对其提出的迫切要求。

（五）价值伦理问题——程序伦理挑战人性伦理，人与机器的价值观产生冲突

目前人工智能还没有发展成熟，容易引发价值观冲突和伦理难题，可能导致的伦理道德后果尚难准确预料，如算法歧视、隐私忧虑、责任与安全、机器人权利，等等。人工智能时代，新的程序伦理对传统的人性伦理提出了挑战，人与机器的价值观产生冲突，主流价值传播面临挑战，国际社会普遍开始关注人工智能的伦理与价值观导向问题。因此，我们必须立足时代和社会的重大变迁，合理评估人工智能的价值，制定出实用有效的人工智能研究、开发和应用方面的伦理规范。文化产业承载着传播社会主流价值的功能属性，应在大数据与知识引导结合、以自然语言理解与视听图像为核心的深度学习和认知计算驱动下，实现主流价值与文化内容的融合生产、生动解读和时尚展现；应基于跨界融合、人机协同、群智开放和精准智能，改变以往

较为僵化的模式。[①] 从这个意义来说，人工智能应用越广泛，它带来的价值伦理问题也就越突出，矛盾也越尖锐，亟须我们高度重视并解决。

四　人工智能赋能文化产业发展的对策建议

人工智能正从根本上介入文化产业的全过程，不仅为文化产业发展提供了无与伦比的技术手段，而且大大改变了文化产业发展的思路，甚至可以说为文化产业提供了“无限可能”。但我国人工智能与文化产业发展真正的融合才刚刚开始，就如何让人工智能更好地赋能文化产业，引领中国文化产业又好又快地发展，笔者基于当前我国人工智能与文化产业融合发展的现状特别是存在的问题，提出几条有针对性的对策建议。

（一）加强技术创新，实现应用精准落地

以云计算、大数据、区块链、人工智能等为代表的新技术正在重塑传统文化产业，推动文化产业全面走向数字化、网络化与智能化。[②] 技术突破与创新是人工智能与文化产业融合发展的根本推动力，因此，为了推动技术创新的发展，政府应该对技术的研发增加投入，大力支持文化产品研发、文化内容创作、文化艺术演出展览等领域的发展。企业应加紧智能化发展布局，构建良好的数字化技术架构，建立起完整缜密的数据采集、分析、使用及后续精准投放的完整技术链条。同时实现技术在概念层面上的落地与应用，加大技术与文化内容的融合力度，推进人工智能在文化产品生产、传播与展销等环节的实践应用，聚焦人工智能数据挖掘、自主决策技术研发，实现用户需求精准反馈的功能。此外，要合理使用人工智能技术，做到技术与文化内容的平衡发展，将以文化为核心、技术为辅助作为

① 臧志彭、解学芳：《人工智能时代文化产业主流价值传播：重塑与建构》，《毛泽东邓小平理论研究》2019 年第 4 期，第 48 ~ 54、108 ~ 109 页。

② 解学芳：《区块链与数字文化产业变革的内外部向度》，《人民论坛》2020 年第 3 期，第 132 ~ 135 页。

发展的主要形式，避免因技术过度使用而导致喧宾夺主，从而使文化沦为技术的奴役。

（二）完善法律法规，保护智能文化产品知识产权

人工智能作为一个新兴的领域，其智能技术与人类智慧的本质区别决定了该技术难免会产生道德、伦理等方面的问题，因此，亟须加强人工智能与文化产业融合的法律体系、制度保障体系建设，使人工智能与文化产业融合有法可依。尤其值得注意的是，文化产业知识产权保护问题也越发突出，国家应该完善知识产权保护立法，加强知识产权保护力度，注重人工智能与文化产业融合后的产权界定，缕析智能文化产品的作品性质、权利的具体内容及其归属、权利与责任主体等人工智能相关知识产权核心要素，实现对人工智能文化产品的知识产权保护，建立起以保护知识产权为核心、以促进产业融合创新为目标的制度体系与法律规范。同时，从消费者权益保护来看，要建立起完整的数据隐私保护法律制度，引入相应的技术手段实施网络个人信息保护，实现对智能数据的来源、使用、作用目的等流程的全面监管，做到技术对数据应用的合法化、正规化。

（三）强化人才培养体系，培育复合型人才

随着智能技术的快速发展，一些低技能职位在技术的威胁下将难以为继，而涉及人类思维、内心情感以及人类感情交流能力的创作类岗位，则是机器无法替代的。因此，人工智能技术的发展对人才的软性素质能力，如创造力、情感沟通能力、解决复杂问题的能力，有了较高的要求，人才培养中德智体美劳全面发展的素质教育就十分重要，思维能力的培养也十分重要。同时，人工智能与文化产业的融合是以技术为核心的，因此，对人才技能的培养更加不容忽视，高校可开设“文化 + 人工智能”交叉学科专业，培养既懂得文化产业又掌握人工智能技术的复合型优秀人才。另外，要打破传统的人才培养模式，加强企业与高校之间的交流沟通，了解企业的需要，有针对性地为企业培养并输送所需要的人才。此外，对于人才的培养不应仅限于

国内，应充分利用国外资源，可以吸收借鉴外国培养复合型人才的经验方法并引进优秀的复合型人才。

五　结语

人工智能正以其强大的云计算、生物识别、数据追踪、分析定位等技术优势改变着人类社会的方方面面。通过与新闻传媒、影视音乐、艺术创作、游戏制作、文娱互动等环节的紧密融合，人工智能将推动文化创意产业的产业形态创新式转变，加速文化产业的价值链重构。同时，利用人工智能继承与传播中华优秀传统文化，进行新技术与传统文化的结合，会擦出非同一般的火花。总体来看，未来人工智能的发展，必定是机器智能与人类智慧相互结合的形式，既有科技智能的辅助，又有人类行为的管控，以达到人工智能对文化产业的最大化赋能与推进。

中国自古以来就是一个文化大国，有丰富的文化资源，但这些文化的内涵与价值并没有被发扬光大，中国这一文化大国并没有发展成文化强国。中国文化要走向世界文化的大舞台，就必须加强文化与科技的融合，促进我国文化产业的发展，提升我国文化软实力，增强我国文化影响力，推动我国文化“走出去”，使中国由一个文化大国成为一个文化强国。

参考文献

刘锦、刘潆檑：《人工智能时代下文化产业发展的研究综述》，《四川省干部函授学院学报》2019 年第 2 期。

胡萱尹：《人工智能在文化产业领域的发展研究》，《传播与版权》2019 年第 2 期。

李景平：《人工智能深度介入文化产业的问题及风险防范》，《深圳大学学报》（人文社会科学版）2019 年第 5 期。

张珊：《人工智能助推文化产业生产经营变革研究》，硕士学位论文，山东艺术学院，2019。

毕秋灵：《文化产业价值链的技术赋能与社会风险》，《中国传媒科技》2019 年第 6 期。

舒坤尧：《人工智能在传承创新传统文化中的作用》，《人民论坛》2019 年第 28 期。

耿玉芳：《人工智能在中华优秀传统文化传承创新方面的应用研究》，《出版广角》2019 年第 11 期。

B.4

我国“科技 +旅游”历史、现状及未来应对策略研究

李竞爽*

摘　要：　随着科技的进一步发展，大数据、互联网、新媒体等科学技术在旅游业发展中的运用范围愈来愈广，无论从旅游主体、旅游客体还是政府管理角度来看，旅游已经无法脱离科技的支撑和运用。针对蓬勃发展的“科技＋旅游”融合浪潮，本报告梳理科技与旅游的融合历史，提出了当下“科技＋旅游”所面临的问题。从新一代消费模式以及大众对高质量休闲文化产品的需求发展与转变、经济形势与科技的发展变化与产业融合途径层面提出未来科技与旅游深度融合所需要的应对策略。

关键词：　科技旅游融合　文化产品　科技创新

引　言

自20世纪90年代以来，科技与旅游业的融合越来越紧密，如今科技已经成为旅游业发展不可或缺的要素之一。从旅游主体角度来看，科技与旅游的融合为其带来了更丰富的旅游产品类型选择，提升了旅游体验；从市场主

* 李竞爽，中国艺术研究院文化政策研究中心助理研究员，主要研究方向为公共文化政策、文化战略发展及文化旅游。

体来看，科技是提高企业产品市场竞争力和管理能力的重要手段；从政府管理角度来看，大数据分析等技术为政府提供公共服务和制定决策提供了前所未有的便利。针对科技与旅游深度融合的重要性，时任文化和旅游部部长雒树刚在“2019 中国旅游集团发展论坛”上发表的讲话中指出：“要坚持习近平新时代中国特色社会主义思想，落实好习近平总书记关于文化和旅游工作的重要指示，要坚持推动旅游业高质量发展，坚持旅游与科技融合创新，充分发挥旅游企业的主体作用。可以说，以科技创新驱动高质量发展是贯彻新发展理念，破解当前我国经济发展中突出矛盾和问题的重要抓手，是经济发展的新动力、新动能。旅游业作为新兴产业、朝阳产业，要实现高质量发展，同样离不开科技创新。”相对于世界各国，我国在电子商务、移动支付、互联网新媒体等技术方面的发展更加领先，这为我国科技与旅游融合奠定了更坚实的基础和快人一步的便利条件。但要警惕的是只有科技这张“皮”是远远不够的，还要从科技与旅游融合的历史回顾过程中发现目前该领域所面临的一系列问题，认识到新一代消费模式以及大众对高质量休闲文化产品的需求发展与转变，从经济形势与科技的发展变化以及产业融合途径层面提出未来科技与旅游深度融合所需要的应对策略。

一　我国科技与旅游融合历史回溯

从 20 世纪 70 年代末至今的四十余年，我国旅游业经历了“事业初创—产业化转型—市场化拓展—融入国家发展战略”几个进程。在这一系列进化过程中，旅游业在国民经济中的地位不断提升，旅游业的规模、相关领域和产业集群也在不断扩展。而科技作为第一生产力，在旅游产业结构调整、产品创新升级、政府公共服务与决策等方面发挥了不可或缺的重要作用。结合旅游业与我国科技水平的发展历程，可以将科技与旅游融合的历史分为四个阶段。

（一）萌芽阶段（20世纪80年代至90年代初）

改革开放前我国的旅游以外事接待为主，直到 1981 年国家颁布第一个关于旅游业发展的战略性文件——《国务院关于加强旅游工作的决定》之后旅游业才被当作经济事业的一部分来发展，后又被列入国家第七个五年计划。1984 年党的第十二届中央委员会第三次全体会议通过了《中共中央关于经济体制改革的决定》，邓小平同志在全国科技工作会议上指出，要“进一步解决科技与经济结合的问题”。可以说这两个决定的出台为旅游业与科技的结合奠定了方向。尽管当时国内旅游业刚刚兴起，但已有了“科技 +旅游”的雏形，比如一些博物馆、科技馆、纪念馆等的展示方式从 20 世纪七八十年代的图片、实物展示转向了声光电技术应用，很多城市的公园和游乐场也出现了使用该技术的娱乐实景场所。

（二）加速融合时期（20世纪90年代中后期至21世纪初）

进入 20 世纪 90 年代之后，我国经济水平大幅度提升，高速公路、铁路、航空、航运等基建交通网络的不断完善也为旅游业的发展提供了便利条件，尤其是在 1995 年之后，我国双休日制度的实施刺激了国民的旅游需求，1999 年实施的黄金周假日制度进一步扩大了国内旅游业的规模，如从 1996 年到 2000 年仅约 5 年时间，我国的旅行社就从 4000 家增加到 1 万余家，我国正式进入了大众旅游时代。旅游在拉动内需、优化产业结构、扩大就业以及促进经济增长方面的作用越来越重要。而在科技发展方面，20 世纪 90 年代恰逢中国互联网的兴起与快速发展时期，并在电子商务等一些领域实现了自主创新，出现了携程、艺龙、同程等互联网旅游公司。随着科教兴国战略的实施，在“第三次技术革命”的带动下，交通工具焕然一新：卫星定位系统、网络一体化、电子地图、卫星导航等大大节省了旅游者的时间，促进了旅游业的快速发展，也促进了经济的快速发展，同时提高了工作效率。[①] 20 世纪 90 年代末，数控多媒体技术的快速发展又使陈列展示方式完成了一次升级，扩大了科技馆、博物馆、纪念馆、文化馆、旅游景区、主题公园等

① 张利民：《浅谈我国旅游科技发展现状及其问题》，《科技论坛》2014 年第 9 期，第 118 ~ 119 页。

场所的产品范围，丰富了游客的旅游体验。可以说，20 世纪 90 年代至 21 世纪初是旅游业与科技齐头并进的发展时期，也是二者加速融合的时期。

（三）旅游产业链的初步建立（2000～2010年）

2009 年《国务院关于加快发展旅游业的意见》明确了旅游业在国民经济中的战略性支柱产业地位，吸引了更多的市场主体。2000 年至 2010 年，旅游与科技融合最突出的成绩在于帮助旅游业构建了资源开发、产品生产、产品销售、产品宣传、产品消费的“线上 + 线下”产业链。这是由于进入 21 世纪之后中国互联网发展又迈入一个高峰期，互联网用户大幅增长，截至 2010 年 12 月底，中国网民规模达到了 4.57 亿人。而4G 时代的来临促进了互联网与移动通信终端的结合，博客、贴吧、论坛等社交网络平台的出现改变了社会信息传播方式与人际关系模式，这在一定程度上影响了人们的思想与生活认知。与此同时，B2B、B2C 等电子商务模式的进一步成熟使网络购物占据了人们消费方式的主要地位，人们越来越倾向于从网络上获取旅行信息和购买旅行产品。另外随着生活水平的提高，人们不再满足于大众化的“跟团游”，自由行、自驾行、商务旅游等个性化较强的旅游方式开始在市场上出现，以携程为代表的线上旅游服务平台越来越多，这些平台将线下的酒店、交通票务、旅行社、景区景点、旅游商店、休闲娱乐设施等资源进行整合并与他们建立长期的战略联盟关系，为想要出行的游客提供酒店预订、机票配送、旅游资讯、旅游线路推荐等服务，构成了覆盖旅游六要素——“吃、住、行、游、购、娱”的消费产业链。

（四）大数据智能化新时期（2010年至今）

2010 年之后人们对美好生活的向往在出行人次和旅游模式上表现得较为突出，文化和旅游部的统计数据显示，我国旅游人数连年攀升，从 2010 年的 21.03 亿人次增至 2019 年的 60.06 亿人次，增幅达到了 186%（见图 1）。国民旅游亦呈现更加多元的趋势，由传统的观光游览向文化旅游、美食旅游、亲子旅游、科技旅游、休闲度假游等各种主题旅游复合发展，旅游市场的竞争更加激烈。除了传统的互联网旅游公司，阿里、腾讯、京东、美团等互联网公司也跨界进入旅游领域，这些科技公司利用大数据、云计算、人工智能、5G、区块链和物联网等技术推动了旅游业的升级与产品迭代。尤其是在 2015 年“互联网 +”经济形态兴起后，科技与旅游的融合更加深入，这不仅表现在互联网企业对线上线下的资源整合、数据分析、信息化管理等方面，还表现在旅游产品的创新性方面，如利用新型视听、人工智能、VR、AR 等技术打造的沉浸式体验馆、博物馆、科技馆以及实景演出和游乐设施，节省人力成本又智能高效的智能导游 App、无人酒店、景区接待机器人等。此外，旅游安全体系建设也在进一步完善，促进了安全设备制造业的发展，如“改良或制造新的旅游交通设施、安全救援设备、旅游安全监控系统、各种门禁系统、旅游展馆及陈列设备，以及旅游商品加工、户外运动产品和照相摄影器材生产等”①。同时随着近年来环保意识的不断加强，绿色低碳、节能减排等资源保护技术也为旅游业发展做出了极大的贡献。

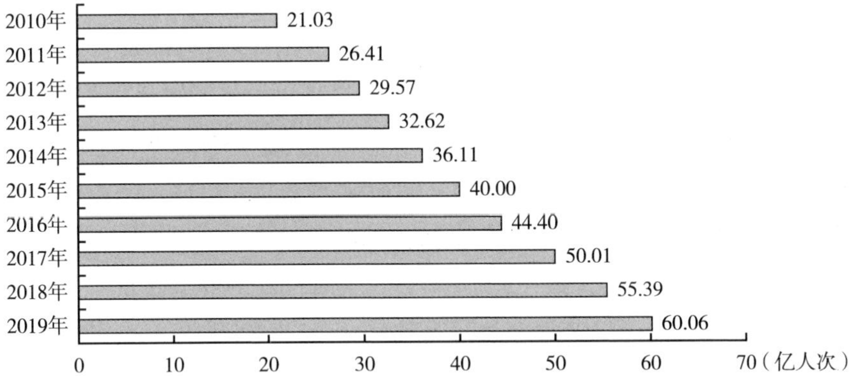

图 1　2010 ~ 2019 年中国国内旅游人数

资料来源：中国旅游研究院。

① 冯凌：《我国旅游业科技创新特征与技术支撑体系研究》，《科技管理研究》2018 年第 4 期，第 117 ~ 120 页。

二　当下科技与旅游融合面临的问题

（一）基础设施建设有待加强

基础设施建设是科技与旅游融合的首要决定因素，在网络化管理的当下，建立起“基于新一代的通信技术，将云计算、物联网、互联网和个人移动终端、人工智能等技术集成和综合”运转模式的智慧景区是未来发展的主流趋势。自国家旅游局 2015 年印发《关于促进智慧旅游发展的指导意见》开始，我国已经有 32 个城市被列为“国家旅游试点城市”。而随着旅游业需求的大幅度提升，许多传统景区或欠发达地区的旅游基础设施明显滞后，这一方面表现为景区信息化管理平台、3G 以上网络覆盖、物联网、定位系统等园区配套设施欠缺，另一方面表现为科技含量高、质量过硬的基础设施和设备投入旅游管理与旅游目的地工作实践的力度较弱，有些甚至还未彻底解决“最后一公里”的问题。这些缺陷不仅影响了景区的接待和管理水平、降低了游客的旅游体验感和安全度，也加重了景区资源保护的压力，不利于景区的可持续发展。如一些传统景区仍靠网上预售门票或闸门机等获取游客数量信息，而无法统计景区实时在园游客数量，造成入园不畅、园内拥挤等安全隐患。还有一些旅游目的地的基础数据库、指挥中心、基础网络建设仍是空白或未完全覆盖，无法建立起区域性的数据交流和共享，更遑论为企业管理、创新以及政府公共决策提供支持。

（二）产业链亟待以互联网为载体的深层次融合

旅游业作为一个对社会产业覆盖面异常广泛的行业，不仅包含游客可感知到的“吃、住、行、游、购、娱”相关服务行业，也离不开各种制造、物流、科技、文化、农业、环保等行业在背后的强有力支撑，因此旅游产业链最突出的特点表现为“大、长、散”。2015 年 9 月国家旅游局颁布《关于实施“旅游 + 互联网”行动计划的通知》之后，以互联网为载体的旅游业资源整合与平台建设成为推动旅游业发展的重要引擎。而事实上，传统的旅游业结构也的确因“互联网 +”的推动产生了极大变化，大批新型互联网平台将线下的餐饮、住宿、交通、景区等资源聚集起来，凭借大数据技术为消费者提供了丰富且多样化的信息，如今凭借网络搜索信息制定出行计划已经成为消费者的常态。但随着消费者对出行舒适性、便利性、私密性等要求的不断提升，对旅游产品个性化、多元化、体验化等要求的不断提升，仅凭线下资源整合已远不能满足市场需求，因此很多平台将核心业务转向在线旅游（OTA）建设，这加快了互联网与旅游上下游节点的融合。但由于旅游产业边界模糊、旅游链上参与各方的融合需求难以匹配等问题，互联网平台与各产业之间的融合产品、旅游产业与其他产业之间的融合产品虽然已占据了一部分市场，但总体来说仍存在很大的发展空间，旅游产业链条仍待延伸。2018 年国务院办公厅印发了《关于促进全域旅游发展的指导意见》，明确指出要“大力推进‘旅游 +’，促进产业融合、产城融合，全面增强旅游发展新功能”，推动旅游与城镇化、工业、农业、林业、交通、环保、海洋、科技、教育、文化、体育、互联网等各产业融合发展（见图2），这为旅

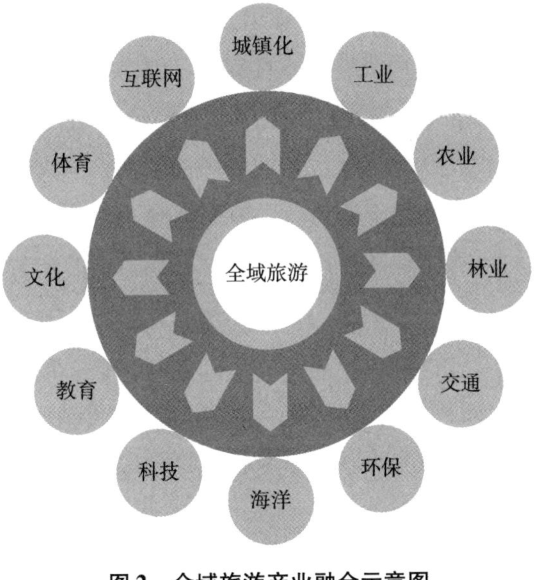

图 2　全域旅游产业融合示意图

游业拥抱其他产业指明了方向，以此为契机，互联网平台更应该从自身优势出发，拓展新的旅游发展路径。

（三）内涵丰富的高品质产品仍有缺口

传统文化、自然景观、民俗风情等一直是我国旅游业发展初期游客的主要观赏内容，科技只是一种提升观赏体验的辅助手段，但这一情况如今已发生巨大变化，在当下的旅游市场中，不仅以科技为辅助手段的旅游产品比比皆是，甚至可以说没有能完全离开科技而存在的旅游产品；除此之外，还产生了以科技为观赏内容的“科技旅游”，即将科技作为旅游资源的主要要素和成分。有学者将我国科技旅游产品分为四个类型：现代科技园区旅游、人工科技场馆旅游、自然现象景观旅游、古建文物遗迹旅游等。[①] 而这些类型之下又可以细分为几十甚至上百个主题和形式。这充分说明科技已反客为主，科技旅游的发展前景巨大。但繁盛之下仍需要客观分析目前科技旅游融合产品所存在的问题，这些问题首先表现为内容发掘不够充分、产品流于花哨的炫技。比如现在一、二线城市的博物馆、美术馆、动物海洋馆等热衷于使用全息影像、AI 技术和触屏、数字系统等技术，尽管在硬件方面已经达到了一定的水准，但“叙事”手法陈旧或“叙事”深度不够，因此经常会出现游客身在其中时产生了强烈的感官刺激，但对知识的理解和记忆很快便成为“过眼云烟”。其次，产品同质化现象严重，缺乏品牌建设。比如近两年来非常流行的沉浸式体验馆在很多城市蜂拥出现，凭借光影、装置设计等成为青年人追捧的打卡地，但同质化的体验内容不免让人感到审美疲劳。另外，各种类型的科技旅游还缺乏影响力大、召唤力强的知名品牌，这在一定程度上制约了旅游产品的市场推广力度和行业竞争力。

（四）成果转化不充分，复合型人才缺失

科技是第一生产力，改革开放以来我国政府大力推动科研创新，科技创

---

① 朱丽君：《我国科技旅游的发展现状及对策研究》，《科技进步与对策》2007 年第 4 期，第 87 ~ 91 页。

新环境和基础条件不断改善，目前我国已成为世界第二研发大国。但技术成果转化率低一直是制约我国加快实施创新驱动发展战略的因素，“数据显示，当前中国的科技进步贡献率仅为55%，而德国、美国等发达国家的科技贡献率普遍超过80%”①。根据中国社会科学院发布的《法治蓝皮书(2017)》，中国连续多年居专利受理申请数量世界首位，但专利许可实施率却只占授权专利的2%。大环境如此，便不难想象科技成果应用于旅游的状况。很多科研成果产出单位只顾埋头苦干，却不管市场需求且缺乏成果转化时效观念，造成了研究成果的极大浪费。除此之外，政策落地困难、资金投入不够也造成了优秀科研成果无法商业转化的“死谷”现象。中国旅游研究院院长戴斌曾指出：“旅游业的科技应用不是原始创新和实验室经济，而是把原始创新的成果和实验室经济的成果应用到市场上去。有钱可赚的供给才是有效的供给，有竞争的服务才是有品质的服务。”② 因此科技成果转化问题值得旅游业深入思考。而随着旅游业近几十年来的不断发展和成熟，复合型人才缺口也在持续扩大。拥有扎实旅游与管理理论基础、了解旅游相关行业动态，又能够把握本行业发展方向、具有敏锐市场嗅觉的复合型人才越来越受欢迎。但在专业人才培养方面我国高校还未能完全摆脱传统教育模式与思维的束缚，对于以“互联网 +”为背景的信息技术、新媒体市场运营、企业管理跨界人才的培养就更为欠缺。

三 未来应对策略

（一）以需求侧为导向

党的十九大报告提出，经过长期努力，中国特色社会主义进入了新时

① 马大来、叶红：《供给侧结构性改革视角下中国科技成果转化绩效研究——基于空间面板数据模型的实证分析》，《重庆大学学报》（社会科学版）2020 年第 1 期，第 47 ~62 页。

② 《2019 年中国旅游集团发展论坛“旅游与科技融合创新成果发布及研讨会”在京举行》，中国旅游研究院网，2019 年 12 月 17 日，http：//www. ctaweb. org/html/2019 -12/2019 -12 -17 -9 -59 -19901. html。

代，我国社会主要矛盾已经转化为人民日益增长的美好生活需要和不平衡不充分的发展之间的矛盾。这个社会主要矛盾不仅指明了我国下一步国家治理和建设的方向，同时也指明了包括旅游业在内的各行各业的努力方向。那么如何理解“美好生活需要”的内涵？对此，马克思曾指出，真正理想的美好生活是建立在物质产品极大丰富、交往普遍化、人民觉悟极大提高的基础上的，每个人都得到自由而全面的发展，即“每个人的自由发展是一切人的自由发展的条件”。[①]“从人作为个体存在而言，美好生活即建立于丰富物质基础条件上的个体生活之自由与尊严、个体精神之满足和愉悦。”[②] 而改革开放以来旅游业的发展史正体现了我国社会主要矛盾的重大转变，随着经济发展与精神文化需求的不断提高，人民对旅游的需要从无到有，从有到精，从精再到个性化、多元化，这正是人们在自由发展道路上的不断前进，也与马斯洛需求理论不谋而合。如今以“90后”“00后”为代表的新一代消费群体已逐渐成为消费的主力军，他们的消费观念已从价格导向转向价值导向，更加追求教育和自我提升，认可品位高、有深度、异质性强的休闲旅游产品（见图3）。[③] 此外具有教育意义的游学旅游、亲子旅游等也成为旅游市场的主流消费趋势。因此不管是当下还是未来，旅游业与科技结合都要密切关注人民群众的需求转变，灵活更新供给模式。宏观上旅游业发展要与时俱进、和国家战略相向而行，结合最新的科技水平不断创新，开发符合时代潮流与时代审美的旅游产品。微观上要目标明确，根据各地经济发展、教育认知水平以及群体兴趣差异做出市场细分，有针对性地推出主题鲜明、目标群体指向明确的高品质、更新颖的多样化产品。

---

① 沈湘平、刘志洪：《正确理解和引导人民的美好生活需要》，《马克思主义研究》2018年第8期，第125~132、160页。

② 肖祥：《美好生活与马克思主义伦理学生活化》，《浙江社会科学》2019年第6期，第92~100、158页。

③ 如今旅游不仅是追求休闲的一种手段，也成为彰显身份与个性的一种符号。途牛网发布的《90后全球旅游消费白皮书2019》显示，旅游成为“90后”日常生活必选项之一，他们习惯通过App或小程序预定旅行产品，偏爱自由行。不仅喜爱传统文化景点的新潮玩法，也愿意亲身感受登山、攀岩、极限运动带来的刺激，同时非常愿意在社交平台分享旅游经验。

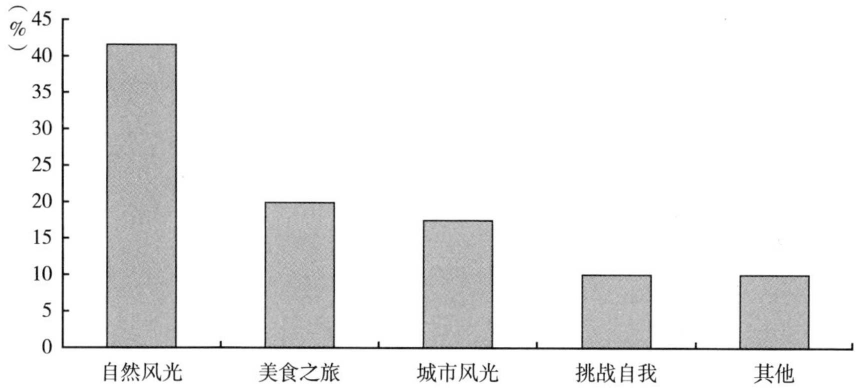

（一）“90后”人群旅行主题

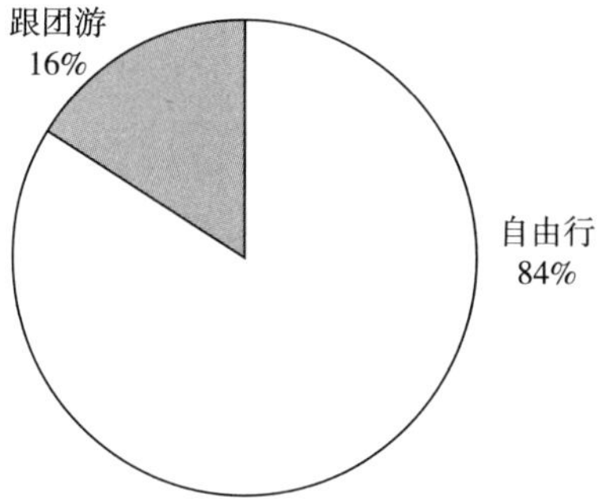

（二）“90后”人群出行方式

图3　“90后”旅行主题及出行方式

资料来源：付一夫《90后消费趋势报告：天生不羁敢花钱，潇洒背后藏风险》，苏宁金融研究院网，2019年10月16日，http://sif.suning.com/article/detail/1571189150961。

（二）加强5G技术储备与基础设施建设

2019年5G元年的到来不仅代表着通信技术的跨越式发展，也意味着人类社会生活方式将发生巨大变革。5G带来的新一轮技术革命首先包括大规模地推动物联网，让大批终端能够相互通信，人工智能、无人驾驶也更容易控制；其次，5G的高带宽和低延迟使增强和虚拟现实能够得到更加广泛的应用，医疗、教育、娱乐、旅游等行业都能够从中获益；最后，5G将全面促进数据收集、分析技术的发展，云计算、边缘计算等大数据技术将全面落地应用，数据类型与数据量也会爆发性地增长，这无疑会对各个行业产生巨大的价值，甚至全面推动社会生产力的加速。鉴于以上几点，5G 时代的到来对旅游业来说是机遇与挑战并存，机遇在于 5G 技术所带来的这一系列技术创新对旅游业的创新和发展都有极大的推动作用，比如 5G AI 机器、5G 无人驾驶游览车、5G 无人机等应用可以降低人力成本、提升游客旅游体验，通过无人讲解和 5G VR 全景直播等技术可以让游客随时随地，甚至足不出户地领略景区历史文化风光。结合 5G 技术打造的智慧餐厅、智慧酒店等也让游客的旅程更加便捷舒适。另外，边缘计算、云计算的大数据分析应用技术能够为游客出行、旅游产品生产、企业管理和业务流程的数字化以及政府决策管理提供强大的数据支撑。挑战在于，市场主体发展必须要在结合自身资源优势的情况下抢占 5G 发展先机，在做好并加快“互联网 + 旅游”的核心技术储备和基础设施建设的同时开发有内容、有时代特色的旅游产品。

（三）推动以企业为主导的产学研合作模式，建立协同创新机制

科技成果转化是提升社会生产力和经济发展速度的重要引擎，也必能带动旅游业更上一个台阶。但总的来看，尽管目前科技与旅游融合力越来越强，但还没有成为促进旅游业发展的内在驱动力。此外，相关的科技旅游产品自主创新性较弱，很多产品只是外来产品的复制，或者说市场上很多有影响力的旅游品牌仍然以欧美品牌为主。在我国，科技成果转化的方式主要分为科技成果转让、建设科技园、产学研结合以及企业自我研发。[1] 其中产学研结合是英美日等西方发达国家大力推动的科技成果转化模式，我国从 20 世纪 90 年代开始也加快了对该途径的探索，2017 年党的十九大报告中明确提出要“深化科技体制改革，建立以企业为主体、市场为导向、产学研深度融合的技术创新体系，加强对中小企业创新的支持，促进科技成果转

① 马大来、叶红：《供给侧结构性改革视角下中国科技成果转化绩效研究——基于空间面板数据模型的实证分析》，《重庆大学学报》（社会科学版）2020 年第 1 期，第 47～62 页。

化”。但目前我国产学研模式所存在的矛盾在于尽管产业界、大学和科研院所均意识到了这种合作对于资源整合、知识创造和技术互补等方面的重要性，但合作各方之间存在组织文化差异、目标冲突等，导致难以达成理想的合作成果[①]，对此学界也从主体利益、治理关系各个角度对协同创新管理机制展开了研究。但对旅游业来说，除了有选择性地采纳意见之外，还要考虑到产业自身的特殊性，更应该将企业作为产学研模式的主导方，因为相较于其他产业来说，具有服务属性的旅游业所覆盖的市场范围更广、牵涉的市场主体更多、消费者对产品具有更直接更主观的现场体验感，对政治、社会、经济、自然等影响因素具有更高的敏感性，因此企业对消费者和市场的了解更加直观和深入，也更容易对产品开发与升级提出准确的要求，有利于在产学研合作中把握正确方向。[②]

四　结语

从科技与旅游融合的发展历程来看，科技正在引领旅游进入新时代，在未来的发展中科技必将成为旅游产业的新动能，旅游消费模式、旅游产品创新、旅游产业链结构、旅游产业盈利模式也将因此发生颠覆性的变化。但科技与旅游融合还面临理论建设、宏观政策引领、法规扶持、科技成果转化、知识产权保护、人才培养等方面的难题，面对日新月异的科技发展和日益开放的旅游体系，不管是政府管理人员、高校科研工作者还是旅游从业者都必须提前做出判断和准备。2020 年是我国全面建成小康社会目标实现之年，尽管开年之际的新冠肺炎疫情让旅游业瞬间跌入低谷，但对实力强大的市场主体来说，这只是暂时的困境。“非典”时期的经验表明疫情也是对企业的

① 王海军、祝爱民：《产学研协同创新理论模式：研究动态与展望》，《技术经济》2019 年第 2 期，第 62 ~71 页。

② 目前一些大型旅游企业通常设有自己的研究院，尽管这些机构的研究实力与研究水平，以及对产业动态的了解都超过了普通的科研院所，但仍不能脱离与外部科研力量的合作。而对于经济实力与科研水平更加薄弱的中小企业来说，成功的产学研模式对其健康发展具有重要意义。

一种考验，是淘汰小、散、弱企业的加速器以及对整个行业的提前洗牌，因此危机来临之际正是市场主体重新审视自身结构、研究产品转型升级的一个好机会，也是有实力的企业重整旗鼓进入市场扩张期的重要时机。新冠肺炎疫情期间一些企业已经发现科技应用和创新驱动是增加自身抗风险能力的一个重要手段，如国内很多博物馆、美术馆和景区推出了“3D 博物馆”“云展览”“VR 虚拟游”等在线旅游项目，尽管体验效果并不能与实地感受相媲美，但这种尝试至少为在线旅游产品创新提供了成功的可能性。与“非典”时期不同，截至2019 年我国的互联网普及率已达到六成以上，大数据、云计算等技术也日益成熟，因此旅游产品能够不再受制于物理空间，对在线旅游产品的开发不仅是抵抗疫情等突发事件的冲击，更是对线下观光产品的配合与补充，或许正如“非典”催生了电子商务与快递行业一样，“E-Traveling”“虚拟旅游”等创新产品也有可能借此获得新的生存和发展机遇。

参考文献

陆均良、宋夫华：《智慧旅游新业态的探索与实践》，浙江大学出版社，2017。

〔美〕Dean Mac Cannell：《旅游者休闲阶层新论》，张晓萍等译，广西师范大学出版社，2008。

〔法〕让·鲍德里亚：《消费社会》，刘成福等译，南京大学出版社，2008。

〔英〕约翰·厄里、乔纳斯·拉森：《游客的凝视》，黄宛瑜译，格致出版社，2016。

B.5

数字人文在博物馆观众服务大数据方面的创新研究

李世杰　韩霈泽　曹　然　冯航飞*

摘　要：　现代的博物馆信息系统的研究已经不只是对藏品本体信息的研究，而是对博物馆相关的人、物、数据及三者之间信息交互的研究。博物馆丰富的数字资源是进行数字人文研究的宝贵财富。观众服务大数据作为博物馆数据中的重要组成部分，具有重要的研究价值。本报告以国家海洋博物馆观众服务大数据为例，分析了观众服务大数据的来源、观众服务大数据的管理、观众服务大数据可视化及博物馆观众中城市新移民这一现象，并提出利用博物馆数据进行城市新移民智慧服务的探索方向，以及进行数字人文研究的新思路。

关键词：　数字人文　博物馆　观众服务大数据　智慧服务

一　博物馆领域数字人文研究现状

一般认为，数字人文发端于人文计算，是将现代信息科学及数字处理技术用于人文研究的跨学科新型研究领域。数字人文的定义有很多种。比较典型的有项洁

* 李世杰，天津恒达文博科技股份有限公司副总经理、技术总监，高级工程师；韩霈泽，美国乔治城大学博士，中级工程师，天津恒达文博科技股份有限公司工程师；曹然，天津师范大学文物与博物馆学硕士，助理馆员，天津恒达文博科技股份有限公司智慧系统设计部副经理；冯航飞，中国地质大学（北京）硕士，天津恒达文博科技股份有限公司系统设计师。

等有关“数字人文就是结合大量数字材料，运用信息科技，来从事人文研究”的论述。[①] 王晓光给出的定义是“数字人文是一个将现代计算机和网络技术深入应用于传统的人文研究与教学的新型跨学科研究领域，它的产生与发展得益于数字技术的进步及其在科学领域的普及应用”[②]。数字人文的研究领域在不断扩充、发展变化，相应的数字人文学者和从事数字人文建设的实践工作者基于各自的研究工作也在对数字人文做出新的定义。目前数字人文的研究领域已经包括文学、艺术、历史、语言学、考古学、哲学、音乐等，并在不断扩大。

博物馆是独特的人文空间，承载着社会文化历史传承的重要使命。据国家文物局官网公布的2018年全国博物馆名录，我国现有博物馆5354家，博物馆收藏的文物有4000余万件，这些博物馆每年会举办2.6万多项展览、26万次教育活动，进入博物馆参观的观众达11.3亿人次，可以看出，博物馆已成为我国文化发展和传播的重要阵地。

由于物联网、云计算、大数据和移动通信技术在博物馆领域的有效应用，现在的博物馆研究不单是博物馆馆藏文物的研究，更是包括博物馆中的人（包括现场观众和线上观众、博物馆工作者以及相关机构和管理部门）、物（包括藏品、各类设备设施、库房、展厅等）、“物—人”、“物—数据”、“人—数据”之间的信息交互研究，使藏品与藏品，藏品与展品，藏品/展品与保护，研究者、管理者与策展者，受众与展品等元素之间的联系真正达到智慧化融合。

数字人文研究不仅在传统的人文领域，也和博物馆研究与建设有交集。博物馆作为独特的城市人文空间，近年来通过数字化保护利用、数字博物馆、智慧博物馆的建设，已经成为数据的富集地。而数据驱动的研究范式正是数字人文研究的主要方法，博物馆丰富的数据资源为数字人文研究提供了坚实的基础，是数字人文领域的宝贵财富。数字人文致力于文化数据的获取、管理、分析、展示和处理，这与博物馆数据建设的过程不谋而合。数字

---

① 项洁、高世芯：《台湾地区文化数位典藏现况与发展》，《上海交通大学学报》2003年第A1期，第36页。

② 王晓光：《数字人文与智慧数据》，《上海高校图书情报工作研究》2018年第2期，第24~25页。

人文和博物馆都追求信息的准确化获取、数据的科学化管理、知识的多样化呈现、内容的广泛化传播，所以在博物馆领域做数字人文研究有得天独厚的优势。数字人文也是未来博物馆不可缺少的一部分，是博物馆收藏、展示、研究、教育等职能的重要体现标志。

数字人文的研究技术比较广泛，主要涉及数字化技术、数字资源管理技术、数据分析技术、数据可视化技术、VR/AR 虚拟技术等。理论体系包括结构化人文、再造人文、人文计算、人文可视化、拟实化人文、智慧化人文，应用覆盖资源富集、知识重构、场景重建、增强艺术等。[①] 其中的数字化技术、数据资源管理技术、数据可视化技术、VR/AR 虚拟技术已经在博物馆信息化、智慧化建设中广泛应用，国内也有不少研究学者和博物馆系统的工作人员结合数字人文做了很好的实践探索。如故宫博物院借助 GIS 技术进行历史知识和历史事件的静态和动态的可视化展示，建设名为“超越时空的紫禁城”的 3D 虚拟世界，用户可以通过游览、观看场景、参与活动，深入了解所看到的内容，探索“中国皇室”的体系结构和文化。敦煌研究院使用虚拟现实技术打造了一个虚拟影像的莫高窟，展示数字敦煌成果，游客不仅可以近距离观看放大的壁画及佛龛影像，还能欣赏壁画中人物灵动曼妙的舞姿，领略莫高窟博大精深的佛教艺术，此举还有效地保护了珍贵历史文物。台湾中研院数字人文项目“从北纬 23.5°出发——陈澄波”，对丰富的史料进行数字化研究，以地理信息系统为框架展示了陈澄波的游览行迹，并结合地图展现陈澄波的创作作品，通过不同主题展示了陈澄波丰富的人生。上海博物馆“明代吴门书画家书札精品展”数字人文项目，通过“见字如面”栏目展示了明代中晚期的吴门名人间的书信内容，以关键词云的方式生动活泼地展现当时人们交流的热点内容，通过“云中谁寄锦书来”栏目清晰展示了当时名人复杂的人物关系及来往书信。上海博物馆的数字人文项目“董其昌书画艺术大展”，通过将明代书画家董其昌的书法绘画作品

① 刘炜、叶鹰：《数字人文的技术体系与理论结构探讨》，《中国图书馆学报》2017 年第 5 期，第 32 ~41 页。

与明代中国和欧洲史事、艺术大事记结合，以时间轴的方式关联展示其中的相关关系，并通过地图展现其游历的行迹，还从家族、艺术、官场、科举等不同维度展现了董其昌的社会交往关系。

以上这些针对博物馆的数字人文研究都是基于博物馆的藏品数据或历史数据做的研究，研究的是古代人文，而在博物馆体系中，还存在另一类重要的数据：观众服务大数据。这类数据体量巨大、类型多样、真实准确、鲜活并富有价值，而利用观众服务大数据进行的数字人文研究却很少。相对于对藏品和历史做的古代人文研究，根据观众服务大数据进行的人文研究也是非常必要的，并有巨大的发展潜力。

二　博物馆观众服务大数据与城市新移民问题的提出

随着博物馆数字化建设的开展，数字媒体平台与交互网络等技术得到广泛应用。它们在为观众提供参观、体验、互动、分享等多种数字化服务内容的同时，大量的观众数据通过各类传感器材、社交媒体、交互设备等媒介得到实时采集，这些数据统称为观众服务大数据。我们以国家海洋博物馆观众服务大数据为例，研究观众服务大数据的来源、管理、分析过程，并通过大数据分析城市新移民这一文化现象，探索利用观众服务大数据为这些城市新移民提供定制化的博物馆服务，以此增强他们的文化认同感，从而更好地融入城市，为当地城市和谐发展做出贡献。

1. 博物馆观众服务大数据的来源

在博物馆中，观众服务类产品多样、场景众多，观众数据来源非常庞大，以国家海洋馆观众服务大数据为例，观众服务大数据的来源可以分为四类。

第一，观众主动数据，指观众自主行为产生的数据，包括观众在电脑端、手机端预约基本门票，3D 影厅、社教活动等的预留信息；会员、志愿者招募填报信息；观众出示预约二维码、身份证验证、刷脸入馆过程中，智能闸机采集到的观众身份特征信息；观众租用导览终端时的手机支付信息；观众在互动大屏现场实时留言信息；观众通过人脸识别登录导视屏、查询修改个人收藏、变更影厅场次、修改活动预约、文创产品订购等信息。

第二，观众被动数据，指观众在参观体验过程中无感知自动生成的数据，包括博物馆微信、网站、头条号、小程序等融媒体平台的点击浏览、阅读习惯；观众点触导视互动屏查询展厅、展品及服务设施，智能语音交互问答，地图指引导航过程中采集到的信息；观众使用手机 App、小程序、专用导览硬件终端参观游览过程中获取到的位置、轨迹、收听时长、停留时间等信息；观众跟随团队讲解服务时的行进轨迹、和讲解员的提问互动、对讲解服务的评价等信息。几乎每一次观众和信息化系统的功能交互都能够留下数据痕迹，结合用户系统、会员系统以及越来越普及的人脸识别，又可以将这些数据和观众个体关联。

第三，机器和传感器数据，指博物馆中机器设备和传感器采集到的数据，这也是观众服务大数据的重要来源。包括建筑智能化系统提供的数据，观众参观区的用水、用电、能耗、光照，甚至是洗手间的占用情况；公共空间和展厅的环境温湿度；基于机器视觉和无线电探测的智能客流统计传感器矩阵采集到的实时观众客流量和聚集度等信息。

第四，与观众相关的外部数据，来源于国家权威机构和第三方平台，包括未来几天内的天气预报数据，海博馆外周边海域水文数据、潮汐预报；市内及周边高速路网来馆的交通信息、出行数据；融媒体平台舆情分析、热门词云等信息。

2. 城市新移民问题的提出

观众服务大数据来源于观众服务相关系统内容的建设和运行，对观众服务大数据进行科学合理的分析，又可以为观众服务提供反馈和参考，可以进一步促进观众服务水平的提高，二者相互促进，形成良性的业务闭环。管理好数据，并不仅仅是管理好数据库，数据的质量不仅仅取决于它本身，更取决于它的用途。数据分析的核心工作是 KDD（Knowledge Discovery in Database），即从数据集中识别出有效的、新颖的、潜在有用的，以及最终可理解的模式的非平凡过程。[①] 观众的智慧服务数据来源于多个场景、多个

① 耿雷：《数字化博物馆中的观众数据分析》，《美与时代》（城市版）2017 年第 11 期，第 92~93 页。

子系统，为把这些零散的数据汇聚分析，建立了面向业务需求的数据分析ETL（Extract-Transform-Load）模型。从多媒体来源、各式传感器渠道等各种信息来源中抽取相关信息数据，并将提取的数据进行清洗冲刷，最终转换为数据分析需要的数据格式和规模，将不同子系统的数据组合在一起进行统一分析。

在国家海洋博物馆智慧博物馆管理和应用系统建设及运行过程中，我们通过票务系统、智慧导览系统的数据关联统计分析发现，观众身份证归属地和手机号归属地统计到的信息对比存在较大的偏差，而同类人群又在报名的志愿者中占有较大比例。可以大胆地推断，这些人群里，很大一部分是这个城市的“新移民”。

为此根据对第六次全国人口普查数据的分析，得出各个省（区、市）外来人口与本地人口的对比情况。通过对比可知，城市新移民现象在全国已经非常普遍，外来人口已经成为各地人口的重要组成部分，北京、上海的外来人口数量已经超过本地居民的数量。从实际情况来讲，城市新移民的数量要比统计的数量更多，因为以上统计数据是按照户籍地统计的，也就是说那些取得当地户籍的居民被当作本地居民进行统计，从文化的角度上划分，他们也应属于城市新移民行列。博物馆可以对入馆城市新移民进行更精确的统计，通过观众在参观博物馆时产生的各种维度的观众大数据，可以分析出观众的出生地或者原居住地，从而能够更精确地统计出城市新移民信息，进而为他们提供更精准的服务。

三　观众服务大数据与城市新移民智慧服务

怎样使城市新移民融入当地的生活，获得更多的归属感和认同感是各地研究的重要问题。特别是近年来，为了城市的发展，不少城市认识到人才对于城市发展的重要性，相继出台人才优待政策，各地甚至出现了“抢人”战略。吸引人才除了制定优惠的落户、就业、创业、住房等政策外，文化认同感和归属感也是非常重要的一部分。只有增强城市新移民的文化认同感和社会融入感，才能把人才引进来，并且使人才留得住。

博物馆作为文化传承传播的重要阵地，可以在这方面发挥更大的作用。以博物馆文化服务为窗口，促进新移民融入城市社会，通过博物馆提供的各种文化服务促进城市新移民产生文化认同感，适应城市文化，或者说通过博物馆文化服务，使新移民“家乡文化”融入城市文化，需要依托观众服务大数据为城市新移民观众提供智慧服务。

“博物馆智慧服务主要是针对公众服务需求，以多维展现互动形式，实现公众与博物馆藏品交互的高度完美融合，为公众提供无处不在的服务，主要包括展示与体验、教育与研究、分享与传播、纪念与回忆等方面。”① 针对博物馆观众里城市新移民的服务需求，可以通过对观众服务大数据的分析并配合博物馆内的各种智慧系统及导视屏、导览机等设备，向观众呈现定制化的展示内容。

1. 和其他省（区、市）博物院进行合作，举办专题展览

以国家海洋博物馆为例，根据对来馆观众的身份证信息进行归属地分析，分析出城市新移民的原居地空间分布情况。来馆的城市新移民中，原居住地在河北、山东、河南、黑龙江的观众数量较多，这也基本符合天津的外来人口构成。根据观众的来源，可以与外省博物院进行合作，举办专题展览，为城市新移民集中提供展现“家乡文化”与“当地文化”交融的博物馆文化服务。

文物具有脆弱性和珍贵性，不适合长途运输，并且实体文物的展出不仅需要大量的展陈空间，也会耗费巨大的展出成本。随着数字技术的发展和国家文物局数字化保护工程的大力开展，博物馆的展览不再依赖文物本身，可以利用各个博物馆丰富的数字化资源，增加文物资源的地区流动，通过举办数字展览，让这些城市新移民感受到文化的交流，找到文化的联系，从而更好地融入城市。

---

① 宋新潮：《智慧博物馆的体系建设》，《中国文物报》2014 年 10 月 17 日，第 5 版。

2. 创新导览方式，提供关联文物推荐

关联数据是国际互联网协会发布的规范，是语义信息编码、发布和利用的方式，用来发布和连接各类数据、信息和知识。关联数据技术通过有意义的方式链接文化数据，可以大大扩展数据的应用范围，增强数据在网络中的被发现能力。关联数据技术的成熟使机器可理解和可处理的高质量数据集发布变得日益便利，由此大大促进了结构化与语义化数据资源的建设和再利用。博物馆可以利用关联数据技术对数字资源进行更好的利用，已有不少业界同人对关联数据技术的应用做了积极探索。上海图书馆利用关联数据技术建立了一系列文献知识库，将不同结构、不同格式的文献进行知识关联，并在网站上提供了开放资料服务。易军凯基于关联数据技术，针对博物馆领域，在数据之间构建语义关联，并进行语义融合，总结出了数字资源语义自动关联融合的方法，并做了实践验证。

关联数据技术的有效利用为博物馆数字资料开放、关联、共享提供了新的思路。目前博物馆的数字资料一般是封闭的，数字资源只能作为藏品的标签存在，并不能发挥其最大功用，倘若博物馆能够以开放性思维，运用数据关联技术对这些数字资源进行共享，拆除数字资源之间的壁垒，则可以使不同格式、不同类型、不同结构的藏品数字资源建立关联，博物馆就可以对藏品数字资源进行更好的关联展示。文物不是孤立存在的，文物更重要的是历史的见证，各个博物院相关的文物在时间上或空间上会存在一定的关联性，可以结合城市新移民观众的属地特征自动找出与其家乡相关联的文物，推荐给观众，创新导览方式，为观众提供定制化的导览服务，提高观众的观赏兴趣，让观众发现文化之间长久以来的交融和联系，增强观众的文化认同感，让观众更好地融入城市。

3. 丰富展示内容，古今人物迁徙轨迹叠加

历史上也有很多名人并不是常居一地，也和很多地方有过交集。有不少数字人文学者结合地理信息系统这一技术，以专题地图的方式静态或动态展现古代名人的行游轨迹，如郑和下西洋航海路线地理可视化展示，玄奘西行万里的行程路线展示，张骞出使西域路线地图展示，以及陈澄波和董其昌的

行游轨迹图及作品地图。浙江大学社会科学研究院与哈佛大学地理分析中心共同建设的学术地图发布平台，以开放的方式展现了李白、杜甫、汤显祖等古代名人的人生行迹图，并支持用户上传图层数据创立自己的地图，从空间维度展示中国的人文与历史。

结合博物馆的城市新移民观众服务需求，可以使用地理信息系统空间分析的方法将城市新移民观众的迁徙路线与历史名人的行游路线进行叠加分析，选择和城市新移民迁徙路线有交集的名人轨迹、作品、生平等内容推荐给观众参观欣赏，历史名人的奋斗故事、传奇经历也许会让观众产生共鸣，激发观众落地生根、努力奋斗的热情，使观众拥有精神榜样和奋斗目标。

四　展望

随着信息获取维度的不断扩充，博物馆观众服务大数据将更加丰富，更加准确。信息处理、机器学习等技术的不断推进有助于博物馆对观众服务大数据进行更好的管理和挖掘分析，从而发现更多的文化现象，助力数字人文研究更好地发展。随着数据丰富程度和精细程度的增加，博物馆可以为观众提供更为精确的人物画像，不仅可以基于地域为城市新移民提供合理的参观导览服务和内容展示，还可以基于职业、兴趣、爱好、年龄等不同因素的综合，为其他各类观众提供定制化的参观服务，使博物馆服务展现出千人千面的文化特征，更好地发挥博物馆的职能定位，更好地促进文化发扬传播。

B.6
数字人文的历史与发展：多学科的融合与对话研究

罗　丹*

摘　要： 自20世纪90年代以来，数字人文在国际上及在中国均成为引人注目的新兴研究领域。学界在这方面的研究与应用，近年来有了长足的发展。但学界对于数字人文的定义和概念，并没有一个统一的答案。对此，本报告从数字人文的发展历史开始谈起，梳理其发生、发展，并与其他学科结合运用的历程。此外，还讨论了数字人文的发展所引发的争论，即西方学界围绕数字人文的认识论所提出的问题：数字人文代表的是一种人文研究的新理论方法，抑或是重点在于制造数字工具或方法。

关键词： 数字人文　人文计算　信息技术

近年来，数字人文已成为一个蓬勃发展的新兴研究领域，围绕其所展开的讨论以及研究成果逐渐开始呈现，不仅包括研究性的论文，更重要的为学科结合的实践成果——数字典藏以及资料库的出现与使用。在此基础上，学界开始了一些大型项目的启动与运作，以期将数字人文的方法及技术更多地运用至人文学科的研究当中。这些都说明了数字人文这个新兴学科或者产业

* 罗丹，中山大学哲学系（珠海）副研究员。

所引起的重视。

在中国，数字人文已经逐渐成为一个热议的话题。虽然相较于欧美国家，中国的人文研究与数字化结合起步较晚，但自2001年开始，北京大学等高校与北京爱如生公司携手，推动了一项大型数字化计划，即《中国基本古籍库》。这项我们现在已然受惠的计划包括了大部分中国古籍，全文超过17亿字。这个计划也可以说明起码自千禧年伊始，我国人文研究就开始了数字人文之路。

但究竟什么是数字人文？这个问题不容易回答，事实上，学界至今对此并没有一个统一的答案。[①] 为了厘清这个问题的来龙去脉，本报告将回顾其发展历程，或许对理解并回答什么是数字人文有所帮助。

一　数字人文的发展历史

关于数字人文的研究并非近几年才出现的议题，但直到数字人文（digital humanities）一词出现，才兴起了热潮并受到各方关注。

现有的研究中，已将数字人文的历史追溯至20世纪中叶，其伴随着计算机的发明和应用而产生。在当时，一些具有人文研究背景的研究者，如比较文学、古典文献学、语言学等学者将其从事的研究与计算机的应用联系在一起，兴起了所谓的“人文计算”热潮。[②] 而Susan M. Hockey就明确地认为数字人文领域的发展起源于1949年，Roberto Busa神父使用电脑对神学家托马斯·阿奎纳（St. Thomas Aquinas）的著作按照索引的方式进行词汇的分类和处理，以期梳理阿奎纳的著作。将Roberto Busa神父视作数字人文领域

① 项洁、陈丽华：《数位人文——学科对话与融合的新领域》，载项洁编《数位人文研究与技艺》，台北：台湾大学出版中心，2014，第9～23页。

② S. Ramsay & G. Rockwell, “Developing Things: Notes toward an Epistemology of Building in the Digital Humanities,” in M. K. Gold, ed., *Debates in the Digital Humanities* (Minneapolis: University of Minnesota Press, 2012), pp. 75–84.

开端人物的这一观点，在学界得到了众多学者的认可。[①] 而 Busa 神父不仅被视为人文计算机技术的先驱人物，他与 IBM 创始人 Thomas Watson 的合作更让他闻名于世。

自 Busa 神父将计算机技术用以分析古典神学著作伊始，人文学科便开启了使用计算机技术处理、分析、整理文本研究之路。不仅神学研究，历史学、艺术学、文学、音乐学、舞蹈学、戏剧、考古、哲学以及与文化表达相关的研究领域纷纷开始运用这种理科技术。而 Busa 神父将这一技术方法称为“humanities computing”（人文计算），定位为自动化分析人类的意思表达（也就是精致的“人文”活动），包括音乐、戏剧、绘画、诗词等，然而其核心仍是画面的文本与文字。[②]

到了 20 世纪 70 年代至 20 世纪 80 年代，信息科技和人文研究之间的关系从探索阶段进入了新的磨合期。随着计算机的推广以及技术的提升，研究者们开始思考计算机在研究方面的使用范围，以及如何使用的问题。越来越多的教学机构、研究机构成立，开始围绕将计算机运用于人文研究的议题进行相关的讨论和研究，这一阶段的研究机构和其研究成果成为信息技术与人文研究真正结合的重要支撑力量。20 世纪 90 年代，个人计算机的普及和互联网的流行，让人文计算真正得到突破性发展，使两者的结合提升至新的境界。世界各地开始致力于将各种历史材料、档案等珍贵文献数字化，在这种情况下，图书馆数字化、博物馆电子化趋势开始出现。各种数字典藏和电子资料库开始建立，为读者人群的扩大奠定了基础。各式各样的资料库开始出现，多数历史文献被扫描、拍照，制成了与原件极为相近、真实度高的数字影像，并配有专家撰写的描述性资料。还有将文献材料进行全文字输入的数字化呈现。[③]

---

① J. Drucker, D. Kim, I. Salehian, *Introduction to Digital Humanities: Concept, Method, and Tutorials for Student and Instructors.*

② Roberto Busa, “The Annals of Humanities Computing: The Index Thomisticus,” *Computers and the Humanities* 14 (1980): 83 – 90.

③ S. Hockey, “The History of Humanities Computing,” In S. Schreibman, R. Siemens, & J. Unsworth, eds., *A Copanion to Digital Humanities* (Oxford: Blackwell, 2004).

随着电子文档的产出增加，“人文计算”的内容已不限于文字和文学，媒体类型扩大至图片、语音和影像。逐渐地，“人文计算”的称呼不足以完整诠释这个领域的内涵。计算机技术参与人文计算的比例逐渐增加，这个领域需要一个新的称谓。[①] 2004 年，Susan Schreibman、Ray Siemens 和 John Unsworth 等三位学者合作出版了一本回顾“人文计算”几十年发展历程的著作，最初书名为 *A Companion to Humanities Computing*，而当时负责的 Blcakwell 出版社为了吸引更多读者，与作者商讨后希望改名为 *A Companion to Digitized Humanities*，而最终定稿为 *A Companion to Digital Humanities*。[②] 这是首次出现 digital humanities（数字人文）。它的出现很快受到人们的热烈欢迎，甚至推动了一个领域的构建，不仅包括此前已存在的人文计算机构，也催生出一些新的研究计划和项目，甚至是组织机构。[③]

二　全球发展趋势

早在 20 世纪 90 年代，当时尚未引起全球热议的“人文计算”在世界各地已经逐渐形成一股研究趋势，并且日渐成熟。我们可以从各地出现的研究机构、会议以及学术期刊看出端倪。

1994 年，乔治梅森大学（George Mason University）成立了一所新研究所，名为“历史与新媒体研究中心”（Center for History and New Media）。这是在高等院校单位内较早成立的以历史研究和新媒体结合为中心的研究机构。而远在英国的伦敦国王学院将其原有的人文运算中心（Centre for Computing in the Humanities）改名为“数字人文学系”（Department of Digital

① Wendell Piez, “Something Called ‘Digital Humanities’,” *Digital Humanities Quarterly* 2（1）（2008）：1 - 11.

② S. Schreibman, R. Siemens, & J. Unsworth, eds., *A Companion to Digital Humanities*（Oxford：Blackwell, 2004）.

③ T. Scheinfeldt, “Sunset for Ideology, Sunrise for Methodology?” in M. K. Gold ed., *Debates in the Digital Humanities*（Minneapolis：University of Minnesota Press, 2012）, pp. 124 - 126.

Humanities）。[①] 而在美国，东西岸的知名大学先后设立了以数字人文为中心的机构或者实验室，如斯坦福大学的斯坦福人文实验室（Stanford Humanities Lab）、加州大学洛杉矶分校的数字人文中心（Center for Digital Humanities-UCLA）、哈佛大学的数字人文先导计划（Digital Humanities Initiative & Humanities 2.0）。这些高校所建立的数字人文研究组织面向校内的人文研究相关学系，发展数字研究工具，为人文研究提供了讨论和研究的平台以及工具。[②] 为数不少的大学还开设了相关的硕士课程，并开展了众多跨学科的项目，涉及历史、考古、艺术史、英美文学、建筑等多个学术领域。

在英美学术圈内也出现了专门的协会组织，其中较为重要的有国际数字人文组织联盟（Alliance of Digital Humanities Organizations）、计算机与人文科学学会（Association for Computers and the Humanities）、文学与语言计算协会（Association for Literary and Linguistic Computing）和数字人文学会（Society for Digital Humanities）等。这些协会将不同学校及地区的数字人文中心及学者整合起来，形成了一个庞大的国际学术社区，定期组织会议及各种学术活动。[③]

而在亚洲，虽然起步较欧美国家晚，但数字人文的研究亦兴起于一些高等院校内。如日本的立命馆大学建立的京都数字文艺研究中心（Digital Humanities Center for Japanese Arts and Cultures），其致力于日本艺术的数字人文研究，借助多种技术创新日本和京都的历史与文艺研究、教育和传播方法，并与日本任天堂游戏公司合作，研究成果直接推动了日本文化在电子游戏中的展示，以此促进日本传统文化和文艺的延续及发展。[④]

除了日本，新加坡与中国港台地区的数字人文在进入 2000 年后，开始

---

① D. Spaeth, "Research and Representation: The M. Phil in History and Computing," *Computers and the Humanities* 37（1）（2003）：119－127.

② 于亚秀、李欣：《美国高校图书馆的数字人文服务实践——以加州大学洛杉矶分校为例》，《图书馆论坛》2018 年第 9 期，第 30～37 页。

③ 陈静：《历史与争论——英美"数字人文"发展综述》，《文化研究》2014 年第 2 期，第 206～221 页。

④ 王晓光：《"数字人文"学科的产生、发展与前沿》，载全国高校社会科学科研管理研究会组编《方法创新与哲学社会科学发展》，武汉大学出版社，2010。

进入活跃的发展阶段。中国台湾地区的高校与科研机构极为主动。自2002年伊始，台湾展开了持续11年的数字典藏大型计划。2008年，参与此计划的台湾大学设立“数位典藏研究发展中心”，2012年改为名“数位人文研究中心”，为台湾地区第一个以数位人文①为名的研究单位。2013年中研院成立“数位文化中心”，是大型数字典藏计划退场之后的延续性机构。此外，政治大学大型计划“数位人文中心”，法鼓山佛教学院亦有相关计划。② 而中国香港和新加坡的高校，也相继开展相关的数字计划，尤其是在数据库、文献典藏方面。

我们可以看到的是，围绕数字人文而建立的研究机构现在已经不仅局限于区域内的独立组织，跨地区、跨国机构已经相继成立。2005年，数字人文组织联盟（The Alliance of Digital Humanities Organization）成立。2007年，数字人文中心网络（centerNet）于美国华盛顿成立，这个机构截至2019年已吸引了来自19个国家的200多名成员加入。③

此外，关于数字人文的学术期刊在2000年后开始陆续成立并发行。而且这些期刊不乏仅采取网络出版的，摒弃了传统的出版模式。与此同时，亦开始推动版权共享和开放发表的举措。这当中，《数字人文集刊》（*Digital Humanities Quarterly*）就是一个例子。④ 自2007年创刊至今，这份刊物所涵盖的议题甚为广泛，且采取了同行评议并试用了“CC”版权下的开放访问方式。

三 何谓数字人文——从争论谈起

从上述数字人文发展状况可看出，数字人文一词在近20年以来已被迅速地消化及使用，已成为一个内涵丰富的领域。我们可以说，数字人

① 台湾及香港地区将“digital humanities”称为“数位人文”。

② 项洁、陈丽华：《数位人文——学科对话与融合的新领域》，载项洁编《数位人文研究与技艺》，台北：台湾大学出版中心，2014，第9～23页。

③ 关于centerNet，请查阅http：//dhcenternet. org。

④ 陈静：《历史与争论——英美“数字人文”发展综述》，《文化研究》2014年第2期，第206～221页。

文的出现并非偶然，而是这个时代发展的一种趋势。那么作为一个多学科的复杂领域，数字人文的定义以及其从业者的身份也出现了多元性和含糊性。随着数字人文的发展及其内容的扩张，新的内容与力量不断涌入，使这个领域的边界和成员资格如何界定变得更为复杂。于是，在2011年后，许多西方学者卷入了一场“数字人文学者到底意味着什么”的争论。

这个争论是由内布拉斯加大学的人文数字研究中心的Stephan Ramsay发起的，他认为数字人文学者必须“建造”东西（如档案、方程式、系统等），才能有资格成为这一领域的一员，即他反对零门槛的，任何人都可以宣称自己是数字人文学者。[①] 这一观点引起了非常大的争论和讨论，时至今日这个争论仍在进行。

从表面上看，这一争议反映了研究取向及研究方式上的差异，但从深层次而言，这是方法论和认识论上的矛盾冲突引起的争议。这一取向导致20世纪末21世纪初，学者们在整合信息和构建学科体系的过程中逐渐将曾经处于重要地位的文字学、词汇学、文献学等排除到学科的边缘。而如今数字技术的兴起，意味着这曾被抛弃的方法论传统将回归严肃的学术圈，也是学界摆脱意识形态以及各种“主义”的禁锢，重新整理建构学科体系和工作的契机。[②] 我们可以看到的是，这一争论发展至今，所围绕的议题都反映在如下问题上：数字人文中的技术方法，如何以及在怎样的基础上对人文发展有所帮助？除了更快、更容易地处理大量的资料外，数字方法是否只是印证我们已有的想法？数字人文是否能将人文转化成“能实证”和“能证伪”的实证科学？信息工具能经由诠释上的操作，深刻地改变或甚至改造人文学科吗？[③]

---

① M. K. Gold, “The Digital Humanities Moment,” in M. K. Gold, ed., *Debates in the Digital Humanities* (Minneapolis: University of Minnesota Press, 2012), pp. ix - xvi.

② T. Scheinfeldt, “Sunset for Ideology, Sunrise for Methodology?” in M. K. Gold, ed., *Debates in the Digital Humanities* (Minneapolis: University of Minnesota Press, 2012), pp. 124 - 126.

③ 项洁、陈丽华：《数位人文——学科对话与融合的新领域》，载项洁编《数位人文研究与技艺》，台湾大学出版中心，2014，第9～23页。

作为一个多学科结合的新领域，数字人文的从业者从一开始就呈现出了多元性，其中包括传统层面的人文学者，如从事文学、历史、宗教、艺术、哲学、建筑、媒体的文化研究者，同时还包括了理科层面、具有计算机技术的研究者或者技术人员，如信息技术员、图书馆管理员、计算机程序员等。而身处这个新兴领域的学者，其实从开端的时候就试图去解决并明确他们所从事的研究范围。前文所提及的人文计算的先驱、意大利的 Roberto Busa 神父认为人文计算化最重要的结果不是加快传统人文研究的速度，而是为传统的人文研究提供新的研究方法和研究范式。① 这一定义表明数字人文的出现在本质上属于一种方法论和研究范式上的创新，目的在于将现代信息科技融入传统的人文研究与教学中，从而在根本上改变人文知识的获取、标注、比较、取样和诠释的方式。②

在 2001 年，文学与语言计算协会所召开的年会中，为了明确数字人文的研究范围和方法，David Robey 教授绘制了一幅人文计算地图（A rough map for humanities computing）（见图 1），后由 Willard McCarty 撰文诠释了这幅地图的内容。McCarty 教授指出该地图以数字人文研究方法论为核心区域，它们是这个领域的共同研究基础，包括数据分析、文本分析、图像、音乐、媒体工具等。在这些技术方法的支持下，可以对多种人文学科的信息和知识进行处理和分析，如文学、语言学、历史学、文献学、音乐学、表演等学科。但这种学科之间，或者说方法技术之间的输入与输出并不是恒定、单一方向的，人文计算可以说是一种双重角色，它可以随着学科条件和信息技术的发展而不断变化。③

① Roberto Busa, "The Annals of Humanities Computing: The Index Thomisticus," *Computers and the Humanities* 14 (1980): 83 - 90.

② Schreibman Susan, Siemens Ray, and Unsworth John, eds., *A Companion to Digital Humanities*, Blackwell Publishing, 2004.

③ Willard McCarty, "Humanities Computing," *Encyclopedia of Library and Information Science*, Marcel Dekker, 2003, pp. 1224 - 1235.

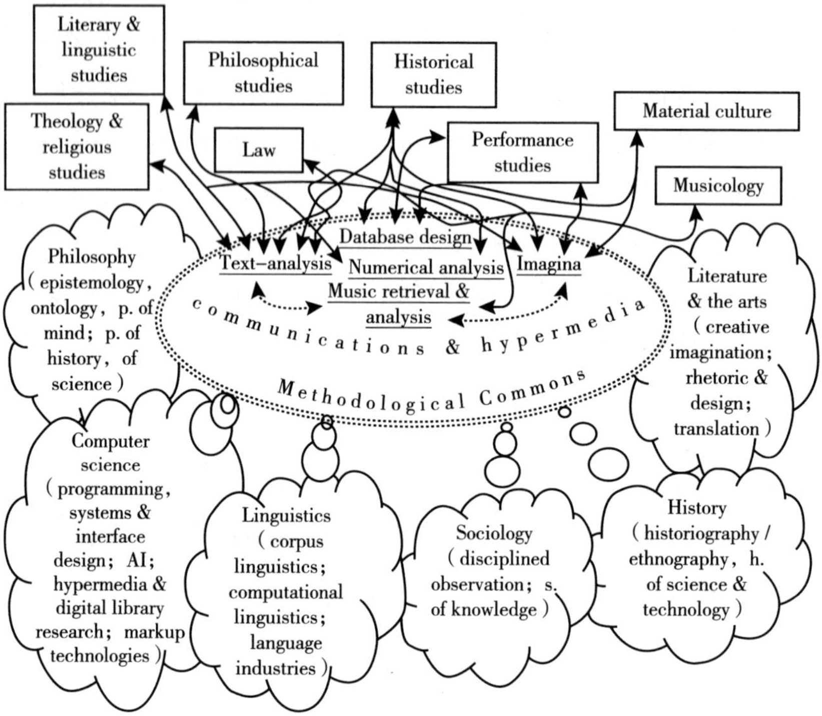

图 1　David Robey 教授绘制的人文计算地图

资料来源：Willard McCarty, "Humanities Computing," *Encyclopedia of Library and Information Sciences* (Marcel Dekker, 2003), pp. 1224 – 1235。

四　余论

或许我们可以从数字人文地图以及 McCarty 教授的诠释中窥探出数字人文的研究取向和方法，但学界仍然没有达成共识，或者说数字人文论争的焦点之一便是它的核心价值到底是什么。换句话而言，数字人文学者要解决和思考的问题仍然为数字人文的研究重点，即是人文还是数字，数字人文究竟是一种方法还是最终的研究目的。

关于数字人文的概念，台湾大学教授项洁、涂丰恩的观点则相对准确，即数字人文作为一个发展中的新领域，应该以一个开放、包容的定义来取代太过明确、狭义的界定，如此才能包含各式的可能性和想象，扩大数字人文所蕴藏的能量和潜力。[①]

① 项洁、涂丰恩：《导论：什么是数位人文》，载项洁编《从保存到创造：开启数位人文研究》，台湾大学出版中心，2011。

B.7

数字人文视阈下中华优秀传统文化的传承创新发展

王梁宇*

摘　要：　中华优秀传统文化的创新发展在当前面临海量文献典籍与文化资源整理保存难题，亦面临文化价值内涵研究解读和阐释不足、传播手段与渠道单一、传播效力弱等问题。数字人文的蓬勃发展，为解决这些问题提供了新思路，让优秀传统文化的保护整合、研究阐释、传播弘扬有了新路径和新范式。数字人文背景下推动中华优秀传统文化的传承和创造性转化与创新性发展，须坚守中华优秀传统文化的本位意识，做好传统文化的文本筛选、语境转换、话语对接、内容重构、成果共享。

关键词：　数字人文　传统文化　文化传承　创新发展

中华优秀传统文化是中华民族在长久的历史实践中形成、发展并经过历史淘选后积淀下来的各类文化中的精华部分。具体而言，从内容上说，中华优秀传统文化是以以孔孟为代表的儒家文化为主体，兼容其他多种文化，在政治、经济、思想、艺术等领域的各类物质和非物质文化中的积极部分；就时间而言，中华优秀传统文化是 1911 年辛亥革命之前的中国文

* 王梁宇，深圳大学文化产业研究院博士研究生、讲师，主要研究方向为文化产业与文化创新。

化精华。①

中华优秀传统文化内容丰富、内涵深刻，值得我们不断去开掘与传承、创新。当前，我们正肩负着中华民族伟大复兴的历史使命，中华民族的伟大复兴也有赖于文化复兴，而文化复兴离不开中华优秀传统文化的传承和创新发展。习近平总书记曾强调要“推动中华优秀传统文化创造性转化、创新性发展，让中华文明的影响力、凝聚力、感召力更加充分地展示出来”。②由此，中华优秀传统文化的创造性转化和创新性发展是一个事关民族文化复兴的大课题。当前，中华优秀传统文化的保存展示、内涵挖掘、意义阐释、传播弘扬等方面还存在问题，影响甚至制约了中华优秀传统文化的传承创新和创造转化，迫切需要我们寻找到助推中华优秀传统文化创新发展的新的技术方案和路径。

一　中华优秀传统文化的传承发展及其问题

中华优秀传统文化是我们中华民族精神家园的源头，我们民族的或个体的一切行为观念和思想意识都可以在传统文化中找到根由。我们总是以自己的肉体和灵魂为载体不断传承和发展我们的优秀文化传统，并从中汲取文化的养分。文化的发展源自文化的传承，无传承则无发展；文化的创新也基于文化的传承，无传承则难有创新。中华优秀传统文化的创造性转化和创新性发展首先根植于对中华优秀传统文化的良好传承。

著名文化史家庞朴认为“传统文化是过去的已经完成了的那些东西”，是“死的”，而文化传统是“在你的观念里边在你的行动当中支配着你的观念和行动的那个活的东西”。③ 传统文化是静态的、完成时的文化，文化传

① 杜悦：《什么是国学？什么是传统文化？——中国文化研究所刘梦溪所长访谈录》，《中国教育报》2007年5月23日，第5版。

② 习近平：《在第十三届全国人民代表大会第一次会议上的讲话》，人民出版社，2018，第9页。

③ 庞朴：《文化的民族性与时代性》，中国和平出版社，1988，第159页。

统是动态的、延续性的，文化传承发展就是不断地将传统文化转变为文化传统的活化的过程。但是在当前我们的传统文化传承发展中，无论是在静态的传统文化还是动态的文化传统方面，都存在一定的问题，影响了中华优秀传统文化的创造性转化与创新性发展。

从静态的传统文化传承来说，面对海量的传统文化文本典籍与文化资源，存在整理保存和利用不善的问题。一方面，部分文献资料因年代久远，淹没在文献的海洋中，正慢慢地失去生命活力；有些文献虽然受到了良好的保护，也只是被束之高阁，静静地躺在古籍特藏室内，作为文化古董被小心看护，失去了其作为文化传承载体的应有之义。另一方面，随着科技的发展，虽然现在我们已经将技术手段应用于传统文化资料的整理与保存上，实现了对一些传统文化典籍和文献资料的数字化处理与保存，建成了相应的文献资料数据库，但是在传统文献资料与文化资源整理和保护对象的选取上，由于人力和技术等方面的限制，我们更多地集中在“二十四史”“十三经”以及历史文化名人作品集等文化的主脉方面，对其他散布于文献海洋中的杂集、别集及民间文化等更广泛的文化支脉方面的文献尚未涉及。在文献的数字化过程中，我们更多地也只是采用数字扫描手段，将原来的纸本呈现方式变为数字形式，由原来的藏之名山变为藏之数据库。而且目前的数据库往往专业化程度较高，仅能供专家学者研究所用，难以走向民众的文化生活，没能实现文化资料的很好利用和真正共享。出于这些方面的原因，一定程度上，我们对传统文化价值内涵的研究阐释还不够充分。

在动态的文化传承和文化传统建构方面，对传统文化的内容梳理和研究释阐还不到位，传统文化传播手段和渠道单一、传播效力不足。首先，我们的传统文化年代跨度大、内容丰富驳杂，其中的很多文化内蕴、精神特质和价值内涵值得深入研究，但受制于对文献资料的掌握程度，对传统文化的研究往往还较多地集中于微观层面的文化典籍梳理阐释、文化名人及文化事件研究等方面，而对中观层面的文化现象、文化流变等的研究和对宏观层面的传统文化精神、文化特质、文化发展规律等的整体性系统性把握还不足。在具体研究阐释中，因为对传统文化文献资料掌握不充分，甚至出现片面解读或错误解读的现象。其次，传统文化的传播弘扬形式单一，没能很好地利用最新传播手段，多局限于书籍印刷出版和数据库建设等方面，加之传统文化典籍文言文的书写形式在一定程度上削弱了其传播效力，导致传统文化虽然人人知晓，但是人们对其丰富内涵却难以全面理解，甚至误以为传统文化就是“三纲五常”等。对传统文化理解的偏颇和片面，使我们很难树立起传统文化的主体意识，因此在面对现代消费文化和外来文化冲击时，我们往往显得异常被动。

传统文化的创新发展必须要面对上述静态的传统文化传承和动态的文化传统传承建构两方面的现实问题，以更好地解决我国传统文化正遭遇着的生存土壤缺失、外来文化威胁、内容载体局限、碎片化生存、混乱解读以及娱乐化解构等困境。[①] 数字人文的兴起与广泛应用，为当前数字化时代解决传统文化传承发展面临的上述问题提供了新的技术方案，从而为实现优秀传统文化创新发展提供了新路径。

二　数字人文助推中华优秀传统文化创新发展

（一）数字人文概述

1949 年意大利人文学者 Roberto Busa 提出“人文计算”（Humanities Computing）的概念，把计算统计信息技术首次应用于文学与语言学分析，成为该领域的先驱。[②] 由于人文计算强调将计算工具应用于艺术与人文研究领域，或使用计算工具产生艺术与人文数据[③]，所以其自诞生之日起，就开辟了人文学科全新的研究模式。伴随计算机技术的发展，到 20 世纪 60 年代，

① 秦枫、徐军君：《突围与重塑：数字媒介环境与传统文化传播》，《内蒙古农业大学学报》（社会科学版）2015 年第 2 期，第 115 页。

② Anne Burdick，Johnana Drucker，Peter，Lunenfeld，Todd Presner，Jeffrey Schnapp，*Digital-Humanities*（Cambridge：Massachusetts Institute of Technology Press，2012），p. 123.

③ “Is Humanities Computing an Academic Discipline?，” http//www. iath. virginia. edu/hcs/purpose. htm.

人文计算被广泛应用于语言统计、人文运算、历史计量、图书统计等多个领域，并在1966年诞生了第一本专业性的人文计算期刊——《计算机与人文》(*Computers and the Humanities*)，1977年出现了第一个人文计算研究学会——“计算机文学与语言学学会”(The Association for Literary and Linguistic Computer)。到20世纪90年代，互联网的大规模应用和新媒体的出现，加快了人文计算在人文学科领域的应用，人文计算的数据分析和宏观研究范式进一步推进了人文学科跨学科研究的发展。21世纪以来，数字技术和互联网技术的飞速发展大大扩展了人文计算的研究领域，丰富了人文计算的研究手段，催生了人文计算的理论变革。伴随着2004年《数字人文指南》(*A Companion to Digital Humanities*)一书的出版，大约到2006年的两年间，原来“人文计算”的提法逐渐被“数字人文”的新提法所取代。① 关于“数字人文”，目前尚无一个大家共同认可的概念②，只是人们普遍认为“数字人文”是使用数字技术从事人文学科领域的研究。

近年来，数字及人工智能技术的普遍应用，进一步推动人文研究与数字技术的广泛与深度融合，数字人文超越了原来单纯的人文计算和人文数据研究，不断将新的先进数字技术纳入范围内。例如，有学者研究后认为，当前数字人文的技术体系、理论结构和应用覆盖等都发生了变化③，这些变化突破了数字人文的原有概念，逐渐走向更广泛的数字技术与人文融合发展领域。郭英剑在梳理数字人文发展历程和多家观点的基础上，提出了宽泛的数字人文定义，他认为数字人文是一种将新的技术工具与方法运用到传统的人

---

① 林施望：《从“人文计算”到“数字人文”——概念与研究方式的变迁》，《图书馆论坛》2019年第8期，第16页。

② Gold, Matthew K&Lauren F. Klein, ed., *Debates in the Digital Humanities* (London: The University of Minnesota, 2016), p. 152.

③ 刘炜和叶鹰在《数字人文的技术体系与理论结构探讨》一文中认为：当前数字人文的技术体系主要包括数字化技术、数据管理技术和数据分析技术、可视化技术、VR/AR技术、机器学习技术等，理论结构涉及结构化或再造人文、数据化或计算人文、可视化或形象人文、拟实化或增强人文、智慧化或扩展人文，应用覆盖资源富集、知识重构、场景重建、增强艺术等。

文学科的教学、科研、服务以及其他创造性工作之中的新型学科。[1] 数字人文不再局限于原来的人文学科数据计算，而是扩展到对更广阔的人文社会实践领域进行的数字化研究和数字化应用实践。可以这样理解，当下，凡是利用现代数字技术从事人文学科研究或人文资源开发利用、人文文化展示传播等，都可以归属为广义上的数字人文。本文采用广义上的数字人文概念。广义上的数字人文能为中华优秀传统文化的保存、展示、研究、传播、开发利用提供更多新路径和新范式。

（二）数字人文助推中华优秀传统文化创新发展

就目前而言，数字人文的应用大致集中在四个方面：人文资源的数字化转化与保护、作为一种新的研究范式、数字人文成果的展示与传播、人文研究成果的数字化应用与推广。基于数字人文的以上实践经验，数字人文可以为解决中国优秀传统文化当前传承发展中遇到的问题提供新视角。

1. 为保护和整合传统文化资源提供了新方法

首先，在优秀传统文化资源保护方面，数字人文的最大优势在于通过建立文献和文化资料数据库以实现文化资源的数字化转化与保存。数字载体几何式增长的存储空间、不受物理限制的存储方式、低廉的存储成本、稳定的存储保障，为人类文化提供了最好的归宿。[2] 正是基于数字保存的诸多优势，2005 年国务院办公厅在《关于加强我国非物质文化遗产保护工作的意见》中明确提出“要运用文字、录音、录像、数字化多媒体等各种方式，对非物质文化遗产进行真实、系统和全面的记录，建立档案和数据库”，推动非物质文化遗产的数字化保护，建立中国非物质文化遗产数字博物馆。

与此同时，全国出现了众多的数字人文数据库和数字化项目，如国家图书馆的中华古籍资源库、国家典籍博物馆、国家数字图书馆工程、中国记忆

① 郭英剑：《数字人文：概念、历史、现状及其在文学研究中的应用》，《江海学刊》2018 年第 3 期，第 191 页。

② 刘慧琳：《数字人文：数据时代下的文化保护与传承》，《山西档案》2019 年第 5 期，第 75 页。

项目、国家文化资源信息平台、中国记忆——中国传统文化艺术基础资源数据库、中华再造善本数据库等，以及其他各省级图书馆的特藏文献数据库、地方文献数据库等，这些数据库共同构建起了中华文化资源数字化保护和保存体系。

学界也较为认可文化资源数字化保护：吴瑞丽认为数字人文有助于非遗资源整合及保护①；秦枫和徐军君认为可借助数字摄影、数字电影、数字音频、新媒体与宽带网络技术，实现传统文化保护、开发与传播②；王蕾等从元数据方案、检索点设计和数据关联等角度出发，探讨了民间历史文献资源的收藏、利用与数据库开发问题③。由此可见，不论是图书馆、博物馆、档案馆等人文资源馆藏机构还是学术界，都认为数字人文在保护优秀传统文化资源方面具有优势，并正在或已经将传统文化数字人文项目付诸实践。

其次，在文化资源整合方面，数字人文利用文字扫描、编码、量化计算、数据推演等技术手段实现文献资料的高效梳理，通过文本内容分析、数据关联及智能分类等技术手段，建立可视化的知识网络和节点链接，厘清文献资料的内在联系，有效整合优质资源，实现传统文化资源的去伪存真、去芜取菁。如上海师范大学图书馆将馆藏民国文献的整理与研究作为突破口，把“原版民国时期文献”和新中国成立后出版的“新版民国时期文献”相结合，建设了“民国时期文献目录数据平台”，实现了文献资源的整合，为民国文献整理出版和采集提供依据。④ 有学者从关联数据出发，探究了数字人文视觉资源知识组织模型，并以敦煌文化遗产为例考察了视觉资源的整

① 吴瑞丽：《数字人文视域下的非遗资源整合及保护机制》，《图书馆学刊》2018 年第 10 期，第 50 ~ 54 页。

② 秦枫、徐军君：《突围与重塑：数字媒介环境与传统文化传播》，《内蒙古农业大学学报》（社会科学版）2015 年第 2 期，第 117 页。

③ 王蕾、薛玉、肖鹏、申斌：《民间历史文献数字人文图书馆构建——以徽州文书数字人文图书馆实践反思为例》，《图书馆论坛》2018 年第 3 期，第 30 ~ 36 页。

④ 蔡迎春：《数字人文视域下的图书馆特藏资源数字化建设——以“民国时期文献目录数据平台”为例》，《图书馆建设》2018 年第 7 期，第 31 ~ 36 页。

合①，还有学者从数字人文与城市记忆资源建设匹配性出发，思考了城市记忆传统资源的整合模式②。可见，面对数量巨大、内容庞杂的传统文化资源，数字人文是实现其整合的有益途径。

2. 为研究和阐释优秀传统文化拓展了新范式

对传统文化的研究往往立足于对相关文献典籍的梳理、对文本内容的解读分析，研究者参阅文献资料的多寡很大程度上决定了研究成果质量的高下。在以前的研究环境中，受限于文献资料的占有程度，研究成为专家学者的专利。即便如此，专家学者也很难同时掌握大量的文献资料，这一方面使得研究者必然消耗大量时间与精力从事研究资料的搜集整理工作，另一方面也影响研究成果的输出。

数字人文时代，人文数据库的海量资源和数据平台，无论是为专家还是为普通民众从事人文研究都提供了极大的资料便利。资料的高效获得，让学者有更多的时间与精力进行理论思辨与深入研究。图书馆、档案馆、博物馆等机构的人文资源数据库正在逐渐向数字人文研究数据综合服务平台转变。它们以人文数据为基础，以资源共享为目标，以数字人文研究为范式，为广大的传统文化研究者和爱好者提供标准化的数据资源检索下载、数据分析处理、文本可视化等数据服务。越来越多的学者依托这些数据平台提供的数据资源开展传统文化的数字人文研究实践，探索传统文化研究的数字人文模式。如刘尊明和王兆鹏基于唐宋词数据库，通过数据统计和定量分析方法对唐宋词进行了研究③，严承希和王军对哈佛大学“中国历代人物资料库”进行实证探索与可视化分析，借助符号分析方法构建了宋代政治网络④。

数字人文将数字技术引入了人文研究领域，借助不断更新的数字科技为

① 曾子明、周知、蒋琳：《基于关联数据的数字人文视觉资源知识组织研究》，《情报资料工作》2018 年第 6 期，第 6 ~ 12 页。

② 霍艳芳、何思源：《数字人文视阈下城市记忆资源整合与开发路径研究》，《档案学研究》2018 年第 1 期，第 29 ~ 34 页。

③ 刘尊明、王兆鹏：《唐宋词的定量分析》，北京大学出版社，2012。

④ 严承希、王军：《数字人文视角：基于符号分析法的宋代政治网络可视化研究》，《中国图书馆学报》2018 年第 5 期，第 87 ~ 103 页。

传统人文学科增加了新的研究对象和研究方法，从而改变了传统人文学科研究的研究方法、研究视角、研究思路、研究模式和研究机制。① 由此形成诸如数据挖掘、数字计算、关联网络、云计算、量化分析、文本识别、文本分析、文本编码、数学建模、数据导航、可视化等多种人文研究范式，引发了传统人文研究的重大变革。通过这些数字人文技术，我们可以挖掘文本中的宏观结构和曾经未能被关注和发现的知识链接点。例如，有学者通过人文计算对《红楼梦》进行文本挖掘、词频分析、数据比对后，指出《红楼梦》一百二十回均系曹雪芹所作。② 此外，数字人文的跨学科、整体性、相关性、多维度等数据思维，也极大地改变了传统人文研究的思维模式及结构，给人文学科带来了大视野、长时间、大空间等多样化的思维模式与研究视角③，为从更全面和宏观的视角审视中国传统文化提供了技术思维支持，如邱源等人从数字人文视角对“安徽四大文化圈”进行数量关系研究，构建其数字人文的运作模式④。

3. 为传播和弘扬优秀传统文化开拓了新路径

传统的文化传播主要依赖于印刷文本的单向线性传播和头口交流的即时性转播。由于时空的限制，其传播效果有限。数字人文凭借多种技术手段的加持，为传统文化提供多种展示和传播路径，并在一定程度上实现了双向互动传播，不仅拉近了传播的时空距离，更大大提高了传播效率。数字化时代，新媒介层出不穷，不断更新传统文化的当代传播方式。秦枫和徐军君认为，数字媒介的新传播特性为传统文化的传承和学习带来一场传播革命，建立数据资料库、数字图书馆、数字博物馆、展览馆，以及设立专业网站和运

① 李泉：《数字人文：开创人文研究的新纪元》，《福建论坛》（人文社会科学版）2019 年第 6 期，第 160 页。

② 陈大康：《从数理语言学看后四十回的作者——与陈炳藻先生商榷》，《红楼梦学刊》1987 年第 1 期，第 293 ~ 318 页。

③ 欧阳剑：《大数据视域下人文学科的数字人文研究》，《图书馆杂志》2018 年第 10 期，第 61 ~ 69 页。

④ 邱源、徐方、邱章乐：《数字人文环境下“安徽四大文化圈”研究》，《新世纪图书馆》2019 年第 7 期，第 59 ~ 64 页。

用新媒体等可以很好地促进传统文化的展示、交流与传播，[①] 王洁也认为利用数字人文等大数据技术研究与传播中国传统文化是大势所趋。[②] 传统文化数据库不仅是一个文化资源保存与展示的平台，也为人们主动研究和传播传统文化提供了资源和智力支持。

在当前大力发展文化产业以及人工智能、“互联网＋”、新媒体蓬勃发展的环境下，传统文化的传播和弘扬已经脱离了早期数字人文单一的文献数据库模式，不再是一种单纯的政府的文化抢救和保护行为，而是变成了广泛意义上的数字人文商业开发。多方力量主动参与到中华优秀传统文化的数字人文研究、挖掘、展示、转译和创新发展之中，并基于传统文化的数据库资源，借助多种技术手段，进行优质传统文化资源的数字化开发。例如，通过对中国名画《千里江山图》中景物的数字化分析处理，实现画中景物的活化和动态化，让人们置身画中的真实场景，全方位、近距离领略画中风采，真切感受中国山水画的魅力，在观感享受和情感共鸣中潜移默化地接受优秀传统文化的熏陶。类似的数字人文项目正在众多博物馆不断开展，它们以全息投影展览为主要模式，利用虚拟成像再现重要历史文化场景。

总之，利用数字人文可以较好地实现我国优秀传统文化资源的数字化保存和开放，为我们更好地挖掘、发现、研究、重塑传统文化的深层价值提供新视角。数字人文的相应技术手段拓宽了传统文化的传播路径，扩大了传统文化的传播受众面，增强了传播效力，能够有效推动中华优秀传统文化创造性转化与创新性发展。

三　中华优秀传统文化创新发展的数字人文路径

数字人文为中华优秀传统文化的保存、传播、研究阐释提供了新的数字

---

① 秦枫、徐军君：《突围与重塑：数字媒介环境与传统文化传播》，《内蒙古农业大学学报》（社会科学版）2015 年第 2 期，第 118 页。

② 王洁：《大数据思维与数字人文的加值应用——传统文化数据库发展的新趋势》，《图书馆理论与实践》2018 年第 5 期，第 104～108 页。

化路径，更为中华优秀传统文化与当代文化科技融合，实现优秀传统文化创新发展提供了数据资源支持。但是数字人文本质上是用数字的方法研究人文学术，① 是传统知识技能与方法的延伸，② 它归根结底只是一种研究范式和技术路径，本身并不能构成中华优秀传统文化创造性转化与创新性发展的核心要素。因此，在数字人文背景下，要做好传统文化的文本筛选、语境转换、话语对接、内容重构、成果共享，为中华优秀传统文化的创造性转化与创新性发展提供文化动力源。

（一）文本筛选：萃取文化精华

创造性转化与创新性发展是对中华优秀传统文化的当代阐释和弘扬，是以传统文化中的精华为根底的。我国经过几千年流传和积淀下来的文化资源内容丰富且庞杂，其中，精华与糟粕共存。当我们通过数字人文技术将这些文献资料转化为数字形式，借助数字路径广泛传播时，文化糟粕也跟着搭上数字人文的传播快车。普通民众经由数字人文接受优秀传统文化熏陶的同时，也在无形中受到文本中夹带的消极文化元素的影响。例如，一些与时代脱节、与社会主义核心价值观不相符的腐朽落后因素和糟粕文化也一并被错误继承和宣扬，③ 从而大大影响人们对优秀传统文化的认同，影响中华优秀传统文化的创造性转化与创新性发展。因此，在数字人文时代，更要注重对传统文化去伪存真、去粗取精，裁汰芜杂、留取精华，借助数字人文的数据编码、数据统计、文本语义分析等技术手段，对数据库中的数据和知识节点进行深度挖掘和智能梳理，以可视化的方式提供分析和研究。对数量和种类繁多的文化资源要进行内容分类和筛选处理，基于数据间内在逻辑关联的知

① 王贺：《“数字人文”如何与现代文学研究结合》，《现代中文学刊》2019 年第 1 期，第 78 ~ 80 页。

② 〔美〕安妮·伯迪克等：《数字人文：改变知识创新与分享的游戏规则》，马林青、韩若画译，中国人民大学出版社，2018，第 16 页。

③ 李先明、成积春：《中华优秀传统文化传承体系的构建：理论、实践与路径》，《南京社会科学》2016 年第 11 期，第 138 ~ 145 页。

识组织，提供面向内容和知识的精准服务，挖掘不为人知的知识。[①] 通过以上这些技术辅助，真正做到文本萃选，保证优秀传统文化的优质性和纯粹性，从文化本源的角度为中华优秀传统文化的创新发展提供有力支持。

（二）语境转换：增强传播效果

中华优秀传统文化的高质高效传播和广泛弘扬是实现其创造性转化与创新性发展的基础。虽然数字人文相关技术为中华优秀传统文化传播提供了多样化的路径和渠道，但是路径多并不等于传播效果好。美国学者爱德华·霍尔曾在《超越文化》一书中提出高语境与低语境文化的概念，认为高语境文化中的传播效果最理想。在高语境传播中，更多的信息内化于传播者和接收者的共识中，或隐藏在传播场景中，信息编码很少直接清晰地存在于被传递的信息中。就目前而言，广大民众对传统文化的主要精神内涵和核心价值的认知和认同都还不到位，传统文化传播的高语境场还未真正形成，传播效果并不理想。数字人文由于将当下先进数字技术与人文内涵进行了融合，能够助力传统文化高语境传播场域的构建，实现传统文化传播语境的转换。一方面，发挥数字人文数字化传播快速、便捷、广泛的优势，加强对优质传统文化的宣扬与传播，加深民众对传统文化相关知识和文化内涵的理解，激发民众对传统文化的学习兴趣，从传播受众的角度实现高语境切换。另一方面，借用当下流行的人工智能、VR/AR、“互联网＋”等技术，将传统文化的数字资源进行数字文化产品开发，并通过现代数字媒介进行广泛传播。例如，《中国诗词大会》《国家宝藏》《国礼与传统文化》等电视节目，通过对优秀传统文化资源的凝练，借助现代电视编导和影视光影技术，打造了传统文化类电视节目矩阵，构筑起传统文化的多维立体传播场景，成功从传播场景的角度实现了传统文化高语境传播转换。通过这些技术路径，传统文化在电视媒介表达场域中获得新的话语主体地位，而且重新点燃了受众对传统

① 夏翠娟、张磊：《关联数据在家谱数字人文服务中的应用》，《图书馆杂志》2016 年第 10 期，第 26～34 页。

文化的热情，创造了久违的“集体狂欢式”的电视节目文化景观，引领着社会大众积极主动投入优秀传统文化的学习和传播中。①

（三）话语对接：做好意义转译

当前正在推动的中华优秀传统文化创新发展，并不只是简单地将优秀传统文化元素和思想内涵从古代搬到现代、从古籍文献复制到现实生活；而是要实现它们的时代转化、内涵转化、话语表达转化，也就是习近平总书记所说的传统文化的“创造性转化”。

在当代数字人文背景下，实现传统文化的创造性转化与创新性发展，需要做好传统文化的话语对接和意义转译。首先是将古代话语体系对接当代话语体系，将古代意义转译为现代意义。中华优秀传统文化根据其载体的不同大致可分为两种话语体系：一是基于文本书写的文言话语体系，二是基于人们言传身教传承的行为话语体系。数字人文是当代文本话语与数字技术结合的产物，处理文言话语和行为话语显然不是其强项。为更好地利用数字人文推动传统文化创新发展，就需要将传统文化的文言话语转化为白话话语，将行为话语转化为文本话语，活化传统文化的当代话语表达，以适应数字人文的语言要求，更好地将传统文化的古典意义转译为当代意义。

其次是将文本话语体系对接数字话语体系，文本表达转译为数字表达。数字人文伴随当代数字技术的发展而出现，数字语言构成了数字人文的基本运行逻辑语言，只有被数字化了的文本和话语才能称为数字人文。数字语言是当前数字时代运行交流的底层逻辑语言，传统文化的数字化保存和传播，正是基于传统文献数字化话语体系的转化，是传统文化数字表达的转译。例如，各类传统文化文献数据库的建立，必须首先实现文本的数字化，将文字文本转化为数字语言，而如“中国非遗保护数据库”的建立则是实现了行为话语与数字话语的对接，将各类非遗项目以数字的形式保存下来。

---

① 王婷：《意义生成与语境建构：“语域”视阈下传统文化类节目研究》，《现代传播》2019年第1期，第103~107页。

（四）内容重构：再现文化场景

习近平总书记多次强调要讲好中国故事，在讲好中国故事中必然少不了中华优秀传统文化故事这一重要因素。讲好中华优秀传统文化故事，推动传统文化传播和弘扬，进而促进优秀传统文化创新发展是群众最喜闻乐见的方式。

要讲好中华优秀传统文化故事，首先需要好的故事素材，并对故事素材进行内容重构，搭建和再现高品质的故事场景，利用故事场景的强带入感和强感染力让受众在不知不觉中接受传统文化熏陶。虽然数字人文给传统文化的研究和传播提供便利，但它更多的只是一种技术路径，最多只能为传统文化故事的内容重构和场景再现提供素材和技术支持，本身并不能完成内容重构和文化场景再现。这就需要我们在利用数字人文进行传统文化的价值研究、内涵挖掘、成果展示和利用时，通过文本内容扫描、数据分析、智能提取等，构建知识内容体系，实现文化内容的场景搭建，更好地传播优秀传统文化。例如，网络上有人通过对李白和杜甫的诗歌中地名的数据分析，借用人文地理学理念，绘制李白和杜甫的游历行止图，带领我们进入他们真实的历史生活场景，直观地感受诗人的生活阅历和人生际遇。也有学者利用社会关系网络分析《红楼梦》的人物关系，再现了《红楼梦》的人物社交网络场景。① 再如，上海世博馆对《清明上河图》进行数字扫描和数字处理，借用三维动画、虚拟成像等技术，让图中的人物和建筑变活，让人们能够全景立体式和沉浸式体验当时汴京繁华喧嚣的真实生活场景。以上这些，都是在数字人文的架构内，利用技术手段实现了优秀传统文化的内容重构和场景再现，让优秀传统文化活起来、动起来，真正促进优秀传统文化的创新性发展。

（五）成果共享：打造共享平台

研究是为了价值发现和成果利用。我们对中华传统文化进行研究，一方

① 林峰、赵广平、林娜等：《〈红楼梦〉文本的社会网络结构分析》，《石家庄铁道大学学报》（社会科学版）2018 年第 1 期，第 58～63 页。

面，是为了进行价值再发现，不断深入挖掘其中的优秀精神文化内涵，找到推动传统文化创新发展的逻辑支撑点和文化切入点；另一方面，我们又将这些传统文化研究的优质成果加以分享利用，以此涵养民众文化素质，提升民众文化水平，通过民众的力量推动优秀传统文化创造性转化和创新性发展。这就需要我们做到成果共享，打造好两个共享平台。首先要利用好数据资源平台，实现文化资源数字化成果共享，如图书馆等机构可以充分利用特藏数据库，建设资源全面、开放共享的系统平台，为人文学者的研究提供支持。[①] 传统文化数据库是我们对传统文化文献资料进行数字化后的成果，将这些数据成果共享出去，可增强资料文本的流动性，让传统文化的研究者获得资料更为便利，留出更多的时间与精力专事传统文化研究，产出更多更高质量的传统文化研究成果。目前众多的数据库已经很好地做到了传统文化数据资源共享，这必然能极大地推动传统文化研究。其次，优秀传统文化的创新发展绝非单靠研究传统文化就能达成，还需要全民共同参与和推动，因此还需要打造传统文化成果展示和共享平台，借助既有的数字人文平台和数字技术手段，及时将传统文化研究的优秀成果展示和分享出去，让广大民众共享优质文化成果，不断提高民众的文化素质和文化水平，使他们对我国优秀传统文化价值内涵和精神特质深入理解和广泛认同，进而从受众的角度推动中华优秀传统文化创造性转化与创新性发展。例如，故宫博物院等九家国家级重点博物馆与央视合作推出的《国家宝藏》节目，就将以前深藏在藏馆中的国宝文物通过电视媒介展现在观众眼前，不但很好地宣传、弘扬了传统文化，而且极大地激发了民众学习与研究传统文化的热情。

四　结语

数字人文为我国传统文化的研究和优秀传统文化的传播提供了与以往不

① 鲁丹、李欣：《整合异构特藏资源 构建数字人文系统》，《图书馆论坛》2018 年第 10 期，第 38 ~46 +29 页。

同的新手段和新范式，能够很好地助推中华优秀传统文化创新发展。数字人文的各种技术路径和研究范式，的确给传统文化研究打开了新的思路，也为我国优秀传统文化的广泛传播和弘扬提供了多种技术路径。但是如若过分看重数字人文带来的技术便利，过分倚重数字人文的技术路径和范式，则可能会落入技术主义倾向，变成为技术而技术，为研究而研究，失去人文情怀，偏离传统文化的文化本位。例如，在数字史学研究中，量化研究可能将历史中的无数个活生生的人变换成冷冰冰的数字，而使史学失去对“人”的核心关注，失去历史本有的温度。[①] 再如，在文学研究中，数字人文研究有可能成为数据库、语料库的附庸，从而失去文学研究原本的人文意义。所以，我们在利用数字人文推动中华优秀传统文化创新发展时，应该立足中华优秀传统文化这个文化本位意识，坚持中华传统文化的主体地位，始终保持工具理性，避免技术主义倾向，以数字人文为手段努力深入挖掘和发扬中华优秀传统文化的深厚内涵，从文化原动力的角度推动中华优秀传统文化的创造性转化和创新性发展。

① 姜萌：《中国史学在数字化时代的变与不变》，《史学月刊》2017 年第 5 期，第 14～19 页。

理论前沿篇

Theoretical Frontiers Reports

B.8

构建数字文明的可行性分析报告

金迈科（Michael Keane）*

摘　要： 数字技术如何改变人类的创造力？创意是技术驱动的。纵观历史，技术的发展使艺术和表现形式触及他人，在许多情况下，艺术充当了“预警系统”的角色，向社会发出危险警报。在这个数字时代，我们更快乐吗？这些重要的问题还有待回答，时间会告诉我们答案。

关键词： 数字文明　算法　数字技术

* 金迈科（Michael Keane），澳大利亚科廷大学。翻译：王青，深圳大学和澳大利亚科廷大学联合培养博士生。感谢深圳大学文化产业研究院朱丹同学和李苗同学以及田橙对本文翻译的修改建议。

本报告主要研究数字技术以及它如何改变人类的创造力。为了更好地厘清这一新兴关系，首先要反思一些哲学问题。人为什么创造？创造的动力从何而来？这些问题的答案通常是由生物学家而不是由哲学家给出的。[①] 答案就是进化。根据这个思路，人类脑容量增加，人群聚集并形成了社区，需要共享符号，因此人类就发展了语言以及文字能力。此外，随着进化，我们的祖先需要变得更富有创造力、更聪明、更强大来吸引配偶。

菲利普·费尔南德斯·阿梅斯托（Felipe Fernadez-Armesto）另辟蹊径，他认为，最初人类创意性表达的动机是由两个因素决定的。一是人类的遗忘能力，二是人类预测未来的能力。[②] 换言之，时间（和记忆）是创造力的核心要素。我们周围的世界由记忆组成：生与死、社会神话和故事以及文化传统。这些记忆的体系，建构在情绪、感觉、经验和共同价值观的心理支撑之上，并且随着时间流逝而不断累积。[③] 此外，人类还老早就意识到生命的无常。

生命的短暂刺激了人类去表达能恒常延续的观点，或者创造出能为在世的人提供精神慰藉的神话和宗教。生存的现实激发了人类的想象力，其结果就是创造价值恒久的文化艺术品。当然，文化市场也为创造提供了金钱动力。此外，艺术家、音乐家和设计师的成果也有可能转瞬即逝。线上创意在一眨眼或者鼠标点击的瞬间来来去去。并非所有的创意都着眼于过去或展望未来。

那么，数字技术如何解决记忆和预测问题？

一 文明简述

在阐述“正在形成中的数字文明（digital civilisation）”以及它对创意的

---

① Edward O. Wilson, *The Origins of Creativity*, London: Penguin Random House Ltd., 2017.

② Felipe Fernandez-Armesto, *Out of Our Minds: What We Think and How We Came to Think It*, One World, 2019.

③ Antonio Damasio, *The Strange Order of Things: Life, Feeling, and the Making of Cultures*, Knopf Doubleday Publishing Group, 2017.

影响之前，先简要地谈谈文明的一些解释。英国著名历史学家肯尼斯·克拉克（Kenneth Clark）在20世纪60年代BBC电视系列片中对文明的解释，与艺术或者说与“美”产生了共鸣。① 克拉克的论述侧重于西方文明和艺术，这绝非巧合。他写道：“在整个系列片中我尝试用创意性力量和人类能力的扩展来定义文明。”此后许多人提出了来自非西方文明的研究见解。

不同学科对文明的解释各异。学者们在研究印度河流域、埃及、美索不达米亚、中国以及拉丁美洲方面也有丰富的成果。人类学家、政治科学家和历史学家都在规范意义上使用“文明”这个术语，这在很多情况下掩盖了显著的文化差异。政治学家塞缪尔·亨廷顿（Samuel Huntingdon）创造了“文明的冲突”一词。② 也有学者认为文明史是通过互动而演进的，因此它们是混合实体。③ 因而文明的纯净性概念其实是值得商榷的。

然而，文明的核心思想适用于过去，也同样适用于未来。民族主义者常使用传承文明的概念将自己与“他者”（或外来者）的文化价值观区分开来。通过地理、历史和语言等之间的联系，文明常被定义为使个体、一个群体或一个国家保持文化构成的一致性。

韩炳哲（Byung-Chul Han）认为，我们可以用“差异”解释，差异意味着某种“遗忘”，当人们远离故土，成为外来者，就必须创造新的身份认同。多元文化主义，作为当今世界一种包容的社会实践，能使人们在尊重文化差异的同时，保留自己独有的文化记忆。④

最后，文明在描述人类面临的生存危机时有更抽象的用途。肖沙纳·祖博夫（Shoshana Zuboff）在其新书中把当今后工业时代的“信息文明”和工

① Kenneth Clark, *Civilisation*, London: British Broadcasting Corporation and John Murray, 1969.

② Samuel Huntingdon, *The Clash of Civilization and the Remaking of the World Order*, New York: Simon & Schuster, 1996.

③ Jack Goody, *The Eurasian Miracle*, London: Polity, 2010.

④ Han Byung-Chul, *The Burnout Society*, Cambridge M. A.: MIT Press, 2019.

业革命以来的工业文明进行了对比。[①] 其对两种文明的解释都颇为消极：工业文明污染了世界，信息文明侵犯了个人隐私。按照某些说法，信息文明让社会变得更有创意力。数字文明着实带来了很多可能性，对中国来说，数字文明带来了挑战和机遇。

二　创意作为一门研究学科

直到20世纪末，关于创意的学术争论大多来自美学、心理学、广告学、管理学和教育学等学科。有些论述聚焦于创意个体和创意过程[②]，有一些侧重于创意社区[③]、创意力评估[④]以及工作场所创意的动力[⑤]。米哈里·契克森米哈赖（Mihaly Csikszentmihalyi）的“创意系统观”提出了塑造和裁定创意价值的框架，其中考虑到了人们所在的“领域”（domain）和“行业”（fields）。[⑥] 越来越多的传播学者赞扬用户创造的、协作的、业余的、本土的和大众的创意。[⑦]

---

① Shoshana Zuboff, *The Age of Surveillance Capitalism*, London: Profile Books, 2019.

② Howard Gardner, *Creating Minds: An Anatomy of Creativity Seen through the Lives of Freud, Einstein, Picasso, Stravinsky, Eliot, Graham and Ghandi*, New York: Basic Books. 1993.

③ Howard Becker, *Art Worlds*, Los Angeles: UCLA Press, 1982.

④ Dean K. Simonton, "The Sociocultural Context of Exceptional Creativity: Historio-metric Studies," in I. Lebuda and V. Glavanenu, eds., *The Palgrave Handbook of Social Creativity Research*, London: Palgrave Macmillan, 2019, pp. 177 – 191.

⑤ Therese Amabile, *The Social Psychology of Creativity*, New York: Springer Verlag, 1983.

⑥ Mihaly Csikszentmihalyi. "Society, Culture and Person: A System's View of Creativity," in R. J. Sternberg, ed., *The Nature of Creativity: Contemporary Psychological Perspectives*, Cambridge: Cambridge University Press, 1988, pp. 325 – 39.

⑦ Charles Leadbeater, *We-think: Mass Innovation, Not Mass Production* (London: Profile, 2009); Ruth Richards, "Everyday Creativity: Our Hidden Potential," in Ruth Richards, ed., *Everyday Creativity and New Views of Human Nature*, Washington D. C.: American Psychological Association, 2007, pp. 25 – 54; Ian Hargreaves and John Hartley, eds., *The Citizen Unbound: How Social Media and DIY Culture Contribute to Democracy, Communities and the Creative Economy*, London: Polity, 2018.

有意无意地，也有人的研究重点是艺术品或者想法是不是原创的[①]，或者它们是不是“刻意”创新。然而，创意常常不是有意为之，而是一种偶然的重组、意外或者机遇。在许多非西方哲学传统中，创意最终的裁定权在观察者手中，换句话说，创意取决于观察者的位置，或者他/她是如何理解这个世界的。[②]

随着彼得·霍尔（Peter Hall）《文明中的城市》（*Cities in Civilisation*）[③]、查尔斯·兰德利（Charles Landry）《创意城市》（*The Creative City*）[④]、理查德·佛罗里达（Richard Florida）《创意阶层的崛起》（*The Creative Class*）[⑤]和约翰·霍金斯（John Howkins）《创意经济》（*The Creative Economy*）[⑥]等一系列有影响力的英文著作问世，创意研究发生了新转向。1997 年，“创意产业”在英国诞生，这为咨询顾问们提供了研究创意城市、地区、街区、环境、集群和社区的动力。政府认可创意产业的发展潜力，这让学者和咨询顾问看到了剖析创意产业的机会。[⑦]咨询报告中常出现诸如“释放创造力”这样的口号。专家们开出的释放创造力的药方侧重于创意的过程、产品和人员，以及如何运用文化和城市政策培育创新和创业。随着创意研究的扩展，创新的实用部分被用于服务经济发展。

在中国，创意也备受瞩目。2000 年，中国政府首次在正式文件中使用

---

① Margaret Boden, *Creativity and Art*: *Three Roads to Surprise*, Cambridge: Oxford University Press, 2010.

② Chang Chung-yang, *Creativity and Taoism*: *A Study of Chinese Philosophy*, *Art and Poetry*, London: Singing Dragon Press, 2011/ 1965.

③ Peter Hall, *Cities in Civilisation*, St. Martin's Lane: Phoenix Giant, 1988.

④ Charles Landry, *The Creative City*: *A Toolkit for Urban Innovators*, London: Earthscan, 2000.

⑤ Richard Florida, *The Rise of the Creative Class and How It's Transforming Work*, *Life and Leisure*, Basic Books: New York, 2002.

⑥ John Howkins, *The Creative Economy*: *How People Make Money from Ideas*, London: Penguin, 2001.

⑦ Nicholas Garnham, "From Cultural to Creative Industries: An Analysis of the 'Creative Industries' Approach to Arts and Media Policy in the United Kingdom," *International Journal of Cultural Policy* 11 (2005) (1): 15 –29; Peck Jamie, "Struggling with the Creative Class," *International Journal of Urban and Regional Research* 29 (2005) (4): 740 –770.

文化产业一词。随后的十年，创意空间遍地开花。[①] 2009 年，“科技创新和文化创意融合”的提出让研究人员为之一振，但这对中国的创意地位有何实质性影响？人们在接下来的十年才逐渐弄清楚这个问题的答案。

2014 年，创客空间涌现，政府顺势提出了“大众创业，万众创新”的口号。[②] 第二年，政府提出了“互联网 +”和“中国制造 2025”，这是中国发展数字经济的两项关键性举措。网民数量呈指数级增长以及智能手机产业的快速发展，中国出现了微信、抖音和淘宝之类的创新应用。人们说“高速铁路、网络购物、共享单车和移动支付”成为新时代中国的“新四大发明”。数字时代让大众都能上网。

三　记忆、预测和艺术

这十年，使用算法的计算创意引起了人们的极大兴趣。[③] 一些研究阐明了计算创意与英国诗人拜伦（Baron）的女儿埃达·洛夫莱斯（Ada Lovelace，1815～1852）的历史渊源。作为数字可编程计算机概念的提出者查尔斯·巴贝奇（Charles Babbage，1791～1871）的门生，艾达认为创意源自人类，而且创意超出了机器的范畴。数学家马库斯·杜·索托伊（Marcus du Sautoy）发明了一种测算人工智能（AI）创造力的方法，称其为“洛夫莱斯测试”（Lovelace Test）法。“要通过洛夫莱斯测试，算法必须产生具有创造性的艺术品，并使过程可重复（也就是说不是硬件出错产生的偶然结果），与此同时，程序员也无法解释算法是如何产生输出的。”[④] 比如，很多

---

① Michael Keane, *China's New Creative Clusters: Governance, Investment and Human Capital*, London: Routledge, 2011.

② Wen Wen, “Making in China: Is Maker Culture Changing China's Creative Landscape?” *International Journal of Cultural Studies* 20 (2017) (4): 343－360.

③ Eleanor Sandry, “Creative Collaborations with Macines,” *Philos Technol* 30 (2017): 305－319.

④ Marcus du Sautoy, *The Creativity Code: How AI is Learning to Write, Paint and Think*, London: Harper Collins, 2018.

读者难以说出唐朝诗人写的中国古典诗歌与华为NLP[①]软件“乐府”生成的古典诗歌之间的区别。

在考虑“数字文明”的能力之前，先探讨这样一个命题：在很大程度上，创意是由人类遗忘过去的能力和预测未来事件进程的倾向所激发的。现在记忆和预测都很容易被数字化。人类产生、消费和共享的信息激增。据估计，互联网每天产生1艾字节（exabyte）[②]的数据，这大约是2.5亿张DVD光盘的存储量。[③]相较于不断增大的人类公共知识库的规模，人脑中存储的数据量正在缩小。[④]事实上，与普通的笔记本电脑相比，人类的记忆能力极其有限。

与计算机的海量内存相比，人类记忆的缺陷激发了想象力。因为人们对不同记忆进行编码，人的大脑无法完美地回忆事件。在古代，很多社会非常相信“预言家”（seers，字面的意思是能看见的人）。“预言家”可能是萨满，他拥有丰富的想象力以至于可以把过去和未来联系起来，并对别人“看”不到的事提供建议和咨询。“预言家”也可能是讲故事的人，艺术家和诗人可以担当这一角色。即使在今天，对大多数人来说，记忆问题仍然存在。记忆会消逝。此外，不仅每个人的记忆是不同的，人们还经常发明新变体。我们会把听过的笑话修饰一下再讲出来，当我们忘了某个曲调或歌词的时候会即兴发挥一首歌。这就是文化变体的产生。

创意的第二个源泉是期望。我们想知道明天、下周或明年会发生什么。我们通过想象可能性和创造情景来预测未来。安东尼奥·达马西奥（Antonio Damasio）认为，“我们生活的一部分是在憧憬未来，而不是活在现

---

① 译者注：NLP为Natural Language Processing的缩写，即自然语言处理，它是人工智能和语言学的交叉领域。

② 译者注：艾字节（exabyte）为百亿亿字节。

③ Marcus du Sautoy, *The Creativity Code: How AI is Learning to Write, Paint and Think* (London: Harper Collins, 2018).

④ Merlin Donald, "The Digital Era: Challenges for the Modern Mind," Cadmus, http://cadmus.newwelfare.org/2014/05/22/the-digital-era-challenges-for-the-modern-mind/.

在”[1]。记忆以及对未来的期望，这两种能力的碰撞无疑导致大量新思想的产生。人们通过写作和分享故事、诗歌和历史来记住过去。这些故事有时会与国家记忆联系在一起，并成为记录的文明的一部分。

《珍贵的心灵》（*A Mind So Rare*）一书的作者梅林·唐纳德（Merlin Donald）曾经研究了分布式网络中艺术和创意的进化。[2] 他认为艺术是认知工程的形式，也就是说，大部分的艺术都是为了产生某些效果，或者以某种方式影响观众的思想，包括古代的洞穴画、安迪·沃霍尔（Andy Warhol）的作品、贝多芬的交响乐和贾樟柯的电影。艺术是在分布式认知的背景下产生的。艺术家因共同的文化价值观和制度而与他人联系在一起。艺术家和创造者影响他们的部落或一代人的认知。艺术是建构的也是自我反思的，它旨在完善思想和心理模型，体现了艺术家、评论家和观察者对创意过程的反思。

数字时代推动人类走向新的文明。在这一文明中，机器完成了人们一直在做的很多思考工作，这就是正在形成中的数字文明。[3] 数字技术有助于保存文化记忆。目前，人们用“数字人文”一词来描述文化形式是如何“通过数字设备和技术进行介导、生产、访问、传播和消费的”[4]。文物可以很轻松地被转换成数字形式，远方的艺术或者以前只能在博物馆看到的作品，现在都可以在数字屏幕上看到。实体不复存在的东西，比如建筑，也可以被数字化重建然后渲染到3D模型之中。

除了电视和电影媒介外，数字技术还可以帮阿尔兹海默病患者恢复文化记忆。教育机构将是文化记忆数字化的主要受益者。未来一代可以用虚拟现实或增强现实技术来体验过去。比如，人们用二进制代码的方式，重新呈现

---

① See Damasio 97.

② Merlin Donald, “Art and Cognitive Evolution,” in M. Turner, ed., *The Artful Mind: Cognitive Science and the Riddle of Human Creativity* (Cambridge: Oxford University Press, 2010).

③ Michael Keane and Guanhua Su, “When Push Comes to Nudge: A Chinese Digital Civilisation-in-the-making,” https://doi.org/10.1177/1329878X19876362.

④ David Berry and Anders Fagerjord, *Digital Humanities: Knowledge and Critique in a Digital Age* (Cambridge UK: Polity Press, 2017).

中国西部敦煌的壁画。因此，什么应该被数字化就变得很重要：什么是有价值的？什么又是没有价值的？始于 1971 年的古登堡计划（Project Gutenberg），建立了世界上第一个数字图书馆，它使许多以往只能被少数人看见的珍稀图书变得人人“可读”。

笔者认为，更重要的是，创意是技术驱动的。纵观历史，技术的发展使艺术和表现形式触及他人，在许多情况下，艺术充当了“预警系统”的角色，向社会发出危险警报。从这个意义上来看，值得注意的是，原始拉丁根词语 ars（字面意思是手臂或手）和它的变形词语 art（艺术）、artefact（人工制品）、article（文章）、articulate（表达）以及 artificial（人工的）等之间的联系。技术除了从早期帮助人们写作和记录思想，拓展到现代的虚拟现实和增强现实应用之外，也带来了更多的商业利益，比如用大数据分析消费趋势，预测教育水平、就业情况和气候变化等。由此看来，数字技术既象征着文明知识的层次化，也预示着随之而来的信息过载和虚假信息过多的问题。套用西格蒙德·弗洛伊德的话，这些都是数字文明的新“不满”①。

四　浏览器和匹配器：正在形成中的数字文明

20 世纪 60 年代，计算机加入了新的功能，它们可以收听、查看、识别事物，还可以收发电邮，并且产生文字和视觉输出。起先，计算机被视为设计、动画和电影制作等创意领域的辅助。到了 1964 年，马歇尔·麦克卢汉（Marshall McLuhan）提出“媒介即信息”② 的观点，认为传播技术这样的媒介对我们生产、消费和分享的文化产品有直接的影响。时至今日，麦克卢汉的预言成真，似乎所有内容都在线上，而有些内容仅仅在线上。

1989 年，万维网（World Wide Web）正式诞生，这标志着互联网从一

---

① 译者注：弗洛伊德著有《文明及其不满》（*Civilisation and Its Discontents*）一书，作者在此借用“discontents”一词。

② Marshall McLuhan, *The Gutenberg Galaxy: The Making of Typographic Ma*, Toronto, Canada: University of Toronto Press, 1962.

种科研成果转变为一种将改变人们生活方式的技术。互联网的历史和它的技术能力与硅谷密切相关。互联网发展史上的重要节点有世界上第一个 web 浏览器 Mosaic（1992 年）的诞生、谷歌算法的诞生（1998 年）、博客的诞生（1999 年）、维基百科的诞生（2001 年）、脸书的诞生（2004 年）和 iPhone 的诞生（2007 年）。技术和带宽的结合推动了社交媒体（它们有时被称作"自媒体"，We Media）的兴起。至于人工智能，2016 年谷歌 DeepMind 项目推出的 AlphaGo 击败了韩国围棋大师李世石，标志着人工智能的发展。

继硅谷之后，中国互联网快速发展。1987 年，中国发出了第一封电邮；1996 年，中国建立了商业互联网。几年后，百度、阿里巴巴和腾讯等中国公司已成为互联网界的领跑者，它们甚至在一定程度上受到了其他国家的市场准入限制。中国于 2006 年开始了创新型国家的建设，并从 2009 年开始推动文化创意和科技创新的融合。

数字素养的提升以及人工智能的最新发展，使人们可以自由探索、浏览，在探索科学新远景的同时采摘知识经济的低挂果实。我们可以给自己匹配新的朋友或未来的伴侣。就这一点来说，我们要学会区分人类创造的算法和机器创造的算法。简单说来，算法是一系列的指令，人类创造的算法包括食谱、驾驶指南、纸牌游戏规则等。正如马丁·艾维格（Martin Erwig）所说，"这些指令使用了一种人类可理解的语言，因此人人都可以读懂"[①]。反过来说，即便机器创造的算法给人类提供了很多信息，但它对人们来说仍是黑箱。这些算法会在我们不知道自己被"怂恿"的情况下促使我们做出决定，比如亚马逊上的图书推荐，或者流媒体平台上的音乐推荐。数字素养的提升促使三件事情的发生：第一，它提供了丰富的想法；第二，它使我们将想法储存在大脑之外的存储系统中；第三，它使人们构建了多个数据身份。

算法能即时压缩数据云里的海量数据，而人脑很难处理这些数据。就像

① Martin Erwig, *Once Upon an Algorithm: How Stories Explain Computing*, Cambridge Massach: MIT Press, 2017.

尤瓦尔·赫拉利（Yuval Noah Harari）所说的，知识不在脑中，而在“外面”，比我们更了解自己的算法越来越多地影响着我们的决策。实际上，现在是算法负责模式匹配和模式变化。丰富的数据允许人们将思考过程外包出去，人只需要浏览并做最终的决定：选餐厅去 Yelp，听音乐用 Spotify 和 Pandora，交朋友有脸书、微信和 Whatsapp，选伴侣上 Tinder 和 e-Harmony，找生意合伙人和员工有 Linkedin。这些社交媒体会根据我们的喜好将我们分成不同的部落，然后再推荐给我们合适的匹配选项。①

陌生人可以通过我们的数字轨迹了解我们，这不一定是件好事。在数据云中的某处，数据建立并且积累，形成了数字坟墓，就等着“僵尸”的出现。比如一个人申请工作，雇主搜索他的数字档案时发现了他多年前网上的粗心行为！数字化生存意味着我们现在用手指做事情多过用手。按照韩炳哲的说法，我们已经成为“数码人”。② 人们使用移动设备做事情的时候，只需要动动手指就行，因此很容易分心，所以有了“分心的时代”和“注意力经济”的说法。③ 比起分心，如何储存数据以及数据如何“重新训练”人们的思维并影响个体认知的问题更值得重视。

不断塑造身份的算法正在改变人类互动的方式。这种转变是全球性的。机器创造的算法对人文学科提出了更深层次的问题。例如，如果艺术作品可由机器创造，这对于长久以来由人文学者和艺术家作为现实协调者的艺术体系究竟意味着什么？生物学家爱德华·奥·威尔逊（Edward O. Wilson）认为人文学科提供了释义，或者近似解释。④ 在当今算法能产生近似解释的世界，我们有必要问一问“这对人类的创造力有什么样的影响”。

至少就目前而言，数字文明有利于大众参与文化，其带来的好处往往大于挑战。去中介化让人们可以绕开文化“守门人”。文化价值不会被少数人

① Tyler Cowen, *The Complacent Class*, New York: St. Martin's Press, 2017.

② Han Byung-Chul, *In the Swarm: Digital Prospects*, Cambridge M. A.: MIT Press, 2017.

③ John Davenport and Thomas Beck Thomas, *The Attention Economy: Understanding the New Currency of Business*, Harvard Business Review Press, 2001.

④ Edward O. Wilson, *The Origins of Creativity*, London: Penguin Random House Ltd., 2017.

独享。但是，尽管任何事物都可以凭借惊喜和意图来进行创新，但我们该如何比较下面两种情况中显而易见的创意价值呢？第一，经过长时间反复修改打磨而形成的艺术作品；第二，使用数字工具（比如在线应用）时意外、无意或偶然产生的成果，这些成果没有经过长时间的打磨和修改。

举个例子，像抖音这样的 UGC[①] 应用允许用户上传自发表演的短视频，就好比 2010 年那段时间风靡互联网的猫视频。[②] 这种快速生成的网络创意能否与针对特定受众的文化资源策划媲美？所有人，特别是学者，被鼓励参与知识集体化和创造力民主化。借鉴瓦尔特·本雅明（Walter Benjamin）的格言，数字复制时代的艺术作品，促使我们重新思考作为观察者的立场。

社会科学家海尔格·诺沃特尼（Helga Nowotny）说过，人文学科就是与“混乱”打交道。[③] 人类创造力的本质来自过去的混乱和未来的不确定性。很多伟大的艺术作品从不确定和绝望中产生，这也是为何绝大多数的社会允许有创造力的人挑战规范。正如马丁·海德格尔（Martin Heidegger）所说的，思想需要独自出发，远离熟悉之境，找到不受阻碍的道路。在中国古代的唐朝，杜甫和李白等诗人以热爱孤独而闻名。在过去几千年的所有文化和文明中，最好的、最持久的创意作品来自强烈的内省，来自个体或群体长期磨炼出的高超技能，来自对多样性和文化互动的欣赏。我们现在不禁要问一问：算法时代是否破坏了古老的创造性过程？

五　自然的和人工的算法

无论选择哪种方式来定义创意，创意本质上是产生令人惊喜的，新的、与众不同的事物。而且，它需要与消费者、粉丝或观众有联系。它不得不迎合市场或者用户的期望。如果太曲高和寡或太荒诞不经，它就会没有任何作

① UGC 为 User Generated Content，即用户原创内容。

② 译者注：2010 年左右，猫的视频和图片成为网友浏览最多的内容之一，出现了一批“网红猫”，比如“不爽猫”塔塔酱等。

③ Helga Nowotny, *An Orderly Mess*, Budapest-New York：CEC Press, 2017.

用。源自心理学的“冯特曲线”（Wundt Curve）解释了人们的消费选择是摇摆的，它取决于人的习惯（品位）和对新鲜感的需求之间的平衡。①

如前所述，艺术通常旨在通过产生效果来影响思想。生产者和艺术家用标准化的方法使用他们的手艺，但“惊喜”通常来自随机性。许多职业作家和艺术家使用“随机”或“人工”手段来激发创意表达，比如威廉·柏洛兹（William S. Burroughs）用剪裁的方法创作小说，他把小说作品裁剪成不同片段，然后对它们进行重新排列组合。另一个利用偶然性和随机性的例子，是已故的爵士音乐家约翰·凯奇（John Cage，1912～1992）。据报道，在回答有关他使用偶然性，包括使用中国《易经》进行创作的问题时，凯奇说道：“这是一种尝试，使我们对我们记得的和我们喜欢的之外的可能性敞开胸怀。我们必须做一些摆脱记忆和选择的事情。”② 美国爵士吉他手帕特·马蒂诺（Pat Martino）也是《易经》的爱好者。按照他的方法，吉他的六根弦对应于演奏（不间断的线）和不演奏（间断的线）的弦。吉他的演奏也就成了一个卦象。照他说的，“《易经》是心理研究，也是精神研究。吉他是音乐研究，有相同的矩阵”③。

考虑到这些创造性的干预，本报告中重点提到一本名为《六十四次机会：变化之书》（*Sixty-Four Chance Pieces：A Book of Changes*）的书，以及华为在2016年推出的AI诗词生成软件“乐府”，前者是以人为中心的算法案例，后者是机器创造艺术的案例。

根据中国哲学文本中占卜和创意的内容，英国创意作家威尔·白金汉（Will Buckingham）在《六十四次机会：变化之书》一书中讲述了六十四个故事，从魔幻现实主义，到个人游记，再到历史叙事，风格不一。④ 这样编排的灵感源自《易经》中的预测模式产生的创新方式。

---

① Marcus du Sautoy，*The Creativity Code：How AI is Learning to Write，Paint and Think*，London：Harper Collins，2018.

② Lewis Hyde，*A Primer for Forgetting*，Canongate Books，2019.

③ Pat Martino，https：//bgindependentmedia.org/pat－martino－swings－through－musical－matrix－as－guest－artist－at－bgsu－festival/.

④ Will Buckingham，*Sixty-Four Chance Pieces：A Book of Changes*，Hong Kong：Earnshaw Books.

《易经》解释了由六根实线（阳线）和断线（阴线）组成的图案卦象。这两种类型的线一共有64种组合方式，这64个卦象代表了已知世界中存在的一切。根据道家哲学（《六十四次机会：变化之书》一书也深受启发），现实的功能是不断转化的，因此阴阳的概念，通常代表了一个包含黑暗与光明的循环。在《易经》中，实线和断线相互转化，就像生命中各种上上下下、昼夜不息、生先于死一样。

《六十四次机会：变化之书》的变化（易），不仅是自然变化，也包括人类带来的变化。《易经》所包含的基本原理是世间万物由阴阳组成。这对互补（或对立）的力量构成了人们的周遭世界，换句话说，阴阳动态解释了“所有事物在其形成和转化之中”。①

印刷术发明后，《易经》才以书本的形式流传下来。最初，人们认为用蓍草占卜能带来更准确并且更富有创意的结果。白金汉在引言中介绍了他在一家书店看到了《易经》，偶然间涌现了从《易经》中产生故事的想法。多年以后，经过大量研究，他前往中国了解文化背景。白金汉在另一篇文章里写道：“按照《易经》的仪式，我手里拿着硬币和蓍草茎坐着进行占卜。我并非在寻找一些非理性的神秘指导，相反，我正在寻找一种从一味追求确定性的牢笼中解放出来的方式，一种伴随着释放所有酝酿中的怀疑和困惑的方式，这样我就可以利用它们丰富创意。换句话说，我使用《易经》，不是将它作为确定性机器，而是作为不确定性机器。”②

如前所述，写作可以是个单独的任务。《易经》实际上是一种代表了世界和人类在天地间地位的象征方式。这是一种自然的算法。

此处观察到的想法显然是从卦象的象征意义以及哲学家、学者、汉学家和历史学家的评论中找到灵感。与凯奇的观点相呼应，创意的目的是向创意的可能性敞开心扉，同时不忽视已经存在于一个人意识甚至潜意识中的文化

① Chung-ying Cheng, “The Yi-Jing and Yin-yang Way of Thinking,” in Bou Mou, ed., *History of Chinese Philosophy*, London: Routledge, 2009, pp. 71 – 106.

② Will Buckingham, “The Uncertainty Machine Aeon,” 13 October, 2013, https://aeon.co/essays/forget – prophecy – the – i – ching – is – an – uncertainty – machine.

记忆。

数学家和计算机程序员关注的另一种艺术形式是诗歌。最早的例子之一是在20世纪60年代的法国，有一个作家群体，叫作“Oulipo”，意为“文学之门”，也就是“潜在文学工作室”。正如马库斯·杜·索托伊所说的，“让·莱斯库尔（Jean Lescure）想出了这个小组最流行的算法，也就是‘S+7’（用英语就是‘N+7’）。利用这种算法，把一首诗所有的名词找到，把它们在字典中移动7个单词。S代表实体，也就是‘名词’”。[①] 到了21世纪，硅谷领袖、《奇点临近》（*The Singularity*）一书的作者雷·库兹韦尔（Ray Kurzweil）开发了他的控制论诗歌算法（Cybernetic Poet Algorithm），该算法学习雪莱（Lord Shelley）和艾略特（T. S Elliot）等著名英国诗人的作品。究其根本，这个算法是从与诗歌风格相匹配的原始作品中选择并且混合单词，无论这些作品是十四行诗还是俳句。

在中国，华为公司自主开发了一套控制论诗人算法，名叫“乐府”，这是一个利用NLP技术的中国古典诗歌生成软件。[②] 由熟悉诗歌的人将中文诗歌翻译成英文，读者可以选择阅读中文原文或英文译文。为了让软件快速创作诗歌，软件程序必须在中国诗歌语料库上进行训练并进行微调，这是一个反复试验的过程。

尽管知道这些诗歌是AI生成的，但人们对诗歌的反应还是挺乐观的。受访人大多认为AI诗歌缺乏人类诗歌常有的“人类深度”。而在研究机器—人类创意的学者埃莉诺·桑德里（Eleanor Sandry）看来，语境非常重要，观众能否看到创意的过程将影响他们对创意作品的评价。[③] 此外，如果AI创造力能激发人类的创造力，并且激励人类进行创新追求，那么评论家可能会发现自己被算法超越了。

---

① Marcus du Sautoy, *The Creativity Code: How AI is Learning to Write, Paint and Think*, London: Harper Collins, 2018.

② Liao Yi, Yasheng Wang, Qun Liu and Xin Jiang, “GPT-based Generation for Classical Chinese Poetry”.

③ Eleanor Sandry, “Creative Collaborations with Macines,” *Philosophy&Technology* 30 (2017): 306.

六　结语

本报告阐述了一些建立数字文明的理由。介绍比较简要，仍有一些哲学、伦理和法律层面的问题需要考虑。本报告认为大量的文化创意是由时间构成的：要么回顾过去，要么展望未来。从 30 万年前智人“走出非洲”开始，这种回顾性的前瞻模式就是人类想象力的基础。随着文化的出现和文字系统的发展，信息得以储存、保存和共享。

在当今的数字时代，人们使用技术，包括智能手机、智能汽车和智慧城市等。政府鼓励创新，人工技术被视为通往未来的途径。在我们的日常生活中，智能机器帮助我们摆脱烦琐的工作，并使我们可以和远方的人互动、分享想法、建立合作网络。数据云中的海量数据取代了在图书馆和博物馆中的知识沉淀。

我们变得更有创造力了吗？在这个数字时代，我们更快乐吗？这些重要的问题还有待回答。时间会告诉我们答案。当然，大规模数字化的热潮给决策者和未来学家带来了一系列的挑战。像叶夫根尼·莫罗佐夫（Evgeny Morozov）这样的批评家警告人们不要使用“技术解决主义”，不要认为高度链接的世界就是更好的世界。[①] 技术可以提供解决方案，可解决方案也会带来新的问题。现在孩子们从小学习代码编程。只要未来还有相应的工作岗位，计算机素养就会造福社会。

还有很多有关创意的问题有待解决。然而，现在 AI 正在改变游戏规则。虽然数据在很大程度上可以解决存储和预测的问题，但在算法创新的过程中，仍然不可避免地丢失了一些东西。理查德·桑内特（Richard Sennett）在《匠人》（*The Craftsman*）一书中写道：“智能机器可以将人类的心智理解与重复的、指示性的实践学习分开。当这种情况发生时，概念上的人类力

---

① Evgeny Morozov, *To Save Everything Click Here: Technology, Solutionism and the Urge to Fix Problems that Don't Exist*, London: Penguin, 2013.

量会受到损害”[①]。急于让智慧城市变得更高效，会使居住在城市里的人感觉不那么人性化。解决这一困境的方案可能是创客革命，在这场革命中，只要点击鼠标就可以获得创造力。我们浏览并且选择，我们交更多的朋友。但是，我们失去了与时间的联结。古老的创作艺术和文物的“慢”方式，让思想、情绪和情感慢慢沉淀。

① Richard Sennett, *The Craftsman*, London: Penguin, 2008, p. 39.

B.9 数字时代的创新创意、信任及伦理道德

特里·弗卢（Terry Flew）*

摘　要： 近年来，人们就技术创新的速度和规模以及数字技术是否产生了与信任和道德相关的新问题展开了重要的讨论。本报告探讨了与数字时代的信任和道德相关的关键问题，同时还讨论了有利于创新创意的政策环境，尤其是与数字平台有关的政策环境。

关键词： 创意产业　人工智能　数字时代

一　创意产业和谷歌一同迈进第21个年头

2019年，有两个事物走入了其发展的第21个年头。第一个是英国文化、媒体和体育部（DCMS）发布的创意产业报告，2019年距该报告首次发布恰好是21年。这份报告常常被视为创意产业领域第一份重要的政策文件，因为它考虑到了创意产业的规模和重要性，并且阐明了创意产业对先进制造业以及发展中国家的重要意义。

21年过去了，世界上许多地方制定了促进文化和创意产业发展的政策措施。如联合国贸易和发展会议（UNCTAD，简称“贸发会”）提出了全球创意经济的概念。根据贸发会的预测，在全球数字创新的背景下，动画、时尚、

* 特里·弗卢（Terry Flew），澳大利亚昆士兰科技大学创意产业学院数字媒体研究中心。翻译：王青，深圳大学和澳大利亚科廷大学联合培养博士生。感谢东莞理工学院文学与传媒学院卢嘉杰博士以及田橙对本文翻译的修改建议。

游戏、设计和视觉特效[1]等产业将快速增长，创意服务占所有服务贸易的19%。

英国于2018年将创意产业确定为支柱产业，与此同时，创意产业与汽车、生命科学和人工智能等产业一起被纳入英国政府Sector Deals[2]计划。[3]这项计划集结了大学、创意数字企业和产业实体等，多方共同签署了《创意经济方案》(Creative Economy Programme)。由英国艺术与人文研究委员会(AHRC)牵头制定的《创意经济方案》旨在"创建一个国家创意研发架构，将艺术与人文、社会科学和STEM教育等整合起来，为创意产业或者和创意产业一起产生新的研究和创新"。[4]英国艺术与人文研究委员会将投入8000万英镑支持8个围绕影视、表演、时尚、游戏、设计、广告、数据驱动创新和交互媒体等产业而发展的区域性、多样化集群，这8个创意产业集群也是创意经济方案的核心。此外，委员会还将资助国家创意产业政策和证据中心(Creative Industries Policy and Evidence Centre)以及国家沉浸式数字叙事卓越中心(National Centre of Excellence for Immersive Storytelling)的建设。

第二个则是由斯坦福大学博士生Larry Page和Sergei Brin创办的谷歌，它也在2019年走入了第21个发展年头。1998年，谷歌作为一家私营公司注册成立，现在它是世界上访问次数最多的网站。2019年《财富》世界500强榜单显示，谷歌是全球第37大公司。谷歌以及苹果、脸书、微软、阿里巴巴、腾讯、华为、亚马逊和百度等科技巨头的重要意义和影响力，远远地超过了它们实际的商业体量。它们是平台社会或者说平台资本的先驱。[5]

---

① 译者注：原文中VFX为Visual Effects的缩写，指视觉特效产业。

② 译者注：在Sector Deals计划中，英国政府与特定行业部门建立合作伙伴关系，旨在提高生产力、增加就业、提升创新力和技能。参见https：//www.gov.uk/government/publications/industrial-strategy-sector-deals/introduction-to-sector-deals。

③ H. Bakhshi, "The Creative Industries and Industrial Policy: The UK Case," in *Research Agenda for the Creative Industries* (Cheltenham, UK: Edward Elgar, 2019), pp. 27-38.

④ T. Flew, "Creative Industries: Between Cultural Economics and Cultural Studies," in *Research Agenda for the Creative Industries* (Cheltenham, UK: Edward Elgar, 2019).

⑤ N. Srnicek, *Platform Capitalism* (Cambridge: Polity, 2017); J. van Dijck, T. Poell, & M. de Wall, *The Platform Society: Public Values in a Connective World* (Oxford: Oxford University Press, 2018).

上面提到的这些平台公司就是 J. van Dijck 等人所指的基础设施平台，这些平台“形成了生态系统的核心，其他的平台和应用程序在此基础上建构起来”①。谷歌、苹果、微软、亚马逊和脸书被视为全球数字生态系统中的五大基础设施平台。它们与为特定产业服务的或者为利基市场服务的产业平台共存，比如说交通、食品、住宿、健康、金融、娱乐和酒店等产业平台。尽管数字市场是“赢者拿大头”，用户使用这些大的数字平台时，平台的规模和体量以及强烈的“锁定”效应（lock-in dynamics）会造成集中和垄断，但上述基础设施平台和产业平台之间并没有固定的界线。②

近年来，在全球范围内，针对数字平台巨头的“抵制”③ 越来越多。矛盾的焦点是伴随数字和社交媒体巨头发展而产生的诸多问题，比如隐私和安全漏洞，平台或者第三方滥用用户个人数据，与算法信息相关的偏见、公平和缺乏透明度的问题，虚假信息和“假新闻”的流通，在线仇恨性言论、极端主义和人身攻击，信息垄断者的崛起以及他们对政治、社会和文化产生的不当影响，还有对其他媒体的不利影响等。乔纳森·塔普林（Jonathan Taplin）和斯科特·丁伯格（Scott Tinberg）等人曾写过文章，分析数字平台巨头对那些靠写作或者制作音乐等文化活动谋生的人所产生的不利影响。④

在澳大利亚，澳大利亚竞争和消费者委员会（ACCC）完成了一份报告，分析谷歌和脸书对新闻供给、新闻业和广告业的影响。根据这份报

---

① J. van Dijck, T. Poell, & M. de Wall, *The Platform Society: Public Values in a Connective World* (Oxford: Oxford University Press, 2018).

② P. Barwise, & L. Watkins, "The Evolution of Digital Dominance: How and Why We Got to GAFA," in Martin Moore and Damian Tambini, eds., *Digital Dominance: The Power of Google, Amazon, Facebook, and Apple* (Oxford: Oxford University Press, 2018); T. Wu, *The Curse of Bigness: Antitrust in the New Gilded Age* (New York: Columbia Global Reports, 2018).

③ 译者注：原文用的是“techlash”一词，为 technology（技术）和 backlash（反击）的混成词，表达了对大型科技巨头公司的批评与抵制。

④ J. Taplin, *Move Fast and Break Things* (New York: Little, Brown & Co., 2017); S. Timberg, *How Culture Works: The Killing of the Creative Class* (New Haven, C. T.: Yale University Press, 2015).

告，2015～2019 年，约有 25% 的新闻工作岗位消失了。①从全球范围来看，针对数字平台的经济、政治和其他形式的权力以及分析它们对社会的影响的话题，有超过 50 项的报告、公开调查或听证会正在进行或最近已经完成。

二　数字人文和创意创新

1987 年，麻省理工学院诺贝尔经济学奖得主罗伯特·索洛（Robert Solow）表示，“除了从生产力统计数据中，你可以从方方面面感受到计算机时代的强大力量”②。与之类似，如今文化对创新也存在广泛而深刻的影响。有非常多的证据可以证明，技术产品的设计、易用性、沟通能力的拓展性和可获得的内容（简而言之，即文化）刺激了人们对数字技术的需求。手机的演变就是一个显而易见的例子。自从手机变得普及，领先的设计能力以及能制作出引人注目的内容的能力一直是手机行业增长的驱动力，那些能给用户提供最具吸引力的手机的企业的发展超过了成本制胜的企业。

贸发会指出，“创意世界和数字世界共生共荣。创意内容与数字世界紧密联系在一起，并给数字世界提供视觉生命”③。但是，就像经合组织（OECD）发布的《奥斯陆手册》（*Oslo Manual*）④ 中的评价标准一样，衡量创新的主流模式的评价重点仍然是基础科学如何导致新技术的发生，反过来新技术又如何通过将新产品推向市场或者通过改进生产过程而导致创新的出现。⑤ 常

---

① Australian Competition & Consumer Commission, *Digital Platforms Inquiry: Final Report*. (Canberra: ACCC, 2019).

② 译者注：20 世纪 70 年代和 80 年代，美国 IT 领域发展迅速，但同期的生产力增长放缓，存在“生产率悖论”（productivity paradox）现象。

③ United Nations Conference on Trade and Development, *Creative Eonomy Outlook: Trends in International Trade in Creative Industries, 2002－2015* (Geneva: UNCTAD, 2019).

④ 译者注：《奥斯陆手册》是经合组织推出的创新测度指南，包含有关收集和使用创新数据的准则。

⑤ OECD, *Oslo Manual: The Measurement of Scientific and Technological Activities—Proposed Guidelines for Collecting and Interpreting Technological Innovation Data*, Paris: OECD, 2005.

见的标准手册能很好地衡量创新对发展新形式技术硬件的影响，也能衡量有形产品中可被感知到的创新，但是仍然难以评价软件创新、服务创新和创意产业创新。随着文化、服务和知识对现代经济变得越来越重要，这些测量标准的局限性也就凸显出来了。

经济学家保罗·斯托曼（Paul Stoneman）提出了“软创新”，具体是指“商品和服务中存在的、影响其审美或者智识吸引力的创新，而不是影响其功能表现的创新”[①]。斯托曼认为当今对创新的测量方法没考虑到艺术、设计、媒体和创新实践中的创新，因此没有充分把握住创新的范围。他还举了J. K. 罗琳（J. K. Rowling）《哈利·波特》小说的例子。《哈利·波特》系列的图书销量极高，电影也大受欢迎，此外，相关的玩具、游戏、电子游戏等衍生品也获利颇丰。尽管所有的这些文化创意产品为21世纪初期的英国经济做出了巨大的贡献，但它们目前仍没有被纳入相关的创新测量系统。

如果文化对数字创新至关重要，数字创新也会影响文化。在21世纪的第二个十年里，数字技术和数字平台引发了文化创意产业领域的诸多变化，其中最显著的包括以下几点。

其一，广告业的转型。广告逐渐走向线上并且更加细分聚焦，广告收入的主要来源也从传统媒体转向了数字平台。

其二，移动平台发展。移动平台成为人们获取新闻、信息、娱乐和游戏等数字内容的主要手段。

其三，大数据分析进化。大数据分析在连接内容创建者、传播者和消费者时，用了更多的算法和用户行为分析技术。

其四，消费者的期望。消费者希望可以在任何时间、任何设备以及所有的数字平台上获得内容。

其五，“专业－业余”（pro-am）内容创作者的崛起。他们利用不断改

① P. Stoneman, *Soft Innovation: Economics, Product Aesthetics, and the Creative Industries*, Oxford: Oxford University Press, 2010.

进的数字技术和全球分销平台，扩大内容覆盖面，同时他们给传统媒体人带来了挑战。

其六，新媒体的商业模式。如果用传统的基于广告和版权产品的商业策略来开发新媒体商业模式，就会与拥有海量内容、新进竞争者层出不穷和版式多样等新媒体的特点不匹配。

尼尔·豪尔（Neil Howe）在《福布斯》杂志中提到，这个世界“领薪水的大提琴手越来越少，靠版税收入过活的 Youtube 名人越来越多”。在数字平台上，假信息和假新闻的提供者与传统的新闻品牌一样，都成为可信的信息来源，这给人们带来了很多文化上的挑战。可是这些假信息和假新闻并不会消失。事实上，数字技术给艺术、媒体和文化带来的挑战也会加剧，我们仅仅处在能预见人工智能、增强现实、虚拟现实和区块链等技术对文化创意产业产生的影响的早期阶段。

鉴于此，澳大利亚近期宣布成立自动决策和社会卓越中心（Centre of Excellence for Automated Decision-Making and Society）。这一中心由澳大利亚研究委员会（Australian Research Council）资助，将有来自 7 所澳大利亚大学的专家以及来自澳大利亚、欧洲、亚洲和美洲的 22 个学术和行业伙伴组织参加。自动决策技术已经在健康、社会服务、交通和传媒等领域帮助人类做判断，中心将研究这种新兴的自动决策技术是如何快速影响社会的。中心由人文和社会科学领域的研究员主导，其中包括 QUT 创意产业学院的研究员们。并且，中心将在七年内获得 7100 万澳元的资金，重点研究如何更好地理解以及批判性地参与和人工智能、大数据、自动化及多个领域的算法治理有关的社会、道德、法律和政策问题。

三　数字时代的信任与伦理

信任危机存在的案例比比皆是。2008 年全球金融危机的出现以及它的严重后果，曝光了全球多地银行和金融机构的不法行为。至少在西方来说，早期对互联网自由潜力的乐观情绪，似乎已经被一种“新的悲观情绪”所取代，对个人网络数据不负责任的使用带来了不信任。[1]

现在有大量的经验数据说明人们不信任主要的社会机构。在美国，盖洛普机构信心调查（Gallup Confidence in Institutions）记录了美国人对特定机构的信任程度。调查显示，公众对报纸的信任程度从 1973 年的 39% 下降到 2017 年的 27% ，对电视新闻的信任程度从 1996 年的 36% 下降到 2017 年的 24% 。值得注意的是，相较于其他媒体，人们对互联网新闻的信任程度更低，2017 年人们对互联网新闻的信任程度仅为 16% 。[2]

信任危机的核心是沟通问题。这在新闻业的信任危机中最为明显，人们越来越担心错误信息、虚假信息和“假新闻”。[3] “假新闻”的增多可归咎于经济企业家，比如在 2016 年美国选举期间创建支持特朗普网站的马其顿青少年[4]；也可以归咎于意识形态企业家，比如阴谋理论家、“信息战争”（InfoWars）网站创办人艾利克斯·琼斯（Alex Jones）。[5] 但假新闻肆虐也说明了人们对社会机构的不信任，因为人们在网上寻找“替代（信息）”来源来代替“主流（媒体）”叙事。

史蒂夫·科尔曼（Stephen Coleman）认为，一般说来，人们对新闻的信任与对政府和社会机构的信任有内在联系，原因有两点。[6] 第一，最明显的是公众依靠新闻媒体，媒体准确地提供信息，使人们接触到各种不同的意见，从而使他们能够做出决定和选择，并在最广泛、最准确的信息基础上参

---

① T. Flew, “Guarding the Gatekeepers: Trust, Truth and Digital Platforms,” *Griffith Review* 64 (2019): 104 - 113.

② Knight Commission on Trust, Media and Democracy, “Crisis in Democracy: Renewing Trust in America,” https://knightfoundation.org/reports/crisis - in - democracy - renewing - trust - in - america.

③ H. van den Bulck & A. Hyzen, “Of Lizards and Ideological Entrepreneurs: Alex Jones and Infowars in the Relationship between Populist Nationalism and the Post - global Media Ecology,” *International Communication Gazette* 82 (1) (2020), https://doi.org/10.1177/1748048519880726.

④ 译者注：美国大选期间，各种假新闻不断涌现在社交媒体上，对选情产生了重大影响。而这些假新闻大多是由一些来自马其顿的青少年炮制出来的。

⑤ 译者注：艾利克斯·琼斯和他的“信息战争”网站大肆宣扬种族和仇恨言论，散播“阴谋论”。

⑥ S. Coleman, “Believing the News: From Sinking Trust to Atrophied Efficacy,” *European Journal of Communication* 27 (1) (2012): 35 - 45, https://doi.org/10.1177/0267323112438806.

与政治和公民文化；第二，更深一层的是，对媒体的信任是一种认知，也就是说，新闻生产者和消费者有“共同的期望和价值观，这构成了评价新闻表现的道德上的一致性和文化上可信服性（的标准）”。[①] 随着新闻媒体的深刻转型，观众和广告主向数字平台迁移，内容更多地通过社交媒体分发，人们对媒体的信任不仅越来越多地与新闻标准和职业道德联系在一起，而且与公众和媒体是否有共同的价值观也联系在一起。在传统的基于广告和分类新闻的商业模式日渐式微之时，重建这种信任的资源无疑受到限制。

在不信任现有机构的同时，人们对新形式的数字互动的信任有所增加。人们越来越愿意做出“信任的飞跃”，他们使用应用程序让完全陌生的人住进他们的公寓、帮他们送食物、开车送他们、遛他们的狗、为他们工作、建立关系等。[②] 我们越来越不信任社会机构，而信任数字应用，这种“信任的双重性”是脆弱的。它很容易被打破，毕竟现有机构受到的监管更多。这在很大程度上取决于这些在数字平台上迅速发展的数字中介互动中的道德标准。这样说来，这可能会给政府工作提出更高的要求。数字人文学科将在提供道德指南、塑造伦理选择方面发挥重要作用。

参考文献

H. Allcott & M. Gentzkow, “Social Media and Fake News in the 2016 Election,” *Journal of Economic Perspectives* 31 (2) (2017), https://doi.org/10.1257/jep.31.2.211.

World Economic Forum/McKinsey & Co., *Creative Disruption: The Impact of Emerging Technologies on the Creative Economy*, http://www3.weforum.org/docs/39655_CREATIVE-DISRUPTION.pdf.

---

① S. Coleman, “Believing the News: From Sinking Trust to Atrophied Efficacy,” *European Journal of Communication* 27 (1) (2012): 35-45, https://doi.org/10.1177/0267323112438806.

② R. Botsman, *Who Can You Trust?: How Technology Brought Us Together and Why It Might Drive Us Apart*, Public Affairs, 2017.

B.10

数字创意产业集聚的区位因子探析：基于区位理论的研究报告*

江咪咪　罗小艺**

摘　要： 我国高度重视数字创意产业的发展，已经将其纳入国家战略性新兴产业。现阶段我国数字创意产业面临区域发展不平衡这一突出问题。区位理论旨在为企业寻找最佳生产区位，分析不同产业的区域空间组织并进行优化。基于区位理论分析数字创意产业的区位因子，有利于从数字创意企业的角度出发，明晰我国数字创意产业区域性聚集的内生动力，进而为制定政策推动区域数字创意产业协同发展提供理论依据。

关键词： 数字创意产业　区位理论　区域经济

《“十三五”国家战略性新兴产业发展规划》提出要促进数字创意产业蓬勃发展，计划2020年数字创意产业相关行业产值规模达到8万亿元人民币。数字创意产业是指以文化创意内容为核心，依托现代数字技术、网络技术、通信技术、传播技术，进行文化产品和服务的创作、生产、传播和消费等的相关产业。与传统创意产业相比，数字创意产业存在技术更迭快、

* 本文受中央高校基本科研业务费专项资金（项目编号：N182303038）资助。

** 江咪咪，东北大学艺术学院硕士研究生，主要研究方向为艺术管理、文化产业；罗小艺，东北大学艺术学院硕士生导师，主要研究方向为文化经济、创意产业。

传播网络化、生产数字化、消费个性化等特点。[①] 数字创意产业的涵盖内容广泛，核心产业部门包括互联网文化服务业、通信增值文化服务业、现代影视业、网络游戏业、网络（数字）出版业、数字动漫业、文化和娱乐软件业等。[②] 我国数字创意产业呈现明显的区域发展不平衡问题。可以说，区域发展不平衡是我国数字创意产业（甚至文化产业）在相当长的一段时间内的基本特征和态势。总的来说，长三角、珠三角、京津冀等经济发达地区的数字创意产业发展水平远远高于中西部地区。数字创意产业的区域集聚有其内生动力和现实背景，本报告基于区位理论，分析影响数字创意产业发展的区位因子，进而厘清数字创意企业区域集聚和发展的内生动力，为促进区域数字创意产业协同发展提供理论依据。

一　区位理论的研究和发展

区位理论是研究经济活动空间组织优化的科学，也被称为区位经济学。区位理论可用以研究企业在空间上的合理区位，已被广泛应用于农业、交通运输业、工业、商业等产业部门的区域空间组织优化。德国经济学家杜能首先在《孤立国同农业和国民经济的关系》一书中开启了农业区位理论的研究，其后区位理论的研究对象向工业企业和第三产业企业转变。数字创意产业的活动内容既包含工业生产，也包括服务创造。从这个角度来讲，应用区位理论分析数字创意产业的区域发展具有理论可行性。

（一）韦伯工业区位理论：最小化成本

1919 年，韦伯提出工业区位理论，这一理论及其发展对工业区位的选择产生了深远影响。工业区位理论的核心观点是企业会选择在生产成本最小的地点进行生产。换言之，在工业区位的选择中，能把成本降到最低限度的

① 杨晓东等：《2017～2018 年数字文化产业发展趋势研究报告》，国务院发展研究中心东方文化与城市发展研究所，2019，第 1 页。

② 夏光富、刘应海：《数字创意产业的特征分析》，《当代传播》2010 年第 3 期，第 1 页。

位置就是最优区位。韦伯用区位因子来形容影响主体空间分布的各个因素。韦伯早期的模型只对运费、劳动成本和集聚这三个一般性区位因子加以分析。他假设模型区域内的物质条件、技术状况、政治制度等因素外生且相同。其中，对运费起决定作用的是距离和重量，运费与产品的重量和运输的距离正比例相关。韦伯认为运费是最具有决定意义的区位因子。其他两个区位因子是对运费的变形。在其他条件不变时，运输吨公里最低的点就是工业的理想区位。

工业区位理论为企业区位选择提供了理论模型，企业可以基于成本最小化的原则优化区位布局。成本论作为最早的区位论学派，其理论适用于自由竞争下，运输条件艰难、运输成本是主要成本来源的环境。数字创意企业高度依赖现代数字通信技术，且产品和服务多依赖网络传播，产品的运输成本大大降低，甚至趋近于0。如利用工业区位理论解释现阶段数字创意产业的区域集聚和发展，应结合数字创意产业的特点，剖析数字创意生产的主要成本来源。

（二）廖什经济区位理论：最大化利润

相比于韦伯，廖什经济区位理论在考虑运输成本的同时，开始注意到市场划分对区位趋势的影响。廖什认为在垄断竞争条件下，运输成本已不再是决定因素，并开始采用利润原则来分析企业区位。在《经济的空间秩序》一书中，廖什将企业的利润同销售范围联系在一起，提出企业在区位选择中会寻找能提供最大利润的市场区。廖什理论特别重视市场对工业布局的影响，被认为是西方近代区位理论的新发展。[①] 廖什的模型假设生产原材料均匀分布，且运费率相同，消费者具有相同的偏好且承担产品运费。基于这些假设，廖什将企业区位与其利润水平（或市场大小）联系起来。给定某一区位，企业的销售半径受到运费和产品价格的影响。随着销售距离加大，运

① 者吉莲：《评述廖什的市场区位论及其在实践中的应用》，《金融经济》（理论版）2006年第4期，第134页。

费增加，价格上升，销售量也逐渐减少。那么，企业在进行区位选择时，会衡量其产品消费范围，即企业利润。

廖什理论将市场和区位选择联系起来，指出在非自由竞争环境下，工业区位分布受到产品销售范围的影响。此外，廖什理论将研究视角从微观层面的单个企业区位选择理论，拓展为考虑市场网络结构的宏观区位论。廖什理论为我们从需求角度着手分析市场对数字创意产业区域分布的影响提供了理论视角。值得注意的是，数字技术带来的运输成本下降、生产力跃升带来的供过于求以及消费者地位提升带来的消费个性化使数字创意市场呈现完全两极的特点。一方面，消费个性化不断加强，需求的异质性凸显；另一方面，数字创意市场“赢家通吃”的特点也日益突出。分析并有效提取数字创意市场需求的特点，是采用利润最大化原则分析数字创意企业区位分布的一个要点。

（三）霍特林区位依存理论：重视竞争者

霍特林区位依存理论认为，一个地区内的厂商的目的都是在最大收益的价格水平下，控制最多的消费者数量，所以厂商都必须重视这一地区内的其他厂商，也就是竞争者的市场变化情况。当厂商在竞争中达到一种均衡状态时，每个厂商的区位以及他所控制的市场区是均衡的，任何一方发生变动都会打破这种均衡状态，这就是区位依存理论。霍特林的模型在高度简化的两个厂商即双头垄断的假定下进行，竞争发生在线性市场中，生产者规定产品的出厂价格，从工厂到市场的运费由消费者承担。如果产品是无限无弹性需求，那么两个厂商为了避免在中间地带竞争，只有合理地配置两厂商之间的距离才能使运费最低、销售量最大，此时的区位格局才会对两个彼此竞争的厂商最为有利。

霍特林区位依存理论同样适用于数字创意产业。在精神文化生活日益丰富的今天，数字创意企业都在努力寻求迎合人们日益提高的审美趣味的切入点，来不断提高和完善自己的内容创作和生产经营。因此，数字创意企业在某一地区内也应该重视其竞争者的市场变化情况，以随时做出应对和调整策略。通过合理配置自己与同行业竞争企业之间的距离，数字创意企业可降低运费、提高销售量，实现利润最大化。

（四）行为区位理论：关注行为和环境

20 世纪 60 年代末，行为科学和行为地理学的蓬勃发展促进了行为区位理论的发展。行为区位理论的核心在于关注人的行为和对环境的感知等内部因素对工业区位决策产生的影响，不再只注重运费、劳动力、市场利益等内部因素对工业区位决策产生的影响。行为区位理论将区位因子从仅包含经济因素发展到综合兼顾非经济因素。现实的区位选择会受到决策者本人家庭、职业、性格、社会环境、政府决策等的影响。[①] 由于心理、环境等因素难以量化，行为区位分析中多采用技术经济因子做定性分析，并加入心理、社会等区位因子用以修正。

在数字创意产业的区位选择中，兼顾人的行为、心理、社会、环境等因素尤为重要。这是由数字创意产业固有的创意属性和社会效益所决定的。在数字创意产品和服务的创作和生产中，创意是主要的生产要素。个人的创意水平既取决于个人的知识理解、创新能力，也取决于创作者对环境的感知和自我认知的协调。良好的外部环境会通过影响个人行为促进企业产出。另外，影视剧、网络游戏、数字出版等数字创意产品能影响受众的思想观念和行为规范。国家在发展数字创意产业的指导方针中也强调要把社会效益放在首位，努力实现社会效益和经济效益相统一。数字创意产业的社会效益使数字创意企业的发展受到国家和地方政策的显著影响。

总的来说，区位理论先后将成本、市场、竞争者、人的行为和环境等纳入区位因子中，明确了微观层面上企业在选择最优区位时应遵循的原则。同时，其研究范畴扩大到较为宏观的产业区位。其中，市场区位理论（廖什

① 朱友华：《空间集聚与产业区位的形成：理论研究与应用分析》，博士学位论文，东北师范大学，2004，第 14 页。

经济区位理论）和区位依存理论已经考虑到产业的市场网络结构和规模、产业结构对企业区位选择乃至产业区位空间格局产生的影响。明晰数字创意产业空间格局的区位因子并分析各区位因子对数字创意产业区域发展的影响，在指导数字创意产业区域布局上具有很强的实践意义。

二 产业区位集聚的动因及其理论

区位理论中的企业区位选择模型为分析产业区位集聚提供了微观视角。区位研究的对象也从单个企业的区位选择转向产业、区域总体的研究。不同的产业因自身特点不同，其产业区位的选择也各不相同。产业区位的形成，除了受到前文所说的运输成本、市场规模、竞争者、人的行为、环境等因素影响，也受益于产业区位集聚给单个企业带来的收益。本部分从社会分工和提高效率、规模经济和边际收益递增、知识扩散技术创新、理论价值和竞争优势几个角度来梳理产业区位聚集相关的理论。

（一）社会分工和提高效率

亚当·斯密在《国富论》中提出劳动分工是增进国民财富的源泉。企业通过分工可以大大提高生产效率，从而使整个国家财富增加。在这里，分工可以分为三种：第一种是企业内的分工；第二种是企业间的分工，也就是企业间劳动和生产的专业化；第三种是产业分工或者社会分工。企业间劳动和生产的专业化被亚当·斯密认为是企业提高生产效率，获得效率优势，从而促进自身发展的必要因素。生产的专业化分工促进了企业集群的形成。同样的，马克思认为，生产组织方式的选择必须满足降低个别价值的目的以达到资本增值的目标，也就是说，对高效率和低成本的追求是产业形成集群的内在动因。同样的，数字文化企业在生产和经营过程中也要考虑效率最大化和成本最小化，形成一定规模的企业集群，从而实现利润最大化的目的。

（二）规模经济和边际收益递增

规模经济是马歇尔在1890年出版的《经济学原理》中提出的重要概念。外部规模经济概念是指在特定区域内由于某种产业的集聚发展所引起的该区域内生产企业的整体成本下降。规模经济能驱使相似的中小企业集中在一起而形成一定区域内的企业聚集，以追求技术、机械和原料的规模经济效益。因为企业集群有更大可能性采用高效率的设备和工具，从而极大地提高生产效率。通过采用新的生产技术所获取的规模经济收益是小工厂难以企及的。大批量运输可以保证对运输工具的充分利用，大批量采购可以获得相对低的采购价格，这些均可以降低企业的成本，使各个小企业获得利润的最大化。就数字创意产业而言，企业如果能够集聚在“产业区”内就可以降低搜寻数字创意人才、技术创新型人才、管理创新型人才等的成本。同时，企业间的集聚可以降低数字创意产业的辅助生产成本；集聚企业间信息、资源、经验的共享有助于数字创意企业协同发展，从而使集聚企业的生产效率高于单个分散的企业以获得竞争优势。

（三）知识扩散和技术创新

美籍奥地利经济学家熊彼特认为技术创新能促使关联性产业各部门的众多企业形成集群。一般来说，某企业在成功创新之后，大部分企业会紧跟着步其后尘。熊彼特认为创新活动倾向于、集中于发生在经济中的某些部门及其邻近部门。创新的群集和增长的非周期因素是除外部因素外影响经济波动的主要原因。首次创新会比较艰难，需要大量的前期投入且会耗费大量的沉没成本，而紧随其后的企业创新往往是对前者的模仿或复制，其创新成本得以大大降低。同时企业创新会通过知识扩散逐渐提高整个区域乃至整个行业的技术水平。那么，第一次企业创新的成功经验造成的结果是后来者蜂拥而至，即形成技术创新的群集现象。在数字创意产业的发展过程中，一个企业创新的成功经验可能会相应地引发这一区域内数个关联企业蜂拥而上，掀起一股创新的潮流。例如，数字会展企业的技术创新会相应地引发会展、摄影、VR 等关联性比较强的企业或者部门进行创新，以跟上数字会展发展的步伐，不断生产出技术含量更高、更加新颖和更吸引人眼球的数字文化创意产品或服务。

（四）价值理论和竞争优势

哈佛大学教授波特率先提出了全球化背景下的产业集群理论，从竞争力的角度来分析产业集群现象。在经济全球化的今天，许多跨国公司可以从全球不同国家和地区获取原料、劳动力等生产要素。但运输成本的降低并没有迫使公司把厂址设在原料来源地或者是较大的市场所在地。波特认为，产业集群在竞争日益复杂的全球化经济体系中扮演着越来越重要的角色。波特提出了著名的钻石体系理论模型，从竞争力的角度对产业集群现象进行了深入的分析和研究，他认为产业集群的核心内容是竞争力。企业竞争力主要包括生产要素、需求条件以及相关产业的支撑和公司的策略支持。同时，机遇、竞争以及政府也发挥着不可替代的作用。波特认为企业集群不仅能够降低交易成本，提高企业生产效率，而且能够创造出集体财富。更重要的是，企业集群能够促进生产率提高，有利于促进新企业的形成。这样一来，虽然激烈的竞争会在一定程度上降低集群内企业的经营利润，但相较于其他地区的企业却会建立起竞争优势。对于全球化背景之下，尤其是那些具有广泛国际市场的数字创意企业来说，可以通过区域产业结构优化、企业间的分工与协作、产业链的整合等途径来获得集群带来的竞争优势，这是集群外企业所无法获得的。

三　数字创意产业集聚的区位因子

对数字创意产业的区位研究，在企业层面可关注数字创意企业的竞争、空间扩张和区位选择；在行业层面可关注产业地方化与区域聚集；在宏观层面可关注区域合作和数字创意产业带的形成和演进。本部分基于对区位理论和产业集聚动因相关研究的梳理，提炼出数字创意产业集聚的区位因子。

（一）市场

数字创意产业的市场结构和规模与传统工业有很大差别。绝大多数数字创意产品和服务的运输成本不再是限制其市场规模的因素。数字动漫、数字出版、创意设计、软件服务等产品和服务可以通过互联网提供，运输成本极小。得益于数字通信技术的发展和全球化的深入发展，数字创意产业的市场规模得到了很大程度的扩大。一国数字创意产品的市场需求不再受到地理限制。就数字创意产品和服务来说，产品质量、文化距离、产品和服务的价格均会影响其市场规模。一般来说，数字创意产品质量越高、与消费者文化距离越近，其市场规模越大。从数字创意产品和服务的需求来说，区域居民的收入水平、文化素养、受教育程度均会影响区域居民对数字创意产品和服务的消费。居民可支配收入、文化素养、受教育程度越高，对数字创意产品和服务的需求也越大。如果将数字创意产品和服务分为在地消费和网络消费两种，那么，区域文化需求的结构特点将显著影响在地消费类数字创意企业的区位选择；区域市场需求结构对网络消费类数字创意企业的区位选择影响有限。

（二）人力资源

人力资源是数字创意企业的重要生产要素，区域人力资源水平显著影响数字创意产业在空间上的集聚。数字创意产业是以创意为主体的知识密集型产业，人才是其核心资源。数字创意产品从策划、创作、营销、消费到后期维护均需要大量专业人才。区域人才结构、规模和质量，人才的流动性均会影响数字创意企业的区位选择。一个区域是否具备发展数字创意产业的人才资源取决于该区域是否具备吸引和培育相关人才的能力。目前我国数字创意产业正快速增长，这大大增加了对数字内容创意型人才以及技术创新型人才的需求。

（三）技术

数字创意产业是信息技术与文化创意产业融合而成的新兴产业。数字创意产品的制作和流通多以数字技术为依托。数字创意产品的内容创作、流通和消费涉及3D显示、全息成像、互动影视、增强现实（AR）、虚拟现实（VR）、混合现实（MR）、人工智能、大数据、物联网等数字技术和信息技术。数字技术和创意内容的协同创新能有效促进数字创意产业的发展。现阶段，以实现“大容量、大链接、大带宽、低延时、低功耗”为目的的5G技术已经趋于成熟，并即将步入商用阶段。5G技术的普及将有力推动AR/VR/MR等技术迈入商用环节，这会有力地促进电子游戏、旅游会展、家居设计、数字新闻出版、影视等相关产业的发展。可以说，区域技术发展和知识扩散水平是数字创意企业在进行区位选择时需要考虑的一大因素，也是影响数字创意产业区域集聚的重要区位因子。

（四）政策环境和文化氛围

数字创意企业的生产、流通、消费等均得益于良好的市场秩序、健全的版权制度、规范的行业组织、积极的政策环境及宽容的文化氛围。数字创意产品多为版权产品，完善的知识产权保护制度体系对数字创意企业的发展尤为重要。目前我国政府大力扶持数字创意产业发展，各地政府也出台了一系列相应的扶持措施。因此，区域文化创意政策环境也是数字创意企业在进行区位选择时需要慎重考虑的因素，优惠的财政税收政策、投融资政策、企业用地政策均会吸引数字创意企业进驻。同时，丰富的文化积淀和宽容的文化氛围也会影响数字创意企业的区位选择。文化积淀既包括历史遗迹、特色建筑、手工艺品等有形的文化资源积淀，也包括节庆民俗、风土人情、宗教文化等无形的非物质文化资源积淀。丰富的文化资源既可以提供创意产业进行创作所需的原材料，也可丰富创意人才的生活体验。包容、多样化的文化氛围既利于吸引和集聚创意人才，也有利于激发人才的创意才能。所以说，区域政策环境和文化氛围对创意产业至关重要，它们会显著影响数字创意产业企业个体的区位布局以及企业间的区位集聚。

参考文献

邵维中：《西方工业区位理论探索》，硕士学位论文，华中师范大学，2002。

王伟年：《城市文化产业区位因素及地域组织研究》，博士学位论文，东北师范大学，2007。

产业观察篇

Industrial Observation Reports

B.11
中国科幻电影的黑客想象创新研究报告

黄鸣奋*

摘　要： 在我国科幻电影中，有关黑客的描写以信息革命的深入发展为基础，着眼于 IT 风云，昭示了人们对于信息社会的前瞻性。相关想象从类型化的角度揭示黑客与信息安全、社会秩序、伦理评价的关系，从御宅化的角度反映黑客的爱情生活、职场生涯和机器生存，从异能化的角度涉及黑客对游戏的热衷、破解与困局。相关影片为我们理解黑客现象提供了别具一格的参照物，因此值得深入研究。

关键词： 科幻电影　中国电影　黑客形象

---

* 黄鸣奋，北京电影学院未来影像高精尖创新中心特聘研究员，厦门大学人文学院中文系教授，主要研究方向为新媒体艺术产业、科幻电影等。

“黑客”的历史至少可以追溯到20世纪中叶那些从事盗打和窃听活动的“电话飞客”（Phone Phreakers），以及擅自改动设备的无线电爱好者。不过，如今人们所说的“黑客”通常是指电脑黑客或网络黑客（未经许可进入计算机系统或网站的人），在广义上还包括大脑黑客（指利用脑机接口窃密者）①、神经黑客（中枢直接连机者）②、生物黑客（指违禁从事生化人研发实验或利用基因重组创造新生命者）③、文化黑客（指进行地下斗争的文化工作者）④、政治黑客（指具有推崇自下而上、打破常规，直接通过推特沟通与动员民众，逆职业化等特点的政治人物）⑤、道德黑客（印度人Ankit Fadia的自称，类似于“有道之盗”）⑥ 等多种类型。有些学者甚至认为：“黑客更是一种态度，甚至可以说是一种概念似的存在。”⑦ 在西方科幻电影中，黑客的形象至迟在20世纪80年代就已经出现，美国《大追逐》（*The Last Chase*）可以为证。20世纪与21世纪之交问世的“黑客帝国”三部曲是这类电影的巅峰之作。在我国的科幻电影中，黑客姗姗来迟，但进入21世纪之后屡见不鲜，而且各有特色，已经成为富于吸引力的人物类型之一。上述现象以信息革命在我国的深入发展为基础，着眼于IT风云，同时昭示了人们对于信息社会的前瞻性。

一　类型化：鏖战中的黑客

在历史上，作为群体的黑客自20世纪中叶问世以来经历了演变过程。

---

① 《大脑黑客成现实？Emotiv设备可盗窃人类思维》，《电脑与电信》2012年第8期，第11页。

② Gareth Branwyn, “The Desire to Be Wired,” in David Bell, ed., *Cybercultures: Critical Concepts in Media and Cultural Studies*, Lodnon; New York: Routledge, 2006, pp. 198 - 205.

③ 李洪军、郭继卫：《“生物黑客”安全问题分析及对策研究》，《军事医学》2016年第4期，第276~280页。

④ 孔庆东：《斗不过的“文化黑客”》，《领导文萃》2012年第13期，第114~115页。

⑤ 方兴东：《面对“政治黑客”特朗普》，《汕头大学学报》（人文社会科学版）2016年第8期，第5页。

⑥ Wiki. Ankit Fadia. https://en.wikipedia.org/wiki/Ankit_Fadia#Hacking_claims_and_controversies.

⑦ 王友良、吴亚雄：《黑客群体与黑客伦理新释》，《湖南工业大学学报》（社会科学版）2016年第5期，第113~115页。

泰勒（Paul Taylor）在《他们与我们："黑"文化》一文中指出：第一代黑客是麻省理工学院实验室中的计算机迷；第二代黑客通过开发最早的个人计算机将计算机硬件带给大众；第三代黑客是计算机游戏架构引路人；第四代黑客则是非法进入他人计算机的家伙，还有那些被商业计算收买利用的所谓"微软农奴"。[①] 值得注意的是：进入 21 世纪之后，某些电脑黑客的行为已经不再局限于个人，而是向所谓"黑客产业链"发展；其动机也并非过去那样要求信息共享，而是包含了欺骗、讹诈之类的因素。科幻电影所描绘的黑客在时间维度上具备前瞻性，在空间维度上具备发散性，在社会维度上具备类型性。下文从信息安全、社会秩序和伦理评价三个角度对黑客予以考察。

（一）黑客与信息安全：白帽、黑帽与灰帽

刘黎明、龙玉川指出："在某种意义上，黑客是指手法巧妙、技术高明的电脑使用者或爱好者，以是否有利于网络安全为标准可分为两大类，即网络安全（管理）人员和网络入侵者。"[②] 网络入侵者的心理主要有自我实现心理、好奇探秘心理、义愤抗议心理、贪财图利心理、报复怨恨心理、政治利益心理六种。根据一般的看法，"黑客"可以依据对计算机安全的态度区分为三种基本类型。一是白帽黑客。他们通常受雇于计算机系统的所有者，按其意图进行工作，旨在发现系统漏洞，以减少系统可能被其他黑客利用的缺陷。其行为一般是合法的。二是黑帽黑客，亦称"解密高手"。他们怀有恶意，经常为个人目的而利用计算机系统的缺陷，盗取并售卖数据。其行为是非法的。三是灰帽黑客，其行为倾向介于上述二者之间。他们入侵计算机系统可能是为了好玩、炫耀，通常并非旨在牟利。由于未获得系统所有者的许可，其行为也是非法的。这三类黑客的形象都已经出现在科幻电影中。

---

① Paul Taylor, "Them and Us: The Hack and Hacking Culture," in David Bell, ed., *Cybercultures: Critical Concepts in Media and Cultural Studies*, Lodnon; New York: Routledge, 2006, pp. 252－288.

② 刘黎明、龙玉川：《黑客心理研究》，《青少年犯罪问题》2002 年第 6 期，第 10～14 页。

某些科幻影片将黑客活动作为检测计算机系统安全性的应有之义来描写，塑造了白帽黑客的形象。在我国网络大电影《储灵空间》中，3A 科技公司计划实现向人体开发公司的转型，老董事长邵蓝彦为满足女儿邵菲的心愿而开展“储灵空间”项目。它将记忆存于智能云库中，适当的时候再回输给签约人。邵蓝彦遇到赫赫有名的黑客大条邱，主动邀请她攻击 3A 公司内网，言明黑入一次给 10 万元。大条邱觉得这一任务很有挑战性，说：“三天，给 100 万元。进不了我就拜你为师。”她没成功，于是真的拜老董事长为师。这家公司的总经理袁忠主张开发反意识程序，对客户的记忆加以修改，以实现控制他们的目的，为此和邵蓝彦发生争执，导致后者心梗发作后猝死。大条邱和当初设计“储灵空间”的程序员赵拓联手，粉碎袁忠的计划。3A 公司因为内部冲突而倒闭，大条邱的父亲接手重组，成立边缘科学研究所，将办公大楼改造成 VR 游乐场。本片中的黑客被赋予维护正义的伦理属性。

另一些科幻电影塑造了黑帽黑客的形象。例如，我国电影《疯狂 AI 之夺命外挂》中的黑客燕宏唯利是图，收钱之后帮助一心想采访火爆新闻的主持人菲菲破解智慧城市系统数据库，结果让智能外挂软件“真数”有了可乘之机。它趁机入侵上述数据库，控制市民，将不服从自己的人当成精神病人送进医院。我国电影《异能学姐》中，某高校 2010 届女生齐慕容师姐是计算机天才，醉心于编程。她自感怀才不遇，与幽灵打赌，输掉手指还不算，连命都搭上，与之结合成“亡灵编程”，开发出手机 App“生死扫描器”，可控制包括人在内的各种生物的死期和死法。她出没于一间计算机实验室，叫好友吸引程序员来竞赛，她还想升级 App，使之能够控制人的命运。

灰帽黑客的形象出现在我国电影《黑客风云》之中，这就是变色龙军团群体。领头的季云是有自毁倾向的天才黑客、电脑奇才，张薇是一言不合就动手的暴力少女，高远是“移动的计算机”，林话则是机械天才。主角季云是个电子人，准确地说，其 37.5% 是由人工智能或元器件构成的。因此，他如果受伤，可以由机械天才林话予以修复，代价是丧失先前的记忆。季云不断接到神秘的黑客 K 派给他的任务，将这些任务当成是对自己的测试，迫切希望向 K 证明自己的能力，虽然一次次落空，但始终不悔。在片末，他为了阻止上市制药公司 Trump B 生产的病毒扩散到实验室以外，不惜牺牲自己的性命，获得了 K 的嘉许。

（二）黑客与社会秩序：维护者、挑战者与转变者

在对黑客予以定位时，信息安全和社会秩序是两种不同的参照系。前者主要是对计算机系统而言，后者主要是对社会系统而言。计算机系统可能归不同的个人或群体所拥有，因此，除具体技术之外，黑客的活动主要牵涉与上述所有者之间的关系。社会系统则是由社会成员组成的共同体，黑客的活动主要牵涉他们与社会管理者（特别是国家机构）之间的关系。

在我国科幻电影中，对黑客文化的描绘主要围绕社会秩序的挑战与维护展开。一般说来，警察是社会秩序的维护者，正如部分黑客是社会秩序的挑战者那样。不过，二者完全可能在某种条件下相互转变。某些科幻电影将上述转变作为艺术构思的重要切入点。例如，香港《夕阳天使》（*So Close*）描写女警江日红遭到无良公司老板陷害，不得不脱离警察队伍。她急于洗刷谋杀科学家之女陈爱琳的罪名，与其妹陈爱群联手袭击上述公司。她负责黑入它的监控系统，以掩护陈爱群。上述影片讲述的是警察变成黑客的故事。下面再讲述黑客变成警察的故事。在我国《钢铁飞龙之再见奥特曼》（*Dragon Force*：*So Long Ultraman*）中，电脑天才小星是世安局所属钢铁飞龙小队成员，才 15 岁，已经从大学毕业两年。他曾因黑入世安局的云电脑而被捕，后被世安局总长伊特选中，加入了警队。伊特是个身居高位的阴谋家，想要占有 50 亿年一遇的地球创世能量，实现其野心。他以保卫地球的名义要超级英雄奥特曼将地球创世能量压缩成晶体，再派手下的钢铁飞龙小队去夺取它，然后调兵遣将对钢铁飞龙小队灭口。因此，小星必须和其队友一起识破伊特的诡计、破坏他的计划。

在某些影片中，黑客虽然并没有变成警察，却仍然作为除暴安良的社会力量发挥作用。例如，我国电影《危险智能》中的小黑客顾周是某研究生

陆教授之子陆羽的好友。陆教授希望其子陆羽成为像自己那样的科学家，就率先拿他做电脑与人脑对接实验，不料其助手罗飞私下加入通信模块以对陆羽进行远程控制，陆羽虽然智力大幅度提高，却变得六亲不认。先前得到过陆羽帮助的女生桑薇转校来陆羽就读的梦九中学，为陆羽变得如此性情乖张而惊讶，千方百计调查其原因，获得顾周的配合。陆教授因为儿子的人格变化而后悔，拒绝投资人遴选更多优秀高中生做实验的要求，差点被灭口。他化装成老师，从暗中关注桑薇、顾周的行动并予以配合。桑薇潜入罗飞办公室，将顾周开发的病毒输入研究所主机，解除了他们对陆羽及其他学生的远程控制。陆羽重获了亲情、友情，罗飞等不法之徒则被逮捕。在我国电影《超能特务》中，电脑黑客飞仔是凌海市 F 组织特工组成员，单凭一台联网电脑就能侵入最机密的信息系统。该市不法医生和药商勾结进行肾脏移植排异药实验，致患儿死亡，并意图打杀其父徐睿。后者决心报仇，多年后以房地产大亨身份指使手下逐一杀掉五个涉事人。死者之一是特斯特医药公司总经理王聪。特工组发现凶手有一滴血溅在王聪衣服上。黑客飞仔通过检索全国医院数据库，找到是 B 型血，符合 717 所说的身高 1.75～1.80 米、年龄在 50 岁以下的医生 862 名，但没有他们的 DNA 资料。进一步检索发现王聪曾经和杜楠在洛菲生物制药公司工作，该公司是聂海所在医院 60% 肾移植排异药的供应者。这是破案的重要线索。我国电影《时空送货人》中的黑客满竹是“送货人”组织的支持者。该组织得名于将不是本时空的东西送回原时空，以此维护时空稳定。其领袖被称为“控时者”，具备控制时空的能力。公元 2405 年，ASI 超级人工智能诞生，企图消灭人类，因此将藏有纳米机器人的纳米球送回当下，以便通过大量复制加快 AI 发展速度，改变历史轨迹。满竹将自己发明的病毒送给“控时者”王晓明。它们以无线方式感染 ASI 派来的机器人“掠夺者”，保证历史不被改写。

（三）黑客与伦理评价：沽名者、真英雄与救世主

根据美国计算机科学家哈维（Brian Harvey）所说，黑客是那种“生活并呼吸于计算机的人，拿到计算机便无所不能。同等重要的是黑客的态度。

计算机编程必定是其嗜好，为了好玩，而不是出于责任感或为了金钱。黑客是个唯美主义者”。在哈维看来，黑客更像是艺术家而非罪犯。虽然某些黑客用他们的技能作恶，但在黑客社区中存在被广泛接受的道德规范，即“黑客伦理”。它坚持信息共享是高于一切的利益，黑客应当通过写作源代码软件与促进对知识和计算机资源的访问为这一领域的进步贡献力量。[①] 利维（Steven Levy）将黑客伦理概括为以下五条：一切信息应当免费（或自由）；不信任权威，促进非中心化；黑客应由其活动性质来判定，而不是依据等级、年龄、种族或地位之类伪标准；你可以在计算机上创造艺术与美；计算机可以将你的生活变得更美好。[②]

黑客只能运用其他人所开发的软件攻击计算机系统、网络或网站，目的是提高自己在同行或朋友圈子中的名气。这些人水平不算高，动机不算高尚，因此只能说是“沽名者”。相比之下，那些既水平高又动机高尚的黑客称得上“信息英雄”或“数码英雄”。至于不仅出类拔萃、无人可及，而且自觉承担拯救人类重任的黑客，就被视为拯救者了。

当然，在具体影片中，黑客的具体情况远比上述分类要复杂得多。例如，在我国电影《请叫我救世主》中，中学生赵承德充其量只能算是入门级黑客。不过，正是在他的帮助下，时间穿越者刘神得以黑入网络，改变人类对付外星机器人“使徒”的战略决策。上例说明入门级黑客有时也能做出重要贡献。在我国电影《星际密码》中，一位来自马来西亚的华人黑客闯入秘密组织“地球卫队”基地，戏弄那儿的机甲战士，但最终被制服，关进禁闭室。后来，他却在“地球卫队”阻止地球反派策应从传送门入侵的邪神的斗争中发挥了关键作用。他应三位机甲战士之要求，前往关闭被当成通道的盘古空间站，为登录其管理系统而使用自己的中枢神经与之对接，导致其大脑受到永久损伤，变成植物人。其实，这位华人黑客是真正的英

---

① Dirk Paesmans, Jodi, “Art in the Age of Digital Distribution,” in Mark Tribe, Reena Jana, and Uta Grosenick, eds., *New Media Art*, Koln: Taschen, 2007, p. 16.

② Steven Levy, *Hackers: Heroes of the Computer Revolution*, New York: Bantam Doubleday Dell, 1984, pp. 40 – 45.

雄。在我国电影《流浪地球》(*The Wandering Earth*)中,拯救人类的是包括各国救援队在内的英雄群体。为引爆木星表层的氢气,靠气浪使地球在流浪途中摆脱被木星引力撕碎的厄运,联合政府紧急技术观察员李一一充当黑客,黑入行星转向发动机的控制软件,设法让原先分散在七个喷射口的火焰集中在一个喷射口,这样,喷射距离扩展到3000千米。我国泛科幻片《古着商店之天启大爆炸》(*The Apocalypse Explosion of Ancient Stores*)借鉴美国《黑客帝国》中的"救世主"——黑客尼奥的形象,设计了诺亚反抗军首领尼奥将军这一人物。此人虽然不出场,但被认为是人类的最后希望。

在理论界,"黑客文化"(Hacker Culture)被认为是一种张扬个性与爱好的亚文化,特点是创造性地克服现有软件系统的局限性以获得新颖结果。在维基相关词条中,相关人士被区分为三大类。一是职业程序员。在这个圈子里,"计算机黑客"指的是热衷于设计软件、构建程序的人,具有美学和幽默的聪明感。其中值得一提的是20世纪60年代在美国从事早期微型计算机研究的"学术黑客",他们倡导了开源和免费软件。二是业余爱好者。早在20世纪50年代,业余无线电爱好者就已经将创造性地修补元器件以提高其性能这一行为称为"黑入"(Hacking)。计算机时代的业余爱好者热衷于破解软件、修改计算机硬件及其他电子设备(如图形计算器、视频游戏机、电子音乐键盘等),以产生厂商始料未及的效果。还有些人则使用特殊软件在电子游戏中作弊。三是黑客艺术家。他们将对技术的"黑"当成艺术表现手段。那些感觉自己处于社会边缘的艺术家可能发现既有技术匪夷所思的用途,并将它们运用于自己的创作中。他们作为文化黑客而起作用,美国霍普金(Don Hopkins)是其代表人物。这位以"艺术细胞自动机"(artistic cellular automata)著称的程序员将某些简单的规则应用于决定图像的像素值(亦即"细胞"),让"细胞"的前一状态自行决定下一状态。这种玩法就像将葡萄或馅饼放进微波炉里加热一样,超出技术或设备的常规用途。[①] 澳

① Don Hopkins. Fun with Cellular Automata. http://www.art.net/Studios/Hackers/Hopkins/Don/art/cell.html.

裔美籍学者沃克（McKenzie Wark）2014年出版《黑客宣言》一书，披露了网络时代激进主义者的诉求，将“黑”的观念推广到包括艺术在内的其他领域，并将它比作创新。他写道，“不论我们‘黑’什么代码，是编程语言、诗歌语言，数学或音乐，曲线或色彩，我们都创造出新东西进入世界的可能性”；“在艺术中，在科学中，在哲学与文化中，在任何数据可以被收集、信息可以从中提取、对于世界而言新的信息可能性得以形成的知识生产中，存在从旧‘黑’出新的黑客”。[1] 对于上述意义的黑客文化，我国科幻电影还缺乏相应的表现。

二　御宅化：生活中的黑客

我国科幻电影中的黑客主要是男性，特别是“宅男”（Hikikomori）。对这个词，不同的人有不同的理解：大众通常将它理解为长期足不出户，较少与其他人进行面对面交往的人；御宅族通常将它理解为喜爱某一领域的活动，并因此而有较深入的研究的人。科幻电影中的黑客之所以显示出“宅男化”倾向，事出有因：他们既然迷恋信息科技，势必整天和计算机或其他IP设备打交道，能够花在面对面交往中的时间相应减少。由此而来的推论（未必一定合理）是：这些人可能不谙人情世故，独来独往。有的黑客确实服膺“工作即生活”的信条，便利之处是不必和普通上班族一样受“打卡”的约束，不便之处是人生似乎只剩下工作，没有真正意义上的（业余）生活。

（一）黑客的爱情生活

“和大多数人想象中的不一样，超级黑客们也有一颗凡人心，他们也需要感情的慰藉。”从相关介绍中可以看出：他们也给恋人写求婚信，但可能是以网络公开信的方式，引来众多网友的跟帖；他们也关注其他人

---

① McKenzie Wark, *A Hacker Manifesto*, Cambridge, MA: Harvard University Press, 2004.

的浪漫史，但可能用 ASCII 代码编绘“性图表”（Sex Chart），并尝试使之囊括所有人；他们之间也谈恋爱，但也许更能理解彼此对电脑的沉迷。[①] 有人将那些在情场上横刀夺爱者称为“爱情黑客”[②]，这可是大大扩展了“黑客”一词的外延，并存在使之污名化的问题。还有的文献援引安全解决方案供应商卡巴斯基发布的有关垃圾邮件的报道，谈到黑客以爱情为诱饵，借情人节等进行网络犯罪。“他们会通过垃圾邮件销售鲜花。每吸引到一个客户，合作伙伴项目参与者都可以分到一笔利润。此外，每年的这个时候，还有一种常见的垃圾邮件，即伪装成情人节电子贺卡的恶意程序会利用邮件进行传播。”[③] 上述记载从不同角度反映了有关黑客的社会刻板印象。

黑客在我国台湾地区通常被称为“骇客”，二者都对应英文中的“Hacker”。台湾电影《骇战》（*Woodman Movie Edition*：*War Of BBS World*）是一部将骇客作为主人公来塑造的影片。其中，骇客颜正宇（网名 King）熟练地掌握网络技能，曾经获得骇客大赛冠军；沉迷于虚拟世界，屡次挑战某互联网公司 BBS 系统的安全程序“木偶人”；我行我素，在现实世界屡屡碰壁，找不到稳定工作。正因为如此，他让其恋人既心疼又心酸。骇客黄冠军（以“女皇”的身份出没）同样是高手，但曾经败在颜正宇手下，因屈居亚军而耿耿于怀；在虚拟世界中兴风作浪，恶意挑拨 BBS 站方、版主和一般用户（“乡民”）之间的关系；在现实世界中供职于 Four Square 网络维护与修复公司，是信息安全工程师。上述人物设计实际上将骇客的两面性分别人格化了。

在科幻语境中，黑客的爱情生活显得更离奇。例如，根据我国电影《机器情人》（*Worm Max*）的构思，黑客乔子俊收到弟弟乔智送的服务机器人 MAX，本说是女性，不料开箱后却是男性。MAX 善解人意，发现了乔子俊对潘小月的好感。潘小月在家开红酒微店，同时兼职做平面模特，和好友

---

① 慧宇：《黑客的爱情》，《现代交际》2003 年第 1 期，第 50 ~ 51 页。

② 方戟：《爱情黑客》，《大众科技》2001 年第 4 期，第 12 页。

③ 《卡巴斯基：黑客以爱情、政治、体育为诱饵》，《计算机与网络》2012 年第 7 期，第 6 页。

陈熙住在一起。有摄影师绑架潘小月，乔子俊通过网络追踪到她的下落，与MAX、陈熙同去营救。MAX在和绑架者搏斗时受伤，元件漏电，被回收。修好后的MAX被送到乔子俊家，这回是个大美女。其续集《机器情人2·野蛮女管家》同样将黑客置于与机器人的关系中加以考察，突出了他们在受管束情况下可能的反应。

（二）黑客的职场生涯

在有关文献中，黑客某些时候被理解为一种精神的代表，主要是强调信息共享、工作即生活；某些时候被理解为一种行为，是对安全系统的挑战，这种挑战可能是因为防火墙妨碍了信息共享，也可能是由于和安全系统所保护的个人或群体有过节；还有些时候是一种职业，是产业链当中的特定环节，通过钻信息系统的空子牟取经济利益。从职业的角度看，对黑客至少有三种不同的定位方法：一是着眼于黑客的历史演变，阐释他们作为群体在不同阶段所具备的共同特点；二是着眼于黑客与骇客的区别（刻意将二者区分开来），强调前者与社会规范相符的一面、后者与社会规范相悖的一面；三是着眼于黑客内部差异，区分“白帽黑客”“灰帽黑客”“黑帽黑客”等不同类型。

某些科幻电影描绘并谴责了黑客的职场越轨。例如，在香港电影《特警新人类2》（*Gen-Y Cops 2*）中，库尔特因为自己被开除而想从原公司盗窃战略机器人。另一些科幻电影揭示了黑客自甘堕落、走上犯罪道路的过程。我国电影《铠甲勇士·帝皇侠》（*Armor Hero Emperor*）中的黑客巴豆以接受他人有偿委托侵入并破坏计算机系统为业。他曾经希望以自己在IT方面的专长成为地球守护者——铠甲勇士，并成为他们当中的一员。当其提议被铠甲召唤人黎子阳和联络人美真拒绝之后，他萌生了强烈的报复心理，因此与被封印的上古暗影五行护法合作，为后者抓来最肮脏的虫子，让它们变成异能兽袭击人类。他利用黑客技术侵入并控制用于监控异能兽的卫星系统，企图用它将神母化工厂的剧毒污染物传播到世界各地。当上述图谋被挫败之后，他居然用自己的血打开封印，将暗影五行护法放出来。

（三）黑客的机器生存

“黑客”本来指的是人，特别是那些具备执着爱好和高超技术的人。某些科幻电影描写了由本真人开发出来的虚拟人作为黑客的活动。我国电影《星语心愿之再爱》（*Fly Me to Venus*）就是典型代表。主角王鹏鹏以自己为原型开发出虚拟人，以陪伴在外地的女友林亦男。在他本人因意外事故身亡之后，虚拟人黑入林亦男所在的网络，继续关心与帮助她。

在我国电影《零八三七》中，出现了机器人黑客的形象。主角李浩是海归、海清集团总经理，通过 P2P（互联网金融点对点借贷平台）筹款 20 亿元，但遭到合伙人王鑫陷害，被迫逃亡。将他从困境中拯救出来的是一台智能机器人，其控制器是由坠毁于阿坝地区的外星飞船量子控制器改造而成的。它主动黑入王鑫在瑞士银行的账号，冻结了他的存款，迫使王鑫向李浩就范。

李长林、王岚指出，黑客伦理中的社会生活动机挑战着金钱伦理，激情挑战着工作伦理，保护个人隐私挑战着公共监督行为，信息共享挑战着信息垄断，平等自由挑战技术集权。这些黑客伦理促进了计算机和网络技术的发展，使网络用户树立了平等自由的观念，培养了探索创造精神。与此同时，黑客伦理也存在消极影响，如使青少年网络犯罪增多，造成网络道德极端化、无政府主义泛滥，技术至上主义导致技术恐惧感。[①] 上述分析可以为我们认识黑客做参考。

三　异能化：游戏中的黑客

在现实生活中，黑客与游戏的联系是多重的。

（1）将游戏（特别是在线视频游戏）作为攻击目标，进行与游戏相关

---

① 李长林、王岚：《浅析黑客伦理对传统伦理的挑战和影响》，《新西部》（理论版）2014 年第 16 期，第 86～87 页。

的盗窃活动，如盗窃游戏账号、游戏点卡、游戏中的虚拟财产等。2013年，浙江省临海市人民法院曾审理一个涉及全国23个省（区、市）的网络犯罪案件，其特点是利用非法技术手段盗取他人网络游戏账号并出售，涉案人员多达数十名，其中有的曾经是“盗号”的受害者。在发现“盗号”有利可图后，他们通过网络相互联系，组成了分工明确、机构庞大的团伙，从盗号、洗号到销售，形成一条成熟的产业链。①

（2）在游戏中扮演黑客，系统、真实地学习黑客知识。例如，英国视频游戏开发商 Introversion Software Limited 曾经推出黑客仿真游戏 Uplink。有人真的从中领略到做黑客的滋味。②

（3）游戏成为有关黑客的艺术作品的灵感来源。例如，美国电影《黑客帝国》（*The Matrix*）的导演沃卓斯基兄弟（The Wachowski Brothers）受到了网络游戏的启发。反过来，这部电影又催生了若干以之为题材的游戏，如《方方正正》（*Enter the Matrix*）、《黑客帝国在线》（*The Matrix Online*）、《黑客帝国：尼奥之路》（*The Matrix*：*Path of Neo*）等。我国科幻电影对于游戏中的黑客进行了多方面的描绘。

（一）热衷游戏：积极作用或消极作用？

我国电影《钢琴木马》（*Piano Trojan*）着眼于游戏的积极作用。主角王阿明是个天才黑客，却安于当宅男，整天玩游戏，特别喜欢玩《生化危机》（*Resident Evil*）。这是由日本电视游戏软件公司喀普康（Capcom）开发的一款生存恐怖类游戏。他从这款游戏中获得了不少有关生物恐怖主义的知识。由于想为女友赎回钢琴却没钱，他接受了信息公司人士阿康交给的一项黑客任务，黑入徐东辉当总裁的大松生物亚洲总部公司，获取关于繁星计划的信息，结果发现了一家跨国集团针对中国人的基因的阴谋。他派人深入完整保存古代中国人基因的福建南靖，借口为当地人看病，采集血样，进行

① 余建华、孟焕良、罗洁：《网络黑客的“游戏”人生》，《人民法院报》2013年5月27日，第8版。

② 阮征：《黑客 就这样在游戏中炼成》，《电脑爱好者》2005年第9期，第42页。

非法交易。

我国电影《雷霆出击：傀儡游戏》着眼于游戏的消极作用。影片中的黑客是某校计算机专业学生陈鑫。他受朋友丁灏之托查找一个名叫朱大可的人，无意中登录《傀儡游戏》网站，以为玩玩没关系，便注册了。后来，他发现这款手机游戏导致不少有前科的人死亡，吓坏了，就躲起来。原来，这款游戏是由高科技组织利用可以直接影响大脑的生物电流开发的，对用户很危险。陈鑫因为玩它而受到影响，成为被游戏开发者控制的傀儡，不过是致力于拯救罪犯的白傀儡。与之对立的是致力于消灭罪犯的傀儡。在追赶后者的过程中，陈鑫被汽车撞死。

（二）破解游戏：牟取私利或出以公心？

黑客可能是游戏特别是大型商业性在线游戏的挑战者。例如，在我国电影《VR 嫌疑人》中，创格公司开发 VR 实景体验游戏《法老的诅咒》。以秦莉为首的项目组正在 VR 测试间向董事会汇报进展情况，但是，由于防火墙被不请自来的黑客攻破，测试员李可困在游戏中出不来，这等于打了宣称游戏很安全的秦莉的脸，居心叵测的开发部姜主任暗自高兴。董事长则生气地走了。

黑客为什么要破解游戏呢？原因之一是个人逐利。例如，我国短片《地下室富翁》（*Basement Millionaire*）中的程序员麦子地穷困潦倒，急于挣钱。他在某互联网公司有奖竞猜节目直播后台插入木马，修改 AI 抓取的数据库使多数人答错，从而将奖金集中在少数人（当然包括他自己）手里。他因此致富，即将实现见到前妻的愿望，但在答最后一题时，由于擅自将光速大幅度降低，结果造成精细结构常数大幅度增大，世界基本粒子不复存在，他自己也消失了。修改互联网网页上所呈现的问题答案数据，其实并不等于修改这些答案所关系到的事实本身。例如，我们可以通过木马将多数网民公认的水的沸点由 100℃ 改为 70℃，但现实生活中水的沸点并不会因此就降低。由此看来，短片的结尾并不具备客观性。尽管如此，此类黑客行为的消极影响却通过这样的归谬而显示出来。短片中的主角之所以这样做，主要是为了改变自己的经济困境。他的行为性质属于作弊。不过，在游戏新闻中，也有黑客以作弊的方式来进行反作弊的报道。[①]

（三）困于游戏：大显身手或陷入危机？

游戏世界既是黑客大显身手的适宜场所，也是他们陷入危机的凶险时空。我国电影《佣兵特战队》对此加以描绘。在影片中，梦公司下属的无人机研发基地有个员工叫王子浩。他不幸患了绝症。其父看到广告上说可以让人的意识融入 VR，就请邻居帮忙，将他的意识连接在游戏里。王子浩作为本真人，过几天就去世了，在梦公司开发的游戏中却作为头牌佣兵、超级黑客轩辕出没。在第八区里游走的电脑数据形成自我意识，需要合适的载体以脱离梦公司的控制，轩辕正好符合他们的要求。数据人将他捧上高位，以之为诱饵，吸引强大的玩家来挑战，然后读取其脑电波。这些玩家因此无法退出游戏。梦公司派去解决问题的人只好毁了中央服务器，风靡一时的虚拟游戏因此被终结。

黑客的身份可能是扑朔迷离的。在我国电影《破梦游戏》（*Dream Breaker*）中，少女江函在探寻父亲死因的过程中无意坠入全息游戏《万梦千魂》，与南极、寿司等人揭开游戏所藏匿的谜团。他们遭到顶级黑客、赏金女杀手 Zhora 的追杀。她受雇于游戏投资方南炎，一心想阻止江函及其小伙伴追查真相。再举一例。在我国电影《造梦游戏》中，游戏 AI 客服（虚拟人）给周尔一把仿真枪，让他去杀死入侵系统的黑客，说这样做他就可以退出游戏。周尔想到游戏中出现的不速之客苏果，认为此人是黑客。但苏果说自己才是游戏的开发者，并说人们由于贪婪迷失在游戏中。“凡所有相，都是虚妄。退出的方法不是别人，在你自己。”周尔不以为然，朝苏果开枪。苏果消失了，但周尔依然困在游戏中。AI 告诉他：“你的测试失败，身体死亡，感谢你为我们提供了新的数据样本。”周尔通过视频看到自己的

---

① 贝梨卡：《黑客“破解游戏”呼吁反作弊 任天堂表示很感动》，2018 年 7 月 15 日，https：//www. vgtime. com/topic/952414. jhtml。

真身躺在ICU，已经生命垂危。上述两例表明：要想在游戏情境中辨认谁是黑客，并非易事。

在有关黑客的著作中，美国南加州大学托马斯（Douglas Thomas）所著《黑客文化》一书颇具代表性。① 托马斯主要从以下几方面对黑客文化加以考察。一是男孩文化。自从个人计算机在20世纪80年代进入美国家庭之后，“黑”就是白人青少年用来为自己的年青文化创造空间的手段。二是后现代文化。一方面，黑客文化正处于从稳定的物质性物理系统生产向相对流动而迅速的知识生产转变的“后现代”时期；另一方面，黑客文化应和了后现代文化对身份、身体的稳定性的质疑。三是秘密文化。虽然黑客在哲学上反对秘密，但仍有意将它当成作案手法来探索。托马斯认为技术首先是作为人与人之间的关系起作用的，这种中介过程在“二战”结束之后变得日益复杂。“黑”首先是对上述关系的理解。黑客所采取的策略之一是“社会工程”，即欺骗人们以便自己得以进入或获取秘密。对于黑客来说，技术既是建构其亚文化的基础，又是与主流文化分道扬镳的基点。

中国黑客现况究竟如何？这是一个难以运用精确统计数据来回答的问题。若就定性分析而言，刁生富指出黑客亚文化群体有共同特征：年龄上多为年轻人，人种上多为白种人，性别上多为男性，成长过程都有不平常的环境影响，价值观上崇尚信息无价和共享，人格上聪明并富于挑战性。黑客群体的庞杂性和行为的多样性决定了判断其“功过是非”的复杂性。这一群体的形成与其“亚文化”特征——自由精神、反权威意识、英雄主义、信息崇拜密切相关。② 陈世锋认为：“计算机网络中的黑客不同于骇客。其精神气质有五个特点，即关注‘隐形世界’，感受到一种悸动、使命感、精英感，超越世俗伦理。黑客精神是西方文化中的精英主义与计算机网络相结合的产物，它孕育于西方文化中的希腊理性主义传统、酒神传统、希伯莱传

① Douglas Thomas, *Hacker Culture*, Minneapolis: University of Minnesota Press, 2002.

② 刁生富：《黑客亚文化群体简论》，《佛山科学技术学院学报》（社会科学版）2004年第1期，第31～34页。

统。与西方精英文化相比，中国传统文化缺少对背后隐形世界的关注，也缺乏黑客精神。”[①] 上述两段引文似乎都说明中国的环境不太适宜黑客文化的生长。存在另一种思路，即认为中国并非没有黑客文化，只是中国黑客在文化上和西方黑客有较大差异。杜宇、杨昂认为：“黑客并不是破坏者，而只是闯入者。”他们从法律的特有视角描述了黑客行为发展的历史轨迹，并梳理了中国黑客现象的五大基本特征：以网络安全技术为名，特别强调遵守法律，重视文化建设性向度，红客现象引人注目，黑客犯罪日益突出。[②] 不过，若就我国科幻电影的具体描绘而言，公然挑战社会秩序的黑客所占的比例确实比较小。在现实生活中，有关部门还将引导黑客向“红客”转化提上了议事日程。[③] 马中红、顾亦周也认为：中美有关“黑客”内涵和外延的理解存在极大差异。中美黑客群体在诸多本质方面同样表现殊异，包括对黑客精神的恪守与缺失、黑客群体的中产化和底层化、黑客对技术身份认同的差距、黑客组织机构及媒介话语权等。进一步说，尽管中美黑客亚文化在反商业垄断、追求信息和资源共享方面有相似之处，但也存在很大的差异。这种差异的根源不仅在于黑客自身的发生与发展的历史之中，更在于不同文化传统、社会制度和政治信念的传承之中。[④] 当然，科幻电影与其说关注并反映现实生活中黑客的数量、倾向及活跃程度，还不如说是关注黑客在未来社会中所可能占据的位置、其自我意识和正反两方面的作用。就此而言，相关影片为我们理解黑客现象提供了别具一格的参照物，因此值得深入研究。

---

① 陈世锋：《黑客精神及其文化溯源》，《淮阴师范学院学报》（哲学社会科学版）2005 年第 3 期，第 312 ~ 315 页。

② 杜宇、杨昂：《黑客现象及其法文化意蕴》，《学术交流》2000 年第 6 期，第 39 ~ 44 页。

③ 穆惠涛、李毓萍：《如何使“黑客”变“红客”——提高互联网对青少年思想政治教育功效的途径》，《中小学教师培训》2009 年第 9 期，第 53 ~ 54 页。

④ 马中红、顾亦周：《中美黑客亚文化比较研究》，《深圳大学学报》（人文社会科学版）2010 年第 5 期，第 5 ~ 12 页。

参考文献

Johnson, Jenz. Giga Bites, *The Hacker Cook*: *Underground Delicacies for the Quick-crunch*, *Virtual Reality* (Zen-soaked, Blaster Nineties. Berkeley, C. A.: Ten Speed Press, 1994).

陈皆重等:《神秘的黑客》,上海科学技术文献出版社,2018。

杨义先、钮心忻:《黑客心理学——社会工程学原理》,电子工业出版社,2019。

B.12

文化旅游产业发展的现状、趋势和举措建议

曾繁文*

摘　要： 随着旅游产业的发展壮大，文化旅游产业这一新概念越来越多地被人们所提及。文化旅游产业是通过人的创造性活动将文化和产业进行链接的结果，以文化和旅游融合为核心特征。随着文化旅游产业发展广度和深度的拓展，其产业范围日益扩大，呈现出和农业、工业、体育等社会生产生活的各个领域多元融合的特点。在如今社会发展日新月异的时代背景下，人们的生活观念发生深刻变化，而以满足人们文化旅游需求为目标的文化旅游产业也应顺势而上探索转型升级之路。本报告在对文化旅游产业进行概念界定的基础上，初步分析现阶段我国文化旅游产业发展的新情况和新趋势，并进一步提出有利于推动文化旅游产业实现转型升级的对策建议。

关键词： 文化旅游产业　文化资源　智慧旅游

一　文化旅游产业的内涵和外延

党的十九大报告指出我国社会主要矛盾已经转化为人民日益增长的美好

* 曾繁文，中国人民大学文化产业研究院执行院长，博士。

生活需要和不平衡不充分的发展之间的矛盾。随着国民经济的增长和人民生活水平的提高，旅游、文化、体育、休闲、健康、养老等产业领域的市场空间日益扩大。文化旅游产业是在旅游经济深化发展过程中产生的一种特殊的综合性产业，具有关联性高、涉及面广、辐射性强、带动性强等典型特征，目前已发展成为我国经济社会领域中最具活力的新兴产业。

（一）文化旅游产业的内涵

文化旅游产业是一种综合性产业，其消费内容主要是旅游经营者所创造的观赏对象和休闲娱乐方式，其消费者即参与旅游活动的旅游者。文化旅游产业的实质是以满足人们的文化和旅游消费需求为目的进行人文旅游资源开发而形成的产业集合。与简单的观光型旅游不同，文化旅游可以为消费者提供一系列富有文化内涵和深度参与体验感的旅游项目和活动。文化旅游产业的核心是创意，目的是提高人们的旅游活动质量。“文化”和“产业”分别指代生活形态和生产行销模式两个不同的生产生活门类，通过创意活动，“文化”和“产业”构成了链接，实现了从文化符号创造到销售的转变。从文化旅游产业的文化性和创意性角度来看，文化旅游产业也可理解为“蕴含人为因素创造的生活文化的创意产业”。作为近几年才出现并流行的一个名词，一方面，文化旅游产业是传统旅游产业概念的组成部分，可细分为历史遗迹、建筑、民族艺术、宗教等主题；另一方面，文化旅游产业也是休闲产业的组成部分，与满足人们休闲生活和休闲行为的需求密切相关。

（二）文化旅游产业的外延

在“旅游 +”和“文化 +”的发展战略背景下，旅游产业的边界随着文化资源价值的深度开发得到不断拓展，推动文化旅游产业突破原有产业边界不断向外圈层扩张，并逐步形成包括各种不同项目类型的文化旅游细分产业。这些不同类型的文旅项目特征鲜明，通常具有明确的主题及目标指向，往往可以满足游客对某一类型文化活动深度探索的需求。例如，非遗文博旅游、乡村民俗旅游、节庆旅游、旅游演艺、红色文化研学游、主题公园等细分文化旅游业态的出现和发展，很大程度上就是得益于历史文化、民俗节庆文化、红色文化等文化资源与旅游业的深层融合。这些细分的文化旅游业态不仅是文化旅游服务的重要载体，而且能够最大限度满足观众对某一领域文化知识的渴求。另外，还有健康养生旅游、户外时尚运动旅游、会展旅游等新兴文化旅游业态，也均具有自己的核心竞争力和独特卖点，可谓异彩纷呈，各具特色。

二　文化旅游产业发展的意义

文化和旅游融合发展是文化旅游产业的核心特征。这一融合的结果是通过人类的创造性活动而实现的，也可以说是创意使得文化资源和旅游资源的结合产生了火花，最终形成一种兼具文化内涵和旅游体验性的特殊商品。正是由于文化旅游产业这一跨界融合的特征，其发展进步势必会对文化发展和旅游业发展产生双向推动作用。

（一）文化产业对旅游产业的意义

文旅融合促进旅游产业转型。文旅融合发展，为旅游产业赢得了更广阔的发展空间，促进旅游产业转型升级。从旅游市场的主体构成来看，文旅融合使以观光旅游为唯一主体的扁平化旅游市场结构转变为包含休闲度假、商务会展、主题公园等众多类型的旅游产品集合体系；从旅游产业的发展来看，文旅融合有利于促进传统旅游产品和服务的转型升级，推动旅游业发展新模式的出现，从而进一步满足民众不断增长的旅游需求。

文化带动旅游产业产品升级。文化的普遍性特点使其易于与其他产业进行结合。文化要素融入旅游产业，为旅游产业注入了新活力，增加了旅游产品的附加值，带动旅游产业产品的升级。一方面，文化资源融入旅游产业使旅游产品和服务的构成要素转变为“文化+”的结构，有利于进一步满足人们日益增长的精神文化需求；另一方面，文化产业跨界旅游产业，通过文化创意设计和品牌营销等方式，提高了旅游产业的文化附加值，增强了市场竞争力，进而促进传统旅游产业转型升级。

文化推动旅游产业功能完善。旅游产业除了具有解决劳动者就业和带动经济发展的基本功能之外，还具有促进人们身心健康、知识科普和审美提升的功能。传统旅游业发展一味地强调其经济功能，而忽略旅游对个人提升方面的价值。文化融入旅游业之后，旅游潜在的知识传播和美育功能越来越突出，极大地助推了以公益性和教育性为主导的旅游业的发展，促进了旅游产业功能的完善。

文化提升旅游产业的内涵品质。文化要素融入旅游产业，将传统的旅游产品或项目置于富有寓意的文化氛围之中，提升了旅游产业的品质内涵。独特文化语境的构建，为旅游活动注入了更深层次的文化内涵，提高了旅游产品或项目的可读性，促使旅游产业由单纯观赏、游玩等感官层面的活动，转变为调动全部感官的体验、品读、探索等高层次活动。

（二）旅游产业对文化的促进意义

旅游产业促进文化资源的保护性开发利用。文化资源具有易损性和不可再生性的特点，对文化资源进行保护性开发是当前发展文化旅游产业的基本原则。这一原则不仅有利于文化资源的保护，实现文化资源的永续利用，而且可以在保护的基础上进一步挖掘文化资源的经济价值，发挥文化的社会效益。与传统的文化资源开发利用模式相比，保护性开发过程增加了旅游监测环节，这使信息得以及时反馈，便于及时开展检测、监督、调适等工作，促使文化旅游资源开发形成一个有机循环的活性体系，从而保证保护性开发的落实。

旅游产业带动文化品牌的提升。文化和旅游产业的融合，可以使文化借助旅游的“顺风车”得到更加快速和广泛的传播，提高文化的知名度，打响文化品牌。文化旅游产业的发展促使各地从全局层面进行旅游发展规划，整合旅游资源和文化资源，凝练地方文化精髓，弘扬地方文化精神，打造具有竞争力的旅游品牌。旅游产业在经济效益的驱动下，通常具有充足的发展动力和蓬勃的发展活力，不断推陈出新，探索符合时代观念的旅游发展模式，如绿色、生态、低碳、循环等，在这个过程中，文化便乘着旅游发展的“顺风车”发展壮大，在文化内涵得以深入阐发的同时，还被赋予与时俱进的时代精神，最终实现地方文化品牌的提升和文化自信的增强。

三　文化旅游产业发展的新情况

文化和旅游从表层关联逐步向深层融合的发展，双向激发了文化和旅游的发展活力，增强了文化旅游产业的发展动力，促进了文化旅游产业范围的扩大和业态类型的丰富，深刻改变了旅游业的发展面貌。从我国文化旅游产业现阶段的发展情况来看，其主要表现出以下一些特征。

（一）文旅发展动能增强

近年来，我国文化旅游产业发展在资本、内容和科技方面呈现出一种蓬勃发展的态势。资本、内容以及科技力量都为文旅产业的发展提供了强大的动力。在投资方面，资本运作得到重视，基金设立、新三板挂牌、兼并收购等获得突破性发展，成为不断推动文化旅游产业发展的动力之源。仅2018年1～7月，我国文旅相关产业投资事件就多达138起，涉及拟投资总额超过5800亿元。在内容方面，IP概念的出现，推动我国掀起主题公园IP打造的热潮。方特“熊出没”、宋城“千古情”以及华夏文旅传奇系列演艺就是典型的IP导向文旅产品，表现出强大的市场吸引力。在科技方面，以VR为代表的新技术的使用为文化旅游产业发展注入新动能。随着2016年VR技术热潮的出现，华强方特、宋城演艺、华侨城等大型文旅集团纷纷布局VR等高科技体验项目。

（二）主题公园迎来热潮

近年来，随着国内外资本涌入我国主题公园的开发建设领域，各式主题公园在我国纷纷建成，可谓层出不穷。从目前我国主题公园的总体布局来看，大型主题公园主要集中在一线城市，其投资规模和集聚效应日益壮大，并呈现向二、三线城市渗透的趋势；从商业模式来看，“地产反哺”模式不再是主题公园的主要盈利增长点，以开发衍生品等轻资产模式为代表的收益渠道日益多元化；从类型来看，特种类型主题公园品牌已初步形成，传统的水上乐园投资已趋于饱和，主题公园种类增多，涉及领域不断扩大。

（三）文旅小镇受到追捧

以文旅为特色的小镇在2016年后呈现出爆发式增长的态势，目前已发展成为我国新时期文化旅游产业的一个重要组成部分，越来越受到旅游者的青睐。我国特色小镇的出现以华侨城集团开创“文化+旅游+城镇化”的发展模式为标志。这种新的旅游模式一经出现便受到追捧，并在日后得到迅速发展。从目前来看，我国文旅小镇基本可以分为两类，一类是从保护文化的角度出发打造的传统村落和历史文化名镇类文旅小镇，譬如皇城相府、福建土楼、安徽西递等；另一类是从当代人们旅游生活的需求出发，开发建设的新型特色小镇，这类文旅小镇在文旅产业中占比高、发展潜力大、动能强，如古北水镇、彝人小镇、马嵬驿等。

（四）旅游演艺砥砺前行

旅游演艺是文化旅游产业的一个重要领域。目前国内旅游演艺已趋于成熟并开始步入调整期，局部地区出现大型演艺相继停止和各路资本积极投资布局旅游演艺并行的现象。其原因在于以往单一旅游演艺项目已无法满足当前的市场需求，单纯依靠设备和场景规模的演艺项目已不叫座，而以内容创新和创意为核心的旅游演艺异军突起。一些知名旅游演艺企业围绕创意这一核心要素，正在探索一条涵盖住宿、旅行、旅游演出等业务的大集团化发展道路。例如，陕西依托当地历史文化，深入挖掘历史故事进行内容创新，通过古典乐舞、高科技灯光音响及特效等表现手法打造了大型歌舞剧《长恨歌》，吸引各地观众接踵而至，带动了当地旅游发展；西藏文化旅游创意园区斥资7.8亿元打造的《文成公主》实景剧，占地约290亩，参演人员近七百名，是国内投资最大、规模最大、收益最快的实景剧，自开演以来，平均每年安排演出上百场，吸引国内外诸多游客前来观看，极大地助推了当地经济社会的快速发展。

（五）主题度假酒店和精品民宿兴起

随着旅游业的发展，人们对旅游的休闲度假功能提出更高的要求，各类主题度假酒店和精品名宿的市场空间随之壮大，成为旅游目的地的标配。一方面，主题度假酒店和民宿的兴起是完善旅游配套设施的需要；另一方面，主题度假酒店和精品民宿不同于传统的连锁酒店、商务酒店，是一种强调文化创意的新型住宿业态。这类酒店和民宿通常依靠文化创意活动增加特定文化内涵，使酒店自身由单一的住宿地转变为具有独特身份标识的酒店类型，并在一定程度上为旅游者提供一份特殊的体验，成为旅游者旅游活动的组成部分。浙江松阳县的古村民宿极具地方文化特点，当地通过拯救老屋、改造利用闲置民房，将破旧的老屋改造为高品质古村民宿，不仅延续了传统村落的风貌文脉，而且成为松阳县新的经济增长点，带动当地乡村旅游产业的发展。

（六）乡村文化旅游迎来春天

2018 年国家先后提出“实施休闲农业和乡村旅游精品工程”和“鼓励引导社会资本参与乡村旅游发展建设”的政策，2019 年国家施行“乡村振兴”战略，促使我国乡村文化旅游迎来发展的春天。在国家多项政策的引导下，我国农村旅游发展正围绕社会主义新农村规划建设这一基础，逐步形成在地居民深度参与的乡村旅游核心结构。综合来看，各地乡村旅游主要有田园农业旅游、民俗风情旅游、农家乐旅游、村落乡镇旅游、休闲度假旅游、科普教育旅游等模式。盘锦是发展乡村文化旅游的典型代表，当地依托农家院、特色养殖业、旅游业、生态农业而发展，以生态农业的自然景观为基础，形成一道以生态、绿色、智能化种植为特色的乡村旅游风景线。

四　文化旅游产业发展的新趋势

由于旅游业具有综合性特征，与关乎人类生活起居的各个产业密切相关，发展“旅游+”成为丰富新业态、释放新需求、创造新供给、孕育新动力，开启文化旅游全业融合发展模式的重要思路。从文化旅游的发展历程和当前发展态势来看，我国文化旅游产业发展在以下几个方面呈现出逐步增强的势头。

（一）从文化游览向深度体验转变

随着旅游行业的不断深化发展，区域旅游发展模式逐步成熟，人们的旅游方式也发生了巨大的变化。以往注重观光的传统旅游模式已经逐步发展成为观光、休闲、度假并重的旅游新模式，旅游者表现出对深度体验需求逐步增长的特点。文化旅游业的发展壮大，即可视为为适应当前旅游者偏向深度体验的这一需求而做出的努力。旅游者以寻求深度体验为出发点，对旅游过程中涉及的“吃、住、行、游、购、娱”中的各个环节都提出新要求，进一步推动旅游产业的转型升级，以满足旅游者多元化、个性化的消费需求。从目前来看，各地在发展旅游过程中越发注重旅游路线的合理性、产品的文化性等问题，通过合理设计规划及文化要素的融入，赋予旅游地更丰富的文化内涵，满足游客对深度体验的需求。以杭州宋城为例，景区在传统发展模式的基础上，发展为典型的复古再现式景区。景区依照传世名作《清明上河图》，通过高科技和场景塑造等手段，将消失的宋代民俗风情展现在游客面前，浓烈的宋代百姓市井生活氛围，让游客仿佛置身于南宋临安城的繁荣街巷中，无异于为游客构筑了一个完美的宋朝生活体验空间。

（二）从单一发展向跨界融合转变

随着旅游经济的成熟和壮大，同时满足旅游者行、住、吃、游、购、娱等各方面的需求，越发成为地方发展旅游时需要全盘考虑的问题。旅游业与多个产业都存在关联性，这就要求旅游业的发展需要依托这些关联产业，支撑自身构建起一个完整的网络体系，从而达到为旅游者提供全方位的旅游产品和服务的目的。正是这种综合的产业特性，决定了旅游业以融合性为本质属性的特征。产业关联和融合的内在特点决定旅游业从单一领域向跨界融合的转变，"旅游＋"正在成为国民经济中最具融合发展优势的战略性产业模式，在拉动经济发展的过程中发挥着巨大作用。承德皇家奥林匹亚体育文化休闲运动产业园是"旅游＋体育＋康养"等产业形态融合发展的典型，园区致力于开展多样化体育项目，并逐步形成集滑雪、高尔夫、温泉、酒店等业态为一体的世界级休闲养生和户外运动胜地。

（三）从景点游玩向旅游目的地转变

传统的旅游发展模式是以建景点、景区、饭店和宾馆为重点的"景点旅游"发展模式，旅游目的地全域旅游则是与此截然不同的一种发展模式。全域旅游是把一座城市当作一个旅游景区来规划和建设，将单一产业发展模式改为综合产业融合发展模式，将狭义的旅游概念扩展为一种广义的大旅游概念，推动形成全域资源、全面布局、全境打造、全民参与的旅游发展模式。2018 年 3 月，国务院办公厅印发了《国务院办公厅关于促进全域旅游发展的指导意见》，加快了文化旅游从传统的小旅游向目的地全域旅游的转变。从当前国际、国内旅游产业的发展形势来看，全域旅游已经成为未来旅游产业发展的大趋势，具有广阔的发展前景。

（四）智慧文化旅游成为重要引擎

数字经济已成为文化旅游产业转型升级的重要引擎。如今，互联网、大数据、人工智能等高新技术已渗透到文旅产业的各个环节。从体验角度来看，借助数字信息技术营造浸入式体验拥有巨大的发展潜力，投影、VR、AR 等技术的应用可以大幅增强文旅项目的表现力和震撼性，如湖南昭山借助声光电等技术打造"森林奇境、梦幻王国"，让森林变成沉浸式体验空间，实景感、体验感大为增强。从服务和管理角度讲，以互联网、大数据等技术为依托的智能终端，在为游客提供优质服务的同时，还便于管理者根据实时运营数据，展开精准经营计划，如甘肃省推出的“一部手机游甘肃”以及景区智能导览系统，将商品供应、旅游线路等信息汇总于同一平台，提高了管理和服务水平。从营销方面看，新媒体营销理念和方式的融入，使文化旅游产业可利用主流网络媒体、社交媒体进行推广和交流合作，实现精准营销。

（五）创意将成为文旅融合的黏合剂

在文化的价值发现和创造与旅游的价值体验和分享的融合过程中，创意发挥着黏合剂的作用。文旅融合的核心特征是“文化为魂，旅游为体”，文化创意不仅是文化阐释的关键，而且是设计旅游项目、推动旅游发展最核心、最鲜活的要素，是旅游业发展的内核力量。北京作为国内外重要的旅游胜地，不仅有丰厚的历史文化资源，更重要的是有798艺术区、众多的创意设计企业及高校，这些文化机构的存在，为北京文化旅游发展提供了源源不断的创意之源。故宫旅游业的繁荣发展也不仅在于其藏品众多，更在于它通过一些文创产品、纪录片和科普片不断地贡献着创意，进而促使故宫品牌影响力提升。

（六）文化旅游将成为一种生活方式

随着社会经济的发展，旅游正在从一种特殊商品向一种生活方式转变。从使用价值层面看，旅游依次经历了从“观光”到“体验”到“度假”，最后再到“生活”的转变。最初，旅游是作为一种“经历”和“感受”为人们所接受，从观光、体验到度假的变化也只涉及旅游体验内容和质量的变化，并未引发质变。而真正到生活层面，旅游才实现本质上的跨越，由人们被动接受变成主动参与，并成为与休闲、工作和学习处于同等价值层面的生活主题之一。从需求价格层面看，旅游已经历了“高档奢侈品—中档消费品—生活必需品”的变化，对当今社会来说，旅游已经成为部分人不可或缺的生活组成部分，渐成一种生活方式，并成为评判人们生活态度和生活价值的指标之一。例如，南京市秦淮特色文化产业园依托夫子庙—老城南板块的历史文化旅游资源，深入挖掘儒学文化、科举文化、民俗文化、佛教文化内涵，推出精品旅游线路，并重点打造“夜秦淮”系列产品，极大地改变了当地的旅游格局。

五　文化旅游产业发展的对策建议

文化旅游产业发展势头日盛，从市场增长到国家政策再到产业投资，已成为引领我国消费升级的主要引擎。在新时代全球化和城镇化的背景下，新场景、新技术、新产品、新模式催生了异彩纷呈的“文化旅游+”发展模式，其必定拥有广阔的发展前景。根据目前的发展状况，可以重点从以下几方面入手，促进文化旅游深度融合发展。

（一）挖掘并创造性转化特色文化旅游资源

文化作为旅游的灵魂，是文化旅游业永续发展的不竭源泉，各地在发展文化旅游业时应注重充分挖掘本地文化旅游资源的优势，创新文化资源阐发方式，结合时代背景和需求创造性地转化地方历史文化、生态文化、红色文化等资源内涵，赋予传统文化以新的活力；系统梳理当地特色文化资源，在与周边文化旅游资源对比分析的基础上，找出最具市场潜力和开发价值的核心旅游资源；围绕核心文化旅游资源进行重点开发，实现创造性转化和创新性发展，形成文化旅游核心吸引力。结合数字文化创意的表现形式，融合演艺娱乐与文化艺术，打造内涵丰富、形式新颖的特色文化旅游项目。

（二）发展互动式、体验式新型文化旅游业态

随着体验经济时代的到来，旅游者对旅游体验质量的要求也提高了。在这样的背景下，旅游企业应当在充分把握市场需求的前提下，从游客的实际需求出发，推出更多参与式、体验式的新型文化旅游业态；将体验感

作为衡量文化旅游全要素发展的重要标准，在吃、住、行、游、购、娱各个环节渗透增强体验感的要求，满足游客的个性化需求；借助科技手段增强文化旅游项目的体验感，利用VR、AR、大数据、现代声光电等高新技术手段，打造文化旅游和科技融合项目，再现历史文化景观，给游客构建完美的体验环境，推出传统民俗文化类的互动体验项目，将游客体验做到极致。

（三）打造龙头文化旅游项目，发挥辐射带动作用

龙头文化旅游项目对地方文旅产业发展具有较强的辐射带动作用。龙头文旅项目不仅可以吸引大量游客来本地参观游览，还能够吸引其他优质项目落地，形成产业集聚效应。各地应摈弃盲目开发、全面推进的发展方式，集中有限的人力、物力、财力，结合本地特色旅游和文化资源优势，重点支持打造龙头文化旅游项目，打造拳头性产品，以此迅速吸引游客，提升文化旅游人气；借助龙头文化旅游项目打开知名度，围绕龙头文化旅游项目开展互补性强的相关项目，招商引资，吸引其他优质文化旅游项目落地，从而逐步形成文化旅游产业集聚的良好局面，以优质文化旅游项目带动文化旅游产业的整体发展。

（四）借助文创机构力量，打造高质量文化旅游产品

在人们的生活水平随着社会发展水平提高的情况下，生活品位也在逐步提高，对旅游度假的需求也不断增长。与此相应的是，旅游度假产品的品质也在激烈的市场竞争中不断得到提升。创意作为文化旅游中最活跃的要素，是促使文化旅游产品的品质获得本质上的升华的关键所在。因此，不遗余力地引进文化创意设计力量，并在创意设计上进行多维度、深层次的创新，是提高文化旅游产品品质的核心。同时，可以引入专业的文化创意设计团队、艺术家等，深度参与文化旅游项目策划、文化旅游产品设计、文化旅游环境营造等，极大提升文化旅游产品的品质、丰富文化旅游产品的文化内涵。

（五）加强配套服务体系建设，提高文化旅游服务水平

随着全域旅游的发展，各地强化服务功能的意识越发增强。从目前来看，提高文化旅游服务水平主要有两条基本途径。其一，全面规划，从旅游公共服务设施、构筑旅游交通路网体系、推进高星级旅游饭店建设、构建旅游商品生产销售体系以及完成旅游购物网点布局等方面完善配套服务体系建设，重点打造承载能力较强的大型节庆赛事旅游配套设施，并建立文化旅游景区、民宿、餐馆等旅游场所的服务规范和监督管理机制，提升旅游服务水平。其二，与高新技术企业合作，利用物联网、云计算、大数据、人工智能等先进技术，打造文化旅游智能管理监测和服务平台，健全智慧旅游配套服务体系。

（六）推动文化旅游与农业、工业、体育、康养等融合发展

旅游业的深度发展已经掀起旅游与文化、农业、工业、体育等各个领域的融合高潮，文旅投资也逐步转向综合型、度假型、体验型项目。从长远来看，融农业、工业、体育、研学、康养等诸多产业形态于一体的文化旅游综合体仍然是探索文化旅游向高水平、深层次发展的基本思路之一。可以供给侧结构性改革为契机，以全域旅游为方向，以全业融合发展为手段，结合区位、资源特点，发展“旅游 +”，不断丰富旅游产品内容；发挥自然景观、民族民俗、特色历史文化、红色文化等资源优势，打造休闲旅游度假区、民宿风情商业街、红色文化研学基地、健康养生谷、温泉度假村、户外时尚运动基地等产业融合项目；举办现代农业嘉年华、健康养生节、马拉松比赛等文化旅游与农业、体育、研学、康养的融合性活动。

参考文献

厉无畏、王慧敏、孙洁：《创意旅游：旅游产业发展模式的革新》，《旅游科学》

2007 年第 6 期。

张海燕、王忠云：《旅游产业与文化产业融合发展研究》，《资源开发与市场》2010 年第 4 期。

匡红云、江若尘：《主题公园资源要素与“令人难忘的旅游体验”》，《经济管理》2019 年第 1 期。

罗栋、程承坪：《旅游产业融合过程中的协同创新研究——以旅游与演艺产业融合为例》，《湘潭大学学报》（哲学社会科学版）2015 年第 1 期。

尹振华：《开发我国乡村旅游的新思路》，《旅游学刊》2004 年第 5 期。

B.13

新时代数字创意产业知识产权证券化创新发展研究[*]

陈能军　王晓锐　史占中[**]

摘　要： 在文化产业领域中，数字创意产业具有高附加值、高风险以及高科技等特性，其知识产权证券化发展尤为重要。本报告以数字创意产业为例，探索数字创意产业在知识产权证券化模式下的发展。在分析知识产权证券化发展的时代、政策以及行业背景的基础上，揭示知识产权证券化的内涵及模式，并结合具体的案例，阐释了知识产权证券化的构成模式，最后针对数字创意产业在知识产权证券化过程中存在的困境，提出探索数字创意产业的知识产权证券化的创新发展建议。

关键词： 数字创意产业　知识产权证券化　资产证券化

党的十九大报告提出，要加快创新型国家建设，倡导创新文化，强化知

---

* 本文系上海市社科规划一般项目“上海数字创意产业贸易潜力、技术效率及影响因素研究”(项目编号:2019BJB013);上海市“科技创新行动计划”软科学研究重点项目“上海市文化创意产业金融支持研究 ”(项目编号:19692109300)成果之一。

** 陈能军，经济学博士，深圳市文化金融服务中心理事，国家金融与发展实验室文化金融研究中心特聘研究员，研究方向为文化创意经济与产业经济；王晓锐，深圳文化产权交易所总经理助理，深圳市文化金融服务中心常务副主任，深圳前海股权交易中心监事，研究方向为文化产业与文化金融；史占中，上海交通大学安泰经济与管理学院教授、博士生导师，研究方向为文化金融与产业经济。

识产权创造、保护、运用。[1] 国务院密集出台相关政策文件，积极探索、推动知识产权证券化发展的相关事宜。在文化产业领域中，数字创意产业具有高附加值、高风险以及高科技等特性，其知识产权证券化发展有很大的操作空间，并对企业融资有较大的助力。数字创意产业证券化融资目前在法律环境、中介服务、评估定价等方面存在很大的问题，数字创意企业的知识产权证券化的实现路径亟须进一步探索，从而解决数字创意企业融资难、融资贵等突出问题。

一　知识产权证券化发展背景

（一）时代发展背景——知识经济创新发展步伐加快

当前世界经济转型革新进程加快，知识经济时代的发展步伐加快。与此同时，企业在发展过程中，无形资产占比不断增加，知识产权等无形资产逐渐替代有形资产构成企业的核心竞争力。这就要求企业更加重视知识产权的创新发展，重视企业无形资产的价值评估并以此来支持企业进行外部融资。基于此，知识产权证券化模式应运而生，为数字创意企业提供了新型融资渠道。而推动知识产权证券化发展也是贯彻国家创新驱动发展战略，推动科技与金融有效对接，引导资本“脱虚入实”，推动经济增长方式转型的必要举措。

（二）政策支持背景——政府出台政策鼓励积极探索

近年来，国务院密集出台关于知识产权证券化的文件（见表1），不断提及、探索并开展相关工作，促进搭建并完善引导、规范知识产权在金融市场中运用的政策体系。值得指出的是，2019 年 8 月，《中共中央　国务院关

---

① 《决胜全面建成小康社会　夺取新时代中国特色社会主义伟大胜利——在中国共产党第十九次全国代表大会上的报告》。

于支持深圳建设中国特色社会主义先行示范区的意见》（以下简称《意见》）要求，加快实施创新驱动发展战略；探索知识产权证券化，规范有序建设知识产权和科技成果产权交易中心；同时支持深圳大力发展数字文化产业和创意文化产业，加强粤港澳数字创意产业合作；支持深圳建设创新创意设计学院，引进世界高端创意设计资源，设立面向全球的创意设计大奖，打造一批国际性的中国文化品牌。① 在党中央、国务院做出关于先行示范区的重大战略部署后，深圳制定了《深圳市建设中国特色社会主义先行示范区的行动方案（2019—2025 年）》，率先构建起知识产权证券化先行示范的“深圳模式”。

表 1　近年来国家出台的相关支持知识产权证券化政策

时间	名称	相关内容
2015 年 4 月 8 日	《关于进一步推进知识产权金融服务工作的意见》	提出“鼓励金融机构开展知识产权资产证券化，发行企业知识产权集合债券”
2016 年 12 月 30 日	《国务院关于印发“十三五”国家知识产权保护和运用规划的通知》	探索开展知识产权证券化和信托业务，支持以知识产权出资入股，在依法合规的前提下开展互联网知识产权金融服务，加强专利价值分析与应用效果评价工作，加快专利价值分析标准化建设
2017 年 9 月 15 日	《国务院关于印发国家技术转移体系建设方案的通知》	开展知识产权证券化融资试点，鼓励商业银行开展知识产权质押贷款业务
2018 年 4 月 11 日	《中共中央关于支持海南全面深化改革开放的指导意见》	鼓励探索知识产权证券化，完善知识产权信用担保机制
2019 年 2 月	《粤港澳大湾区发展规划纲要》	开展知识产权证券化试点
2019 年 8 月 9 日	《中共中央　国务院关于支持深圳建设中国特色社会主义先行示范区的意见》	探索知识产权证券化，规范有序建设知识产权和科技成果产权交易中心

资料来源：根据网络公开信息资料整理。

① 《中共中央　国务院关于支持深圳建设中国特色社会主义先行示范区的意见》。

（三）行业发展背景——国内知识产权积累初具规模

近几年，国内知识产权确权数量逐年递增，从整体水平看，目前我国已经形成一定规模的知识产权数量积累，2020 年国家知识产权局官网公布数据显示，2019 年全年专利申请量超过 400 万件，截至 2019 年 12 月底，专利有效量累计超过 750 万件。[①] 而轻资产企业由于其资产结构特征在传统融资渠道上不具备优势，如果可以通过证券化来盘活这些高质量的无形资产，让一张张知识产权证书变成一笔笔真金白银，再将这些资金投入文化企业的实际经营中，将会大力推动我国文化产业特别是数字创意产业的发展。

（四）市场技术背景——资产证券化已充分积累经验

我国有一定的资产证券化实践经验，并且资产证券化发展也取得了明显的成效，这为知识产权证券化的实施创造了有利的条件。目前，市面上已有许多成功上市的产品，可以论证资产证券化的机构设计是可行的。在资产证券化实践领域，现有的成功发行的产品既存在金融类企业开展资产证券化的产品，同时也有很多非金融企业积极参与。资产证券化的成功开展为其在国内继续发展推进的规模化和有序化提供了宝贵经验，同时也促进了相关机制、法律以及监管的完善，从而为知识产权证券化模式的发展奠定了良好的行业基础。

二　知识产权证券化的内涵、流程结构及发展意义

（一）知识产权证券化的内涵定义

企业发展知识产权证券化，其目的在于通过融资模式的创新实践，将企

① 数据依据国家知识产权局官网数据整理，具体见 http：//www. sipo. gov. cn/docs/20200203123754249256. pdf。

业自身的创新资产导入市场，让企业创新资产在交易市场中进行流动。与资产证券化相比较而言，知识产权证券化产品是以知识产权作为产品内的底层资产，其产品设计思路一般是，选择有潜力产生收益的知识产权，基本上该类知识产权都已经签订许可或授权的协议，其今后可能产生的收益作为产品本身收益来源，再通过外部机构的多重信用增级，以知识产权的未来收益权作为基础发行证券产品以获得融资。

（二）知识产权证券化的流程结构

知识产权证券化的一般交易流程如下（见图 1）。①转让。原始权利人或者打包整合知识产权的发起机构将知识产权转让给特殊目的机构 SPV。②增信。对所执行项目进行初步风险评估，再根据风险大小在底层资产或 SPV 机构设置增信措施。③评级。引入专业评级机构，针对增信后的基础资产的未来收益和证券发行进行评估。④发行。由 SPV 向承销商发行该证券，承销商再向投资者分销，或者 SPV 直接向投资者发行。⑤分配利益。对基础资产产生的收益进行分配，由知识产权的原始权利人或者发起机构将收益归拢至 SPV，由 SPV 管理人分配至投资者。

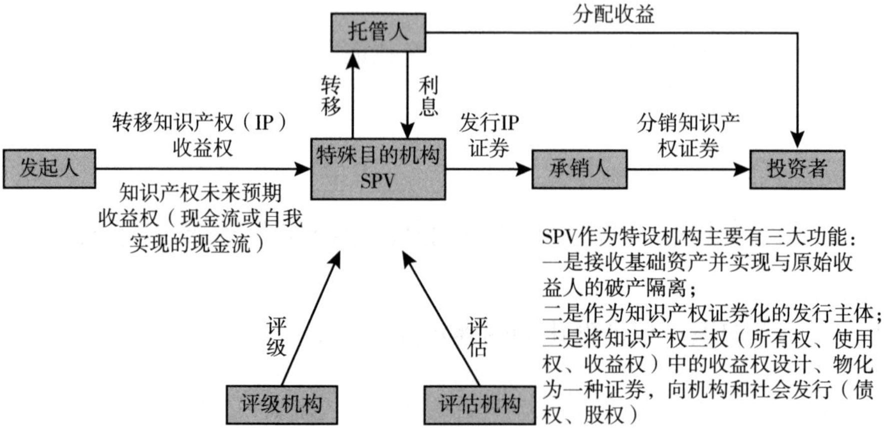

图 1　知识产权证券化流程

（三）知识产权证券化的发展意义

1. 有利于提高企业的自主创新能力

对中小型数字创意企业而言，知识产权的证券化融资是一种利用可预期收入的导向型知识产权融资交易方式，主要基于企业自身知识产权，而不用投入所有资产。投资者在做投资决策时，考虑因素主要是数字创意企业知识产权的证券化预期交易现金流的安全可靠性和交易稳定性，以及交易资金结构的严谨性，而中小企业自身的信用等级往往被认为是相对次要的考虑因素。知识产权的证券化融资能够有效破解中小企业通过知识产权融资的结构性问题，通过投资者资金的有力支持，中小企业能够将知识产权成果顺利转化为经济生产力。值得强调的是，知识产权证券化并不会使中小企业直接丧失对于企业知识产权的所有权，而只是使企业让渡未来一段时间内的许可使用权和收费权，这样一来既能获取资金又能有效保护中小企业的权益。企业在证券化融资方式下，能够充分利用自身知识产权的价值并获得资金，同时也能持续进行新产品和技术的自主研究，这样一来就促进了企业创新成果的应用转化，提升企业核心竞争力，形成创新驱动发展的良性循环。

2. 有利于解决中小企业融资难问题

融资难、融资贵是制约众多数字创意企业生存和发展的难题。在知识产权证券化模式下，通常会由第三方的金融机构为待证券化融资的企业设立一个独立机构 SPV，并构建知识产权证券化的资产池，这个机构专门负责发行和销售知识产权证券。知识产权的证券化在中小企业获得表外融资并将其风险分散的同时，还可以直接保留并继续使用第三方的知识产权，产品的设计只是将企业知识产权的未来价值收益转移到特殊行业或项目的融资载体中。而且，知识产权证券化的表外融资金额一般较大，持续时间一般较长，可以有效地帮助中小企业从资本方获得相对便宜且持久的流动性资金，有利于中小企业的业务生产和经营扩张，能有效缓解中小企业融资难的问题。此外，知识产权的证券化作为中小企业表外直接融资方式，实质上是预支了未来的现金流，因此，企业的资产负债表不作为固定资产价值的增加，也不作为负债及所有者权益方增加负债，这优化了公司的财务状况。

3. 有利于充分发挥公司知识产权的融资杠杆作用

通过知识产权证券化和发行股权证券的知识产权票面抵押贷款利率，一般要比直接向商业银行等机构做知识产权抵押贷款的利率低 25% 左右，这说明通过知识产权证券化融资，企业将在很大程度上降低杠杆融资的成本，这无形之中提高了公司实际融资中可用资金的数额。由于数字创意企业知识产权的证券化过程要考察知识产权的长期收益能力，因此，SPV 机构能够充分找出公司知识产权的价值和潜力。然后，我们就可以最大限度地发挥杠杆贷款对知识产权的作用，使知识产权所有者获得更多资金。

4. 有利于分散知识产权所有者和投资者的经济风险

在知识经济时代，知识产权所有者创造的经济收益可能是巨大的，伴随经济收益可能也蕴藏着巨大的经济风险。科技的发展、国际市场的激烈竞争、知识产权侵权等诸多方面的因素，都有可能影响原本预期经济效益很好的知识产权，甚至可能导致其实际价值变得一文不值。数字创意企业作为知识产权的持有者，常常无法提前取得许可使用费的实际收入，但通过知识产权证券化的方式，可以将原本全部由企业自身承担的风险，有效地分散给证券化产品的投资者，并提前将知识产权未来的许可使用费变现，因此企业能在这个证券化过程中获得一笔固定的收益资金。

三　数字创意产业知识产权证券化的问题探讨

（一）专项法律制度构建缺失

与发达国家相比，知识产权证券化在我国还属于一项比较新兴的融资方式，因此在法律制度建设方面与其还存在较大差距，法律制度不健全，相关领域存在较多法律空白，未能形成一个利于其发展的法律政策环境。例如，《公司法》《企业破产法》等相关法律仅适用于一般金融产品的证券化，对于企业知识产权的投资证券化基本没有法律条文涉及，相关交易规则、信息披露、价值评估等都出现法律空白，因此在法律实践中缺乏可操作性。

（二）中介机构专业能力不足

随着知识产权证券化贷款管理制度的发展，市场对知识产权证券化价值评估机构的需求也越来越大。但是，目前我国市场上的一些专业知识产权证券化价值评估服务机构，缺乏丰富的实践经验和操作的专业性，因此无法满足市场要求。原因在于，一是知识产权本身具有无形性和不确定性的特点，需要花较长的时间对价值评估做出准确的判断；二是每个投资者的知识产权都有自己的信用特征，要求投资者相对准确地评估他们的信用，这是一个高度复杂和高度技术化的信用评估过程，这就要求所有参与知识产权评估的机构和人员都具备娴熟的专业技术水平。

（三）市场信用体系尚未建立

我国的知识产权证券化发展过程中，独立、客观的信用和评级的结果一直是知识产权投资者最为关注和看重的，这也直接影响他们最终的投资决策，因此市场信用体系的搭建成为我国数字创意企业在证券化过程中能否成功的一个关键。但是目前，在我国知识产权市场证券交易过程中，现有的知识产权信用评级机构还处在发展初期阶段，评级的操作方式不规范，市场上关于信用评级没有形成一个统一的标准体系，整体信用评级环境比较糟糕，通过综合各个方面的因素，可以发现信用评级机构的企业社会公信力在市场上变得不是很充足，甚至在知识产权市场证券化交易中，为了成功实现证券化，知识产权所有人随意要求提高其信用评级的现象时有发生，导致信用评级结果失去客观性和准确性，难以被投资者认可。

总之，鉴于数字产业知识产权证券化面临的上述困境，一方面，数字创意企业必须关注自身建设，加强企业知识产权保护意识，提升企业科技创新硬实力；另一方面，政府需要完善政策引导，降低知识产权市场的成本。

四　基于案例的知识产权证券化结构比较分析

知识产权证券化产品模式多种多样，本部分重点分析“兴业圆融——广州开发区专利许可资产支持专项计划”与另外两种 ABS 产品“第一创业——文科租赁一期资产支持专项计划”和“奇艺世纪知识产权供应链金融资产支持专项计划”的发行模式及特点。

（一）底层基础资产

“兴业圆融——广州开发区专利许可资产支持专项计划”以广州开发区内科技型中小企业专利许可费债权为底层基础资产标的物，涉及区内 11 家科技型中小企业，其中包括高新兴科技、万孚生物等，底层基础资产包含了 103 件发明专利和 37 件实用新型专利。

“第一创业——文科租赁一期资产支持专项计划”的底层基础资产标的物，包含发明专利、实用新型专利、著作权等共 51 项，该计划覆盖影视制作发行、数字出版、艺术表演、信息技术等多个文化创意产业的细分领域。

“奇艺世纪知识产权供应链金融资产支持专项计划”的底层基础资产的标的物为应收账款债权，主要包含债务人（爱奇艺）已通过《付款确认书》《应收账款转让通知书回执》等书面文件或数据电子文件予以确认的境内货物贸易、服务贸易（包含知识产权服务贸易，如电影、电视剧和综艺节目等版权许可使用）及其他服务等交易产生的应收账款债权。

（二）融资交易模式

1. 专利许可模式——“兴业圆融——广州开发区专利许可资产支持专项计划”

（1）交易结构

兴业圆融交易结构如图 2 所示。

（2）基础资产业务模式

兴业圆融业务模式见图 3。

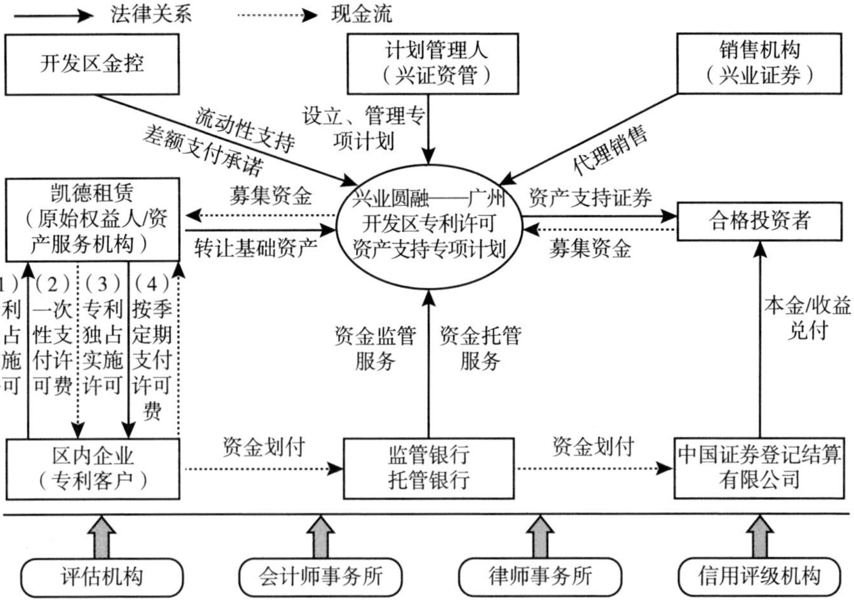

图 2　兴业圆融交易结构

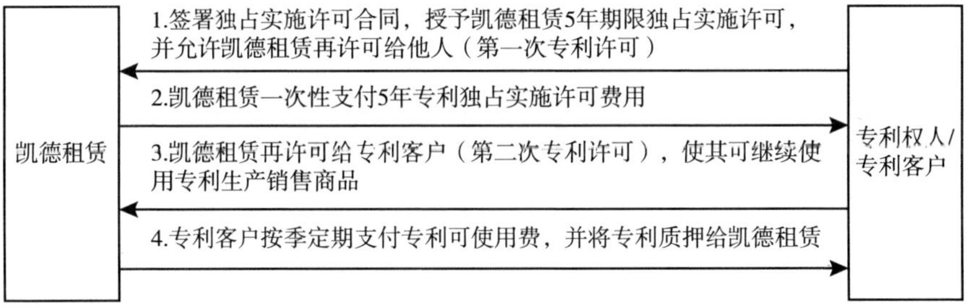

图 3　兴业圆融业务模式

专利权人以独占许可的方式，将其持有的特定专利授权给原始权益人——“凯德租赁”后，由原始权益人反授权给专利权人，专利权人一次性获得专利许可使用费，从而实现融资目的。

从基础资产业务模式和专项计划交易结构看，在“科技企业—凯德租赁—开发区金控”的交易架构下，将国有企业信用嵌入交易结构中，信用从评级为 AAA 的国有主体传递至实际融资的民营企业，使民营企业能够突破自身信用的局限，从资本市场上获得债权性融资。

（3）增信措施

专项计划增信措施包含优先级/次级产品结构化分层，超额现金流覆盖，差额支付承诺，以及权利完善事件、违约事件和提前终止事件等内部信用触发机制作为信用增级措施。其中，专利客户为担保第二次专利许可合同项下专利许可使用费支付义务的履行，会根据第二次专利许可合同的约定向原始权益人支付一笔风险金。

2. 融资租赁模式——“第一创业——文科租赁一期资产支持专项计划”

（1）交易结构

文科租赁交易结构如图 4 所示。

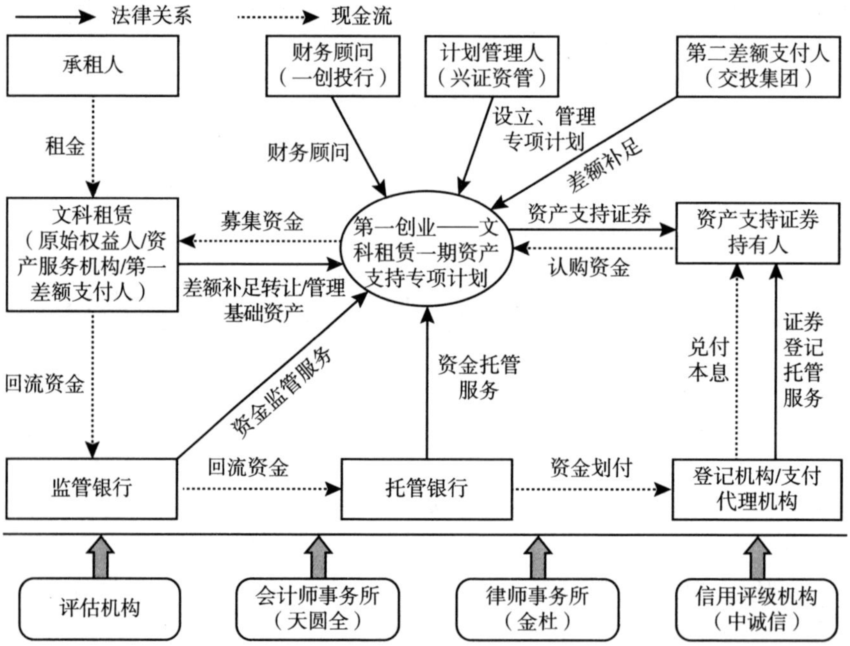

图 4　文科租赁交易结构

（2）增信措施

专项计划安排了优先/次级分层、双差额支付承诺（文科租赁、文投集团）、回收款转付机制、保证金转付机制以及信用触发机制。

（3）文科租赁 ABS 的特殊性

仅从文科一期 ABS 的交易结构看，本质上就是融资租赁债权 ABS 产品，且融资租赁模式均为售后回租模式。其与众不同之处在于，文科租赁打包转让的融资标的物均为无形资产，分别为专利权 8 笔及商标权 2 笔，即底层的承租人将自己享有的版权、专利权或商标权转让给融资租赁公司，再由融资租赁公司回租给承租人，形成稳定的、特定的现金流。

3. 供应链金融模式——“奇艺世纪知识产权供应链金融资产支持专项计划”

（1）交易结构

交易结构如图 5 所示。

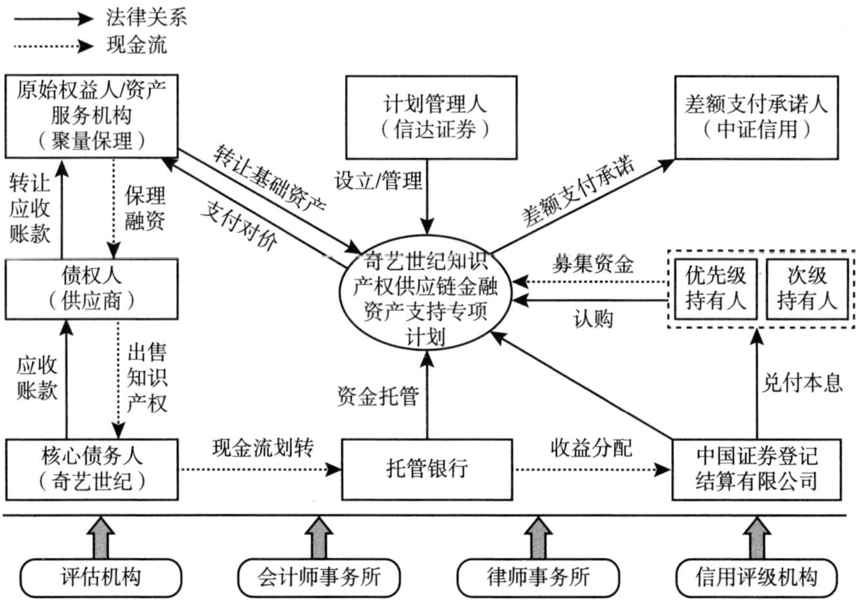

图 5　奇艺世纪知识产权交易结构

（2）供应链 ABS

该单证券化产品与多数供应链 ABS 的不同之处在于债务人只有奇艺世纪一家企业主体，不存在核心企业进行债务累加的情形，故在资产结构方面相较地产企业供应链 ABS 而言更为简洁。爱奇艺是首单套用反向保理的供应链模式知识产权 ABS 产品，就可复制性而言，如果某个企业像爱奇艺一样，属于对上游供应商存在大量长期应付的版权许可费、专利许可费或商标许可费的核心企业，那么再提供适当的增信，就可通过供应链模式，将基于知识产权许可使用的应收账款，作为基础资产发行 ABS 产品。相比融资租赁模式的知识产权 ABS 而言，供应链模式的知识产权 ABS，无论是在法律上还是在实操上都更具有可操作性及可复制性。

五　数字创意产业知识产权证券化创新发展的建议

（一）推动健全完善相关法律法规

知识产权是法律的产物，涉及数量较多的行政性法律因素，相关法律认定处理过程不是那么直观明确。因此，知识产权证券化发展应该有完善的法律法规体系进行保障：一是知识产权作为证券化的主要基础资产从数字创意企业转让给 SPV，从而承担知识产权风险和利益隔离的具体法律责任，这需要在国家相关法律中予以明确规定；二是我国目前关于知识产权的法律法规涉及知识产权证券化的内容较少，因此我们有必要进一步制定专门的法律对这一领域进行规范；三是对知识产权的证券化登记管理制度除了一般的授权登记，还包括质押登记、信托登记等。目前，中国知识产权登记管理机构众多且分散，大大削弱了知识产权登记的有效性和合法性。为了更有效地推进知识产权证券化，应尽快建立统一有效的知识产权登记转让公示制度。我国政府必须进一步完善和整合现有法律，逐步建立金融机构资产证券化的专项立法，解决法律冲突问题，填补法律的空白。政府将知识产权证券化的内容纳入《证券法》的适用范围，不仅承认了知识产权的可持续性的证券化操作可能性，还规范了知识产权证券化资产的建设。同时进一步完善《企业破产法》，建立并实施金融机构破产隔离评估制度，认定合法销售的资产，这样不仅可以降低风险，还可以保护投资者的利益和投资热情。

（二）充分发挥政策引导支持作用

任何市场证券化活动都离不开政府部门的市场政策支持和引导，知识产权证券化也不例外。我国的证券化发展阶段应充分参考美国和日本的模式，初期应由政府部门领导，等到市场成熟后，政府逐步退出，由政府证券市场部门主导。政府有关部门成立专门从事知识产权证券化的金融机构，制定有关知识产权证券化的政策和可行性研究方案，要做好研究工作，做好资产证券化专门立法金融机构的进一步调查准备。同时，机构的职责是对知识产权证券化全过程进行严格的监管，规范市场交易行为，金融机构参与知识产权证券化过程必须做到有法可依。

（三）加强企业知识产权的内生性建设

首先，数字创意企业在经营过程中，根据自身的经营特性，完善内部知识产权管理制度，不断调整和完善知识产权管理组织结构，对知识产权进行合理的资源分配，管理部门负责人和专业文件管理者必须填写所有与知识产权成果案例相关的文件。其次，企业应根据市场需求和变化进行动态调整，定期维护知识产权证券化文件，制定相应的发展战略和计划。在规范企业知识产权管理的同时，可以减少盲目增加资本投入带来的风险，相对提高企业知识产权融资价值的市场稳定性。此外，通过完善企业知识产权制度，加强企业知识产权证券化管理也是可行的，数字创意企业的投资者在知识产权贷款中出现竞争或权利归属纠纷的概率大大降低，知识产权随着资产价值的增加而产生与知识产权证券化议价的能力。最后，数字创意公司通过各种知识产权的组合，构建知识产权的“组合包”，有效构建低现金流、稳定现金流的证券化资产池，并从各自行业提高基本资产信用评级和改善投资者高贷款风险的组织管理机制意识，通过证券化贷款给企业带来的诸多贷款机会和收益，提高企业知识产权竞争力，获取企业知识产权。

（四）发挥中介机构的专业性服务优势

知识产权证券化的过程中，需要大量的中介服务和金融机构的共同参与，包括评级合格的知识产权评估机构、承销商、会计师事务所、律师事务所等，其中知识产权评估机构，对于数字文化创意等相关产业是否具有将持有知识产权进行证券化的资格，起到了基础性和决定性的作用。首先，在知识产权证券化评估中，第一步是评估和选择与知识产权融资限额范围相对应的现有知识产权证券化资产。证券化估价需要能适当评估知识产权的机构，但我们发现，其评价服务能力远远低于专业评估要求。因此，在评估知识产权证券化的价值时，现有的评价机构需要提高其评价服务能力，建立评估工作人员培训和评价制度，在理论和实践上不断加强和改进，在服务领域的专业精神和能力上不断提升，适时安排职业培训。基于知识产权交易所需评估证券的服务能力，建立专门的知识产权证券化价值评估人才库，评估专门知识产权的价值，引进知识产权领域的最佳专业知识人才、评估价值技术人才，对知识产权证券化过程进行全面的管理。另外，为了促进知识产权证券化的发展和强化信贷机构，可以充分利用政府的支持与力量，加强信贷部门和机构服务的技术权威和专业化，提高信贷水平数据和结果的可靠性和说服力。

（五）降低知识产权证券融资交易成本

政府可以对知识产权证券化交易的参与者实行税收优惠政策，降低知识产权证券化融资交易利害关系方的金融成本与风险，并降低知识产权证券化交易当事方的金融风险与成本。因为这些数字创意企业缺乏公共资金，按照一般的企业税收政策，对知识产权融资证券化的交易方进行征税，会大大降低企业利用知识产权证券化实现融资的意愿，也不能进一步推进我国知识产权证券化，更不能为中国证券化市场发展做出贡献。国家税务局和财政部门可以根据实际税收中性的征税原则，根据企业知识产权证券化融资带来的实际收益和交易方损失的实际情况进行征收，从实际税收上为企业知识产权融资证券化的推行提供辅助。

综上所述，知识产权证券化融资作为数字创意企业融资的新途径，蕴藏了大量盈利机会的同时也暗含风险，而企业可以充分利用数字知识产权证券化，获取资金，扩大经营规模，增强创新能力，这也有利于数字创意企业在市场中持续、稳定、健康地经营和发展。此外，数字创意企业应积极地提高自身自主意识和企业创新能力，使数字创意产业知识产权证券化的融资方式成为一种可能，通过这种途径，有效地帮助企业获取足够资金，使数字创意企业更好地经营发展。

参考文献

张晓静：《中国资产证券化的现状观察》，《金融博览》2013 年第 9 期。

李建伟：《知识产权证券化：理论分析与应用研究》，《知识产权》2006 年第 1 期。

陶红武：《知识产权证券化中知识产权资产转让的法律问题探析》，《甘肃金融》2010 年第 10 期。

孔令兵：《知识产权中可证券化资产的选择及风险防控》，《科技与法律》2017 年第 1 期。

李劼：《知识产权证券化的风险及其防范研究》，《金融经济》2015 年第 8 期。

张宏宇：《知识产权证券化在中国企业的应用研究》，硕士学位论文，中国科学技术大学，2009。

B.14
VR、AR时代出版业的发展态势报告：挑战、机遇与未来

庞书纬*

摘　要： 进入2010年代，VR、AR技术的飞速发展带来出版产业链的深度变革，表现为出版对象、参与主体、运行规则等方面的显著变化，“按需出版”和多次加工成为可能，出版市场进一步细分。本报告认为，出版业应当以求新求变的姿态，实现自身与其他文化产业的深度融合，明确VR、AR出版物的法律定位，打破体制机制瓶颈，激发不同市场主体的创新活力，从而构建多领域合作、多主体参与、多层次营销的“大出版”产业格局。

关键词： VR技术　AR技术　出版产业

2019年8月22日，在中国数字内容服务大会上，中国新闻出版研究院正式对外发布《2018～2019中国数字出版产业年度报告》，指出2018年国内数字出版产业整体收入规模达到8330.78亿元，同比增长17.8%，连续10年实现两位数以上增长，VR、AR出版成为出版产业新的增长点。①

然而，同样在2019年8月，根据图书在版编目（CIP）数据，2019年

* 庞书纬，青海师范大学新闻学院讲师，硕士，主要研究方向为新闻实务和新媒体产业。

① 张立、王飚、李广宇：《迈向纵深融合发展的中国数字出版——2018～2019中国数字出版产业年度报告（摘要）》，《出版发行研究》2019年第8期，第16页。

上半年，全国各出版机构累计申报图书选题 117210 种，同比下降 11.20%，降幅明显增大；新书品种为 9.09 万种，同比下降 6.22%，占比进一步缩小（见图 1）。此外，根据中国新闻出版研究院 2018 年公布的全国国民阅读调查数据，我国成年国民人均纸质图书阅读量为 4.66 本/年，低于世界主要国家平均水平。①

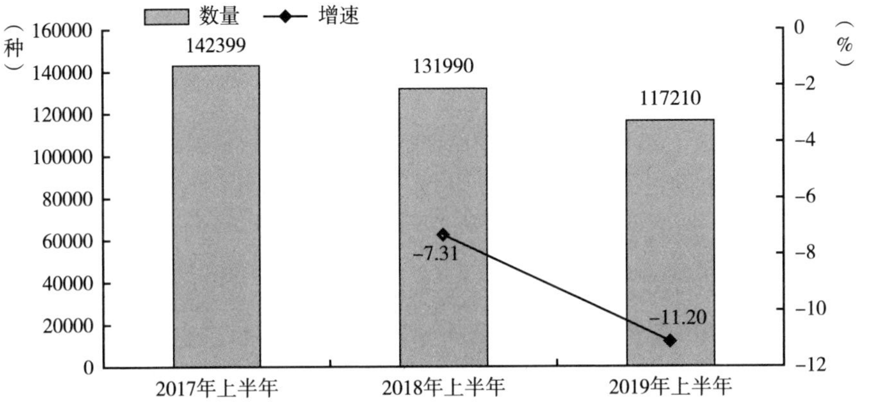

图 1　2017～2019 年 3 年上半年 CIP 选题数量变化

资料来源：杨育芬：《从 CIP 数据看 2019 年上半年图书出版走势与变化》，出版商务网，2019 年 7 月 22 日，http：//www. cptoday. cn/news/detail/8021。

在 VR、AR 技术蓬勃发展的时代，传统出版业将面临怎样的挑战？面对上述挑战，出版业转型升级的空间在哪里？上述转型背后，出版业的内涵和外延正发生怎样的变化？

一　挑战：传统出版产业链面临深度变革

作为历史悠久的文化产业，出版业在运行过程中依托出版社等专业机构，图书营销收入通常是其主要利润来源。狭义的出版主要指图书出版，围

① 史竞男：《我国阅读指数首次发布》，新华网，2018 年 4 月 18 日，http：//www. xinhuanet. com/local/2018 －04/18/c_ 1122704344. htm。

绕图书内容逐步形成了包括信息筛选、内容编辑、复制发行、市场营销等环节的技术体系。

进入2010年代，随着VR、AR等技术的出现和日臻成熟，出版物的内涵和外延发生了变化。一方面，出版物进一步脱离纸质介质，通过各类电子移动终端得以呈现，特别是对工具书、教材、年鉴等出版物而言，电子版可以更好地满足其内容实时更新的需求。早在2012年3月，享誉世界的《不列颠百科全书》就停止了纸质版的印刷，结束了其244年的“纸媒生涯”。[①] 另一方面，更为重要的是，随着数字技术的发展，出版物早已突破了图书的局限，逐渐囊括了各类可能给用户带来信息或体验的产品或服务。最为典型的例子是当下方兴未艾的VR（Virtual Reality，即虚拟现实）、AR（Augmented Reality，即增强现实）出版物。与主要依托视觉、听觉的传统出版物不同，VR、AR出版物至少具有沉浸性（Immersion）、交互性（Interactivity）和想象性（Imagination）等特征。用户在接受VR、AR出版物的过程中，可以充分利用视觉、听觉、触觉、味觉、嗅觉等多种感官，全方位、立体化地感知并接受信息。换言之，传统出版物主要依靠“文字解码”的接受方式被突破，感性认识在信息接受中的作用被重新发掘。

随着VR、AR等技术加速发展，出版主体范围逐渐扩大，出版社等专业出版机构的垄断地位渐渐被打破，包括用户在内的不同主体可以更加广泛地进入出版行业，并扮演“受传一体”的角色，即在接受信息的同时，通过转发、评论等方式，对信息进行二次传播。上述变化，最早可以追溯到吉米·威尔士在2001年创立的维基百科。进入移动互联网时代之后，介质的便捷化，使用户可以更加广泛、及时地参与出版内容的筛选和形式的选择，出版场域中不同主体间的界限进一步模糊化，专业出版机构和人员的角色从原先的“主导者”逐渐转变为“把关人”（gatekeeper，又译“守门人”）[②]，对进入出版场域的信息进行一定程度的筛选和过滤，专业性、权威性将成为

---

① 柳丝：《〈不列颠百科全书〉沉浮录》，《国际先驱导报》2012年3月26日，第4版。

② Kurt Lewin, “Channels of Group Life: Social Planning and Action Research,” *Human Relations* 2 (1947): 143 - 153.

其主要竞争力。

不容回避的是，在目前国内的出版体制下，纸质书籍依旧是出版机构利润的重要甚至主要来源。对普通受众而言，纸质书籍在权威性和阅读感受方面的优势不言而喻，然而由于介质本身的局限，其传播更多是以非开放或半开放的方式实现的，传播范围势必受到局限。更为重要的是，传统图书的出版，至少涉及策划、材料、编辑校对、排版印刷、销售、管理等多重成本，导致其出版周期长，成本居高不下，并面临较大的库存和周转压力。同时，从 2009 年开始，我国开始全面实行书号实名申请制度，该项制度在打破“书号买卖”、规范出版市场等方面功不可没，但也大大提高了图书出版的“门槛”、增大了普通主体参与出版行业的难度。[①] 上述两方面原因，导致传统出版业事实上很难有效应对不同用户的个性化需求，从而难以在细分化的市场中实现深度开发。

根据出版商务网公开发布的数据，至少从 2017 年开始，纸质图书出版对政策及重大历史事件的依赖程度趋于提高，市场活力进一步下降。如图 2 所示，以 2019 年上半年为例，国内约 500 家出版机构的图书选题进一步向党史党建、“一带一路”、“中国梦”与中国特色社会主义等领域集中，三者分别占新申报主题出版选题的 40.43%、24.34%和 12.87%，纪念中华人民共和国成立 70 周年图书选题占到 10.07%，其他领域图书占比则连续三年下降。此外，经济类图书选题进一步向供给侧结构性改革等领域集中，自然科学选题中依靠出版基金的学术专著占比突破 5 成，市场化程度较高的科普类选题则降到 1 成以下。[②]

由此不难看出，随着 VR、AR 等技术加速发展，传统出版业在出版对象、参与主体、运行规则等方面均发生了显著变化，原先以图书为主要出版对象、以出版社等专业机构为主体、以图书销售收入为主要收入来源的产业链，势必面临深度变革与整合。

---

① 孙利军：《书号实名申领制实践价值探析》，《国际新闻界》2009 年第 6 期，第 96 页。

② 杨育芬：《从 CIP 数据看 2019 年上半年图书出版走势与变化》，出版商务网，2019 年 7 月 22 日，http://www.cptoday.cn/news/detail/8021。

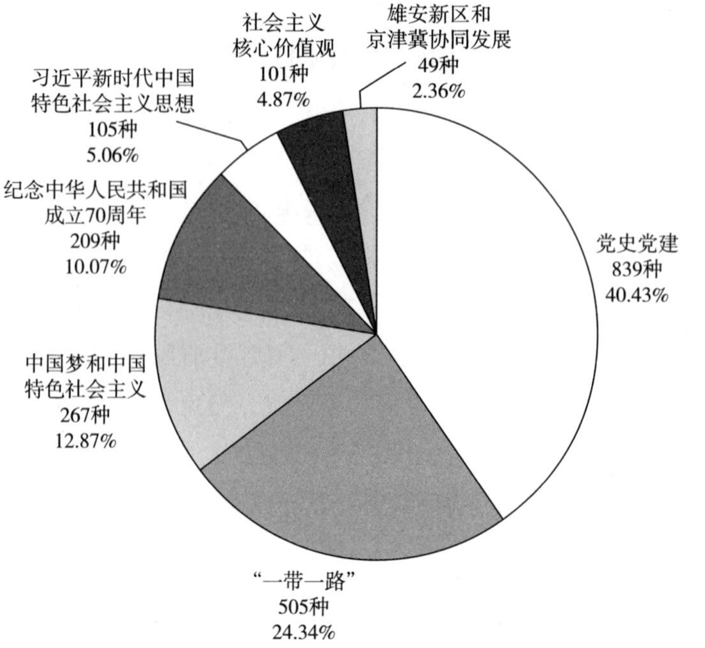

图 2 2019 年上半年主题出版选题分布

资料来源：出版商务网。

二 机遇：多元体验带来市场细分

移动互联网技术的飞速发展，在给传统出版业造成冲击的同时，也给以 VR、AR 出版样态为代表的新型出版业发展创造了契机。首先在内容上，传统以文字、图片等为中心的出版逻辑将被取代，沉浸式、交互式体验将成为出版的主要内容。换言之，未来出版物的“卖点”与其说是文字、图片等承载的信息，不如说是用户全方位、多感官的体验。

以传统文学出版物为例，其语言以“语表的具体性”和“语里的丰富性”为特点①，读者主要凭借文字接受信息，同时依赖个人经验和想象力尝试

① 董学文、张永刚：《文学原理》，北京大学出版社，2001，第 36 页。

对文本中的信息进行还原。根据“二战”之后西方理论界兴起的接受美学理论，读者接受文本的过程，也是对文本进行“二次创作”的过程，文本因接受而成为“作品”，其意义在一次次接受过程中不断丰富。① 所谓“一千个人心中有一千个哈姆雷特”，说的正是这个道理。VR、AR 出版的兴起，打破了上述传播与接受方式，提供了可视、可触、可感场景的沉浸式、体验式、交互式出版物，使用户不仅可以在 VR、AR 技术构建的虚拟空间中“漫游”，还可以在不同的虚拟场景之间自由“穿越”，甚至可以在上述虚拟空间中实现“角色扮演”。

早在 2016 年初，美国谷歌（Google）公司就曾向美国专利商标局（USPTO）申请两项专利并获得批准，分别为交互图书（Interactive books）和媒体增强立体图书（Media enhances three-dimensional books）。而在 2017 年 4 月，由 Spiraloid Workshop 公司制作的全球首部 VR 交互式小说 *Nanite Fulcrum* 在电子平台 Oculus Home 正式上架。同年 9 月，国内首部 VR 旅行图书《奇遇》在北京正式发布，该图书随书赠送 VR 眼镜，用户通过扫描二维码，可以观看 360 度全景体验视频，并作为“剧中人”，“参与”到发生在西班牙教堂、荷兰集市、希腊书店、挪威“最美公路”、夏威夷海滩、加州红树林、洛杉矶汽车工厂等地的不同故事当中。

VR、AR 等技术的兴起，使出版物的编辑、制作成本进一步降低，如在传统出版物的制作中，不同语种之间需要较为复杂的翻译工作，而在 VR、AR 时代，该过程几乎可以借助网络平台实时完成，甚至连虚拟主人公的口型都可以随语种切换。上述变化，为“按需出版”创造了可能。作为全新的数字出版方式，“按需出版”可以按照用户不同的内容、形式需求，对出版物策划、制作、发行的各个环节进行精准控制，在满足用户个性化需求的同时，有效规避传统出版物库存多、回款难、周转慢、再版难等问题，实现出版产业从“点对面”到“点对点”的实质性变革。

此外，VR、AR 等出版样态的兴起，还使出版物的多次加工、多次接受更

① 〔德〕H. R. 姚斯、〔美〕R. C. 霍拉勃：《接受美学与接受理论》，周宁、金元浦译，辽宁人民出版社，1987，第 275 ~ 289 页。

加便捷。早在3G网络时代的2012年，索尼公司就联手《哈利·波特》的作者J. K. 罗琳，打造早期AR出版物《奇幻之书：魔咒之册》（*Wonderbook: Book of Spells*），如今看来，这部探索性的出版物尽管在部分技术上还有待完善，但已经具有了此后VR、AR出版物的沉浸体验、互动互联等主要特征。2018年，网龙华渔教育有限公司联合中国少年儿童出版社，为经典少年儿童读物《十万个为什么》制作了VR版，从而使用户可以通过全息体验的方式，更加直观、形象地接受知识。在画面处理、体验设计等方面，《十万个为什么》VR版更符合青少年偏重感性的接受习惯，可以更好地实现寓教于乐。

上述变化，势必带来出版市场的进一步细分，基于用户多层次体验的出版物将得到更加充分的开发。不难想象，未来同一出版物，可以既出版纸质版和电子版，也可以出版相应的VR、AR版本。更为重要的是，由于出版成本的大幅降低，VR、AR出版物还可以根据不同用户的性别、语言、文化、知识结构等的差异进行必要的调整，从而满足用户小众化甚至“私人订制”的需求。多层次的市场需求由此被激活，市场规模可能实现成倍增长。

三　未来：“大出版”格局呼之欲出

笔者认为，VR、AR时代出版业面临的挑战与机遇，将带来出版产业链的深度变革，建立在多元化主体、多领域营销基础之上的新产业链，将逐步取代当下出版社主导、图书销售为主的传统产业链。换言之，未来出版业有望更好地依托VR、AR等技术，与广义的文化产业深度融合，构建“大出版”[①] 的产业发展格局。

首先，应当明确VR、AR出版物的法律定位，在此基础上尝试建立对象更加广泛、方式更加合理的知识产权保护制度。不容回避的是，我国现行

① 笔者认为，与传统出版相比，“大出版”格局至少呈现以下变化：一方面是出版物的形态多样化，传统纸质图书一家独大的局面被打破，基于各种虚拟现实技术的出版物越来越多；另一方面是出版主体多元化，出版社之外的机构和个人越来越多地进入出版场域当中。

的 2010 年修订版《著作权法》保护对象相对封闭，主要包括文字作品、口述作品、演艺作品、美术建筑作品、摄影作品、影视作品、图形和模型作品、计算机软件等 8 类，尽管有“法律、行政法规规定的其他作品”的兜底条款，但该条款基本没有在司法实践中应用。

关于 VR、AR 作品的知识产权保护，有学者认为可以参照影视作品，但事实上 VR、AR 作品常常并非以影视的方式呈现，同时其强调沉浸、体验、互动的属性，与强调视听接受的影视作品存在较大差异。[①] 另外，有学者提出可以借鉴关于著作权和邻接权相区分的方法，对 VR、AR 作品进行“分割保护”。[②] 但在司法实践中，“分割保护”的设想通常难以实现，因为在我国法系中，所谓邻接权主要是指作品传播者对其传播作品过程中所做出的创造性劳动和投资享有的权利，与著作权有较为清晰的区分。但在 VR、AR 等出版物制作过程中，不同生产者之间的劳动成果不仅大多你中有我、我中有你，而且常常合则双美、分则两伤，如果强制做出“一刀切”的划分，很可能人为制造“三个和尚没水吃”的窘境。

针对上述问题，笔者认为，一方面应当在立法层面尽快给予 VR、AR 等出版物独立的法律地位，将其单列为一类著作权乃至知识产权保护对象；另一方面在具体规定上，不妨优先选择“整体保护”的思路，将协调内部利益分配的权力交给相应的市场主体，同时给未来相关法律法规的完善预留足够的空间。

其次，出版机构应当进一步深化体制和机制改革，打通人、财、物等方面存在的壁垒，更好地实现内容与形式的多元开发和深度融合。从 20 世纪 80 年代开始，我国出版机构经过多轮改革，已基本成为经济独立、自负盈亏的市场主体。伴随 VR、AR 技术而来的出版业深度整合，需要出版机构进一步打通作者、出版商与受众之间的界限，以“开门出版”的经营理念，

---

① Erez Reuveni, “On Virtual Worlds: Copyright and Contract Law at the Dawn of the Virtual Age,” *Indiana Law Journal* 2 (2007): 262.

② 陈晓慧、陈炳忠：《著作权法对虚拟实境技术应用之规范》，《台湾科技法律与政策论丛》2009 年第 1 期，第 27 页。

在此前跨领域、跨行业、集团化经营的基础上，更加灵活地通过联营、“外包”等合作方式，突破自身在人员、技术等方面的“瓶颈”，提升业务拓展能力。

诚然，对大多数传统出版机构而言，上述转型并非易事，但最近几年，转型较为成功的个案也不在少数。作为多年来市场化运行较为成功的出版机构之一，中信出版集团在传统图书发行体系之外，通过其自有新媒体平台“有漾儿”“大布阅读”等，以“纸电一体”的方式实现对出版物的多元呈现。特别是邀请相关编辑通过视频、音频等方式推介自己编辑的图书，让图书有了更多“人味”。此外，更为重要的是，中信出版集团按照纸、电、声、像、课“五位一体”的理念，打造拥有自主版权的电子书、有声书、小录像和微课，较好地实现了文化产品的“一次出版、多次开发、多元营销”。

最后，应当进一步激活出版场域内不同主体的创新活力，尽快突破VR、AR出版的内容瓶颈。尽管关于VR、AR出版物的属性，学术界至今依旧存在争议，但其作为广义的“媒介”之一，势必扮演着“人的延伸”[①]的重要角色。具体而言，VR、AR技术一方面尝试模拟、还原、再现人类现有体验，另一方面，更加注重不断探索乃至创造全新的用户体验。实现上述目标，需要探索VR、AR出版在内容表现方面的更多可能，而非简单地为传统的纸质出版业戴上VR、AR的“帽子”。不容回避的是，目前进入市场的VR、AR出版物，大多是传统出版物的VR、AR版本，内容原创性有限，有些甚至旨在为传统出版物销售增加“噱头”。

笔者认为，未来VR、AR出版的发展，需要技术领域的突破，更需要出版场域内不同层次、地位、角色的参与者不断发现、探索乃至创造VR、AR出版特有的市场优势，并以VR+、AR+的思维，发掘未来出版业发展的新路径、新可能，探索VR、AR等数字出版样态在“大出版”产业格局中的新角色。

① 〔加〕马歇尔·麦克卢汉：《理解媒介——论人的延伸》，何道宽译，译林出版社，2011，第7页。

参考文献

胡正荣、李荃：《走向智慧全媒体生态：媒体融合的历史沿革和未来展望》，《新闻与写作》2019 年第 5 期。

刘颖、何天翔：《著作权法修订中的“用户创造内容”问题——以中国内地与香港的比较为视角》，《法学评论》2019 年第 1 期。

盛娜：《VR 出版与图书媒介性质的嬗变》，《出版广角》2016 年第 23 期。

石莹：《VR 出版传播的监管困境剖析及优化突破》，《青年记者》2019 年第 12 期。

王睿、姜进章：《从嫁接到独立：行为理念下 VR 出版未来发展的核心与样态》，《出版发行研究》2019 年第 7 期。

魏景飞、赵林云：《数字出版侵权现象及应对策略》，《青年记者》2019 年第 23 期。

易玲、王静：《论人工智能生成内容著作权法保护》，《湘潭大学学报》（哲学社会科学版）2019 年第 6 期。

俞锋、汤苏剑：《5G 时代数字版权协同治理问题研究》，《中国出版》2019 年第 16 期。

郁舜、冯程程：《数字出版产业发展之版权保障》，《中国出版》2018 年第 5 期。

张波：《我国 VR 出版监管难点与对策》，《编辑之友》2018 年第 7 期。

郑万青、高金强：《数字出版中电子书版权保护难题辨析》，《中国出版》2018 年第 17 期。

〔美〕李普曼：《公众舆论》，阎克文、江红译，上海人民出版社，2006。

〔美〕延森：《媒介融合：网络传播、大众传播和人际传播的三重维度》，刘军译，复旦大学出版社，2016。

郑永年：《技术赋权：中国的互联网、国家与社会》，邱道隆译，东方出版社，2015。

B.15
虚拟现实产业对于社会个体影响的创新分析报告
——以 VR 游戏作为案例研究

高 昱*

摘 要： 随着虚拟现实（Virtual Reality）产业在中国的跨跃性发展，虚拟现实技术将普及到社会各个领域，但不容忽视的是这一技术通过模拟类游戏对于社会个体的影响。本报告运用文献法与参与观察法，结合访谈，主要阐述了我国 VR 虚拟现实产业市场现状、VR 模拟类游戏特点以及玩家体验，试图通过分析虚拟现实技术下的模拟类游戏，了解个体背后的心理认知、身份认同、社会交往与公共生活。

关键词： 虚拟现实产业 模拟类游戏 心理认知

一 VR 背景介绍

虚拟现实（Virtual Reality，简称 VR）是现在应用越来越多的一项前沿技术，其实在的环境沉浸令人有情境的设身处地感。在中国，VR 这个词开始普遍映入大众的视线，还得归功于2016 年4 月1 日马云和他推出的淘宝 Buy +。[①] 这

---

* 高昱，德国汉堡大学汉学系博士研究生，研究方向为文化人类学与中国研究。

① 《真的来了！淘宝推出 VR 购物产品 Buy +》，新浪财经，2016 年 4 月 1 日，https://finance.sina.cn/usstock/hlwgs/2016-04-01/tech-ifxqxcnr5157233.d.html?jid=1。

条新闻最令人激动的描述是："Buy + 将突破时间和空间的限制，真正实现各地商场随便逛，各类商品随便试。" 这意味着现在的 VR 技术不但能够创立单独的时空，而且能够提供交互式体验，时空内的主体不只是被动地接受单一信息，还能够做出主体性的选择，得到相应的回馈。从 1968 年开始基于计算机技术的现代意义上的 VR 的历史仅仅只有 52 年。① 这期间，VR 从最开始的军事、科研领域应用逐渐扩展到了日常百姓能够接触到的"黑科技"。这也与 VR 相关技术的发展导致 VR 硬件设备价格从 2 万美元下降到 300 美元左右的家庭娱乐消费级的原因密切相关。②

VR 技术早些年最先在电影③、博物馆④、旅游⑤等领域被应用，后发展逐渐成熟的交互特性使 VR 技术日益在与其他领域结合中开发出新的适用功能，包括但不仅限于购物⑥、教育⑦、新闻⑧、非遗保护⑨、

① 陶雪琴、李婷：《虚拟现实技术的历史及发展》，《中国新通信》2012 年第 23 期，第 41 页。

② 刘园园：《虚拟现实技术为何开始"接地"?》，《科技报》2014 年 9 月 12 日，第 4 版。

③ 王旭锋、姚国强：《论虚拟现实与传统电影的相悖与相生》，《现代传播》（中国传媒大学学报）2017 年第 7 期，第 77 ~ 81 页；林子锋：《基于虚拟现实技术的互动电影的发展研究》，《新媒体研究》2018 年第 12 期，第 87 ~ 90 页；李修彤：《"一带一路"背景下中国传统文化的影像传播——以 VR 虚拟现实技术应用为例》，《今传媒》2018 年第 7 期，第 21 ~ 22 页。

④ 卢凯风：《虚拟现实技术在博物馆展示中的应用研究》，《大众文艺》2018 年第 16 期，第 54 页。

⑤ 闫奇峰、张莉平、张宇：《论红色旅游中虚拟现实技术应用的必然性——以甘肃省为例》，《生产力研究》2018 年第 8 期，第 70 ~ 73 页。

⑥ 许丽萍：《VR 购物"Buy +"颠覆商业格局?》，《上海信息化》2016 年第 6 期，第 29 ~ 31 页；吕冰希：《 VR 购物的发展现状及展望研究》，硕士学位论文，南京艺术学院，2018；张素达：《VR 虚拟现实技术对互联网购物带来的颠覆性影响研究》，《科技风》2018 年第 13 期，第 59 页。

⑦ 石宁钰：《超越现实，开创 VR 教育新纪元》，《中关村》2016 年第 7 期，第 90 ~ 91 页；张志祯：《虚拟现实教育应用：追求身心一体的教育——从北京师范大学"智慧学习与 VR 教育应用学术周"说起》，《中国远程教育》2016 年第 6 期，第 5 ~ 15 页；徐丽芳、王钰、陈铭：《国外 VR 教育出版发展现状与趋势》，《出版参考》2017 年第 3 期，第 12 ~ 14 页；李志欣、梁小凤、孙千惠：《关于 VR 教育颠覆性创新的研究》，《市场研究》2017 年第 11 期，第 13 ~ 15 页；陈惠红、丘美玲、刘世明：《VR 教育现状与思路分析》，《电脑迷》2018 年第 1 期，第 167 ~ 176 页。

⑧ 吴清亮：《虚拟现实新闻的类型及特性》，《新媒体研究》2017 年第 11 期，第 28 ~ 32 页；伍非《"VR + 新闻"：虚拟现实报道的尝试与反思》，《传媒》2018 年第 2 期；周文韬：《5G 时代虚拟现实新闻的前景及伦理困境》，《传媒观察》2018 年第 6 期，第 30 ~ 34 页；殷乐、高慧敏：《虚拟现实与传播形态》，《新闻与传播研究》2019 年第 1 期，第 32 ~ 37 页。

⑨ 胡亚希：《虚拟现实技术在非物质文化遗产保护中的应用》，《江西社会科学》2012 年第 8 期，第 196 ~ 200 页；高力群、杨波：《虚拟现实技术在河北省非物质文化遗产保护 （转下页注）

建筑[1]、动漫[2]、游戏[3]、出版[4]等。从2018年开始，南昌成为每年一届的VR产业大会举办地。工信部2019年1月公布的《关于加快推进虚拟现实产业发展的指导意见》中提出，2025年我国虚拟现实产业整体实力要进入全球前列。这意味着从中央到各地方政府都已经开始规划发展虚拟现实产业格局[5]，它将结合5G技术，成为未来中国最前沿的前景产业[6]。

二 VR市场现状

据艾瑞咨询调研[7]，中国VR市场规模将从2016年的34.6亿元增长到

（接上页注⑨）中的应用研究》，《大舞台》2015年第3期，第231～232页；吕超：《虚拟现实技术在非物质文化遗产保护中的重要意义》，《华人时刊》2015年第4期，第102页；张文君：《虚拟交互技术在非物质文化遗产保护中的应用——以晋南木板年画为例》，《包装世界》2017年第4期，第94～96页；刘贺、宋立权：《虚拟现实交互技术在非物质文化遗产保护中的应用——以赫哲族鱼皮文化保护为例》，《新闻知识》2018年第2期，第58～60页；张孝飞：《虚拟现实技术在藏族非物质文化遗产保护中的应用研究》，《四川戏剧》2019年第4期，第40～44页。

① 吉林大学建筑大学课题组：《基于VR技术的渤海国东京城建筑群复原和保护策略研究》，载邵汉明编《新优势、新举措、新发展：吉林省2017年度“十三五”智库规划基金课题成果文萃》，社会科学文献出版社，2018，第226～250页。

② 王真真：《虚拟现实技术在动漫产业中的融合与发展研究》，《美与时代：创意（上）》2018年第1期，第63～64页；纪元元、张琪：《虚拟现实技术在动漫产业中的融合与发展》，《教育教学论坛》2019年第27期，第78～79页。

③ 薛松：《游戏企业收购国外VR企业，虚拟现实游戏两三年后或爆发》，《广州日报》2016年3月10日。

④ 吴硕：《数字出版时代虚拟现实（VR）技术的哲学思考》，《出版广角》2017年第8期，第36～38页；杜川、杜恩龙：《论虚拟现实在出版领域的应用研究》，《出版广角》2017年第20期，第31～34页；孙晨：《虚拟现实技术在出版业中的应用与展望》，《新闻世界》2018年第1期，第89～91页；王续文：《虚拟现实技术在出版领域的应用探究》，《出版广角》2018年第12期，第38～41页。

⑤ 湖南省人民政府发展研究中心调研组：《推进湖南虚拟现实（VR）产业发展研究》，载卞鹰、唐宇文编《新愿景、新战略、新湖南：2017年湖南发展研究报告》，社会科学文献出版社，2017，第106～111页。

⑥ 贾璇：《VR产业发展透视：拥抱5G迎来复兴元年?》，《中国经济周刊》2019年第21期。

⑦ 《中国虚拟现实（VR）行业研究报告——市场数据篇》，《艾瑞咨询系列研究报告》2017年第6期。

2021 年的 790.2 亿元，已经成为全球最大的 VR 市场（见图 1）。其中，硬件 VR 头戴设备市场规模为 297.5 亿元，内容市场规模为 386.4 亿元。进一步细分，VR 头戴设备分为 PC 端头戴设备、手机盒子、游戏应用、VR 一体机、企业级应用（涉及教育、医疗、房地产、航天等领域）；内容市场分为消费级、企业级和 VR 营销。VR 线下体验馆和 VR 摄影机以及其他输入设备市场规模也在逐年稳定增长。2016 年、2021 年中国 VR 市场各细分市场占比情况见图 2。

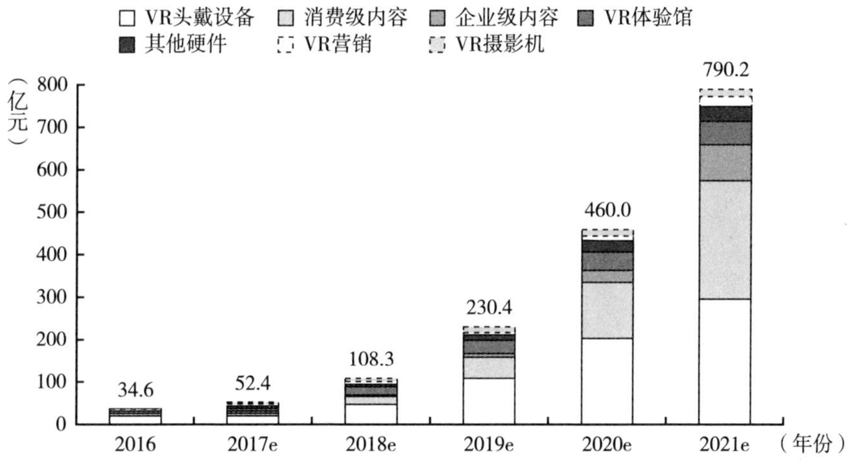

图 1　2016～2021 年中国 VR 市场规模

资料来源：《中国虚拟现实（VR）行业研究报告——市场数据篇》，《艾瑞咨询系列研究报告》2017 年第 6 期。

其中不可小觑的是游戏市场规模的日益壮大。据易观分析①，全球 VR 游戏市场规模已经呈现快速增长的趋势。2016～2020 年全球 VR 市场规模以及 VR 游戏市场规模预测见图 3。

① 《VR 游戏市场趋势研究报告 2016》，易观分析，2018 年 8 月 10 日，https://www.analysys.cn/article/analysis/detail/1000205。

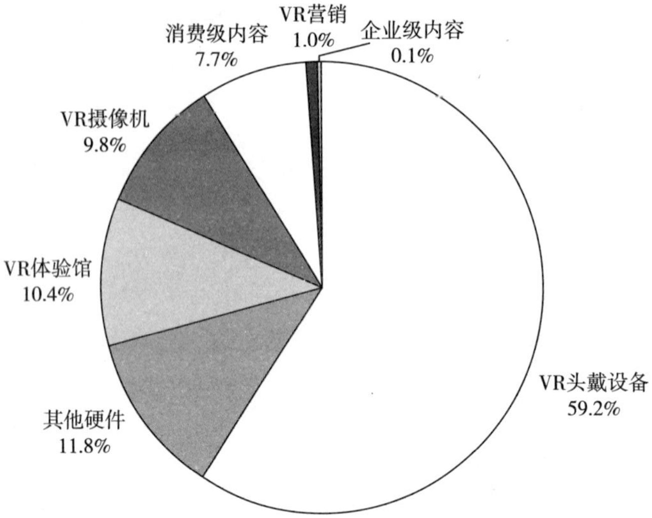

（一）2016年中国VR市场各细分市场占比

资料来源：根据企业公开数据、行业访谈及艾瑞和Greenlight Insigghts统计预测模型估算。

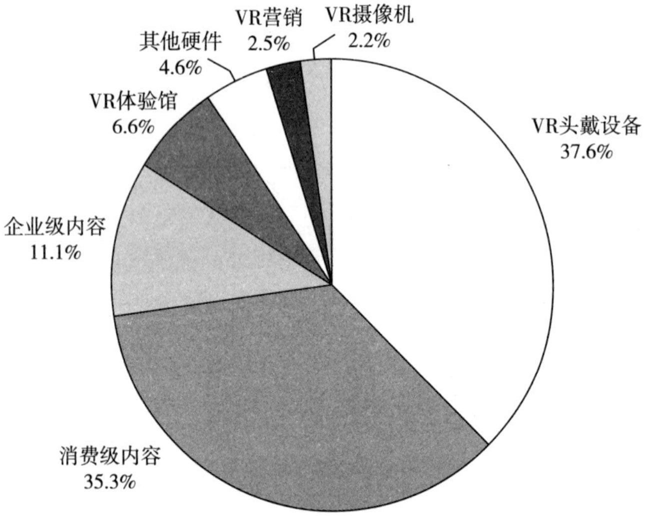

（二）2021年中国VR市场各细分市场占比

资料来源：根据企业公开数据、行业访谈及艾瑞和Greenlight Insigghts统计预测模型估算。

图 2　2016 年、2021 年中国 VR 市场各细分市场占比

资料来源：《中国虚拟现实（VR）行业研究报告——市场数据篇》，《艾瑞咨询系列研究报告》2017 年第 6 期。

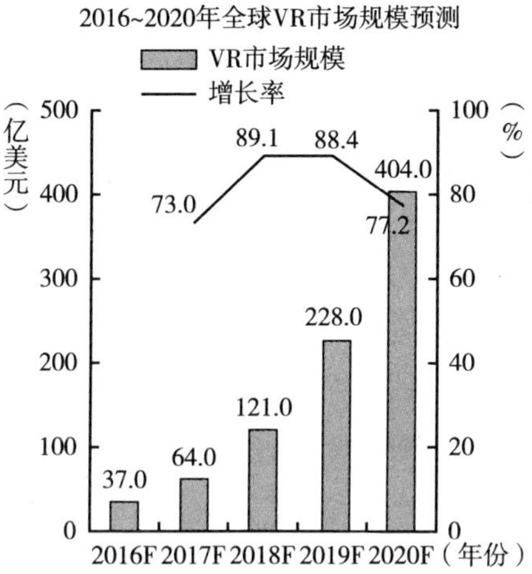

注：市场规模指VR硬件及相关软件产生的所有盈利。
资料来源：SuperData。

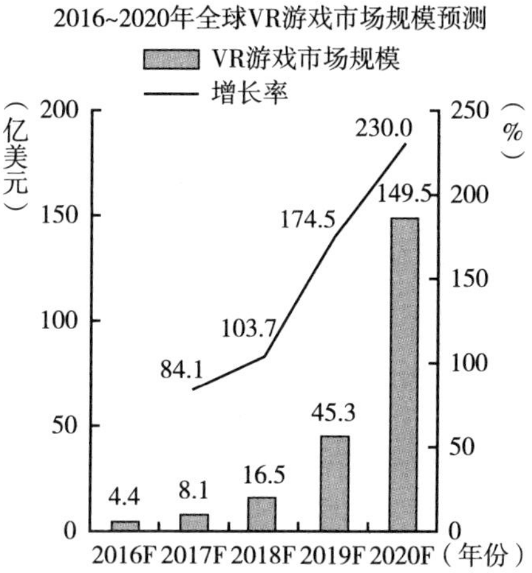

注：1. VR游戏市场规模，指游戏企业在VR游戏业务方面产生的营收总和；
2. 具体包括其运营及研发的VR游戏产品所创造的用户付费收入及企业间的游戏研发和代理费用、产品授权费用及游戏周边的总和。
资料来源：根据企业调研、公开信息以及易观方法论估算得出。

图3　2016～2020年全球VR市场规模以及VR游戏市场规模预测

资料来源：《VR游戏市场趋势研究报告2016》，易观分析，2018年8月10日，https：//www.analysys.cn/article/analysis/detail/1000205。

三　VR游戏介绍

（一）电影中的VR模拟类游戏

在VR游戏中，沙盘式（Sandbox）的模拟类游戏成为最热点，并且它不可避免地朝日常生活渗透。相信很多“80后”“90后”对日漫《名侦探柯南》系列相当熟悉。在2002年上映的剧场版电影《贝克街的亡灵》里，主角和他的朋友们由茧状的外部设备进入了一个能够与现实生活体验无二的虚拟游戏空间。之所以能够有现实体验，是因为在这个虚拟空间里面，视觉、嗅觉、味觉、听觉、触觉都能够被电脑通过中枢神经进行控制。但是里面的游戏设计本身是按照局域网内封闭的固定剧情角色，并没有给予玩家一定的自由空间进行自主定制。而在2018年上映的电影《头号玩家》里面，虚拟游戏世界被技术扩大化打造成一个甚至比真实世界的细节更丰富以及无所不能的“绿洲”（Oasis）世界。玩家能够在游戏世界中使用自创的角色进行各种在现实世界中可以进行的活动，使其可以忽略现实世界的阶层、家庭、种族、财富等背景进行自由交往。

（二）模拟类游戏背景

这种以特定角色进行模拟现实生活类的游戏模式被称作模拟类游戏（Simulation Games），其特点在于这种游戏往往没有既设的剧情去达到特定的游戏目的。再结合沙盘式游戏的特点，里面的角色可以任意对环境进行创造、改变或者摧毁。早在2000年，美国艺电公司（Electronic Arts）就推出了里程碑式角色沙盘游戏《模拟人生》（*The Sims*）。游戏最初的设计灵感来源于1989年《模拟城市》（*Sim City*）游戏的总设计师莱特（Will Wright）。由于一场自然事故，他失去了现实家园。在家园重建的过程中，他萌发了要把这种生命体验带入游戏的想法。于是他怀着对建筑的爱好，基于建筑设计类图书《一种样板语言》（*A Pattern Language*）、美国心理学家马斯洛（Abraham Maslow）1943年的论文《人类动机理论》（*A Theory of Human Motivation*）以及需求层次理论，还有英国哲学家特纳（Charles Hampden-Turner）的《心灵地图》（*Maps of the Mind*）一书，打造了《模拟人生》游戏系列。[①] 游戏里面的角色能够自发进行日常生活以及最初步的家园建造，他可以通过以上三种心理学理论建构心灵运作与需求相结合的人工智能模型。角色会自发地在游戏里面出生、吃饭、喝水、洗澡、睡觉、上班、恋爱、成长、死亡等，拥有与现实人类生活高度相似的人生。正是由于这种对现实

① Levin, Elli, “A Brief History of the Sims Franchise (2017),” https://www.theodysseyonline.com/brief-history-of-the-sims-franchise.

生活的高度模拟经营，以及对人类心理的把握，使第一部《模拟人生》游戏推出仅五年就卖出了1600多万套。[①] 截至2019年10月，四部《模拟人生》系列包含所有的扩展资料包全部销售额达到了50亿美元。[②]

（三）实时在线模拟类游戏

1.《第二人生》

虽然《模拟人生》系列打造了一个与现实人生高度相似的虚拟世界，但是它的交互模式并不是角色背后的真人之间进行交往，而是真人与人工智能进行交互，因而也被称为单机游戏（single-player games）。进入2000年以来，随着宽带网络的发展，在硬件上网络传输的介质由高成本的铜线变成了光纤，加上带宽进一步提速，才使得在线实时游戏得以发展。2003年开始运营的《第二人生》（*Second Life*）实时在线网游就是将单机版的《模拟人生》游戏与网络交友形式整合的最好例证。对于网络游戏来说，用户的活跃度是衡量游戏是否仍旧占有市场的标准。截至2013年，尽管游戏已经运营了10年，但这款网游的常规在线人数仍有100万。直到2017年底，玩家的激活账号也在80万至90万。这充分说明了这款游戏已经成为如它名字宣称的一样——与真实人生同样重要的“第二人生”。

鉴于此，它吸引了美国加州大学尔湾分校的人类学教授贝尔斯托夫（Tom Boellstorff）的注意。在2008年，他出版了《在第二人生中成年》（*Coming of Age in Second Life*）一书。这是第一部用人类学视角对网络虚拟世界进行实验性民族志学术研究的著作。作者在游戏中建立了自己的角色，从2004年开始做了长达两年半的“田野工作”——参与游戏观察。[③]

---

① “The Sims Franchise Celebrates Its Fifth Anniversary and Continues to Break Records,” February 7, 2005, https://www.tmcnet.com/usubmit/2005/feb/1114806.htm.

② “Valentine, Rebekah, The Sims franchise surpasses $5b in lifetime sales (2019),” https://www.gamesindustry.biz/articles/2019-10-29-the-sims-franchise-surpasses-usd5b-in-lifetime-sales.

③ Boellstorff, Tom, *Coming of Age in Second Life: An Anthropologist Explores the Virtually Human*, New Jersey: Princeton University Press, 2008, p. 7.

游戏中的虚拟货币与现实世界的美元挂钩，游戏中每日能产生高达100万美元的经济交易额。这些交易有些是玩家从游戏公司直接购买的角色虚拟服装、家具、建材等游戏装备；有些是玩家之间的交易，例如玩家可以在游戏里面进行服装、家具设计，再将做好的成品进行出售。很多玩家以此作为现实生活中的职业，例如有位玩家靠制作并出售虚拟服装每月能有5000美元收入。除游戏角色可以选择为人类或者非人类（通常是动物或者精灵）以外，日常现实生活中能进行的活动，在游戏世界中都能进行。根据贝尔斯托夫的描述，这包括有小孩的角色认定两位角色为虚拟世界的父母；基督徒们在虚拟世界的教堂里面祈祷；不远处的报刊亭在售卖一份虚拟报纸；虚拟大学提供课程；还有各种亚文化圈群体举行的集体派对等。[①]

关于游戏中的虚拟人格和现实中的虚拟人格有非常多的讨论。[②] 有受访者表示游戏中的人格才是真正毫无虚伪的人格。与两种人格对立的观点不同，贝尔斯托夫认为游戏中的人格与现实中的人格其实是有相关的延续性，并且相互影响的。有受访者认为，在游戏中的人格实践能够对现实中的人格产生积极作用。还有受访者表示，在游戏中的积极经验让他在现实生活里不像以前那样羞于与人说话了。虚拟世界对真实世界的消极影响包括随着游戏被游戏公司越来越商业化的利用，很多老玩家都选择退出游戏或者不经常上线，那么游戏中的友情也遭受破裂，会对真实世界的情感产生影响。另外，玩家在真实世界的死亡也会造成在虚拟世界的死亡，至少在研究中，没有人会将真实去世的玩家账号“复活”。对于残障人士来说虚拟世界是一大福音，因为虚拟世界中的友情和爱情不是依据现实世界的外在条件，而是根据玩家展现的自我人格特质去吸引朋友和异性的。

还有一类特殊群体是跨性别者。例如作者在游戏中有位女性好友，有一天“她”跟作者谈到，“她”在真实世界里是男性，但是随着玩这个游戏的

---

① Boellstorff, Tom, *Coming of Age in Second Life: An Anthropologist Explores the Virtually Human*, New Jersey: Princeton University Press, 2008, p. 8.

② Boellstorff, Tom, *Coming of Age in Second Life: An Anthropologist Explores the Virtually Human*, New Jersey: Princeton University Press, 2008, p. 120.

程度加深，“她”难以自拔地陷入游戏中的角色，在现实生活中“她”也开始用虚拟世界中的身份生活，以至于人角不分。①

2. *VR Chat*

直到2017年2月，随着VR设备的改进逐渐降价成为消费级别进入家庭，一款叫作 *VR Chat* 的VR游戏火爆登场。它可以看作《第二人生》的VR版，并且支持多人利用角色实时在线语音社交。但是游戏里面不像《虚拟人生》一样充满了各种贩卖道具的经济行为，而是免费开源共享角色形象。笔者推测这是因为这款游戏的最大赞助商是VR设备HTC公司。② 游戏越能推广，那么HTC本身就能从出售设备中获利。仅仅两年多的时间，就吸引了43万人注册，同时在线人数通常能达到近3万人。③ 2017年1月～2019年12月中旬 *VR Chat* 游戏在线人数统计见图4。

与《第二人生》不同的是，由于VR技术的发展，玩家的肢体动作、手势以及语音都能够被同步捕捉后直接通过角色呈现在对方面前，又由于沉浸式的全方位视角，使得游戏里面的人物、场景都超乎其然地真实。笔者在游戏里面跟一位自称来自波兰的22岁男青年（Oculus Rift S设备）聊到他对这个游戏的感受。④ 他说道：“这种感觉太真实了，自己一抬起手（真实动作）就能真的看见Avatar（游戏里角色）的手，一低下头（真实动作）就能真的看见Avatar的脚。戴着它，可以呆在房间里面不出门一直玩，各种漫游世界，跟朋友聊天、玩游戏、看电影、唱歌、跳舞、健身等，根本不觉

① Boellstorff, Tom, *Coming of Age in Second Life: An Anthropologist Explores the Virtually Human*, New Jersey: Princeton University Press, 2008, p. 138.

② 2016年HTC、GREE以及其他机构联合一共向 *VR Chat* 投资120万美元；2017年VRChat从HTC拿到400万美元资金；2019年VRChat在C系列中拿到HTC1000万美元资金。资料来源：https://www.digitaltrends.com/virtual-reality/social-vr-platform-vr-chat-secures-1-million-in-funding/; https://nwn.blogs.com/nwn/2017/09/vr-chat-4-million-htc.html; https://medium.com/vrchat/vrchat-partners-with-htc-and-makers-fund-to-close-10m-series-c-50ea04d5ca23, visited on Dec. 14, 2019。

③ Au, Wagner James, "VRChat Site User Demographics: 430, 000 Uniques, Mostly Male And Over 25 (2019)," https://nwn.blogs.com/nwn/2019/05/vrchat-user-numbers-demographics-social-vr.html.

④ 访问时间：北京时间2019年9月19日15点左右。

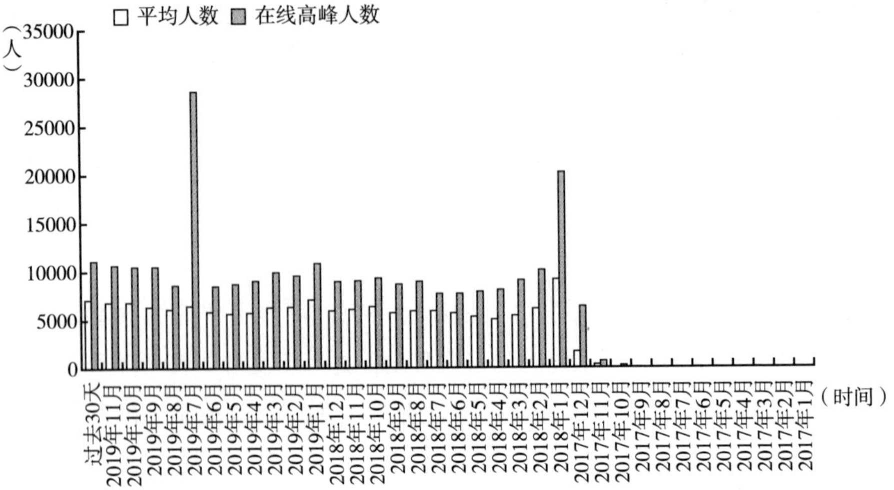

图4　2017 年 1 月 ~2019 年 12 月中旬 *VR Chat* 游戏的在线人数统计

资料来源：Steam Charts，https：//steamcharts. com/app/438100。

得自己是在一个小房间里面。最让人惊讶的是，睡醒之后看见自己真实世界的身体，反而有心理落差（gap）。”可以看出，与《第二人生》相比，由于沉浸式 VR 技术的日新月异，这种具身化（embodiment）效应越来越强烈，以至于连角色的身体都已经能够被内在化成为“现实”身体的一部分，导致玩家对自我认知产生障碍。除去社交娱乐部分，*VR Chat* 中最值得一提的是有根据专门语言分类的语言吧（bar），例如汉语吧、日语吧、韩语吧等。所谓的吧（bar）是一个有特别主题的空间场景，随时可以从别的场景传送过来。顾名思义，汉语吧就是会汉语的人聚集在一起聊天的地方。同时它也吸引着一部分想学汉语的外国人。正是 VR 技术的身临其境，尤其是手势和肢体语言都能够被实时传输，使这种空间可以成为与母语者面对面学习的绝佳语言学习场所。另外，由于游戏的匿名性、虚拟空间性与部分真实性，也使其成为绝佳的心理治疗场所。例如笔者有一次刚进入主要的公共区域（hub）①，就听见两位使用美国男性口音的角色正在对话。这两位都站在墙

① 2019 年 9 月 16 日北京时间 15 点左右；上线地点：中国湖南省。

角不太引人注目的地方，压低声音在说话。于是我使用我的角色向他们走过去，随着距离的靠近，他们对话的声音才逐渐清楚了起来。其中一位的声音听上去非常地稚嫩，像中学生，略带哭腔时而哽咽时而激动地表达内心恐惧的非常抽象的消极感受，关键词主要包括“破碎的（broken）”“恐惧的（frightened）”“从不（never）”等。而另外一位则在静静等他倾吐完之后，用非常温柔的语气进行安慰，例如“没有人会在意的（nobody cares）”“一切都会好的（everything gonna be alright）”“你已经尽最大努力了（you’ve already tried your best）”。并且，游戏里面的角色在说话的同时也伸出手去触碰被需要安慰的角色试图安抚。慢慢地，几轮谈话下来，很明显地能够听到之前非常情绪化的那位“中学生”的语速和声音都渐渐平稳下来。这个共时性的虚拟空间，提供了跨越时间与空间的平台，一切都是那么地真实与非真实。

四　存在的问题、对策建议及发展趋势

（一）现行 VR 游戏存在的问题

1. 硬件普及率低

虽然国内低端品牌的 VR 一体机已经降价至千元以内，但是相比较而言，电脑主机外接式的传统 VR 还是逊色不少，存在画质分辨率不足、刷新频率低、网络延迟高等弊病，只能被动式地观看影片以及非体感式地玩小游戏，实际上只能算是 2D 电影游戏的加强版。而沉浸体验比较强、效果比较好、包含体感体验的实力老厂生产的 VR 低端型号仅头显价格还是在 3000 元上下波动，例如 Oculus Rift CV1、HTC Vive，并且这个价格并不包括至少要 4000 元以上价位的台式机，只有这种高显卡配置的台式机才能够顺畅运行在线大型 VR 游戏。从价格上来说，还是令众多的潜在玩家望而却步。

2. 软件开发有限

国外的游戏平台开发比较早，相对而言游戏种类也比较繁多，耐玩性较

强。但是由于与国外的专用游戏平台互不相通或者网速太慢，体验较差也是阻挡玩家的一大原因。国内目前用户比较多的是乐客平台①，有开发自己的系统，已上架400多项应用，并且还开创了线下全国连锁乐客VR体验馆的加盟门店模式。

3. VR技术目前尚未成熟

这与屏幕的分辨率、CPU的刷新率、网络的延迟等软硬件都息息相关。许多玩家都反馈玩完游戏之后都会有明显的眩晕感，会对视力造成损伤。VR游戏运动需要较大的空间场地，由于玩游戏时看不见外部环境，也容易造成身体磕碰等意外。

4. 游戏沉迷

VR带来的沉浸式体验尤其容易让人无法自拔。这跟玩家的心理状态息息相关，必要时需要进行专门的心理干预。

（二）对策建议

总体而言，VR技术还需要进一步在屏幕分辨率等视觉效果硬件上继续突破，并且尽量降低成本以吸引更多的玩家占有市场。相对应的国内VR游戏平台以及游戏资源市场还有待进一步发展，潜力巨大。

（三）发展趋势

1. 硬件价格下降

PC版的VR虽然在画质与流畅度上都是体验感最强的，但价格却较为昂贵，并且便携性较差。开发成本低廉的VR一体机是目前技术革新的重点。

2. 软件应用增多

国内的游戏社交应用开发是目前最大的潜在投资热点。*VR Chat* 在国外的火爆引起国内VR软件开发商的关注。但硬件的高昂价格仍旧是最大的阻碍。

① 平台网址：http：//www. lekevr. com/。

五 结语

综上所述，随着虚拟现实技术日益普及，除了它在宏观上对整个社会产业在军事、科研、医疗、出版以及旅游、购物等服务行业领域的影响，我们越来越难以忽视它对现实社会关系中人的影响。对于个体来说，它的吸引力是巨大的，不仅能够提供以便捷成本优势去体验现实生活中的方方面面，而且还能给予一种不同于现实身份（identity）的体验。这种身份体验不仅包括在传统单一社会群体中有关地位、阶层、职业等可流动的社会结构身份，还包含人格、性别、身体、年龄甚至跨物种的内在先天固有性的沉浸式身份体验。因此，它对于个体的认知改变是前所未有的。从社会交往关系来看，它为人和人之间提供了可以自我定制的个性化的独立存在于现实之外的时间与空间，有利于提高交往频次，实现深度交往，更加容易实现个体本身对于有效交往的需求。

B.16
“寓教于乐”：严肃游戏在中国的发展趋势研究报告

裴一宁*

摘　要： 严肃游戏是游戏的一种类型，与其他类型游戏相比更注重游戏的严肃意义。作为一种小众类型游戏常常被用于培训、教育、科研、生产、医疗等领域，往往与机构进行跨界合作。本报告基于游戏历史，在对严肃游戏的基本概念做简要综述后，介绍了严肃游戏在游戏理念较为先进的海外环境下的发展历史及现状。从政策影响、产业现状角度探讨了中国严肃游戏的发展现状。最后从产业发展角度提出中国严肃游戏发展建议：一是设立奖项，二是举行跨行业交流会，三是在现有基础上推出教育 MOD。

关键词： 严肃游戏　功能游戏　游戏产业

一　何为严肃游戏？

“严肃游戏”一词首次出现在 Clark C. Abt 的书《严肃游戏》中，他探讨了游戏可以应用的领域，包括教育、体育、社会科学、政府治理、职业培训、工业等领域。Abt 的时代电子游戏尚未流行，他的讨论主要基于卡牌游戏

* 裴一宁，华东师范大学人类学硕士，现从事互联网行业。

和桌面游戏，但是他对“严肃游戏”的定义直到今天仍被使用，即“这些游戏有明确的、经过深思熟虑的教育目的，玩这些游戏的主要目的不是为了娱乐（即严肃的目的）”。在 Abt 之后，Sawyer 和 Smith 采用两重维度来定义严肃游戏的应用领域，分别是内容（保健游戏、广告游戏、培训游戏、教育游戏、科研游戏、生产游戏、工作游戏）和行业（政府与非政府组织、国防、医疗保健、市场营销与传播、教育、企业）。他们提出一种较为宽泛的定义，即“一个软件拥有电子游戏的结构和非娱乐性质的（严肃的）目的”。

在实际应用中，一部分严肃游戏从设计开始就是基于严肃的目的，而一部分是为了严肃的目的而基于游戏本体进行修改推出的游戏模组（MOD），比如《我的世界：教育版》，这款教育产品能真正运用于课堂教学，激发孩子学习兴趣[①]；还有一部分是原本设计为娱乐目的但被应用于其他严肃目的的游戏，比如人类学家 Boellstorff 基于《第二人生》（*Second Life*）这款游戏进行的数字人类学研究。

与 Sawyer 等不同的是，Jenkins 提出了一个更广泛的概念——“严肃游戏化”[②]（serious gaming）。“严肃游戏化”这个类目下同时包含着“游戏原本目的的改变”和“严肃游戏”。“严肃游戏”指一款软件同时具有“严肃”和“游戏”两种属性，而“严肃游戏化”则囊括了“严肃游戏”和一部分被应用于“严肃目的”的电子游戏。

为了便于游戏开发人员和研究者在开发或研究“严肃游戏”或被“严肃化”的游戏时，能更明确地定义，Breuer 和 Bente 提出 9 条“严肃游戏”的分类标准来定义不仅仅用于娱乐的严肃游戏，包括游戏平台、主题、学习目标、学习原则、目标群体、交互方式、应用领域、控制模式、游戏类型。[③] 另外，需要注意的是，“严肃游戏”应当与“游戏化”[④] 有所区分。

---

① 实际运用案例见 https：//www. microsoft. com/en－cy/education/minecraft。

② 笔者译。

③ Johannes S. Breuer，Gary Bente，“Why so Serious? On the Relation of Serious Games and Learning，” *Eludamos Journal for Computer Game Culture* 4. 1（2010）：7－24.

④ “游戏化”是指在非游戏情境中使用游戏元素和游戏设计技术。

游戏在今时今日已成为社会生活中重要的一环，反过来游戏开发者也将对社会的思考融入游戏之中。不过过往实际制作“严肃游戏”时更多注重教育目的，导致趣味降低，使“严肃游戏”存在“无聊”的刻板印象，所以现在游戏业界更乐意称之为有意义的游戏（meaningful game），并且也不再局限于实际的行业之中，如果一款游戏开发目的并不只是娱乐，且能对社会有积极作用，那么从广义上说也应被视为此类。

值得注意的是，现在已有许多游戏并不是与机构合作，而是仅仅出于游戏开发者意志而制作的功能游戏，这些游戏创作的目的也包含严肃性质。2020 年初，新冠肺炎疫情暴发，不仅带动了《瘟疫公司》的新热度，也有中国的游戏开发者群体自发创作抗疫主题的游戏《逆行者》，从一线抗疫人员视角让玩家体会疫情中的困难与希望。

二　海外严肃游戏的发展及现状

自第一款为帮助学生理解 19 世纪美国开拓者的历史而设计的严肃游戏——《俄勒冈小径》（*The Oregon Trail*）于 1971① 年诞生以来②，至今严肃游戏已被广泛应用于军事、医学、工业、教育、科研、培训等领域。

严肃游戏通常是由政府、机构、企业、学校等向游戏公司定制的符合需要的游戏。比如游戏 *Pulse*，即由 BreakAway 与美国政府联合推出。BreakAway 创立于 1998 年，主要开发休闲游戏及严肃游戏，其开发的 *Vital Signs*，在 2016 年严肃游戏大奖中获得医疗领域的金奖。严肃游戏展示与挑战奖入围作品中，尽管并没有可以媲美 3A 游戏的大作，却也不乏创意和精美并存者出现：比如 SeigeSlothGame。在 2016 年获得严肃游戏展示与挑战奖的游戏 *Evergreen*，透过精美的画面帮助使用者学到自然历史和人类历史。

① 1974 年正式制作完成。

② 陈静：《功能游戏：不仅限于“正能量”》，触乐，2018 年 5 月 29 日，http：//www. chuapp. com/article/285385. html？ tdsourcetag = s_ pctim_ aiomsg。

相对于给专业人士学习和训练使用的严肃游戏，近年来随着游戏行业的发展，游戏开发者们也创造出了许多给普通人玩的严肃游戏。比如任天堂曾在 3DS 上推出的《脑的 5 分钟魔鬼锻炼》以及即将在 Nintendo Switch 上推出的《川岛博士的脑力训练》，目的是锻炼大脑，获得了 2019 年 G4C 最佳游戏的 *Nintendo Labo* 更是结合了物理和数字游戏模式，以教授和支持工程、物理及基本编程原理。

2019 年末任天堂推出的《健身环大冒险》（*Ring Fit Adventure*）是近年来极为成功的严肃游戏之一，这款游戏通过动作识别使玩家一边健身一边在游戏中冒险，引发极大热度，原价 79.99 美元因供不应求甚至售价翻了三倍，也使这款让玩家以健身为目的的游戏的商业价值得到充分肯定。

另外，严肃游戏里还有一个类型是模拟器游戏。Aldrich 认为严肃游戏作为一种游戏类型，可以包含模拟游戏，这类游戏通常比较枯燥，主要用于模拟训练，比如飞行员模拟游戏用应用于训练飞行员，在驾校也会提供模拟真实街道场景的驾驶游戏作为训练。① 而随着市场化，针对普通玩家的各种模拟游戏会着力在趣味性上做出改善。特别是操作机械类的模拟游戏，因为做得较为真实吸引了一大批玩家，如卡车模拟游戏就是模仿真实驾驶室设计的，包括仪表盘、手刹，配合一些外接游戏设备比如方向盘，确实能帮助玩家训练驾驶技术，而且这些模拟游戏在专业技能培训之外还增加了职业体验，比如在游戏里你甚至得像卡车司机一样跑车拉货赚钱才能升级更好的卡车。

因此，作为产业的严肃游戏也分上下游。除了下游的发行商外，上游也开始培养专业的严肃游戏人才，仅以美国为例，伍斯特工业学院、加州大学圣克鲁斯分校和密歇根大学等多所高校开设了严肃游戏专业。

关于严肃游戏亦有多种活动，值得一提的是每年 7 月举办的 Games For Change Festival，不仅邀请嘉宾探讨游戏的社会影响力，也会评选出当年的

① Aldrich, Clark, " Virtual worlds, simulations, and games for education: A unifying view," *Journal of Online Education* V5N5 (2009): 4.

获奖游戏。在 G4C 的官网上展出了许多对社会有正面影响力的游戏，包括关注抑郁症的游戏。正如 BreakAway 的创始人 Doug Whatley 所说：“我一生都在说游戏具有改变世界的力量。我们每天都在 BreakAway 证明这一点。”

三　严肃游戏在中国的发展

2009 年在北京举行的第一届严肃游戏（北京）创新峰会，首次在中国提出“严肃游戏”的概念。[①] 而到 2010 年 12 月，上海市经信委联合水晶石数字科技、霁龙信息、海润教育等 10 多家从事严肃游戏的企业和机构共同发起了“上海市严肃游戏产业发展联盟”，旨在将上海建设成为我国严肃游戏产业的集聚地、应用示范中心、技术研发中心和标准制定中心。在 2011 年印发的《上海市信息服务业发展“十二五”规划》中也提到要培育发展严肃游戏和电子竞技产业链。其后关于严肃游戏的讨论偃旗息鼓，主要是随着移动设备的普及，以盈利为目的、具有娱乐性质的手机游戏开发成为主流，因此严肃游戏不再被拿到台面上讨论。

而 2018 年，腾讯宣布将对“功能游戏”[②] 进行全面布局。正是这次消息发布，“严肃游戏”以“功能游戏”的名义再次回到公众视野中。腾讯不仅推出了自研游戏《尼山萨满》，也引进了不少国内外的功能游戏，比如《榫卯》《折扇》《纸境奇缘》《欧氏几何》。而另一游戏大厂网易，同年在两会上提出了“教育游戏”的概念，将之定义为“功能游戏”的细分。同年网易联合故宫博物院出品《绘真·妙笔千山》，意在还原中国传统绘画瑰宝——青山绿水的意境和效果。

2018 年 9 月，腾讯启动了“2018 腾讯功能游戏开发者大赛”，期望在

① 于立霄：《游戏创新峰会在京举行 首提“严肃游戏”概念》，中国新闻网，2009 年 12 月 18 日，http：//www. chinanews. com/cul/news/2009/12 – 18/2024616. shtml。

② “所谓功能游戏，可以将其理解为严肃游戏或应用性游戏，与传统娱乐型游戏有所区分，是以解决现实社会和行业问题为主要目的的游戏品类，系统性探索与发掘游戏的正向社会价值。”参见《“功能游戏”到底是什么?》，搜狐网，2018 年 4 月 20 日，https：//www. sohu. com/a/228907082_ 100147593。

功能游戏领域寻找更多人才，最终完成了7款功能游戏。除此之外，由广东省文化和旅游厅指导、广东省游戏产业协会发布的2018年广东游戏产业“金钻榜”首次发布了“优秀功能游戏”奖项，腾讯的《子曰诗云》和《肿瘤医师》、三七互娱的《细胞大作战》、广州灵聚信息科技有限公司（灵聚智能）的《头脑风暴》获2018年“金钻榜”优秀功能游戏奖。

这次关于功能游戏的“运动”不仅符合国家对游戏产业的期待，而且传递了社会主义价值观，能够对社会起到正面积极的影响。

因此2019年“金钻榜”评选的“优秀功能游戏”数量变得更多，包括由腾讯和人民日报社合作的《家国梦》、腾讯追梦计划和NExT工作室合作的《佳期：重九》（又名《佳期：团圆》）、网易和中国青少年新媒体协会合作的《第九所》、三七互娱的《60秒挑战垃圾分类》《守护龙舟》、西安点扣软件科技的*Paint. ly*、厦门淘金互动网络的《物种起源》。

可以看到，尽管版号政策的影响导致游戏行业受到了一定限制，但是严肃游戏因为具有教育、培训等功能性，国家很多年前即从政策上给予了支持与引导。国家相关部门有意推动该产业的发展，并且一些机构主动与游戏研发企业进行跨界合作，推出面向普通大众的功能游戏。

从产业发展出发，功能游戏能得到市场认可才是关键。

2018年腾讯研究院的评估显示，预计2020年市场规模将达到54.5亿美元，而2019年，完美世界教育研究院和伽马数据（CNG）联合发布《2019年中国功能游戏人才报告》，其中所引用的PR Newswire数据称，“2017~2023年全球功能游戏市场规模年均复合增长率约为19.2%，在2023年有望达到约91.7亿美元”。由此可见，作为细分市场的功能游戏市场依然有较大的增长潜力。

事实上，中国还没有推出一款像任天堂《健身环大冒险》那样叫好又叫座的功能游戏。综合考虑，笔者认为这与以下两方面有关。一方面是受2018年停发游戏版号的影响，游戏公司优先考虑的是生存，而严肃游戏或者说功能游戏在中国目前更像是试水项目，往往由独立游戏制作团队开发，并且不考虑盈利。这就导致在大行业不景气的前提下，游戏公司很难拨出资源去着力推进产品的精品化研发。另一方面，也是功能游戏开发的痛点，即功能游戏的开发者需要在游戏开发的知识之外拥有其他领域如医学、理工、文化历史的专业知识和技能。不然做出来的产品要么从立意上流于俗套；要么过于强调功能性，而忘记了游戏仍需要通过有趣的互动来起到娱乐作用。

中国游戏因历史原因导致起步较晚，但是在中国的游戏开发者同样意识到游戏在教育方面的积极意义。2004 年，北京的前线网络公司为 CAA 大陆汽车俱乐部设计开发了一款名为《驾车高手》的严肃游戏，以配合 CAA 的一次以交通安全知识普及为主题的社会活动，向消费者宣传汽车驾驶员的基本常识。这款严肃游戏是早期中国游戏市场上比较完善的严肃游戏之一。另一款比较知名的游戏是《金山打字通 2008》，通过打字游戏，实现寓教于乐，可帮助玩家熟悉键盘点位、提高英文录入速度。

而在电脑普及后，尽管国内一直没有十分有名的严肃游戏，但在很长一段时间内，我们耳熟能详的国产游戏比如《仙剑奇侠传》《轩辕剑》《梦幻西游》等具有中国武侠、玄幻色彩的游戏会让玩家在游戏的时候学到一些古文、民俗、历史知识，让玩家不只是得到娱乐。

腾讯 2018 年推出的音乐游戏《尼山萨满》，通过游戏的形式向玩家介绍北方少数民族的萨满文化。[①] 遗憾的是游戏流程较短，且文化知识只是基于一个神话故事展开，导致内容量上不够丰满。

现在中国功能游戏的状况我们可以参考 2019 年“金钻奖”评选的部分功能游戏获奖作品：《家国梦》立意在于科普国家政策，作为一款休闲挂机游戏能展现多样的政策知识点和多彩的中华各地风采，但遗憾的是可玩要素较少；《佳期》着眼于科普汉族民俗，尽管美术风格非常优秀，但教育的部分同游戏本身融合得差强人意，更像是通过完成关卡解锁知识点；《守护龙舟》从界面来看似乎只是名字体现了“龙舟”这一传统竞技；《60 秒挑战垃圾分类》是符合当下垃圾分类的政策制作的简单小游戏；*Paint. ly* 是一款

---

① 类似的游戏还有《永不孤单》（*Never Alone*），由美国因纽特人原住民成立的工作室 Upper One Games 制作，与库克湾部落理事会合作推出，向人们介绍因纽特人的文化。

涂色游戏，没有体现出高于游戏的严肃意义；《物种起源》则是一款科幻背景的游戏，只部分涉及一些进化论相关知识。

游戏行业提倡创新，要如何将游戏性和功能性结合，使之可玩性高且寓教于乐，将成为中国功能游戏走上健康发展之路的关键。

四　对中国严肃游戏发展之浅议

功能游戏在中国仍处于发展的初级阶段，为促进功能游戏健康发展，建议如下。

首先，设立严肃游戏相关奖项，表彰为社会带来良好影响的游戏。奖项的设立能成为风向标，带动行业的良性发展。为了使奖项具有一定的参考价值，可联合游戏媒体共同举办。

其次，举行跨行业交流会议，积极组织游戏与其他各行各业的跨界合作双向交流。会上政府机构、军事机构、医疗机构、企业、NGO 组织、学校等可以联系到心仪的游戏开发者达成双向合作，而开发者既可以得到基金支持，也可以得到专业知识方面的顾问。目前在海内外做严肃游戏开发的主流模式正是以机构定制为主，由于更像定制游戏，有时候过于考虑机构方的需求而忽视了游戏性。

最后，鼓励游戏开发者、游戏玩家制作严肃游戏 MOD。其实海外游戏公司已经通过实践给出了一个可以供参考的方向，即在现有游戏基础上制作教育 MOD。比如《我的世界教育版》、新华社和《QQ 飞车》项目组合作的“飞越神州”赛道。开发 MOD 的成本低于开发游戏，且只需要开发者思考如何把严肃的目的与游戏结合。比如育碧推出的《刺客信条：古埃及——探索之旅》便是在《刺客信条：起源》成功的商业基础上推出的基于历史教学目的开发的 DLC，赚足了眼球也获得了好评。[①]

① 《身临其境探寻历史！〈刺客信条：古埃及发现之旅〉现已正式推出》，育碧游戏，2018 年 2 月 21 日，https：//www. ubisoft. com. cn/news2/aco_ show/1680。

作为游戏开发商可允许用户为一款游戏制作开源的 MOD，比如一位教师具备一定的计算机知识，那么便可以利用 MOD 功能制作适用于课堂的游戏版本。

综上所述，游戏作为一种文化媒介如果好好利用，可以在传递信息过程中发挥正面作用。比如通过引导让开发者更重视将严肃的目的与游戏结合，实现寓教于乐，让游戏为社会进步出一份力量。

参考文献

B. Sawyer，Smith，Serious Games Taxonomy，http：//www. dmill. com/presentations/serious – games – taxonomy – 2008. pdf.

Tom Boellstorff，*Coming of Age in Second Life*：*An Anthropologist Explores the Virtually Human*，Princeton University Press，Princeton，New Jersey，USA，2008.

H. Jenkins，et al.，"From serious games to serious gaming，" *Serious Games*：*Mechanisms and Effects*（2009）：448 – 468.

吴宇：《浅析严肃游戏在中国的发展》，《科技视界》2015 年第 10 期。

徐玉萍、李亦农：《严肃游戏在情报分析能力提升中的应用——以美国为例》，《山东警察学院学报》2018 年第 4 期。

《2017 年中国网络游戏行业研究报告》，艾瑞网，2017 年 4 月，http：//report. iresearch. cn/report_ pdf. aspx？id = 2982。

《2018 中国游戏行业研究报告》，MobData 研究院，2018 年 12 月 27 日，MobData，https：//www. mob. com/mobdata/report/36。

《腾讯游戏正式发布"追梦计划"深挖游戏正向社会价值》，腾讯游戏，2019 年 3 月 24 日，https：//games. qq. com/a/20190324/004511. htm。

《一年倒闭近 2 万家！版号缩水八成，中国游戏企业如何走出倒闭困局?》，央视财经，2020 年 1 月 13 日，ttps：//baijiahao. baidu. com/s？id = 1655697679677740035&wfr = spider&for = pc。

陆一夫：《版号重启这一年》，新京报网，2019 年 12 月 27 日，http：//www. bjnews. com. cn/finance/2019/12/27/667225. html。

ayame：《北欧启示：严肃游戏到底怎么做》，INDIENOVA，2018 年 5 月 15 日，https：//indienova. com/indie – game – development/lessons – on – serious – games – from – sweden/。

叶梓涛：《最好没有"严肃游戏"》，INDIENOVA，2018 年 1 月 13 日，https：//indienova. com/indie – game – news/its – better – if – there – is – no – serious – game/。

《HOW 严肃游戏 | 哈伦·法罗基：战争总有出路（上）》，HOW 昊美术馆，2019 年 8 月 29 日，https：//mp. weixin. qq. com/s/RRNuqfiYOyXQvX4WpkDQaQ 。

〔美〕凯文·韦巴赫、丹·亨特：《游戏化思维：改变未来商业的新力量》，周逵、王晓丹译，浙江人民出版社，2014。

B.17
关于当下技术对艺术展览影响的发展研究报告

赵丹琳*

摘　要：　如今，科技的发展已经渗透人们的日常生活，艺术行业也不例外。随着技术的发展，VR、多媒体等多媒介开始影响艺术家的创作和展览的呈现方式。通常，我们认为艺术是高高在上的，观众需要一定的修养才可以理解艺术品背后的内涵，而艺术展览的呈现形式比较单一，以白墙和架上绘画为主，但是近年来，我们在朋友圈和其他社交网站上充斥各种“网红”展览，“沉浸式”“互动体验”等各种词不绝于耳，技术对艺术行业的影响不言而喻。

关键词：　数字技术　多媒体艺术展览　互动体验　数字博物馆

一　艺术展览新趋势：当技术遇上艺术

沉浸式体验，顾名思义是能让人身临其境；而新兴的沉浸式体验，其最大的不同是加入大量科技新技术，打造具有极致互动特性的数字空间，不仅能让观展人身临其境，还能让观展人参与艺术作品。2010 年 4 月，丹麦艺术家奥拉维尔·埃利亚松（Olafur Eliasson）和中国新锐建筑师马岩

---

* 赵丹琳，英国伦敦大学 Royal Holloway 学院媒体艺术学士，英国格拉斯哥大学艺术史硕士，资深艺术行业从业者。

松合作的沉浸式展览《感觉即真实》在尤伦斯当代艺术中心拉开帷幕。在近60米的蜿蜒的空间中，艺术家用红、绿、蓝三基色组成荧光灯阵，再把整个空间用雾充满，制造出一个人工的光谱空间，观众在其中穿行，感觉真实又虚幻。Olafur Eliasson是一位以雕塑和大型装置艺术而闻名的丹麦艺术家，1995年，他在柏林建立了Studio Olafur Eliasson，这是一个空间研究实验室，采用光、水和气温等元素材料来增强观众的体验，地理万象是他艺术的底色，物理学、气象学、光学和建筑学是艺术表现的基石；他带领着来自世界各地各行各业的专家，包括建筑理论家、景观设计师、艺术理论家、工匠等100余名用科学的语言不懈探索，风、光、波、水、雾气等自然之物，呈现再造自然的魅力。2016年，Olafur Eliasson中国首展“无相万象”亮相上海龙美术馆西岸馆。2018年，他在北京红砖美术馆的大型个展“道隐无名”（The unspeakable openness of things）开幕。在他的展览里，光、雾、影、水构成其如梦如幻的展览空间，观众可以穿梭于不同的装置作品之间，对感知、运动、自身体验和自我感受的兴趣，是奥拉维尔·埃利亚松艺术创作的驱动力。他力求艺术的关切能与大众社会保持联系，在他看来，艺术是将思想诉诸行动的关键手段。他的艺术实践没有限制在博物馆和画廊的界定空间内，而是借由公民空间的建筑项目和干预作品伸展到广阔的公共范畴，很多国家将他的作品作为公共艺术摆放在城市中。

奥拉维尔·埃利亚松展览之后，沉浸式展览在国内遍地开花，将观众带入到新奇的场景中，切身感受作品传达的思想。最令人印象深刻的是2016年在上海余德耀美术馆，由英国艺术团体兰登国际（Random International）创作的《雨屋》（*Rain Room*），这件风靡全球的装置艺术于2012年首次登陆伦敦，2013年在纽约亮相。余德耀美术馆引进的《雨屋》，场地面积达到150平方米，是迄今最大的一件《雨屋》。这件作品最吸引人的地方在于，它通过天花板上的高科技装置，能瞬间感知观众的行为，观众所到之处，大雨便戛然而止。《雨屋》邀请观众参与互动，共同完成艺术创作，以此探讨人、科技和自然之间的互动关系。

除了艺术层面的思考外，艺术团体需要了解工程物理学，这无疑跟之前只会运用传统绘画工具的艺术家有巨大的差异。据了解，兰登国际曾参与哈佛大学和 Le Laboratoire 的实验，从艺术角度观察人与机械的共处状态，这也成为兰登国际艺术实践的核心。[①]《雨屋》不仅带领观众成为艺术作品的参与者，而且营造了参与者与观看者之间的微妙互动，从此，观众不再是艺术作品的欣赏者，而是成为作品的一部分，这件融合了艺术、技术、科学的大型装置作品在上海展出期间曾轰动一时，很多市民前去体验，人们对这件艺术品充满好奇，掀起了国内“网红展览”的序幕。

随后，在 2017 年，以新媒体技术为核心的日本艺术团体 teamLab 在中国的首展于北京佩斯画廊亮相，这个在 2001 年创立于日本东京的团队成员近 400 人，包括艺术家、计算机工程师、建筑师、CG 动画师、应用设计师甚至数学家等，利用新媒体技术与观者产生互动，形成极具想象力的浸入式观展体验，而科技在其作品中的无处不在，也在拓展着艺术的边界。创始人猪子寿之认为“科学能改变人类对世界的看法，艺术也行”[②]。最终，teamLab 成为一个用科技手段展现艺术，探讨人、科技、创造和未来关系的团队。

作为在中国的首次亮相，teamLab 团队在佩斯北京有限的空间内展出了 15 件作品，其中标志性作品《花之森林，迷失、沉浸与重生》是团队在延续标志性元素的基础上，特别为中国观众打造的一个升级版本。teamLab 用电脑程序打造出梦幻的虚拟花海，观众置身其中，两者产生实时互动（见图 1）。观众的一举一动均会影响花的诞生、绽放直至凋谢枯萎。利用实时运算技术打造出的每一朵花都是独一无二的，且一旦凋谢就不会重生，与每一朵花相遇的瞬间，都只有当下的机缘。自然是 teamLab 一直在探索的命题，风、水、花、鸟、树，自然界的一切元素在这里联动。teamLab 想通过艺术来探索人与自然、人与世界的新关系。

---

① 《大型互动艺术装置〈雨屋〉首展亚洲 登陆上海余德耀美术馆》，雅昌艺术家网，2015 年 8 月 29 日，https：//news. artron. net/20150829/n774147_ 2. html。

② 《艺术，也是好玩儿的事》，周末画报网，2020 年 2 月 3 日，http：//www. modernweekly. com/living/32215。

图1　teamLab《花之森林，迷失、沉浸与重生》打造虚拟花海，与观众实时互动

资料来源：《我们被这个展览震惊了，让这个艺术团体刷新你的朋友圈吧》，搜狐网，2017 年 5 月 21 日，https：//www. sohu. com/a/142378824_745001。

《水晶宇宙》是一件独特的大型互动装置（见图 2），作品邀请观众使用身体和智能手机遥控操作作品。作品由无数的发光粒子组成光的宇宙，根据空间内移动的物体产生变化，人作为“宇宙”中的动态变量可以影响空间整体，同时又与光的空间融为一体。

本次展览的最大亮点为团队打造的“teamLab Kids”儿童艺术展区，在这个“未来游乐园”中广受好评的是《彩绘城镇》，孩子们亲手绘出的形象，在眼前的巨大屏幕中生动起来，并能产生实时的互动变化。这个由孩子们创造的独一无二的想象空间，可以让他们在这一刻对世界产生新的认知。近几年艺术教育渐渐成为各大美术馆的关注重点，随着经济的增长，艺术教育从来没有在哪个时代受到如此之重视，几乎每场展览都会有儿童公教项目，但是像 teamLab 这样特意为小朋友打造展品，让他们参与其中的展览实属首例。

这次展览在很多方面创造了历史。第一，展览门票定价偏高，但是依然阻挡不了画廊门口的长队，很多从来没有进过画廊的民众带着孩子前来观展，或者说游玩。teamLab 的成功让很多人看到展览的一种新的收益模式和

图2　teamLab《水晶宇宙》互动灯光雕塑装置

资料来源：《日本 Teamlab 黑科技下的网红打卡胜地——全世界都在排队看》，搜狐网，2018 年 9 月 28 日，https：//www. sohu. com/a/256815989_ 40974。

大众消费艺术的巨大潜力。从此，更多的人开始策划好玩的展览以吸引观众，他们希望展览可以像看电影一样成为人们生活的一部分，这一转变不得不说是技术的创新把艺术转换成为一种当代民众可以看懂的形式，进而拉近民众和艺术之间的距离。第二，teamLab 成功地将艺术与商业融合，除了各种展览，也成为许多商业场所追逐的对象。他们的作品炙手可热，遍及世界各地，仅常驻展览就有 20 余个，更不要说那些限定时间的短期展。teamLab Future Park 是一个以“共同创作”为概念的教育项目，也是一个能够享受与他人一同自由地创造世界的游乐园，这个项目很受商业场所的欢迎，国内更有文化公司买下版权，在全国重要城市举办巡展，据说每个城市都有可观的盈利。专业从事新媒体艺术市场的黑拱创始人王志鸥曾这样评价：“之前也会有一些零星的展有不错的完成，但 teamLab 的引入是把市场引爆了。”①

① 李当心：《打造沉浸式艺术空间，落地 teamLab、小黄人等 IP，绽放文创的 IP 运营之路》，剁椒娱投，2019 年 3 月 31 日，http：//www. chuangyejia. com/article - 12786874. html。

2018 年以来，开始有越来越多的玩家进入这条“赛道”。第三，这次“引爆”同样吸引了正在升级的商业地产和旅游景区等，购物中心也会主动引进此类展览，此外，有部分项目在引入新城市时还能够得到政府的资助。以 teamLab 为例，他们的作品与酒店、餐厅、机场等各种场所融合，作为公共艺术，人们可以在非艺术空间感受他们的作品。例如日本九州的御船山乐园酒店，艺术作品被植入酒店，酒店住客可以免费观看这里 24 小时不间断的灯之森林；日本东京的涩谷数码咖啡馆是融合了女仆咖啡厅与电动游戏、媒体艺术等数位科技的“数码游乐园”；等等。

这些公共艺术作品对一座城市的文化意义不言而喻，长期以来，艺术与商业是两条平行线，大多数艺术家不愿意将作品置于商业空间，因其性质背离作品需要达到的学术和艺术高度，但是 teamLab 的作品与这些空间完美的融合，其作品的互动性更是被商场、酒店和餐厅当作吸引大众的噱头。这与艺术家不再拘泥于过去传统的表现形式，将作品从平面拓展到空间，将传播从单向变为双向有关。此外，因艺术作品走出美术馆和画廊，“复合空间”这一理念在今日备受关注，深圳和上海已相继出现“沉浸式”艺术餐厅，很多书店也切割出部分空间用来展示艺术作品，当下，观众可以在太多地方欣赏艺术作品。

teamLab 在商业层面无疑是成功的，随之而来的争议却不绝于耳。虽有质疑，但是沉浸式展览为什么大受欢迎依然值得思考。此后几年，沉浸娱乐发展迅猛。据 36 氪统计，70% 的国内沉浸娱乐 IP 都是近两年诞生的。而根据沉浸娱乐公司幻境发布的《2018 年沉浸产业白皮书》，沉浸式娱乐 IP 在过去两年实现了从“0 到 200 + ”的增长，而数字互动艺术沉浸式体验展是其中主要增长的细分赛道之一。① 综观这些展览，科技感、互动性、趣味性是其主要特点。因为科技的发展，艺术作品无疑变得更为生动，3D、VR、感应器等设备让观众可以走进作品，灯光、布景、解说、音乐，这些元素让

① 《沉浸式体验：未来文旅产品设计的关键》，搜狐网，2019 年 10 月 5 日，https://www.sohu.com/a/345162610_247689。

展览仿佛成为一场演出，“体验模式”替代了以往的“观看模式”，观众在展览中的地位和作用越发被重视，观众可以进入作品内部，自由选择观看和感受作品的角度。正如中央美术学院美术馆策展人王春辰所说：“传统审美观念中，观众和作品之间的关系是‘静观’，存在空间和心理上的距离和隔阂。但今天当代艺术更多谈到的是‘融入’，强调主体与对象相互渗透。沉浸式艺术是一种主体对客体的全方位包围和置入。”① 从这一层面讲，沉浸式展览受到欢迎确实是时代发展的需求。

但是作为一种相对比较新的形式，在如今鱼龙混杂的展览市场，沉浸式体验也存在不少问题。虚高的票价是一方面，很多展览更打着“沉浸式”的旗号，实则就是各种幻灯投影而已，这一现象在很多所谓“大师展”里最为突出，当一场展览的价值仅为光影效果，沉浸式展览也就变味了。这也是很多人对此持有疑问，贴上“沉浸式”“网红”等标签，艺术的本质变味了吗？毕竟，长期以来，艺术都是高高在上的，是特定阶级的喜好，对此，部分艺术行业内人士相对乐观，他们认为艺术只有和公共发生关系才会有意义，“沉浸式”展览确实把艺术和公众的距离拉近了。王春辰对此曾表示：“问题不在这种艺术形式，而在于创作者在作品中是否能充分实现其想法。”他认为：“我们习惯于用传统的概念描述新事物，但新事物最终会形成自我的规律。”② 奥拉维尔·埃利亚松也曾说：“有可能你的作品吸引眼球但缺乏深度，我会尽量保持平衡。”③ 因此，沉浸式展览对艺术家的要求更为严格，这也解释了国内很多艺术团体想学习 teamLab 但是没有成功的原因，不管形式如何，作品的深底和意义依旧是判定一件艺术品好坏的第一标准。从国内的现状来看，大部分从业者认为，目前这个产业还处于起步阶段，产品互动和体验方式都比较单一，审美和艺术性也不足，和国外相比，仍然有十分明

① 《沉浸式艺术展览为何这么火》，新浪网，2018 年 9 月 14 日，http：//www. collection. sina. com. cn/plfx/2018 - 09 - 14/doc - inkahyhw8569659. shtml。

② 《沉浸式艺术：轻挠时代和观众的痒点》，中国经济网，2017 年 5 月 2 日，http：//www. ce. cn/culture/gd/201705/02/t20170502_ 22476931. shtml。

③ 《沉浸式艺术：轻挠时代和观众的痒点》，中国经济网，2017 年 5 月 2 日，http：//www. ce. cn/culture/gd/201705/02/t20170502_ 22476931. shtml。

显的差距，这导致虽然入场的公司不少，但优质内容仍然十分稀缺。尤其是国内的原创 IP，目前还没出现像 teamLab 这样的爆款作品，更不要说出现一个真正品牌化的公司。长期看来，优质内容依旧是真正的竞争壁垒，创新才是核心的竞争力。

二　技术在博物馆中的运用

随着这类互动体验在消费者尤其是年轻人群体中的流行，除了商业地产之外，博物馆也开始重视这种形式。最近几年，博物馆正随着技术发展焕发出新的生命力，除了电子导游讲解器、电子触摸屏外，很多博物馆使用上了二维码，通过扫码，用手机就可以直接了解到展品信息及展品的三维立体图像。还有些博物馆把展品搬上网络，建立了“云博物馆”，让更多人足不出户了解展品和文化。

近600岁的故宫近年来备受关注，已然成为新晋网红，这与其与时俱进的理念不无关系。故宫已经建起了数字博物馆，故宫的所有文物都建立电子档案，在参观时，可以实时了解每件照片的信息。通过数字地图游览故宫每一栋建筑，运用虚拟现实技术，可以走进养心殿等各个建筑，通过“数字屏风”，可以试穿古代服饰，通过 VR 影院，身临其境感受古人的生活。2015年，故宫举办《石渠宝笈》特展，曾引发排队的盛况，为了让更多的人能够看到珍品，《石渠宝笈》特展网络版上线，人们可以通过实景地图在武英殿进行参观。此外，故宫目前还精心制作了 9 款 App，极大地加强了和普通大众的互动。

如今，以 VR、AR、大数据、互联网和人工智能为基础设施和创新要素的先进科技手段不仅让文物走出馆墙，更让文物越发生动。科技，是博物馆从馆内走向馆外、从传统走向未来的极佳助推器，“智慧博物馆”的概念也应运而生。使用 VR 或者 AR 技术能够帮助博物馆解决以下三个方面的问题。第一，文物的认知和研究；第二，文物的保护和修复；第三，文物的展示和其中相关文化的传播。这里重点解释第三点，从我国文物展览的现状来看，文物分布不均。像北京、山西、江苏这些文物大省，文物可能多到库房都摆不下，反观一些文物较少省份就没有那么幸运了。另外，展陈率的问题。比如故宫可能有200多万件文物，但是因为各种原因能够展出的文物可能不足2万件。VR技术的应用可以让资源不足的博物馆有物可展，也可以让那些无法展出的文物通过VR出现在大家面前，这是科技创新对文化传播的现实意义的体现。始于20世纪80年代的敦煌莫高窟数字化，经历近40年的努力，目前已完成180余个洞窟壁画的数字化采集、120余个洞窟的全景漫游和140多个洞窟空间结构的三维重建。2016年，“数字敦煌”资源库上线，第一期30个经典石窟绝大多数未对游客开放，但在线上，观众可以大开眼界、大饱眼福，不得不说这是技术带给大众的福利。

博物馆最早都是“专家系统”，也就是说建好的博物馆，只有研究文物的专家，才能知道博物馆真正想传达的东西，而如果是缺乏相关专业基础的老百姓，可能就看不出什么门道来。现在博物馆的展出方式基本都是由专家系统演变过来的，陈列展览方式难免会过于常态化。为了适应不同年龄段、不同背景的人群，博物馆开始用虚拟现实技术和众多文化公司合作，制作大量适合多种受众的历史文化内容，让VR所能展示的东西丰富起来，比如OUTPUT BOX文化公司和故宫博物院共同运营的“宫里过大年”数字沉浸式体验展（见图3）。另外，如果利用好虚拟现实技术，它可以打破可移动文物和不可移动文物的界限。比如使用VR技术之后，在一个本来只可展出可移动文物的博物馆里，现在就可以展出一些大型的古墓葬古遗址古洞穴等，甚至万里长城都可以搬到这个博物馆中。博物馆是文化的一部分，虚拟现实技术是科技的一部分。一旦博物馆和VR结合，博物馆所能传播的文化流量和种类都会大幅提高，VR的技术价值也得以体现，背后带来的全新产业和需求又推动了整个行业的发展，刺激了经济增长；VR技术得到了实例化的应用，因有了更多资金的流入而发展得更快。这是一个良性发展的模式。总之，VR博物馆的发展空间以及发展潜力是巨大的，随着VR技术逐渐成熟，VR在博物馆领域的应用会越来越广。

现在几乎所有的博物馆都已使用数字技术，笔者在这里非常同意中国国家博物馆馆长王春法的一段话：“在这里我要强调的是，任何科技手段都只

图3　2019年1月23日，北京故宫，观众在“宫里过大年”数字沉浸体验展“冰嬉乐园”展区互动体验

资料来源：《北京故宫：“宫里过大年”数字沉浸体验展开幕》，大众网，2019年1月24日，https://www.dzwww.com/xinwen/shehuixinwen/201901/t20190124_18328824.htm。

是博物馆展陈的辅助支撑，在这个过程中，科技应用一定是把文物价值的某一方面凸显出来，进行放大。它们是为文物服务的，不能喧宾夺主，相互颠倒，替代文物本身的价值呈现，而让文物展陈成为各种技术应用的实验品。从这个意义上说，任何借助其他手段间接观展或体验方式都比不上面对面地直接欣赏文物展品，切身感受它们的气息，认知和把握它们丰富深刻的内在价值。因为文物藏品只有在展览中才能充分展示其价值，才能够开口说话，把自身的故事讲出来。”①

三　结语

沉浸式展览的出现给美术馆、博物馆、创作者以及观众带来了更多的可

① 胡珉琦：《科技让博物馆从传统走向未来》，《中国科学报》2019年5月17日，第5版。

能性。这些互动性的环境，部分是电子娱乐场所，部分是艺术装置。博物馆和美术馆视其为理想的“艺乐品”，它总有一些东西能满足所有人的喜好，不管是学术团体，还是年轻家庭。任何顾客想要增强美术馆体验，随时可以参与馆内的各种艺术项目，不管是互动展览，还是教育项目。科技无疑将美术馆和博物馆变得“有趣”，沉浸式这样新的艺术形式所带来的体验感有助于打破观众和作品的隔阂，拉近美术馆和群众的距离，从市场营销角度看，确实吸引到越来越多的人走进博物馆和美术馆，作为传播文化的工具，科技之于博物馆和美术馆的意义在当下更为显著。笔者认为核心问题始终是：如何正确地使用技术，文化和艺术毕竟是严肃的，内容是展览的根本，花心思打磨优质的内容是这个行业永恒不变的重心，在这点上，不可本末倒置，而我们能做的就是正确地使用它。

参考文献

曹厅：《浅谈新媒体技术在当代艺术展览中的运用》，《艺术科技》2019 年第 2 期。

楚小庆：《技术进步对艺术创作观念与审美价值取向的影响》，《艺术百家》2016 年第 1 期。

胡杰明、左亚：《技术日常化的当下关于数字艺术展览的思考——“teamLab：油罐中的水粒子世界”观后有感》，《科学教育与博物馆》2019 年第 5 期。

艺力国际出版有限公司：《互动装置艺术：科技驱动的艺术体验》，华中科技大学出版社，2019。

创新实践篇

Innovation Practice Reports

B.18

从硅谷到硅洲：深圳作为信息化科技创新城市的案例研究

王岳晗*

摘　要： 深圳作为中国南部广东省内的经济特区，自1980年成立以来，一直在国家特殊经济政策的推动下发展。深圳目前的成功发展源于信息化发展，信息化发展又将进一步推动深圳发展成以科技创新产业为依托的中国乃至国际性的创新中心。在本报告提出的深圳科技创新模型中，政府的政策支持、研发中心、深圳市独特的硬件供给速度和价格优势、联通港澳东南亚和中国内陆的交通地理位置优势、良好的城市基础设施和中国国内移民型人才，是促成深圳现有信息化开发和科

* 王岳晗，美国南加州大学安娜堡传播学院博士，主要研究方向为区域经济发展、信息技术和政治经济学。

技创新的因素。

关键词： 信息化发展 创新生态 网络社会 深圳

引 言

“摸着石头过河”是一句民间俗语，它的基本含义是，在没有现成经验的情况下要带着进取的冒险精神进行拓荒。被誉为“中国社会主义改革开放和现代化建设的总设计师”的邓小平强调，中国社会和经济发展，要靠“摸着石头过河”。自1978年改革开放以来，在所有实行的消除中国社会贫困、推进中国社会和经济发展的策略中，深圳经济特区的建设是典型的成功例子之一。

深圳位于中国南部广东省珠江三角洲地区，在被列为经济特区之前，曾是一个以农业和渔业为主的小渔村。自1980年深圳经济特区成立以来，其已发展成为一个欣欣向荣的中国大都市，并仍以较快的速度持续发展。根据2016年《中国简报》的报告，深圳人口已从1979年的仅3万人增加到1000万人以上。

与此同时，深圳的房地产价格不仅在中国以最高的速度增长，而且其增长率在2015年达到全球最高水平，深圳排第一位，伦敦排第十六位，纽约排第八十九位。① 在2018年广州举行的全球城市评价研究会议上，中国社会科学院城市与竞争力研究中心主任倪鹏飞评估了北京、上海、香港、广州和深圳等中国主要城市，并得出结论：在全球制造链和信息技术发展方面，深圳会成为中国最具竞争力的城市。②

---

① S. Hickey, “Welcome to Shenzhen, Home to the Planet’s Fastest Rising House Prices. The Guardia,” https://www.theguardian.com/business/2016/mar/24/welcome-to-shenzhen-home-to-the-planets-fastest-rising-house-prices.

② “2018 Best Performance City in China”, https://www.milkeninstitute.org/newsroom/press-releases/view/345.

伴随着深圳的发展，现在被称为“硅洲”的珠江三角洲正从著名的世界制造工厂转变为中国的高科技创新中心。[①] 在过去的35年中，以珠江三角洲为辐射的城市群，诸如深圳、广州、珠海、佛山、东莞和汕头，为中国区域经济的快速发展，尤其在半导体制造业、国际贸易、国际出口、民营经济、外资投资等方面做出了重要的贡献。华为和腾讯，作为诞生在深圳的著名私营企业代表，已经发展成为信息技术和互联网领域的巨型国际公司。

依据国家“十三五”规划，广东省根据省内发展需求和实际情况制定了广东省五年发展规划。在指导广东经济社会发展的六项原则中，该五年计划格外强调以科技创新为驱动的经济发展规划，该计划多次强调了对创新驱动型经济发展的重视：

> 坚持创新发展，形成核心竞争力。创新是引领发展的第一动力。必须把创新摆在全省发展的核心位置，让创新贯穿党委、政府一切工作，让创新在全社会蔚然成风，加快实现从要素驱动向创新驱动转换、从跟随式发展向引领型发展转变，走出一条创新立省、创新兴省的路子，抢占新一轮发展制高点。[②]

在上述广东省规划中，可以看到创新和以创新为主导的经济转型和发展在广东省经济发展中的重要性。同时，广东省的规划也再次体现了中国经济发展规划的方向。深圳作为珠三角地区的创新城市，在未来以创新为主导的经济转型和发展中，将发挥越来越重要的作用。

根据米尔肯研究院发布的《2018年中国最佳表现城市》，深圳成功实现

---

① W. Wong, “How China's Pearl River Delta Went from the World's Factory Floor to a Hitech Hub,” http://www.scmp.com/comment/insight-opinion/article/1864553/how-chinas-pearl-river-delta-went-worlds-factory-floor-hi.

② 《广东省人民政府关于印发〈广东省国民经济和社会发展第十三个五年规划纲要〉的通知》，广东省文化和旅游厅网，http://whly.gd.gov.cn/open_newjhgh/content/post_2796581.html。

了从以低廉劳动力为主的制造工厂向以科技创新为主导的高科技产业城市转型。[①] 同时，深圳友好的营商环境也位居中国前列。正如 Jane Jacob 在其著作《城市与国家的财富》中所指出的，国家是城市的经济产物，随着一个国家城市数量的增多和城市生产力的提高，国家才得以变得富裕。[②] 学者 Richard Florida 也在其著述中多次提到以区域为核心的创新生态系统对经济增长至关重要。[③]

本报告亦以深圳作为信息技术和科技创新中心的案例，分析其形成和影响要素，进一步揭示中国的信息化和创新发展。目前关于深圳信息化发展和科技创新生态系统的国际研究较少。本报告第一部分将简述深圳经济特区发展历史，侧重于其信息化发展。第二部分将对本报告的理论框架，即网络社会理论和信息化发展理论进行分析。第三部分提出了一个深圳科技创新模型，并对该模型进行详细分析，以研究构成深圳创新生态系统的因素。

一　深圳经济特区发展史简述

深圳作为经济特区正式成立于 1980 年。需要指出的是，晚清时期，英国派遣一支远征队攻打我国南部的广东，并发动了第一次鸦片战争。其间，清王朝尽管对英国侵略者进行了抵抗，但最终开放沿海港口以“被迫”的形式进行国际贸易。[④]

以上的历史背景提出了一个有趣的角度：从经济发展政策来看，1978 年改革开放之初，将中国南部的若干城市作为新中国经济发展的开放窗口，本身就是具有开拓性和创新性的。这种开拓性的政策，不再像第一次鸦片战

① “2018 Best Performance City in China”, https://www.milkeninstitute.org/newsroom/press-releases/view/345.

② J. Jacobs, *Cities and the Wealth of Nations*, Random House Inc., 1984.

③ R. Florida, *The Rise of the Creative Class*, Basic Books, 2002.

④ J. Sachs, “The End of Poverty: Economic Possibilities for Our Time,” *European Journal of Dental Education* 12 (2008): 17-21.

争后的“被迫”开放港口，相反，国家通过开放若干中国南部的沿海城市，积极利用它们的地理位置和资源，在全球化进程加速的过程中，积极参与全球贸易和发展，不断提高中国在世界经济和发展中的作用。深圳作为首批经济特区，以友好的贸易环境和开放的营商政策，在区域经济发展和中国总体的经济发展中，发挥着至关重要的作用。

作为首批经济特区，深圳的城市规划及发展战略始终与中国国家经济发展规划保持一致，并通过灵活调整不断满足国家对经济特区的发展定位。[①]自1979年正式建市以来，深圳的城市发展经历了三个关键阶段：1979～1992年、1993～2002年和2003～2014年。1979～1992年是深圳发展的第一个阶段。其主要目标是致力于城市的基础设施建设，以便为其后的城市发展和再建设提供基础。在建设之初，中央政府对深圳经济特区的期许是使其发展成工农业出口基地，同时吸引港澳地区的游客前往中国内地（大陆）。1982年，深圳市政府在向广东省政府和中央政府提交的《关于深圳市社会经济发展规划纲要》中，建议将深圳社会经济发展定位于发展电子工业产业，并主要生产面向国际市场的电子产品。1993～2002年是深圳发展的第二个阶段。1995年，深圳市委首次提议将深圳建设为“社会主义现代化国际城市”。这是首次将深圳城市发展定位于朝国际化方向发展。与此同时，深圳市政府坚持将深圳经济发展定位于以电子产业为基础、以创新为主导的产业经济发展方向。这一阶段标志着深圳首次以面向国际市场的城市定位进一步开放。这一定位为深圳电子制造业进入全球产业链奠定了基础。2003～2014年是深圳发展的第三个阶段。深圳市城市规划局与中国城市规划设计院共同制定了《深圳2030年城市发展战略》。这份具有战略性的发展规划，再一次强调了深圳在高新技术产业和信息化发展方面需要扮演的重要作用。这份规划将深圳定位于“自主创新示范城市”、“国家级高新技术产业基地”、“区域贸易中心”以及“与香港共同发展的中国国际化城市”。

---

① L. Huang，Shenzhen Urban Planning and Development Strategy，2014.

深圳的经济发展和信息化发展不仅取决于中央政府和地方政府的规划和政策性指导，广东省内移民海外的华侨关系也在深圳发展早期起到了重要作用。根据加州大学伯克利分校邢幼田的研究，南方沿海地区（如广东和福建）与海外华人的联系比中国其他地区更为紧密。早期移民海外的华人，实际上有近80%来自广东，而且大多数华侨在移民后仍与留在广东省内的大家庭保持着密切联系。当这些人移民到国外（例如美国）时，他们最初通过在餐馆做饭和洗碗、剪头发或做建筑工作来谋生。经过较长的一段时间后，海外中国移民开始出现较多知识分子、饭店老板或者公司白领（如打字员或行政助理）。20世纪70年代后期，当中国实行改革开放政策后，广东省凭借优势吸引海外华人华侨（特别是东南亚地区）资本。[①] 除此之外，香港企业家在将广东省与国际市场连接方面也做出了巨大贡献。香港的信息网络、先进的市场营销以及国际金融渠道大大加快了广东省外向型经济的发展。[②]

深圳在发展中“摸着石头过河”，其社会和经济发展在中央政府和地方政府的不断规划和变化中前行，以应对世界的快速变化和发展。

如上所述，在深圳经济特区成立之初，深圳就被定位为以电子信息产业为基础、以创新为主导的城市发展方向，在政策方面为深圳信息化领域的发展奠定了基础。与此同时，广东省与海外华人华侨的紧密联系在很大程度上促进了深圳早期的外资投资和国际贸易。然而，深圳是否能够成为世界范围内的科技创新中心还需要进行研究和分析。

二 信息化、全球化与网络社会

深圳被定位为以电子信息化发展为基础并非偶然。著名学者卡斯特

① Y. T. Hsing, *Making Capitalism in China: The Taiwan Connection*, Oxford University Press on Demand, 1998.

② R. Y. W. Kwok & A. Y. So, eds., *The Hong Kong - Guangdong Link: Partnership in Flux* (Vol. 6), Hong Kong University Press, 1995.

（Manuel Castells）在其著述《网络社会的兴起》（*The Rise of the Network Society*）一书中指出，由于信息技术的发展，20 世纪后期世界范围内出现了一种新经济。这种新经济是信息化、全球性和网络化的：

> 之所以说新经济是信息化的，是因为在这种经济中（无论是公司、区域还是国家），生产力和竞争力从根本上取决于产生、处理和应用基于知识性的信息的能力。之所以是全球性的，是因为生产、消费和流通的核心活动及其组成部分（资本、劳动力、原材料、管理、信息、技术、市场）是在全球范围内通过直接或间接经济网络进行的。之所以是网络化的，是因为在新的社会条件下生产力和竞争力是通过全球网络中的经济网络进行的。①

此外，卡斯特认为，新经济的产物要么是信息处理设备，要么是信息处理的过程本身。20 世纪后期，信息技术带来的革命从根本上改变了世界的组织方式。生产力和竞争力的衡量标准已经变成了信息处理和知识的产生。"在信息处理和知识的产生中，新信息技术都是必不可少的工具"，因为信息技术改变了传统的时间和空间概念，使不同国家、地区、企业和工人可以触及彼此，甚至可以在不同的时间和地点同时展开工作。信息通信技术彻底改变了工业时代的经济活动方式。

卡斯特定义的信息城市（informational city）在很大程度上取决于信息技术在制定和塑造其经济活动中的作用。他认为"信息城市不是一种形式，而是一个过程，一个以流动空间的结构性支配为特征的过程"。换句话说，信息城市是一个流动的过程，因为信息可以流动、生成、再生和重新积累。为了更好地理解信息城市的作用，有必要将信息城市的概念置于网络社会的语境中。在《网络社会的兴起》一书中，卡斯特指出现有的社会结构以及

---

① M. Castells, *The Information Age: Economy, Society, and Culture*, Volume I, *The Rise of the Network Society*, Blackwell Publishing, 2000.

社会功能和过程主要围绕网络进行。“流动的力量优先于力量的流动。”网络社会这种新的社会结构形式，不仅改变了不同权力持有者之间的关系，而且改变了区域和城市之间的互动方式。更具体地说，卡斯特提出了随着全球城市形态的转变而产生的巨型城市（mega city）概念：

> 巨型城市是全球经济的节点，集多种职责于一身：媒体话语的控制、真正的政治权力以及创建和传播信息的能力。虽然巨型城市并不都是全球经济的主导中心，但它们确实将其内部庞大的人口与诸多全球网络联系在一起。与此同时，它们还充当着连接本区域或国家的作用。因此，对巨型城市的判断和定义，并不是单纯从这个城市的物理面积上来判断，而是从它所起到的政治、经济、传播等多种功能的角度来看，即它们对内和对外的引力。

在全球网络化的世界中，一个地区的节点城市能够将各种本地网络（即政治、媒体和金融网络）连接到更大的区域或全球网络中，对当地经济发展起着至关重要的作用。回到前面论述的内容，新经济的产物要么是基于知识的信息，要么是基于信息处理过程本身。因此，我们可以得出结论，在区域或全球网络中，节点城市应该能够通过信息技术实现更多的网络连接，进而实现经济生产力的发展。节点城市在自己的网络中获取信息并进一步生成更多基于知识的信息以实现其发展的能力，又进一步促使它们成为关键节点。按照上述分析，我们可以将深圳看作一个重要的节点城市，将珠江三角洲的城市群看作一个巨型城市带。深圳的信息化发展程度，也代表着其接收、消化和再生产信息的能力。而对于信息的处理和制造能力，就是新经济的主要生产方式。回顾深圳的历史以及政府规划中的深圳发展定位，即以电子信息产业为基础、以创新为主导，深圳经济发展建立在信息化发展的基础上，其目前成功的信息化发展可能会进一步带动科技创新和更为先进的信息化。

三　深圳模式

（一）深圳创新

从前文提到的中央政府和广东省政府不同阶段的规划纲要，可以看出政府规划和政策对深圳作为“硬件硅谷”和电子信息产业城市的重要性。在接下来的分析中，本报告尝试性地提出了一个深圳科技创新模型（包括微观层面模型 1 和宏观层面模型 2），作为分析深圳信息化发展及其创新生态系统的框架。从宏观角度分析深圳的信息化发展及其科技创新生态，对进一步将深圳发展成重要的区域性乃至世界性电子信息化发展和科技创新中心具有重要的作用。鉴于此模型的原始性，还需要进一步收集材料和信息以不断更新。

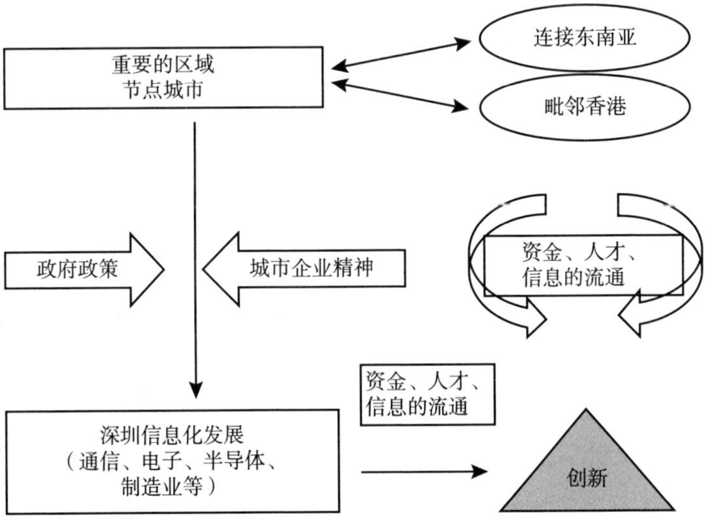

图 1　深圳科技创新模型 1

资料来源：笔者提出。

模型1（见图1）显示了构成和促进深圳成为区域性科技创新中心的因素。首先，深圳在珠江三角洲的地理位置决定了其在区域网络中的节点城市地位。深圳不仅是中国通往东南亚的一个窗口，其同时具有连接中国内地和香港的战略地位。其次，在前文“深圳历史”的分析中提到，在深圳发展的三个重要阶段中，深圳经济特区一直享有政府的特殊政策（比如税收方面）以及土地规划方面的支持。《关于深圳市社会和经济发展规划纲要》中提到的深圳要建设电子信息产业、创新驱动的国际化经济体，都对深圳的信息化发展起到了重要的方向性指导作用。时任深圳市常务副市长张虎曾在接受采访时提到，作为经济特区，深圳的城市精神是“倡导创新，接受失败”[①]。对失败和尝试的容忍和接受，在很大程度上鼓励了深圳各方面的发展和创新，其中包括电子信息化发展、通信技术、半导体产业和生物制药的发展。在过去十年中，以深圳为科技创新中心的硅洲已经成功孵化出了著名电子信息和互联网企业，如华为、腾讯、平安金融。与此同时，联想、TCL、比亚迪等中国公司以及苹果、IBM、华大基因和飞利浦等跨国企业，都在该地区设有生产基地和设计部门。这些公司在过去几十年间积累的资金、人才、信息网络资源、企业影响力在得以有效利用的情况下，可以将深圳推入下一个科技创新的新阶段。与此同时，日益国际化的深圳将在更大程度上发挥与东南亚国家在地理位置和金融联系方面的优势，可以为深圳和硅洲的发展带来新的资金、人才和信息。

（二）创新类型

模型1中显示的创新不仅指科学技术创新，同时将发明与创新区分开来，将发明定义为“首次出现的用于制造新产品或新工艺的想法”，而将创新定义为“首次尝试将某种想法或产品付诸实践”。通常发明和创新之间存在相当长的时间差，而这个时间差恰恰反映了创新的制造过程的使用

① Z. Qiong, “Shenzhen's Ambition for a Global Innovation Hub,” http://www.chinadaily.com.cn/regional/2015-07/25/content_21466054.htm.

和真正将创新的想法和产品付诸实践的差别。因而，从严格意义上说，渐进式创新（incremental innovation）和对发明创造的渐进式改进（incremental improvements）在对创新的理解中应该起到至关重要的作用：

> 将一项创新视为一个定义明确、带有进入市场和投入使用确切日期，是一个严重的错误。事实上，最重要的创新技术和产品，都会经历巨大的改进和变化。而这些改进和变化，往往最终体现了这项创新的经济意义。从某项发明的首次引入到随后的不断修正和调整，在某种程度上，比某个科技发明创造首次出现时有更重要更深远的经济意义。①

与渐进式创新相区别的是激进式创新，即 radical innovation。② 激进式创新指的是，某项产品和发明引入社会后，给社会带来了翻天覆地的改变，比如飞机、汽车、iPhone 的出现，彻底改变了人们的出行方式和使用手机的方式和习惯。除了渐进式创新和激进式创新之外，Schumpeter 将创新分为五种类型：新产品、新生产方法、新材料供应来源、新市场开发以及新的商业组织和管理方式。图 2 进一步定义了科学技术创新、过程创新、产品创新以及其他相关技术创新。③

如上文所述，一个新的技术产品或者渐进式创新的技术改进产品，都涉及创新成分，但从严格意义上讲，它们都不被看作颠覆式科学技术创新。尽管如此，创新对经济活动起到的作用是无可置疑的。Fagerberg 等人指出，创新很重要，创新的功能是将新颖性和创造性引入经济领域。一方面，经济价值是各种创新的动力；另一方面，经济价值是创新的结果。创新是一个企

① S. J. Kline & N. Rosenberg, "An Overview of Innovation," in R. Landau and N. Rosenberg, eds., *The Positive Sum Strategy: Harnessing Technology for Economic Growth* (The National Academy of Science, 1986).

② C. Freeman & L. Soete, *The Economics of Industrial Innovation* (Psychology Press, 1997).

③ J. A. Schumpeter, *The Theory of Economic Development* (Transaction Publishers, 1934).

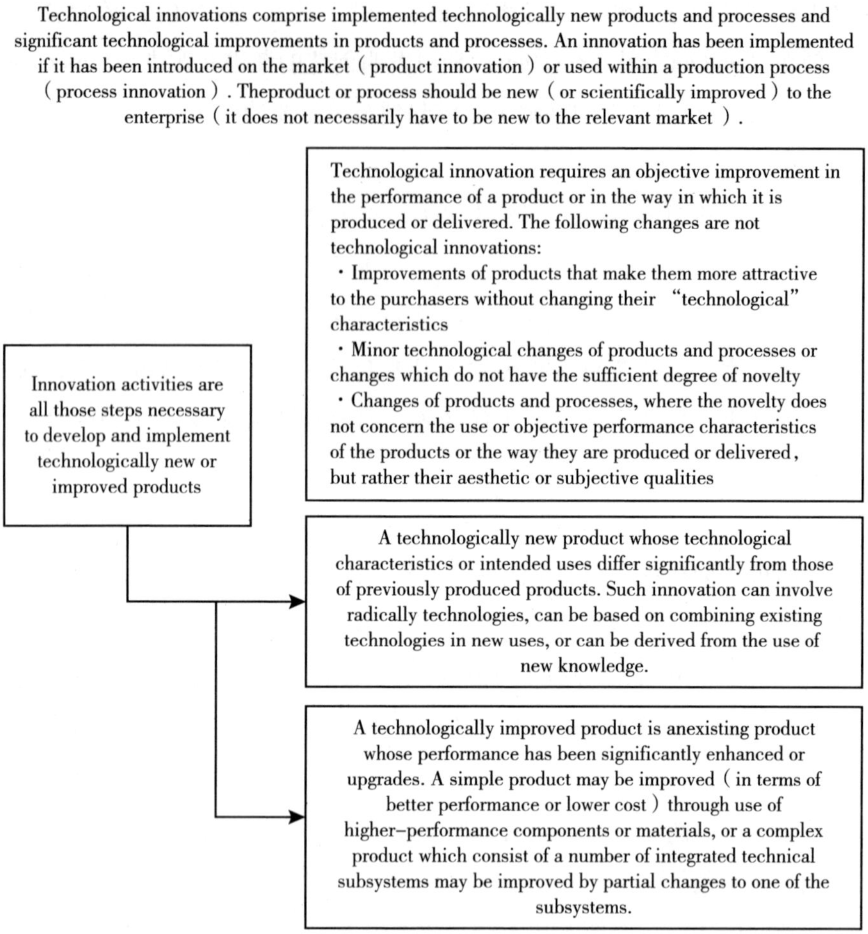

图 2　定义科技创新

资料来源：Figure 2. Defining Technological Innovation – Community Innovation Survey （n. d. ）（CIS）。

业、区域、国家背后经济效益的体现。创新型企业、区域和国家的社会生产力及经济收益要远远高于创新较弱的企业、区域和国家。[①]

① J. Fagerberg, D. C. Mowery, & R. R. Nelson, eds. , *The Oxford Handbook of Innovation* （Oxford university Press, 2005） .

（三）中国式创新

在《中国的下一个战略优势：从模仿到创新》① 一书中，作者总结了九种具有中国特色的创新，其中包括技术、流程、应用程序、产品、成本、供应链、商业模型和非客户创新。书中提及采访华为公司的一位经理时提到："对于任何技术，如果比市场领先一年，你会成功；如果它太先进，比如比市场领先五年，你会成为烈士。"这位被采访的华为经理对技术的评论在某种程度上反映了中国式创新的隐藏逻辑，即中国式创新十分具有应用性且以客户和市场为中心。本报告使用"科技服务型创新"来阐述这种中国式创新。例如，我 2018 年在深圳调研时发现深圳大多数的停车场都采用了小猫停车技术系统。在我随机采访的停车的人中，大多表示很喜欢这种停车系统的便利性和高效性。小猫停车系统使用绿灯和红灯来指示停车场是否有空闲停车位，寻找停车位的人只需看天花板的提示灯寻找绿灯即可。更重要的是，小猫停车系统允许使用微信应用程序付款，这样人们就不必通过纸质停车票付款，既环保又便捷。小猫停车系统是一个典型的科技服务型创新的例子，它是技术和服务创新的结合，虽然其技术水平较低。另外一个比较典型的科技服务型创新例子，是微信菜单扫码点菜和支付。在深圳的很多餐馆，顾客只需找到桌位坐下并扫描桌子上的 QR 码即可自助点餐。服务员会远程接收点餐，大大简化了点餐和结账的程序。这种方式，不仅提高了效率，而且大大降低了人工点餐错误，比如服务员没有听清、记错或者漏记某些菜品等。

通过以上分析和举例，可以看到深圳科技服务型创新的广泛应用。总体而言，在深圳试行的一些科技服务型创新产品，比中国任何其他城市快很多。这在很大程度上缘于深圳市场化程度高，且城市精神中具有强烈的"尝试"和"实验"精神，即允许失败，鼓励尝试。高度市场化和鼓励尝试实验的城市精神，使深圳科技服务型创新大量涌现。然而，深圳是否能实现

① G. S. Yip & B. McKern, *China's Next Strategic Advantage*: *From Imitation to Innovation*, MIT Press, 2016.

其下一步区域发展的规划，成为世界级尖端科技创新（radical innovation and state-of-art technology）城市，需要从各个角度进行分析。

（四）影响深圳下一步科技创新的因素

接下来的分析完全基于目前深圳经济特区发展情况和其创新情况。分析目的在于研究如何将深圳发展成重要的区域性乃至国际性科技创新中心。

第一，深圳市政府在营商政策、税收和城市基础设施建设方面，为深圳经济特区和其电子信息企业发展起到了重要的支持作用。根据 2016 年《中国城市简报》报道，截至 2016 年，在过去 36 年中，外资企业在深圳享受了大幅减税、低价长期使用土地的优待。外资企业在深圳享有的所有利益和特权在中国其他地方无法找到。同时，深圳市各个部门高效的政府办事效率和程序，也受到极大的称赞。某硅谷孵化器和办公空间联合创始人在深圳开办了首家中国孵化器分公司。在调研采访中，这位创业者提到深圳市政府的办事效率极高，为他和他们公司节约了很多时间和金钱。

从 2014 年“万众创新”开始倡导以来，深圳作为“City of Makers”（创造者之城）受到了极大的关注。在著名的国际型硬件孵化器 HAX 调研采访中，其中国项目负责人表示“万众创新”作为国家政策推出，其关键不在于短时间内出现了多少成功的自主创业者及企业，更重要的是这个政策促成了一种社会文化的改变，即在很大程度上改变了人们固有的“要进国企工作，要进事业单位工作”的思想。很多年轻人开始觉得，自主创业也是一种国家和社会提倡的就业方式，并且还能得到政府在政策和资金上的支持。这种社会文化和就业思维上的改变，虽然是从少数人开始的，但国家政策方面的支持无疑形成了一种积极对待自主创业的社会舆论。回归到深圳而言，深圳正在寻求从应用技术创新向核心前沿科技创新中心转型。从政府的实际支持政策不难看出，政府将深圳发展成中国尖端科学技术创新中心的强大决心。[①]

---

① Z. Qiong，“Shenzhen's Ambition for a Global Innovation Hub，” http：//www. chinadaily. com. cn/regional/2015 －07/25/content_ 21466054. htm

此外，深圳经济特区在过去几年中不断扩大城市空间。自2010年以来，通过提供办公和工厂空间，吸引自主创业人员和研究者，增强深圳的科技创新力。这种举措与美国创新中心，如波士顿128公路和硅谷过去的情况类似，尽管这些美国地区提供办公和工厂空间并非政府规划设计。

第二，研发中心、初创企业孵化器和加速器也在科技创新中发挥着重要作用。研发中心通过长期而细致的研究来确保发明和创造新技术产品的能力，而新兴的孵化器和加速器则在成功地将更多的技术想法和产品推向市场方面发挥着作用。如今，深圳有重要的研发中心，如华为和腾讯。

除了研发中心，深圳还拥有许多初创企业孵化器和加速器。深圳的孵化器数量在过去两年中已从12家增加到超过1000家，其中大多数创新者专注于硬件。深圳的电子市场，曾被视为“山寨”（仿冒品和假冒产品）盛行的地方，如今在深圳可以发现最新的技术发明，甚至比世界上其他地方早得多，如陪伴型迷你机器人。

第三，深圳将创意和想法转变成实际产品的速度极快，同时深圳电子配件的价格优势是独一无二的。在Wired拍摄的纪录片《深圳，硅谷的硬件》①（*Shenzhen*，*the Silicon Valley of Hardware*）中，一位受访者对记者说，他大学毕业后从法国移居英国，试图在英国建立自己的科技初创企业。有一段时间，他离开英国前往深圳。据他介绍，在深圳，从订购硬件零件到实际交付通常只需要几天的时间，但是在英国，大约需要一个月的时间，这种零配件还是从深圳运到英国的。而且在深圳，配件的价格比其他地方便宜得多。因此，为了加快实现他的想法并节省成本，他离开英国来到深圳继续发展自己的科技初创企业。由此可见，速度和成本的独特优势很有可能会是促使深圳成为尖端科学技术创新中心的主要因素。

第四，深圳的人才队伍不断扩大，不仅仅在科技领域，还有管理和金融尤其是风险投资领域。近年来，深圳逐渐吸引了很多中国或者外国的风

① Wired UK，“Shenzhen，the Silicon Valley of Hardware，” https：//www. youtube. com/watch？v = hp6F_ ApUq - c.

险投资基金公司。他们倾向于投资在深圳的科技型初创企业。这些风险投资者选择深圳的主要原因是，深圳的管理者和创业者懂得如何与中国客户建立联系，从而使他们的风险投资获取最大利益。尽管在很多研究和分析中，很少将风险投资人士看作重要的人才资源，但本报告认为，风险投资家应该被视为人才力量的一种形式。没有有远见的风险投资家和初期资本投资，许多刚起步的初创企业根本无法生存，更不用说使他们的产品和公司成功。在风险投资方面，深圳还有较大的发展空间。在调研采访中，一位从英国完成高中学业、从美国完成大学学业后回深圳创业的创业者表示，很多顶尖国际风险投资基金虽然在深圳设有分公司，但往往最终决策人并非长期驻扎深圳，创业者很难与顶尖基金决策人有交流机会。

第五，深圳和珠三角地区其他城市间建立了高效便捷的交通运输系统，大大加快了其发展速度。例如，通过高速铁路从深圳到香港仅需半小时。这种效率和便利性不仅有利于工作上的往来，而且有助于吸引并留住人才。几十年来，香港一直被誉为亚洲国际中心，拥有许多国际美食餐厅、购物中心和娱乐设施。香港的这些设施比目前的深圳发达得多，同时香港长期积淀的国际化氛围更适合欧美人生活。因此，外国人才可以选择在深圳从事技术和创新领域的工作，同时在香港娱乐休闲。在调研中，访问了一家深圳声学公司的副总裁，其是在香港出生后移民加拿大的加裔华人，目前与家人住在香港，每天早上7：00前往深圳上班。她认为深圳的创业和风险投资圈发展比较好，因此很乐意来深圳上班。深圳下一步的发展，需要思考如何更好地完善城市文化和娱乐设施，在进行文化建设的基础上（比如戏剧院、歌剧院等），更好地加强城市文化软实力，使这些来深圳上班的人，不仅喜欢来深圳工作，而且喜欢在深圳定居。

结　论

上面关于影响深圳进一步创新的因素的分析揭示了构成深圳创新生态系统的要素。本报告尝试提出了一个深圳科技创新模型，以从宏观角度分析深圳的科技创新氛围和能力（见图3）。此模型还需要更多的数据收集、访谈和实地考察进一步完善。

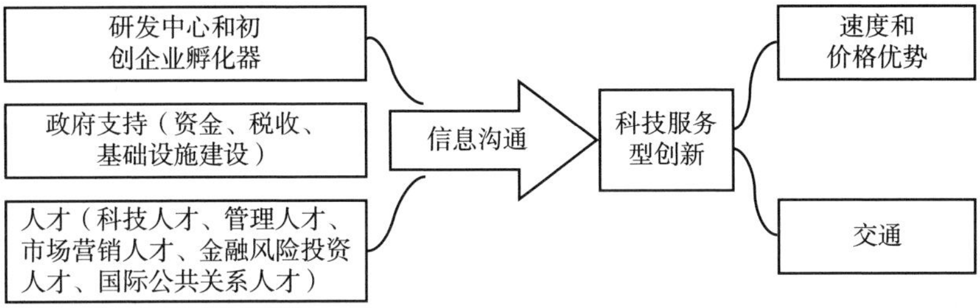

图3　深圳科技创新模型2

资料来源：笔者提出。

深圳早期的信息化发展得益于改革开放政策、政府对经济特区的优惠政策与扶持、早期海外华侨的资本和网络以及与香港和台湾的紧密文化和自然联系。世界上很多科技区域或者城市，如日本的筑波、中国台湾的新竹、英国的剑桥，都是在政府政策的支持和帮助下而建立的。深圳目前面临下一阶段的发展和挑战，即如何通过提升创新能力实现产业升级，从而促进信息化的社会和经济发展，更进一步，如何在珠三角区域经济发展中发挥节点城市的重要作用。要想回答这些问题，需要更多的实地研究和访谈，提出实际有效的城市发展建设方案，以满足深圳城市和以深圳科学技术创新为中心的粤港澳大湾区发展的实际需要。

B.19

构建民国时期上海数字艺术地理*

——历史地理信息系统的运用研究报告

郑 洁　张佩瑶　范 桢　林 珲　梁元生**

摘　要： 民国时期的上海常被视为一个具有活跃的城市文化、混合中国传统与西方审美元素的摩登社会。近二十年中国近代画史的理论取向出现了从解释艺术作品的美学特征向关注文化机构及社会环境的转变，然而，艺术家的地理分布与城市环境之间的关系，却从未引起学界关注。文化机构的可达性反映了使用文化设施以及参与文化组织的环境条件。如果出现了艺术家社群，则意味着一定地理范围内存在较为密集的文化交流以及共同学习的活动。本研究是第一个将历史地理信息系统引入民国时期上海艺术家地理分布的研究。研究团队花费一年时间，遍查历史资料，收集民国时期艺术家的住址以及可能诱因，如文化设施、商业设施、公园、酒吧餐饮及娱乐设施的地址；与此同时，历史地理信息系统团队遴选上海老地图，加以数字化，并将数据输入系统，建立数据库。研究还采用量化分析方法，测试艺术家的地理分布与空间诱因之间的关系，并建立模型。本报告重点阐述将历史地理信息技术引入民国时期艺术地理研究的方法和过程，并报告初步研究发现。

* 本文获香港大学资助委员会优选基金（General Research Fund）资助（项目编号：GRF 14621516）。项目组感谢天津大学何捷、郭晓敏，南京林业大学谭露的协助。

** 郑洁，香港中文大学亚太研究所荣誉研究员、访美学者；张佩瑶，法国里昂大学地理系研究员；范桢，澳门大学教育学院博士后；林珲，香港中文大学地理系教授；梁元生，香港中文大学历史系教授。

关键词： 历史地理信息系统　上海美术史　上海城市史

一　导言

海外中国近代艺术史的研究一般认为始于 1959 年 Michael Sullivan 的专著《二十世纪中国美术》（*Chinese Art in the Twentieth Century*），其贯穿始末的讨论主线是中国艺术的近代化过程。何谓近代化？中国美术经历了怎样的近代化历程？在苏氏的著作中，近代化基本等同于西方化，这一认识基本影响了之后中国近代美术几个世纪的研究。艺术被看作是家国危难之中回应西方影响的一个社会元素。[①] 近代化被认为是科学、技术、行政管理、经济以及宗教剧烈改革进程的一个侧面。相应的研究致力于从中国作品中搜寻西方绘画风格及技法的影响，从而探讨中国传统艺术是否回应西方，且如何回应。之后的一些研究则聚焦于文学与哲学中复杂的社会政治思潮与艺术的关系。[②]

过去的两个世纪见证了中国艺术史理论导向的变迁：近代化的过程被认为不仅仅存在于艺术本身，而且是相对宏观的艺术世界，是人以外的社会因素对中国艺术影响的结果。[③] 这些新的关注恰逢另一趋势：19 世纪晚期以后，上海成为研究中国城市近代化的一个极其复杂且具有独特重要性的城

---

① R. Croizier, "Art and Society in Modern China: A Review Article," *Journal of Asian Studies* 49 (1990): 587 - 602; C. Roberts, "Tradition and Modernity: The Life and Art of Pan Tianshou, 1897 - 1971," *East Asian History* 15/16 (1998): 67 - 96.

② J. L. Cohen, *Painting the Chinese Dream: Chinese Art Thirty Years After the Revolution*, *Exhibition Catalog* (Northampton, Mass.: Smith College Museum of Art, 1982); M. Sullivan, *Art and Artists of Twentieth-century China*, Berkeley, California: University of California Press, 1996; M. C. Kao, *Twentieth Century Chinese Painting*, Oxford, New York: Oxford University Press, 1972; M. C. Kao, *China's Response to the West in Art: 1898 - 1937*, UIM Dissertation Service, 1988.

③ D. Clarke, *Modern Chinese Painting*, Oxford University Press, 2000.

市，出现了“上海近代化研究”中两个不同但又相互关联的趋势。① 其一，上海作为中国金融之都，自 19 世纪晚期以后艺术、艺术家与艺术市场的经济关联日趋紧密。② 其二，艺术与大都市公共空间的关系成为焦点。20 世纪 90 年代以来，有一批学者开始关注艺术与文化环境之间的关系，探讨不同艺术类别的互动以及社会、经济、政治等因素的作用。例如，Zhang 研究了 20 世纪早期的电影及其他艺术形式（如摄影、建筑、戏剧）之间的关联。③ Hay 则对上海的绘画和建筑所共有以及相互渗透的视觉特征展开研究。Hay 认为城市的技术条件、文学环境以及图像期刊创造了绘画的公共空间。④ Lee 认为上海的文化地图必须建立在城市文化生产和消费的公共空间基础上，并探索它们对市民日常生活的影响。⑤

然而，一幅展示艺术家、文化设施以及文化机构的空间关系的文化地图尚未出炉。我们不禁要问民国时期上海是否出现过以艺术家以及艺术家的活动集聚为特征的城市文化风景线？长久以来，空间统计及量化分析方法在这一研究领域中的缺位，令学术界对艺术家活动地点与城市特征以及文化设施的空间关系茫然无知。填补这一空白无疑会增进学术界对上海近代艺术界的了解。

与此同时，本报告的文献回顾显示，以上存在于近代上海美术史中的知识空白亦是近代上海城市历史的空白。近代上海城市历史研究领域主要关注

① J. C. Kuo, “Visual Culture and Shanghai School Painting,” in Compilation Committee, *Haipai Huihuayanjiu Wenji*, Shanghai: Shuhua Chubanshe, 2001, pp. 1004 – 1024.

② J. Cahill, *Three Alternative Histories of Chinese Painting*, Lawrence, Kan.: Spencer Museum of Art, University of Kansas, 1988; C. L. Waara, Arts and Life: Public and Private Culture in Chinese Art Periodicals, 1912 – 1937, Ph. D. diss. Ann Arbor: University of Michigan, 1994; Association for Asian (AAS), Modernity and Patronage in Visual Culture of Qing China, Session 158 at the 1999 Association for Asian Studies Annual Conference, Boston.

③ Z. Zhang, *An Amourous History of the Silver Screen: Shanghai Cinema, 1895 – 1937*, Chicago: University of Chicago Press, 2005.

④ J. Hay, “Painters and Publishing in Late Nineteenth Century,” in Ju-his Chou ed., *Art at the Close of China's Empire*, Temple, A. Z.: Arizona State University, 1998, pp. 134 – 188.

⑤ O. F. Lee, *Shanghai Modern: The Flowering of a New Urban Culture in China, 1930 – 1945*, Cambridge, Mass.: Harvard University Press, 1999.

城市基建、建筑和规划。① 举例来说，Arkaraprasertkul 追溯了上海从五口通商到现今的独特城市历史，并着重探讨了上海的规划历史，揭示了规划师和建筑师个人对城市形态形成的影响。② 其中，所谓近代化的概念同样和西方影响相联系。Bergère 研究了上海 1842 年开埠以来动荡的近代化过程，关注中外居民的相互影响。③ 其他一些学者则探讨城市社会环境，关注政治和社会因素的相互作用，以及对城市近代化的影响。④ 例如，Bickers 关注了上海开埠期间洋人社区中的纪念碑，提出纪念活动使洋人社区融入中国皇家社交圈。⑤ Huang 分析了上海民国时期剧院的地理区位以及建筑特征，并指出空间在塑造权力以及在殖民历史中培育新的社会关系方面的重要作用，而文献并未探讨艺术家及其地理分布，这种艺术地理与多种文化产业类别以及文化机构的关系。⑥

本报告通过研究民国时期上海艺术家的地理分布，探讨上海画坛的近代化议题，并且研究地理分布形态的成因，以及艺术家集聚区的特征。在理论层面上，本报告致力于研究根植于经济地理中的集聚理论以及人文地理中的“创意环境”概念⑦是否能够运用于解释民国时期艺术家的空间分布状态。研究涉及四大议题。

---

① W. J. Liu and X. Huang, *Shanghai Urban Planning*, Singapore: Thomso, 2009; A. Lefebvre and C. Jeremy, *Monitoring Urban Transformation in the Old City of Shanghai and Its Former Foreign Settlements from 1985 to 2014*, Urban Remote Sensing Event (JURSE), 2015.

② N. Arkaraprasertkul, "Power, Politics, and the Making of Shanghai," *Journal of Planning History* 9 (4) (2010): 233–259.

③ M. C. Bergère, translated by J. Lloyd, *Shanghai: China's Gateway to Modernity*, Stanford, California: Stanford University Press, 2009.

④ R. Bickers, "Incubator City: Shanghai and the Crises of Empires," *Journal of Urban History* 38 (5) (2012): 862–878.

⑤ R. Bickers, "Moving Stories: Memorialization and Its Legacies in Treaty Port China," *The Journal of Imperial and Commonwealth History* 42 (5) (2014): 826–856; B. H. Wei, "Semicolonialism and Urban Space: Architectural Transformation of Chinese Theatres in Late-Qing Shanghai, 1860s–1900s," *The Chinese Historical Review* 17 (2) (2010): 166–192.

⑥ X. L. Huang, "Through the Looking Glass of Spatiality: Spatial Practice, Contact Relation and the Isis Theatre in Shanghai, 1917–1937," *Modern Chinese Literature and Culture* 23 (2) (2011): 1–33.

⑦ H. Mommaas, "Cultural Clusters and the Post-industrial City: Towards the Remapping of Urban Cultural Policy," *Urban Studies* 41 (3) (2004): 507–532; M. Storper and A. J. Scott, "The Wealth of Regions: Market Forces and Policy Imperatives in Local and Global Context," (转下页注)

第一，本报告将探索民国时期的上海有无出现艺术家的地理集群。通过某种知识的磁力产生的集聚效应能够吸引专门的人力资源、人才以及具有创意头脑且独具优势的人群。[①] 本报告致力于运用历史地理信息系统建立一个艺术家住址的数据库，分析这些地点的空间关系，并通过比较不同年份的地图，勾勒出这些住址空间形态的变迁。

第二，本报告旨在发掘艺术家集聚区，并采用量化的空间统计方法，发掘影响空间形态的诱因。通过文献回顾，找到可能的自变量，如商业服务、艺术家工作室、文化设施与机构的规模及邻近性；艺术市场的消费规模及空间距离；艺术家的生活成本。[②] 然后建立一个包括所有相关变量的地理加权

（接上页注⑦） *Futures* 27（1995）：505 –526；A. J. Scott，*The Culture Economy of Cities：Essays on the Geography of Image-producing Industries*，London：Sage Publications，2000；G. Evans，"Cultural Industry Quarters：From Pre-industrial to Post-industrial Production，" in D. Bell and M. Jayne，eds.，*City of Quarters：Urban Villages in the Contemporary City*，Aldershot，Hants，England；Burlington，V. T.：Ashgate，2004，pp. 71 – 92；P. Hall，"Creativity，Culture，Knowledge and the City，" *Built Environment* 30（3）（2004）：256 – 258：K. C. Ho，"The Neighbourhood in the Creative Economy：Policy，Practice and Place in Singapore，" *Urban Studies* 46（5 and 6）（2009）：1187 –1201；P. Lehtovuori and K. Havik，"Alternative Politics in Urban Innovation，" in L. Kong，J. O. Connor，eds.，*Creative Economies，Creative Cities：Asian-European Perspectives*，Dordrecht：Springer International Publishing A. G.，2009，pp. 207 –227.

① R. Baptista，"Clusters，Innovation and Growth：A Survey of the Literature，" in G. M. P.，Swann and M. Prevezer，eds.，*The Dynamics of Industrial Clustering：International Comparisons in Computing and Biotechnology*，Oxford：Oxford University Press，1998，pp. 13 – 51：T. Flew，"Beyond ad Hocery：Defining Creative Industries，" http：//europeforvisitors. com/switzaustria/articles/vienna_ museum_ quarter. htm；G. Evans，"Cultural Industry Quarters：From Pre-industrial to Post-industrial Production，" in D. Bell and M. Jayne，eds.，*City of Quarters：Urban Villages in the Contemporary City*，Aldershot，Hants，England；Burlington，V. T.：Ashgate，2004，pp. 71 –92.

② S. Zukin，*Loft Living：Culture and Capital in Urban Change*，Baltimore：Johns Hopkins University Press，1982；R. Baptista，"Clusters，Innovation and Growth：A Survey of the Literature，" in G. M. P. Swann and M. Prevezer，eds.，*The Dynamics of Industrial Clustering：International Comparisons in Computing and Biotechnology*，Oxford：Oxford University Press，1998，pp. 13 – 51；S. V. Bon，*The Cultural Industries：Fostering the Local in the Network Economy*，M. A. Thesis，Tilburg University，1999；P. Hall，"Creativity，Culture，Knowledge and the City，" *Built Environment* 30（3）（2004）：256 –258：H. Mommaas，"Cultural Clusters and the Post-industrial City：Towards the Remapping of Urban Cultural Policy，" *Urban Studies* 41（3）（2004）：507 –532.

回归模型（GWR regression model）。

第三，本报告亦将研究导致空间集聚的定性外部诱因，如城市政策、文化政策以及文化氛围。[①] 将文化机构和设施的地点输入数据库，并分析其与艺术家地点的关系。

第四，研究集聚区的内部网络，以洞明艺术家集聚区的主要特征，从而了解艺术家个人以及企业是否从集聚网络中获得信息交流、知识延伸以及集体学习的益处。[②]

本报告中的民国时期，指的是 1912 至 1948 年。为了探讨民国时期上海艺术家随着时空而变迁的分布形态，本报告选取了五年的历史地图作为分析的空间数据基础：1912 年、1925 年、1937 年、1942 年及 1948 年。1912 年为民国初期，少量文化机构处于萌芽阶段，本土的工商业控制着当时的艺术界。[③] 1925 年乃新文化运动启动后的黄金时代，此时期的文化机构及文化活动空前繁荣。1937 年，抗日战争全面爆发，爱国主义的传统国画艺术的兴起与日本帝国主义侵华行动共存。[④] 1942 年为日军占据时期，上海的都市人口分布形态及文化氛围发生了显著变化。[⑤] 1948 年则预示着民国时期即将终结。

本报告已经建立了历史地理信息系统数据库，其数据来源包含两个方

① P. Hall, "Creativity, Culture, Knowledge and the City," *Built Environment* 30（3）（2004）: 256–258; X. Vence, "Innovative Capacity and Employment Creation in European Regions: The Relevance of Regional Innovation Systems," Paper presented to the "Employment and Innovation," 2nd International Conference, Institute of Regional Development, Seville（2001）.

② D. Hallencreutz and P. Lundequist, "Spatial Clustering and the Potential for Policy Practice: Experiences from Cluster-building Processes in Swede," *European Planning Studies* 11（5）（2003）: 533–547; R. Gordon and P. Mccann, "Industrial Clusters: Complexes, Agglomeration and/or Social Networks?," *Urban Studies* 37（2000）: 513–532.

③ J. Zheng, *The Modernization of Chinese Art: The Shanghai Art College*, Belgium: Leuven University Press, 2016.

④ K. Y. Shen, "A Debate on the Reform of Chinese Painting in Early Republican China," *The Tsing Hua Jounal of Chinese Studies* 26（4）（1996）: 447–469.

⑤ M. Sullivan, *Art and Artists of Twentieth-century China* , Berkeley, California: University of California Press, 1996.

面：专题数据和空间矢量数据。目前，本报告项目仍在进行中，本报告的重点是介绍采用历史地理信息系统收集及分析数据的方法，并简要报告初步研究发现。以下论述数据收集及分析的方法。

二　专题数据的收集

民国时期艺术家在上海的居住或通信地址为资料搜集的重中之重。我们主要的资料来源包括一手文献和二手资料，数据收集完成后，研究者们再进行甄别和整合，并输入历史地理信息系统。但这一数据收集和处理的过程实际上会遇到种种困难，需要几位合作者在数据收集前及收集过程中不断沟通，并及时制定问题解决方案。以下介绍本报告中一手文献及二手资料收集的方法及过程。

基于前期研究和对民国时期上海艺术史资料的了解，我们大概锁定了几种必须要看的一手文献。一是上海美术专科学校（简称“上海美专”）档案。作为民国时期办学时间最长、影响最大的美术学院，上海美术专科学校从 1912 年建校到 1952 年全国院系调整之前的全部档案都完整保存在上海市档案馆，全宗号 Q250，被拍摄成了 14 盘胶片供查阅，上海市档案馆也与上海刘海粟美术馆合作摘录编辑了九卷《上海美术专科学校档案史料丛编》，可惜在我们整理时只出到了第六卷。上海美专的档案包括了历年教师与学生情况的统计、学籍表、成绩单、与上海市教育局和民国教育部的函件往来、会议记录、同学录、通讯录、毕业生名册、毕业纪念刊、校规、财务账目、出版刊物等，其中大量档案都含有我们需要的艺术家地址。二是其他一些学校留下来的档案，如上海图书馆和上海社会科学院图书馆保存了几册新华艺术专科学校的毕业纪念刊，我们也从顾浩先生手中抄得一份纪念册通讯录；另外，我们一共统计出了当时存在过的 113 所开设美术课程的学校、画室或传习所，它们大部分需要去教育局注册，我们能在民国时期上海市教育局的档案中找到教师的通信资料。三是在学校之外，民国时期的上海还存在许多美术社团，我们统计出 174 家社团，它们需要在当时的上海社会局注册，我们同样能在上海市档案馆找到相关登记档案，但不同于学校，许多美术社团还会主办同人刊物，如晨光美术会的《晨光》、上海巽社《鼎脔》、中国画会《国画月刊》等，这些刊物常常会登载、更新会员艺术家的润例与通信信息，除了在图书馆查阅，我们主要依靠上海图书馆制作的《全国报刊索引》数据库。

二手文献则来自当时的媒体和学者编纂的出版物。首先是黄页与行名录，它们会刊载一些在沪鬻画艺术家的通信地址，如商务印书馆从 1909 年开始编纂的《上海指南》与《上海商业名录》，申报出版的《申报年鉴》与《申报上海市民手册》，世界书局《上海快览》，东南文化服务社《大上海指南》，许晚成编纂的《上海指南》与《大中小学校调查录》，鸡笼生所著的《游沪指南》。除了中文的黄页，当时还有一些英文版的上海指南出版，如 Carl Crow 编写的 *Handbook for China* 系列手册。其次是当时已经有一些专业著作非常值得参考，首推 1947 年王扆昌主编的《中国美术年鉴》，设有“美术家传略”，为约 1200 名民国时期的艺术家撰写了传记，陆丹林的《中国现代艺术家像传》则增加到 1300 多人，他们绝大多数有在上海生活的经历。

当代学者的研究整理。民国时期上海的美术史有三部极为重要的工具书，分别是王震先生从民国报刊上摘抄出来的《二十世纪上海美术年表》，王中秀先生的《近现代金石书画家润例》和颜娟英编写的《上海美术风云：1872—1949 申报艺术资料条目索引》。前者几乎目验了 20 世纪上海地区的所有中文刊物，事无巨细，一一抄录，不仅收录了本研究所需要的艺术家地址，更是研究整个 20 世纪上海艺术史的百科全书，考虑到它编写于没有多少文史数据库可用的 2005 年以前，这一工作是不可想象的。《润例》则专收润例，因为“润例”是民国时期艺术家卖画广告的专有名词，基本上都带有联系方式和通信地址，研究团队几乎对其进行了全文抄录。而鹤田武良所编的《民国期美术学校毕业同学录 · 美术团体会员录集成》则从档案和其他民国文献中进行抄录，可惜我们在收集资料时未能取得这份十分重要的资料，后来发现我们在相当程度上只是补充了鹤田的工作。此外，还有俞剑华先生的《中国美术家人名辞典》以及为之补遗的乔晓军的《中国美术家人名辞典补编》、张根全的《中国美术家人名辞典增补本》、雷正民的《中国现代美术家人名大辞典》与许志浩的《中国美术社团漫录》。这些都为我们的资料收集提供了很大帮助，一些考证详尽的艺术家年谱则帮助我们锁定。

但整理收集不是纯粹的文字录入，在录入过程中会出现很多问题，许多是预料不到的。比如说艺术家常以字、号行世，如果不熟悉就会当成两个甚至三个条目，我们后期也可以依靠相同的地址来进行排除。再比如路名与地址编号方式的变化，我们发现从 1912 年到 1948 年，上海的路名和编号方式多次发生重大变化，还不包括仅有一两条道路的细小改变。这些不得不依赖现有的研究成果，在历史地理信息系统中对艺术家的地址进行定位。另外一个对数据收集工作影响重大的问题是如何定义“艺术家”从而确定艺术家的收录范围。

项目伊始，我们为此设立了两大标准。第一，本项目设定的研究对象为从事视觉艺术创作的艺术家，包括中西画家、视觉艺术设计师、雕塑家以及书法家。如此，表演艺术家、艺术理论家、艺术组织的官员便不包括在内。第二，收录的对象为取得一定艺术成就，已在社会上获得一定认可的艺术家。他们在公共视野中的身份包括以下几种：艺术学校的艺术老师、报纸的美术编辑、艺术作品多次见诸报端或参加展览的艺术家、被收录于民国艺术家名录的艺术家以及活跃于艺术市场的职业画家等。如此便将艺术学校的学生以及仅以艺术为私人爱好的人士排除在外。有一个需要进行特别处理的群体是中学美术教师，他们往往从美术学校毕业后投身美育，有些也积极参与其他的艺术活动，我们保留了曾有参与艺术活动记录的中学美术教师。

值得一提的是，整理数据时一些数字人文工具和数据库可以在很大程度上帮助我们提高效率。目前的民国报刊数据库已经很多，《申报》可以全文检索，上海图书馆的全国报刊索引收录了最全的民国期刊。这些数据库帮助我们在前辈学者的基础上进行更多补充。而除此之外，OCR 文字识别软件

ABBYY FineReader 是最有力的工具，我们将前述王震 1342 页共约 124 万字的《二十世纪上海美术年表》进行了 OCR 识别，识别后除了可以方便地检索摘取艺术家的通信地址，还能用以判断艺术家之间的关系和重名、异名等问题。而小狼毫输入法和“开放中文转换”（OpenCC，https：//github.com/BYVoid/OpenCC）项目则能很好处理繁体拼音输入与繁简转换时的“一对多”等问题。

三　空间数据收集与历史地理信息系统数据库的构建

本报告数字化的地图均来自里昂高等师范学校由安克强教授主持的虚拟上海研究平台（https：//www. virtualshanghai. net/）。历史地理信息系统数据库的构建通常包含配准历史地图、矢量化参考底图、属性表的建立及关联到空间数据三个步骤。

（一）地理配准

对历史地图进行地理配准，是赋予扫描后的历史地图地理坐标并进行校正的过程。地图图层中的所有元素都具有特定的地理位置和范围，这使它们能够定位到地球表面或靠近地球表面的位置。通过地理配准，不同时期的历史地图可以叠加到一个统一的地理参考系统下，以便进一步比较分析。

本报告以 Open Street Maps（OSM）的地理坐标系统为基础，对选取的历史地图进行空间配准。OSM 为目前应用最广泛的参考底图，以此为基础将有助于将来本数据库与其他历史地理信息系统的耦合（如哈佛的中国历史地理信息系统）。

橡皮拉伸（Rubber sheeting）用于校正数据集中某些点（即控制点）的地理坐标，使这些点与已知点的坐标更加接近。样条函数转换（Spline transformation）为典型的橡皮拉伸方法，它优化了局部的配准精度而不是全局精度。本研究采用样条函数转换方法进行配准，目的在于使不同历史时期的地图配准之后，局部地区的叠加更加清晰准确。

1. 控制点的选取

空间配准的重要环节，是已有坐标系的底图与需配准地图上控制点的选择。通常选取那些在某个时间区段内相对稳定的地物作为控制点。根据上海的地形特征，主要的控制点包括河流（如黄浦江）的拐点，主要大街的交叉口及重要建筑物。样条函数插值方法需要至少 10 个控制点来进行计算。控制点越多，精度越高。我们为每张地图选取了约 50 个控制点。

2. 数字化参考底图

构建历史地理信息系统数据库，首先需要数字化大比例尺的历史地图作为参考底图，此为数据库的基础空间数据。本数据库矢量化了比例尺均为两万分之一的 1937 年《最新上海街市地图》及 1947 年《最新上海市街图》。选择这两张地图是因为其空间分辨率较高，含有丰富的街道信息；地图保存完好，地名相对清晰；1947 年地图上附有新旧地名对照表。这些因素是建立较完整的街道地名数据库及城市交通网络的重要保证。我们分别基于这两张地图数字化了 1087 条（1937 年）及 675 条街道（1947 年）。图 1 为 1947 年地图及矢量化之后的结果。

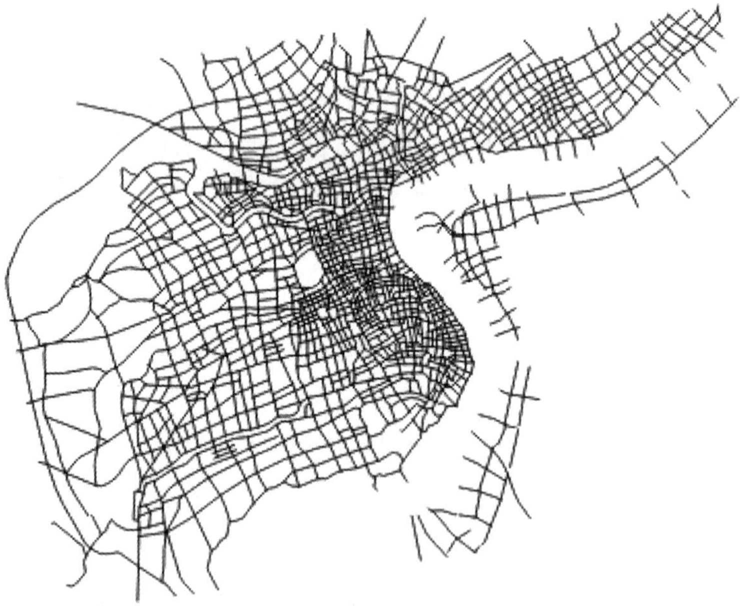

图 1　1947 年上海市街道数字化结果

在已有的矢量化参考底图的基础上，我们通过 Geodatabase 建立街道拓扑关系，重构民国时期上海城市交通网络系统。Geodatabase 是 ESRI 建立的面向对象的空间数据模型，它真实地反映了现实世界的物理实体，在继承传统的 Coverage 数据格式拓扑关系管理优势的同时，提出了基于规则的拓扑关系管理机制，并给出了配套的应用工具对其进行交互处理和操作。[①] 图 2 为 1937 年上海的街道网络系统。这些数据对于探讨城市交通与艺术家地理分布关系来说是不可或缺的。

图 2　1937 年上海街道网络系统

（二）属性关系数据库

关于专题数据的属性信息，如艺术家的工作地点、家庭住址、籍贯以及

① 蔡晓兵：《Geodatabase 中基于规则的拓扑关系管理机制》，《资讯技术》2002 年第 4 期，第 40～43 页，https：//www. virtualshanghai. net/。

毕业院校等，我们采用了 ACCESS 关系数据库进行存储。每个艺术家都有唯一标识的 ID，通过此 ID 可以将属性表与空间数据进行关联。

艺术家、学校、商业机构及社团的分布在历史地理信息系统数据库中用点地物表示，这些点通过地址在参考底图上进行定位。参考底图的空间分辨率仅精确到街道，并无门牌号信息，而我们收集的专题信息地址却含有大量的门牌号码。这个问题在构建民国时期历史地理信息系统数据库中颇为常见，就是如何在城市街道地图中确定门牌号。民国时期北京历史地理信息系统是通过利用地图上的寺庙符号，将其与寺庙地址进行匹配，从而作为门牌号码的参考标准。① 这并非完美的解决方案，然而如何在理想的研究框架与不完美的历史资料两者之间找到平衡，或许是目前历史地理信息系统研究者亟须解决的一大难题。

为了对艺术家的地理分布进行较准确的定位，我们参考了 1939 年及 1947 年的《上海市行号路图录》。图录为民国时期出版的反映上海市区各街道商业机构、网点的商业地图册，里面包含各商铺的详细地址及门牌号码。虚拟上海平台已将此图录数字化，并形成近代上海历史地图集，方便研究者对图录上的地址进行检索。按照这个方法，我们对 ACCESS 数据库存储的 1200 多个艺术家进行定点（图 3），并建立了艺术家、学校、商业机构、社团、活动等 Shapefile 专题图层。

四　数据分析方法

本报告采用历史地理信息系统的方法，探讨民国时期上海艺术家的空间分布特征。历史地理信息系统利用数据的时间与空间属性，增强了历史分析中对空间维度的认识。② 历史地理信息系统方法包括三个元素：空间数据

① D. W. Wong, B. K. L. So, and P. Zhang, "Addressing Quality Issues of Historical GIS Data: An Example of Republican Beijing," *Annals of GIS* 18 (1) (2012): 17 - 29.

② I. N. Gregory and R. G. Healey, "Historical GIS: Structuring, Mapping and Analyzing Geographies of the Past," *Progress in Human Geography* 31 (5) (2007): 638 - 653.

图3　民国上海艺术家地理分布

库、空间分析与统计以及可视化。通过数字化参考底图、提取相关地物、重建街道网络系统及定点艺术家住址等步骤，我们建立了民国时期上海艺术家地理分布数据库。在此基础上，可以利用空间分析及空间统计的方法对数据进行深入的分析，以揭示不同时期艺术家分布的空间形态及其与学校、商业设施、地价和城市交通等社会经济因素的互动关系。最后，空间数据和空间分析的结果均可通过可视化功能进行展现。

（一）热点分析

基于建立的数据库，我们将采用热点分析（即G统计）的方法来分析不同时期艺术家分布的空间形态。G统计为空间自相关指标，来自地理学第一定律，即邻近的事物相关性更高。[①] G统计可用于标识高值或低值的聚集，即“热点”或“冷点”地区。通过G统计的应用及不同时期分析结果的叠加，我们期望可以揭示民国时期上海艺术家的地理分布及变迁。

---

① L. Anselin, “Spatial Econometrics,” in B. Baltagi, ed., *Companion to Econometrics*, Oxford: Blackwell Publishing, 2001.

（二）两步移动搜索法

基于已建成的民国上海城市交通网络系统（1937 年及 1947 年），采用两步移动搜寻法来评估艺术家工作室的可达性。这个方法最初是用于分析医疗资源的空间可达性[①]，通过计算医生与人口的比率，另外考虑不同居民点的出行时间。我们将使用上海每个分区的艺术家数目来计算城市艺术家工作室的空间可达性。分析结果将与艺术家的地址分布进行叠加，以观察两者之间的空间联系。

（三）地理加权回归

我们将建立回归模型来探讨艺术家的分布与不同社会经济因素之间的关系。普通的线性回归模型是较为常用的统计模型。[②] 由于空间异质性的存在，我们将采用地理加权回归来检验艺术家的地理分布与其他相关因子的关系。[③] 在此地理加权模型中，我们将警察分区的艺术家数目作为因变量，而分区的艺术文化机构、商业设施、地价及分区的消费水平等作为自变量，来进行回归计算。参数估计的结果可以解释它们之间的互动关系，分析结果将通过历史地理信息系统的可视化功能在地图上展现。

由于本项目目前尚处于完善数据库阶段，空间分析及统计的部分将在以后的报告中进行详细阐述。

---

① F. Wang, and W. Luo, "Assessing Spatial and Nonspatial Factors for Healthcare Access: Towards an Integrated Approach to Defining Health Professional Shortage Areas," *Health and Place* 11 (2005): 131 – 146.

② A. J. Dobson, *An Introduction to Generalized Linear Models*, London: Chapman and Hall, 1990.

③ A. S. Fotheringham, M. Charlton, & C. Brunsdon, "Two Techniques for Exploring Nonstationarity in Geographical Data," *Geographical Systems* 4 (1997): 59 – 82; A. S. Fotheringham, M. Charlton, & C. Brunsdon, "Measuring Spatial Variations in Relationships with Geographically Weighted Regression," in M. M. Fischer and A. Getis, eds., *Recent Developments in Spatial Analysis*, Berlin: Springer, 1997.

五　初步研究发现辑要

目前的研究进展显示，历史地理信息系统的运用可以在上海艺术史以及上海城市史中近代化问题的研究中起到重要的作用。具体的探讨由本研究组在2019年4月在华盛顿召开的美国地理协会年会上做了报告，以下为要点简述。

首先，艺术家的地理分布与宏观历史背景之间存在一定的关联。20世纪10年代，辛亥革命推翻了清皇权，充足的资金和人力资源推动了资产阶级的出现。上海的经济增长加速，与此同时，上海的劳工阶层与艺术家群体也迅速膨胀，逐步进入黄金时期。尤其是20世纪10年代后期，蔡元培对美育的推动，令以上海美专为代表的私人美术学校得到发展。进入20世纪20年代，留日、留欧的中国艺术学生回到上海，出现了以法租界、公共租界艺术团体及机构为中心的艺术家群体较为密集的分布模式，艺术家的数量及聚集的密集程度皆有胜于20世纪10年代。从20世纪30年代到20世纪40年代，因为抗日战争的爆发，艺术家空间分布形态的变化较为明显。居于华界的艺术家在一定程度上向法租界及公共租界迁移，亦有不少离开上海。由于学校停课或内迁，艺术家分布的密集程度显著下降，空间上呈现较为平均及萧疏的分布特征。到1948年，内战结束，集聚的特征再次在部分地区出现。

其次，历史地理信息系统令艺术家的居住及工作空间被纳入城市近代化的议题，而连接艺术与城市环境的中间环节是建筑。历史地理信息系统展现出艺术家的空间分布，令学者关注艺术家住所的建筑特征：多数住宅是平民化的石库门里弄建筑，但亦不乏连排式别墅或者独栋洋房。这些摩登建筑成为孕育与展示艺术创作的平台，令艺术元素进入城市近代化的探讨，从而在近代上海艺术史与城市史之间构筑起一道桥梁。

再次，历史地理信息系统勾勒出一个反映艺术家生活环境的充满各种文化资产的社区环境。这一环境的特征是餐馆、书店、艺用商品店、艺术团体及展览设施密集，反映出上海艺术家充满文人气息的创意空间特征。

最后，历史地理信息系统还反映出艺术家祖籍的构成，以及所从事的美术类别的构成，回应城市历史研究中关于移民及其来源的议题，以及艺术史研究中对近代艺术类别的探讨，从而足以论证上海都市化的特征。

参考文献

王震：《20世纪上海美术年表》，上海书画出版社，2005。

许志浩：《中国美术社团漫录》，上海书画出版社，1994。

Association for Asian (AAS), "Modernity and Patronage in Visual Culture of Qing China," Session 158 at the 1999 Association for Asian Studies Annual conference, Boston.

R. Bickers, "Incubator City: Shanghai and the Crises of Empires," *Journal of Urban History* 38 (5) (2012).

R. Bickers, "Moving Stories: Memorialization and Its Legacies in Treaty Port China," *The Journal of Imperial and Commonwealth History* 42 (5) (2014).

P. Chan, "The Institutionalization and Legitimatization of Guohua Art Societies in Republican Shanghai," *Modern China* 39 (5) (2013).

R. Franke, "Smooth Interpolation of Scattered Data By Local Thin Plate Splines," *Computer and Maths with Applications* 8 (4) (1982).

A. Getis, and J. K. Ord, "The Analysis of Spatial Association by Use of Distance Statistics," *Geographical Analysis* 24 (3) (1992).

E. L. Glaeser, "Are Cities Dying?" *The Journal of Economic Perspective* 12 (2) (1998).

A. Lefebvre and C. Jeremy, *Monitoring Urban Transformation in the Old City of Shanghai and Its Former Foreign Settlements from* 1985 *to* 2014[Urban Remote Sensing Event (JURSE), 2015].

H. Lin, J. Zheng, P. Y. Zhang, F. Zhen and Y. S. Leung, "The Formation and Transformation of the Modern Urban Art Scene in Shanghai: A Historical GIS Approach, 1912 –1948," (paper presented on April 5, 2019, Washington D. C., Association of American Geographers Annual Conference Meeting, 2019).

L. Mitas, and H. Mitasova, "General Variational Approach to the Interpolation Problem," *Computer Math Application* 16 (12) (1988).

S. Seidman, and C. A. Jeffrey, eds., *The New Social Theory Reader Contemporary Debates* (London and New York: Routledge, 2001).

A. Y. Wong, *Parting the Mists: Discovering Japan and the Rise of National-style Painting in Modern China* (Honolulu, H. I.: Association for Asian Studies, University of Hawaii Press, 2006).

B.20
数字化视域下的都市村落文化脉络再生分析研究

谢 健*

摘 要： 都市村落面临祭祀信仰、族群记忆和文化教育三方面的文化改造困境。数字化技术对都市村落文化的再生促进体现在采用虚拟现实技术（VR）促进村落影像传播；采用增强现实技术（AR）留住村落历史记忆；采用人工智能技术（AI）创造互动式村落文化。从线下互动例子可以看出，借助新技术完成多元主体虚拟互动、增强虚拟互动的现实效果、增强互动的文化渲染效果是未来数字化村落建设的新路径。

关键词： 都市村落文化　城镇化　数字化　文化再生

在城镇化建设日益推进的今天，传统的城市社区在迎来都市发展机遇的同时，不得不面临固守原有观念进而湮灭于都市化进程中，抑或跟上都市发展步伐，在城市中迎来文化再生的抉择。与此同时，越来越多原本远离都市的乡村被纳入城市的版图，在外生型的城市化进程中完成非农化的转型，成为所谓的“城乡边缘带”“城中村”，也就是国外学界所谓的都市村庄等自助型居住区（Self-help Housing）等都市单位。

从社会学研究的角度来看，城中村并非一个恒定的概念。早期学者对城

* 谢健，哈尔滨工业大学（深圳）人文与社会科学学院助理教授，香港中文大学文化与宗教研究系博士。

中村的描述极具客观性，认为这仅仅是一个农民在土地被政府征用后，仍然留在原村落居住而形成的居民区而已。无论是原本存在于都市之中成为外来人员集散地的传统街区，还是随着城市扩展而被逐步纳入都市化建设的传统村落，其在城镇化建设过程中所引发的一系列复杂的治安、卫生、公共设施等问题均值得学界重视。“都市型农业”、“旧村改造”、“撤村改制”以及农村集体经济股份制改制等改造模式先后提出并应用实践，然而所谓的城中村问题，并不仅仅是物质改造的问题，文化认同意义上的再生重构问题同样值得重视。城中村的形成是一个历史问题，城中村是一个本地居民与形形色色的外来人员共存的多元都市族群聚合体，具有内在的运作机制、文化肌理与族群记忆。因此，城中村的矛盾已不再是物质改造问题，而应该是原有的文化脉络如何保存、新的文化记忆又如何传承的问题。

有鉴于此，部分学者指出，都市中的传统社区作为兼具乡土社会与法理社会性质的混合性区域，应当以空间文化形态改造为突破口，在改造中逐步解决社区转型和城乡文化融合问题①，从社会融合视角就城中村文化建设模式展开探索。② 这已成为国内学界的共识。《国家新型城镇化规划（2014—2020 年)》亦指出，城镇化建设的主要目标在于实现“人的城镇化”，强调追求和谐的城乡一体化和城乡统筹发展的过程，以提升城市的品质内涵为主旨，“真正使得我们的城镇可以成为促进居民素质、文化、技能、思想全面发展的人居之所”③。文化建设成为新型城镇化建设中的首要议题。

一　都市村落的文化营造困境

在城中村的文化改造中，“社区营造”理念一度非常流行。“社区营造”

① 窦殿毅：《城中村改造过程中的社区转型与城乡文化融合问题研究》，《住宅产业》2016 年第 1 期，第 68～72 页。

② 于卓扬、李敏：《社会融合视角下城中村文化建设模式探索》，《重庆城市管理职业学院学报》2016 年第 4 期，第 19～22 页。

③ 唐琼、禹航：《新型城镇化背景下国内外“城中村”改造治理比较研究》，《中州大学学报》2017 年第 1 期，第 35～38 页。

的主要概念及方法论主要源于日本20世纪六七十年代由年轻人主导的“造町运动”。“造町运动”是在日本后现代都市社会老龄化、工业化矛盾集中爆发的背景下，具有社会革新热情的青年学生纷纷返乡，回归家园，重新从传统村落中寻求人生价值感、归属感，并从“人、文、地、产、景”五个方面重构具有东方“侘寂”文化内涵的传统村落。20世纪90年代末，中国台湾地区有感于被卷入全球化浪潮后传统的乡村运作模式破产，乡土社会面临血缘关系和地缘关系的双重崩坏，亦开始借鉴日本的做法，试图通过对村落中的祭祀信仰、族群记忆和文化教育进行改造，通过“社区文化深耕”和“社区创新实验”等营造模式实现社区的文化再生。学界对台湾地区“社区营造”的优势、经验以及启示已有较多研究，此处不再赘述。

事实上，从当下的城市实践来看，无论是20世纪六七十年代日本的“造町运动”还是20世纪90年代兴起的中国台湾的“社区营造”运动，直接照搬经验都遇到不少困境。这主要体现在以下几点。

（一）从祭祀信仰入手改造的得失

祭祀信仰的重要意义在于塑造原住居民的血缘、地缘以及跨地缘观念。在传统日本村落文化体系中，神社主生，寺庙主死。人们在面临婚姻、生育、工作、农事的困惑时会去神社求问——神社是世间百态、芸芸众生的缩影，是鲜活生命的象征。故而对传统日本村落而言，神社是村落的心脏，是其跳动的脉搏。日本艺术评论家椹木野衣在改造濑户内海的丰岛时就充分利用了“祭祀带”的概念展开艺术塑造，重现了神社之于传统日本村落的神圣意义。他在丰岛当地的神社原址上建了一座美术馆，里面只展览一件作品，即法国艺术家Christian Boltansiki的《心脏音档案室》。神社的周边被大海包围，起伏的海浪声也是大海的心跳声。游客到此游览，亦可录入自己的心跳声，保存于美术馆中，一年或数年后再聆听。在艺术化的改造下，神社所表征之久远历史、海浪声所表征的浩瀚自然、游客心跳所表征的当下个体，三个迥异的时空心态在丰岛融为一体。这是充分利用村落的“祭祀脉络”重建村落文化，促使其自发内生长的典型例子。

然而在中国，传统中国村落中的宗祠和庙宇在都市化的包围下大多已消逝或废弃，老年人康乐活动室已经成为都市村落村民开展文化生活的新聚集地。宗祠对于都市村落村民的凝聚力和认同感的建构作用正在被康乐活动室、棋牌室所带来的愉悦感削弱；作为村落土地守护神的“社主”及其对于本地居民而言庇佑村境内“阴安阳乐”的祭祀意义也随着外来租户的增多和本地居民的撤出而被冲淡；跨地缘的神灵祭祀以及庙会的举办，本质上是建立在村落彼此联结的地缘空间基础之上的，但是随着联结传统村落的圩镇节点和时间性的庙会、圩日习俗被都市林立的购物中心及现代随意、随机的消费方式阻隔，天后、妈祖等跨境神灵崇祀物质基础在都市中已不复存在。

（二）从族群记忆入手改造的得失

族群记忆的主要作用在于巩固强化村民的族群认同，维护族群边界，为村落的物质再生产提供精神动力。相较于日本的“造町运动”对村落“祭祀带”的发掘，中国台湾的“社区营造”则更注重对村落族群记忆的重构。台中地区的桃米村长期以来因为交通不便等原因日益没落，仅以售卖售价为每千克5元台币的麻竹笋为主要经济来源，“9·21”震后更是丧失了这唯一的经济来源。当地政府和农委会发现，桃米地区具有丰富的原生蛙类资源，这些蛙类承载了桃米村村民的童年记忆，也成为他们重新找到自己文化定位的起点，即“以青蛙观光为特色的生态旅游村落”。各种青蛙雕塑和青蛙艺术形象在桃米村的公共空间中随处可见，该村也于2014年推出了以桃米村青蛙为主题的3D电影《桃蛙源记》。作为桃米村村民的族群记忆载体和主要景观资源，丰富多样的原生蛙类在艺术化的改造下，形成了该村落重要的内生动力。

效仿台湾经验，从“族群记忆带”入手复兴都市村落的文化脉络，在珠三角的城市实践中也遭到了困境。“族群认同”（ethic identity）是20世纪中期欧美人类学界在面对工业化社会中日益突出的本地居民与外来移民之间消长、冲突等族群问题时提出的新概念。利奇（Edmund Ronald Leach）曾以缅甸高地的克钦人与掸邦人为例提出一个经典的族群理论：文化要素可为不同族群所共有；一个族群内部也可以有多种差异极大的文化形态，人们会基于利益思考主观地选择标准并将其合理化，构建出新的族群世系。① 弗雷德里克·巴斯（Fredrik Barth）在其1969年编辑出版的划时代论文集《族群与边界》中更进一步指出，族群通过边界定义，而边界则是在本族群与其他族群的互动中形成的，是在多样的文化中塑造而成的。② 从珠三角都市村落的现状来看，大部分本地居民的子女已撤出原居村落；村落中的居民也以外来租客为主，本地居民中只有老人留守其中。本地居民和外来租客在社区中构成了多元族群共存的格局。这一方面固然有助于族群边界的形成，另一方面也使这些社区在重构族群记忆时面临选择性困惑："究竟应该重构哪一个族群的记忆？"不仅社区中的族群变得多元化，每个族群在社区中停留的时间乃至对族群记忆重构的影响也都是不一样的。

珠三角的NGO组织曾尝试从族群记忆入手重建都市村落的文化脉络。2018年的深圳城市"双年展"中，当地的NGO组织曾在分会场樟坑径上围村艺术地复原了曾于20世纪五六十年代公社时期给村民们留下深刻印象的大粮仓，试图唤醒村民的集体记忆。然而这种基于族群记忆而形成的造景所面临的问题是，无论是本地居民还是外来租户，都面临时间和空间上的记忆断层，艺术造景短时间内难以促使社区多族群形成共同的价值取向和身份认同，也就无法在快速更新的城市化进程中为社区文化提供持久的内生动力。

（三）从教育文化入手改造的得失

文化教育的重要功能在于巩固强化村民的族群认同，维护族群边界，为村落的精神再生产提供直接的文化支持。从教育人类学的视域来看，人类是需要

---

① Edmund Ronald Leach, *Political Systems of Highland Burma*: *A Study of Kachin Social Structure*, London: Athlone Press, University of London, 1954.

② Fredrik Barth, ed., *Ethnic Groups and Boundaries*: *The Social Organization of Culture Difference*, Boston: Little Brown, 1969.

教化（bildung）的。德国教育学家赫尔德（Johann Gottfried Herder）甚至认为，“教化”是人类可以“成人”，达到一种理想“人类形象”（Menschenbid）的唯一途径。[①] 传统村落中的族塾、私塾多教授儒家伦理和《三字经》等具有亲慈手足、睦亲和族等功能的文本，除却满足家族教化和维护族群认同之需要外，在很大程度上也是出于个人自我提升的本质需求。

当前出现村落中70%～80%的本地居民外迁的现象，外迁人中大部分是年轻人。这是因为“外面的世界”对年轻人来说意味着更有趣、更舒适、更有自我提升感的生活空间。近年来，尽管有大量艺术家开始进驻老旧社区提供公益艺术教育，但是始终因为经费等问题收效甚微，艺术家毕竟不是全职的教育者，无法为村落提供持续而系统的儿童教育。日益空心化的城中村显然无法吸引优质的教育资源留驻，而教育资源的流失又使城中村持续发展动力不足。

二　数字化技术对都市村落文化的再生促进

2019年5月，中共中央办公厅、国务院办公厅印发了《数字乡村发展战略纲要》，明确指出“数字乡村是伴随网络化、信息化和数字化在农业农村经济社会发展中的应用，以及农民现代信息技能的提高而内生的农业农村现代化发展和转型进程，既是乡村振兴的战略方向，也是建设数字中国的重要内容”。该纲要为乡村文化的提振注入了数字化的新活力。虚拟现实技术（VR）、现实增强技术（AR）、人工智能技术（AI）是当下最能推进乡村文化创新性发展的三大核心技术。

（一）虚拟现实技术（VR）与村落影像传播

虚拟现实技术（Virtual Reality，VR）是通过计算机虚拟环境创设而给

① 孙丽丽：《当代德国教育人类学的三大基础性问题及其思想来源》，《湖南师范大学》（教育科学学报）2018年第1期，第22～23页。

人们带来浸入式体验的一种新技术。VR 技术最初在博物馆和旅游景点中应用，近年来也逐渐应用于村落的文化传播中。如位于浙江省玉环市坎门街道办事处的黄门村，是一个三面环海的村落，风景优美，主要产业为海洋渔业以及养殖业。2018 年，黄门村采用 VR 技术将村景上传至微信平台，只要扫描二维码，即可以 360 度的全景视角俯瞰黄门村全景及其紫菜养殖基地，烟波浩渺，美不胜收。在 VR 主页上，访客可以通过点击进入黄门村的村部、船承馆、村史馆的每一个角落进行线上参观，让黄门村的海洋文化在公众视域中得到较为全面的呈现。

从笔者 2015 ~2017 年对珠三角都市村落改造田野调查的情况来看，曾经位于深圳市福田核心区域的岗厦村在经历旧城改造时，宗祠、庙宇等已经荒废许久。[①] 承载了村民族群记忆的历史物件和历史照片则统一以博物馆的形式另选地址兴建，原有的村落则被商业楼盘所取代。类似的情况也发生在广州历史村落猎德村身上。猎德村位于广州市新 CBD 区域珠江新城的中央商务地带，早在 1994 年即被纳入珠江新城规划建设。猎德村的改造采用了政府出台政策、开发商垫资、村民协商的三方共赢方案，在旧改完成后也对该村落的文化传承进行了抢救，如通过异地复建、原状保留等形式尽量保存岭南水乡风貌。[②] 都市村落大多无法完整保留村落过去的影像，因此，对现有的村落进行 VR 技术改造，不失为传播村落文化影像、缓解乡愁的一种有效形式。

（二）现实增强技术（AR）与村落历史记忆再现

现实增强技术（Augmented Reality，AR）是一种可以让人们在屏幕上与虚拟世界进行互动的视觉技术。对于置身现实世界的人们而言，过去与未来皆是虚拟。因此，村落的文化旅游也就借助 AR 技术得以实现与历史记忆的

---

① 谢健：《城中村改造与宗族变迁——基于深圳两个宗族村落城中村旧改的探析》，《江汉学术》2017 年第 5 期，第 16 页。

② 邓芙平：《重塑岭南传统龙舟活动空间——以广州猎德村为例》，《建筑工程技术与设计》2017 年第 5 期，第 2086 ~2087 页。

互动。

位于厦门岛东南部的曾厝垵是中国第一 AR 村，也被称为最文艺的渔村。进入村里，门楼、戏台等景点都有 AR 标识。游客只要扫描二维码，就可以听到和看到关于这个景点的历史，感受历史场景，穿越历史记忆。有感而发的游客也可以把自己的感受输进去，形成现实与虚拟的互动。

诸如店铺和旅馆，只要扫描二维码标识，即可了解在店铺或者旅馆中发生的小故事，也可以查看店铺或者旅馆的商品或者房间情况。

这种虚拟与现实、外在与内在的互动，增强了游客的旅游互动体验，而这种体验是带有历史感的，在使村落的历史记忆得以保留之余，也吸引了外来人群不断加入村落的记忆共同体，创造出新的历史记忆。

（三）人工智能技术（AI）与互动式村落文化共创

关于城中村的族群文化思考，法国文学家罗兰·巴特（Roland Barthes）曾提出“作者已死”（the death of the author）理论。该理论认为，文本可以分为阅读性文本（readerly texts）和写作性文本（writerly texts）两种，前者包含了作者预设的阅读规则和约定，后者则要求读者打破作者的规则和约定，自行参与文本的意义制作。作品的意义来源于读者而非作者，读者对作品的注解远比作者自身的阐释更具意义，且更能影响社会未来的消费行为。[①] 巴特的理论构成了“在地感”理论的雏形。地方带给人们的意义感并非与生俱来，而是来源于生活在其中的人对这一地方空间的再使用（re-appropriation），也就是空间的消费行为。从 Henri Lefebvre 的观点来看，人们在具体地理上创造的空间，是人们日常生活的表征，它“反映了社会的现实而为社会所生产”[②]。

然而如何在城镇化快速推进的今天，在都市村落中建立跨族群的文化认同，是村落文化再生中值得思考的重要问题。根据笔者曾对深圳龙岗区上高

---

① Roland Barthes, *Image - Music - Text*, London: Fotana, 1977.

② 黄应贵：《导论：空间之意象、实践与社会的生产》，载黄应贵主编《空间与文化场域：空间之意象、实践与社会的生产》，汉学研究中心，2009，第 1 页。

桥村的调查，村民在做沙盘游戏时就提出希望新社区能盖传统的岭南骑楼和养金钱龟祈福的地方，那里成为他们精神寄托之所；租户则认为保留当前的社区及租金水平，并为社区引入优质的基础教育资源以及社区健身场所才是最重要的。

新兴人工智能技术（Artificial Intelligence，AI）的智能式互动体验为村落的多元化文化认同构建提供了契机。由哈尔滨工业大学深圳校区联合清远市开发的乡村智能系统“V 村在线”使用远程遥控机器人选取乡村的农产品，实现村落农产品和农民自制工艺品的线上交易，带活了乡村经济，也传播了乡村文化。

三　来自线下的启示：数字化村落的新路径

尽管数字化乡村建设已经初见成效，然而与线下互动相比，仍有不少地方值得借鉴并改善。在这里仅以笔者曾做过田野调查的深圳鳌湖艺术村为例，探索数字化都市村落建设的新路径。

（一）鳌湖村的线下互动例子

位于龙华地区的鳌湖村是艺术与城中村共生的典型村落，艺术家们是以空间的艺术化改造作为突破口，介入鳌湖老围的文化治理的。具体体现如下。

2005 年，鳌湖本土艺术家邓春儒回村中居住，将其在香港艺展中卖出作品所得的资金用于修葺村中废弃已久的民国时期的教育机构——启明学校，并将该学校当作艺术品展览场地。这是鳌湖老围村落空间艺术改造的起点。

从 2006 年开始，邓春儒召集了他的数名艺术家朋友进驻鳌湖村，在以较低廉的租金租住在村落开展艺术创作的同时，也为村民以及租户的孩子提供一些简单的艺术教育，同时呼吁社区、街道改善鳌湖老围的排水问题和环境污染问题。在邓春儒等艺术家的持续努力下，鳌湖老围的村落环境得到基本改善。

2012 年，陆续有深圳本土以及广州、香港等地的艺术家进驻鳌湖老围。早期艺术家集中在鳌湖老围南部的宗祠、风水塘一带翻新老房，建立工作室，其后逐渐扩展至鳌湖老围的西部。从艺术工作室的分布情况来看，南部的艺术家主要从事戏剧、音乐、绘画等艺术创作，西部的艺术家则主要从事陶艺、手工等艺术创作。艺术家的进驻以及艺术工作室的修葺为鳌湖老围的村落环境赋予了艺术气息。

2015 年，聚居鳌湖老围的艺术家达到 40 余人。在邓春儒等人的倡导下，驻村艺术家筹集资金，在鳌湖村南部的宗祠、风水塘附近建起了鳌湖美术馆作布展之用，落成后的鳌湖美术馆成为村落的标志性艺术建筑。与此同时，艺术家们将村落边境的一座碉楼改造成“碉楼剧场”，作为演艺活动和现代戏剧的排演场所，是鳌湖老围的艺术地标之一。

2017 年，鳌湖老围的艺术营造引起了当地政府部门的关注，街道、社区与艺术家、村民一起，以圆桌会议的形式探讨鳌湖老围未来的艺术走向。

同年，鳌湖艺术节中，艺术家在村落小店、村落道路布置了与鳌湖以及深圳二线关历史主题相关的艺术展，艺术化地唤起了村落的历史记忆。

2018 年，鳌湖老围举行“光·景——公共空间艺术营造展”，鳌湖老围的村屋外墙由艺术家父子殷艳明、殷鸿喆主创的“生命与脱离”墙绘，使鳌湖老围的艺术气息更为浓厚。

已经废置的由民国时期华侨捐献的启明学校在艺术家和地方政府的支持下，修葺一新，成为声音、语言、影像的多媒体艺术展示中心，用于放映、展示鳌湖村和改革开放相关纪录片，成为鳌湖老围重要的媒体声像文化传播基地。

艺术家的进驻对村落的空间影响是多方面的，主要体现在三方面。其一，在艺术家的呼吁下，村落的生态环境及基础设施得到基本改善；其二，因艺术家工作室的进驻以及艺术场馆的建立，艺术空间在传统村落得以拓植；其三，因墙绘、村落布展等植根于村落原生营造的艺术创作的出现，鳌湖老围在整体上被改造成一个开放式的大艺术场馆，使艺术空间与村落共生成为可能。

（二）鳌湖村的线下互动启示

鳌湖带给数字化乡村的建设启示是多样的。主要表现在以下几个方面。

1. 借助新技术完成多元主体虚拟互动

鳌湖艺术村善于通过村落中的艺术馆与村民形成互动。鳌湖美术馆主要承担的展览有 2016 年艺术展览《寄居》《内部是什么》；2017 年摄影展《重看·时空中的边界》；2018 年张利华个展《田野和公园里的几句话》。鳌湖美术馆中的展览极为注重与村民、租户的互动，艺术家的创作与村民、租户乃至外来人员的老物件、老照片、老记忆通过声音、图像、视频等形式艺术地编排在一起，村民、租户、外来人员也可以自由地添加自己认为值得纪念的物品，引发了民众的日常生活艺术共鸣，激发了民众作为主体参与艺术创作的热情：村民们自发、主动在美术馆里展开扭秧歌等艺术实践。

这种线下的互动带有多元主体与艺术展览之间、主体之间通过改变艺术品进而向其他单个或多个主体传递态度的沟通形态，这是一种多方向以及交错时段的感受、话语、肢体动作的互动交流。从现有的技术实践来看，无论是 VR、AR 还是 AI 技术，还停留在单个游客自身与景点互动阶段，即使游客可以通过输入自己的心情与其他游客互动，也存在时间差异，无法即时进行。借助新技术完成多元主体虚拟互动，将是下一步数字化乡村建设的路径之一。

2. 借助新技术增强虚拟互动的现实效果

从 2012 年开始，鳌湖驻村的艺术家逐步开始把碉楼、民居等曾经承载族群记忆的物质场所转变为凝聚社群力量、增进社群理解的艺术聚合空间。主要的举措如下。第一，将背靠碉楼的一座宗祠改建为碉楼剧场，用作村落演艺活动和现代戏剧的排演场所，并开展一系列的话剧、戏剧导赏活动，增强公众的艺术认知；碉楼剧场的前方空地也在艺术活动中被辟为以物易物集市，多元社群可以在这种跳蚤市场中建立起对社区的认知和认同。第二，在村落民居外墙展开在地感的墙绘实践，强化艺术家与村落、村民、住户之间的情感交流。第三，在村落中各个角落形成艺术布景。2017 年的鳌湖艺术节中，艺术家在村落小店、村落道路布置了深圳二线关历史主题艺术品，试图唤起村民、住户和外来游客的村落历史文化记忆。第四，举办无门槛、自备点心的“烟酒茶糖”艺术聚会，凡对食物感兴趣者均可不请自来，前往艺术家住处拜访、谈天、活动，增进社区多元族群的相互理解。第五，在村落公共空间举办大众参与度较高的公益创意艺术市集和盆菜宴，缔造新的“艺术家—村民—租户—外来者”社群认同。通过一系列活动，原本的族群生活记忆景观转变成多元社群的聚合空间。

这种互动和聚合都是面对面的交流，因而对于族群而言具有极大的黏合度和聚合性。未来村落如要建立多元群体（原住居民、商户、服务人员、游客）之间的文化认同感，必须强化虚拟互动中的现实性，包括人的肢体、神态、情感的真实性，都是未来村落数字化建设的重点。

3. 借助新技术实现互动中的文化渲染效果

从 2015 年的首届鳌湖艺术节开始，艺术家工作室和艺术剧团向公众开放，开展“奇妙走泥工作坊”“积木工作坊”“身体工作坊 & 表演”“找东找西——Ken 的制作工作坊”“爪马儿童乐园 · 戏剧舞蹈体验营”“陶艺分享会”等一系列公众艺术教育活动，增加公众的艺术体验，提升公众艺术参与意识。

对于都市村落而言，优质文化教育对于年轻人的吸引力是非常明显的。借助新技术让参与者在虚拟、现实的互动中升华人格，扩展视野，陶冶情操，也将是数字化村落建设的重要方向之一。

B.21

“互联网＋”背景下的民族文创产品开发研究分析报告*

梁 辰**

摘 要： 民族文创产品因其浓郁的文化特色而成为文创市场的新宠，但当前的民族文创产品开发仍存在瓶颈。本报告以博物馆文创产品为例，对其消费模式、授权模式、开发模式进行经验总结及分析，结合数字文化产业发展趋势，针对民族文创产品的特征，提出“多”“快”“好”“销”的创新开发思路。

关键词： 民族文创产品 博物馆文创产品 “互联网＋” 文创产品开发

过去，大多数人对博物馆有严肃、深沉、无趣的印象，即便博物馆在文化旅游、公众教育上做出新的改变，除了故宫博物院等几家知名度高、影响力大的博物馆外，大部分博物馆与大众之间也仍隔着一堵墙。随着消费升级，游客对博物馆衍生产品提出了实用性的新需求，大众审美能力的提升，又令消费者在选择时除商品属性外，还关注商品的文化内涵及艺术价值，于是“文创＋博物馆”促成了新的衍生品产业，为公众认识、了解博物馆打开了新

* 本报告为2018年度广西壮族自治区中青年教师基础能力提升项目“‘互联网＋’背景下的民族文化创意产品开发研究”（项目编号：2018KY0810）的研究成果。

** 梁辰，广西民族大学相思湖学院讲师，主要研究方向为文化产业。

大门。在博物馆方面，由以游客为主要受众，转变为以大众需求为中心；在消费者方面，由被动接收博物馆的宣传教育信息，转向主动认识、积极响应，而文创产品恰恰在其中作为切入口，为博物馆发展提供了新的思路。虽然博物馆是“越陈越香”，但消费者迭代始终趋向年轻化，博物馆亦将年轻群体作为最重要的教育对象，所以在渠道方面，由以实体博物馆为主体进行宣传和销售，转变为围绕互联网的线上线下整合推广，更能拉近与年轻群体的距离。

这样的做法显然获得了来自博物馆、市场及公众三方的认可，阿里数据公布的《2018 年天猫博物馆文创数据报告》显示，博物馆文创整体年增速超 100%。① 而在清华大学文化经济研究院和天猫新文创联合发布的《2019 博物馆文创产品市场数据报告》中提到，目前已有 24 家博物馆入驻淘宝天猫旗舰店。仅 2018 年，淘宝天猫上博物馆旗舰店的累计访问量就达到 16 亿人次，是全国博物馆接待人次的 1.5 倍，其中有 1 亿用户是“90 后”。②

民族文创产品是指利用各民族在其历史发展过程中创造和发展起来的具有本民族特点的文化元素，进行衍生性开发的产品，其成果有服饰、手工艺品、建筑、出版物、商业设计等有形产品，同时也包含与之相关的文化活动、体验服务、应用程序等无形产品。中国有 56 个民族，每个民族各具特色，源远流长，民族文创产品从文化内核到表达方式，与博物馆文创产品有一定的共通性，本报告通过总结博物馆文创产品的成功经验，以期为民族文创产品的创新发展提供思路。

一 民族文创产品开发的必要性

（一）深挖民族文化内涵，赋予传承新活力

传承是民族文化发展的土壤，是民族文化创新的基石。文创产品的核心

---

① 《2018 年天猫博物馆文创数据报告》，阿里数据，2019 年 5 月 20 日，https://dt.alibaba.com/page48.htm?acm = lb - zebra - 227580 - 1867803.1003.4.1605791&scm = 1003.4.lb - zebra - 227580 - 1867803.OTHER_ 158767319762840_ 1605791。

② 《2019 博物馆文创产品市场数据报告》，《公关世界》2019 年第 22 期，第 19 ~22 页。

要义是“文化”，除了文字记载、影像记录、传承人制度等传承方式外，人们通过民族文创产品来表达个性，亦是对产品文化内涵从关注、了解到热爱的过程。文创产品能吸引大众尤其是年轻群体对民族文化的关注。文化并不是沉重的背负，创意的表达使传承焕发了新的生机。

（二）加强民族文化自信，丰富文化印记

习近平在全国宣传思想工作会议讲话中指出，中华优秀传统文化是中华民族的文化根脉，其蕴含的思想观念、人文精神、道德规范，不仅是我们中国人思想和精神的内核，对解决人类问题也有重要价值。要把优秀传统文化的精神标识提炼出来、展示出来，把优秀传统文化中具有当代价值、世界意义的文化精髓提炼出来、展示出来。①

文化自信是“四个自信”的基础，多民族是我国的基本国情，丰富的民族文化是我国的重要优势。民族文化来源于生活，通过文创产品又回到人们生产生活当中，留下多彩的文化印记，是坚守文化认同和文化归属感的体现，又是与时俱进的创造力的体现。特别是少数民族文化，因其地域特色浓郁而各具魅力，为民族文创产品提供了多元的创作内容及形式。

二　民族文创产品开发现状

（一）民族文创产品的核心元素

1. 服饰元素的提取

服装风格、着装方式能反映民众的生产方式、生活风俗、审美情趣以及特定的民族文化观念。如今，服饰仍是人们不可或缺且喜闻乐见的劳动成果，不少服饰设计推陈出新，“高定汉服”“壮锦手包”等文创服饰将鲜明

① 习近平：《举旗帜聚民心育新人兴文化展形象 更好完成新形势下宣传思想工作使命任务》，《人民日报》2018 年 8 月 23 日。

的民族和地区特色服饰、纹饰、织锦与现代成衣理念相融合，成为一种新的时尚风潮。

2. 语言元素的提取

语言是民族文化的活化石，语言的差异是地区、民族与众不同的标志，逐渐形成方言现象。方言除了语调的不同外，在语义表达上也有其独特含义，将方言的特色语言风格凝练到文创产品设计中，能引发广泛共鸣。

3. 建筑元素的提取

我国历史悠久，在漫长的建筑体系形成过程中，逐渐形成了特色各异的建筑文化。建筑是民族文化“凝固的记忆”，应在保留建筑文化意蕴的基础上，提炼重构建筑造型、色彩等元素，设计能满足使用需求的文创产品。卯榫结构是中国传统建筑的典型结构，来自杭州的“晚峰书屋”文创品牌开发出具有卯榫结构意义的积木，被称为“中国版乐高”。

4. 手工艺元素的提取

手工艺品是民族文化的宝贵财富，有陶瓷、竹编等实用性手工艺品，也有刺绣、剪纸等观赏性手工艺品，它们或精巧美观，或别具匠心，是生产操作和艺术创作的高度结合。许多文创产品的物质载体本身就是手工艺品，所以传统优秀的民族手工技艺结合时尚的文创设计，是较常见的一种民族文创产品。

5. 传说典故元素的提取

传说典故等有其特殊的文化背景，往往承载着一个民族悠久的历史文化及精神寄托，时至今日，我们依然可以从中汲取智慧和精神力量。相传在壮族的神话谱系中，米洛甲是第一代神灵，为壮族的创世女神。设计师根据女神以花孕育壮族人的传说，提出“花育万象”的创意概念，打造了承袭广西民族传世美学的系列文创产品。

（二）民族文创产品的推广及销售方式

目前我国民族文创产品的推广方式主要有三种：第一，通过各地民族博物馆自营的文创产品商店进行推广及销售；第二，部分已拥有文化知识产权的可进行授权推广及销售；第三，由民族文创产品开发客体自行推广及销售。

（三）民族文创产品开发存在瓶颈

1. 流于表面的文化元素

许多文创产品仅仅把民族文化相关的图案直接印制在T恤、文具、生活用品、饰品上，在产品的设计及开发上并没有深挖文化内涵，多是流于表面。且部分文创产品价格偏高，质量不一，降低了消费者持续消费的欲望。部分年轻群体会认为偏贵，只能偶尔消遣，而有消费能力的年长一代，未必能认可这种文化消费。

2. 千篇一律的产品开发

民族文创产品开发同质化程度高，虽是从消费者日常所需角度出发，但T恤、笔记本、U盘、杯子等相似产品品类重复，设计雷同，缺乏创意，不同民族自身的资源特色体现不突出。

3. 难以把握的供需关系

近年来越来越多的品牌、博物馆加入文创产品的开发大军，市场存在热度，消费者有消费热情，但目前的文创市场仍存在供需不平衡的情况。故宫文创是文创市场的先驱者和佼佼者，据济研咨询统计，2017年故宫文创总营业额已达到15亿元，2019年故宫天猫官方旗舰店粉丝比其他同在天猫的博物馆粉丝总数还多100多万，而如广西民族博物馆，2016年总销售额约为128万元，① 文创市场头部开发者实力强劲，占据了大部分市场份额，而腰部、尾部开发者，销售增长乏力。同时，由于民族文化概念较宽泛，难以把握和满足每一个分众市场的偏好，许多开发者因缺乏经费和相应的生产链，面临市场规模小、产量小、成本高等难点。为避免不必要的成本耗费，生产者将控制产量，这就导致受欢迎的文创产品供不应求，部分文创产品处于长期无效供给状态。

① 陈田莹：《供给侧结构性改革下广西民族博物馆文创产品开发的探讨》，《中国市场》2018年第25期，第24～26页。

三 “互联网+”背景下博物馆文创产品的成功因素分析

（一）消费升级

“互联网+”模式正大幅降低消费者购买博物馆文创产品的门槛，重塑了博物馆经济的形态，提高了市场的消费热度。博物馆文创产品的消费对象由博物馆观众升级为对博物馆及其展品、传统文化、创意设计感兴趣的消费者群体；消费方式由博物馆实体文物商店的单一选项，升级为天猫旗舰店、小程序商城、专属App等多种消费选择；消费理念由选择精美旅游纪念品的一次性购买行为，升级为选择兼具创意性和实用性的日常用品的经常性购买行为。文创产品在电子商务领域的火热，也推进了产品创新，如故宫文创根据女性消费者群体的需求推出以馆藏珍贵文物为设计灵感的彩妆系列。

过去由于博物馆的宣传力度较弱，大量观众对博物馆的认识不足，在文创产品的加温下，观众从对文创产品的喜欢，转移到真正关注博物馆及其内涵。腾讯指数显示，在关注博物馆的网民中，15~35岁的网民占74.6%。2018年，故宫参观者中，30岁以下的占40%，年轻人已逐渐成为博物馆参观的主力军，文创产品热潮起到了不小的助推作用。[①]

（二）IP授权

IP（Intellectual Property）意指知识产权，这并不是一个新兴的概念。互联网时代下一个IP可以在小说、电影、游戏等不同的领域产生价值，IP因此成为近年文化产业的热门词。如《西游记》这部经典著作经历过多个版本的影视化改编，其故事内容和人物形象亦被授权用于各类商品设计、互联网产品开发，可以说是我国目前最大的文化IP了。

---

① 黄洁心、汤辉：《大数据带你来一场博物馆奇妙之旅》，新华网思客，2019年5月17日，https：//www.sohu.com/a/314675200_166683。

IP 授权作为一种营销和文化延伸的方式，逐渐被应用于博物馆文创产品开发中，尤其以阿里巴巴、腾讯为代表的互联网公司，为博物馆 IP 授权提供了创新理念及技术平台。如国家博物馆作为文物收藏单位，本身就是一个超级 IP 资源的提供方，包括馆藏文物的高清图片、三维数据、视频影像资料等。大体量的 IP 如果仅靠馆内员工单枪匹马进行开发，并不能最大限度地发挥 IP 的价值，因此馆企合作、IP 授权是值得探索的创新模式。为探索这一模式，国家博物馆授权馆藏 IP，中国美术学院提供新锐设计力量，阿里巴巴搭建 IP 交易平台，三者在 2017 年合作共建“文创中国”授权模式，并选择联合利华、御泥坊等行业前沿品牌进行合作，开发出一批品牌认可度高、市场反响优异的跨界文创产品。

无独有偶，UP2018 腾讯新文创生态大会上，腾讯提出“新文创”的发展战略。“新文创”是以 IP 构建为核心的文化生产方式，内容上厚植人文精神，形式上注重新科技与文旅体验的多重互动。在这一战略下，腾讯深化了与故宫、敦煌等文化机构的合作，希望作为数字化助手为文博机构提供文化保护与传承的数字解决方案。①

文创授权给了博物馆 IP 新生的良机，市场需求又推动 IP 授权模式不断创新，以释放更大的潜能。

（三）立体化开发

说起文创产品，不少消费者第一时间会想到书签、笔记本、T 恤，但这些产品在博物馆文创领域已是常规操作。以前文中提出的 IP 授权为核心，当前的博物馆文创已形成了围绕“科技向”“生活向”“娱乐向”“教育向”的立体化开发模式（见图 1）。

“科技向”博物馆文创产品主要以“科技 + 文化”为基础战略，综合探索以电子技术、VR、人工智能等科技方式将文化资源转化成文创产品，是

① 周俊：《腾讯的“新文创”，到底要创什么?》，《腾云》2019 年第 69 期，https://mp.weixin.qq.com/s/0usCm-M60slTmdKiqx13dA。

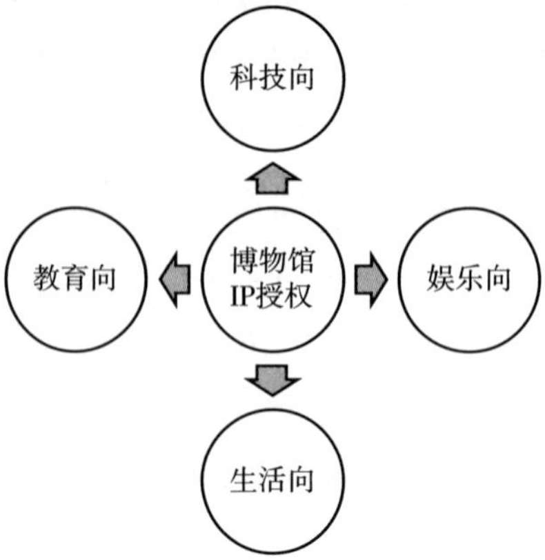

图1　博物馆文创立体化开发模式

未来的发展趋势。2020 年 2 月，敦煌研究院联合人民日报新媒体、腾讯推出微信小程序“云游敦煌”，用户只需点击手机屏幕，便可欣赏到美轮美奂的敦煌壁画。该小程序推出时，新冠肺炎疫情暴发，敦煌莫高窟暂时关闭，该小程序一经上线，便得到了人们的一致好评，也为文化旅游、文物保护提供了新启示。

“生活向”博物馆文创产品是目前消费者基数最大、最稳定的开发方向，以满足大众的需求为主导，选择有代表性的馆藏文物进行创意表达，形成包括服饰、文具、生活用品等商品体系。

“娱乐向”博物馆文创产品是较受年轻群体青睐的开发方向，如故宫出版社联合奥秘之家推出首本创意互动解密书《谜宫·如意琳琅图籍》，敦煌研究院与手机游戏“王者荣耀”合作推出“敦煌飞天”角色造型，再如聚焦故宫文化创新的娱乐真人秀节目《上新了，故宫》，这些文创产品无一不受追捧。文创开发者们立足自身，巧用寓教于乐方式，丰富文创产品的表现形式，为博物馆 IP 提供了更多亮相机会，打破了产品同质化的困境。

教育是博物馆的基本功能之一，宣教工作是大众认识博物馆的桥梁。“教育向”博物馆文创产品是当前开发者们努力的重点方向。如故宫博物馆开发的“每日故宫”App，以日历形式每天推送一件故宫藏品的介绍，以“润物细无声”的方式使大众认识故宫珍藏，了解文物知识；年轻群体是社会创新的重要力量来源，利用高校人才优势能集合更多的创新智慧。目前国内已有天津博物馆、三星堆博物馆、广西民族博物馆等多家单位开展馆校合作，主办博物馆文创产品设计大赛，通过“以赛促教”“以赛促学”的方式为学生们了解传统文化提供了新的动力；同时，针对低年龄段群体，以故宫为代表的博物馆也开发了诸如“我要去故宫”等系列儿童读本，并推出同系列公益视频课，让小朋友们由静至动深度了解历史文化。

立体化的文创产品开发模式，不仅让博物馆走进大众的视野，为文物注入更加鲜活的生命力，也为中华文明的传承和发展创造了更多活力。

四 “互联网 +”背景下民族文创产品开发新思路

从博物馆文创产品“互联网 +”的成功经验不难看出，文创产品开发不应仅停留在商标、样式层面，而应依靠完整的开发产业链实现持续发展，主要有如下三个因素：第一，能够传承和创新的文化内涵挖掘；第二，以公众需求为导向的多样化产品矩阵；第三，可持续的运营变现能力。基于此，本报告结合数字文化产业发展趋势，针对民族文创产品的特征，提出“多”“快”“好”“销”的创新开发思路。

（一）结合多民族特征，整合多品类，科技化开发

我国是多民族国家，文化多样性是民族文创产品之于其他类型产品的最大不同。以广西壮族自治区为例，境内居住着壮、汉、瑶、苗、侗、仫佬、毛南、回、京、彝、水、仡佬等 12 个世居民族，在文创产品的内容上也应尽显多样，尤其是广西各民族特有的织锦工艺、风俗民情，应做突出展示。广西是全国壮族、瑶族、仫佬族人口最多的地区，针对这些区域范围内人口较多的少数民族，在文创产品开发上可适当增加品类及供应量，而其他少数民族文创产品开发，则应采取“少而精”的分众化策略。

民族文创产品与博物馆文创产品的不同之处在于博物馆文创的内容及创意来源多侧重于文物本身的物质性形态、文物背后的历史文化故事，而民族文化多根植于制作技艺、音乐、舞蹈甚至是民间信仰等非物质性的体现，这给民族文创产品的开发带来了一定的挑战。现有不少单位通过排演舞剧、音乐剧等舞台演艺形成有文化内涵的现代艺术 IP，亦是文创产品的创新形式。

与传统静态的文创产品不同，科技的融入赋予了精神性民族文创产品延伸开发更大的想象空间。例如，利用人工智能技术帮助用户通过点选织锦花样来设计出独一无二的壮族服饰，依靠 AI 技术进行在线试穿，如用户满意再由商家进行打版制作，实现由线上到线下的消费闭环。优美的民族音乐与舞蹈亦可通过 VR 等交互形式进行沉浸式观赏，打破原有观看时间及场景的限制。虽然技术与文创的结合还有许多未尽之处，但随着科技的高速发展，新形式的文创体验是可以想象且值得期待的。

（二）根据市场需求，加快上新速度，降低库存风险

"快"字贯穿了现代商业的每一个环节，企业为了保持自身竞争优势，不断加快产品设计速度，缩短产品上市的时间，确保能及时满足消费者最新的需求。文创产品与其他商品不同，文化内涵是产品价值的核心，并不是单纯靠换个造型就可以为产品增值，且文创产品的生产者大多没有形成规模化的产业链，对于加快生产速度，他们的确是心有余力不足。但消费市场的"逐新"现象提醒文创产品，需不断推陈出新，直面市场，加快上新速度，及时满足消费者多样化的新兴需求。只有提升销售额，才能盘活资金，更好地反哺新的文创产品开发。

结合民族文创产品的特征，可采用 IP 授权，与其他产品品牌进行联合定制来激发创意灵感，分担库存风险；亦可在端午节、农历"三月三"等特殊节庆推出限量文创产品，这样生产者能提前做好充分准备，"节庆 + 限量"概念又加强了话题度，容易抓住消费者心理，提高购买欲望；同时，前文中所提到的 AI 私人订制方式也是提升效率的好方法，生产者

减少库存积压，收集消费者的订单后再去工厂下单，既满足了消费者个性化的消费需求，“订制”理念又使消费者对延迟到货时间予以宽容，腾讯联合敦煌研究院共同推出的“敦煌诗巾”文创项目正是对该模式的成功试验。

（三）强化文化认同，用好产品，讲好故事

不难发现每一个文创爆品的背后，都有文化的力量。消费者被文创产品的创意表达所吸引，却因文化认同而付诸购买行动。文创产品需要一个好故事，好的故事不是仅局限于“故事”的形态，而是文创产品开发者在一开始就要思考的。通过讲一个好故事，让消费者对民族文化有所认知，多品类的开发可以增加故事的曝光度，使文化认同感得到强化，促进商业转换，实现文创产品的销售。

讲故事的方式也很重要。针对低年龄群体，动画形式是文创开发不错的选择，《那世纪》是一部反映广西壮族“那”文化的动画连续剧，由广西日报传媒集团和广西千年传说影视传媒股份有限公司联合出品。该片除在国内上映之外还登陆泰国荧屏，是民族文化精品走出国门、传播好中国声音的典范。

（四）整合“互联网 + ”资源，增渠道，促销售

以“互联网 + ”为基点，在文创产业进入电子商务领域的新形势下，文创产品营销升级为打通前期宣传、中期购买、后期服务的全流程渠道模式。越来越多的文创开发者将电商作为产品营销的新渠道。电子商务相比传统零售缺少导购的僵局也被汹涌而来的电商直播方式打破了，淘宝直播上的领军人物薇娅、李佳琦等主播正在创造一个又一个销售奇迹。2020 年新冠肺炎疫情期间，足不出户的人们对文创直播予以关注：甘肃省博物馆参加由阿里巴巴策划的“云逛博物馆”直播，通过直播向观众们展示馆内开发的文创产品，并解读背后的文化内涵；国内实体书店“单向空间”亦在新冠肺炎疫情期间，与淘宝主播薇娅共同发起“保卫独立书店”企划，直播当晚卖出 7000 多份“盲袋”（内含书籍和文创产品），收入 70 万元。

除了线上渠道外，线下渠道也应不断拓展。机场人流量大且消费者处于等候状态时购买欲望会上升，可以根据机场消费者的购买偏好投入颈枕、眼罩等文创产品。地方特色显著的民族文创产品也可作为旅游纪念品在机场商店销售。

这些年，不少实体书店不再单纯以图书为卖点，尝试融入文创产品、餐饮等进行综合经营。《2018—2019 中国实体书店产业报告》显示，蔚蓝书店、猫的天空之城概念书店等多家书店文创、文具产品销售占比达到30%～50%。除此，不少高校在打造自己的校园文创品牌，民族文创产品也可以通过这一渠道进行推广，两者结合，用青年力量唤起对学校的热爱与民族文化自信。

少数民族地区是国家乡村振兴的主阵地，民族文创产品的开发或能成为扶贫增收的突破口。贵州、广西、云南等地的少数民族地区近年大力实施文创扶贫工程，通过对当地民众进行技能培训，扶持成立民族文创品牌，外销民族手工艺品，带动当地经济发展，提升地区文化软实力。在帮扶过程中尚存在“标准化”“产业化”“独立运转”等难点，所以除了加强当地文化与文创产品间的黏性外，更重要的是构建民族地区文创体系。

总的来说，博物馆作为先行者，赋予我们对文创产品实践发展的信心与期待。在民族文创产品的开发过程中，应巧用“互联网＋”的思维构建“线上＋线下”融合发展的消费模式，挖掘民族文化内涵，打造差异化特色文创 IP，通过多渠道讲好故事延续文创产品生命力，为坚定文化自信、发展文化经济增添新动能。

B.22

景观与观众：对城市公共空间中沉浸式数字艺术体验展的分析研究报告

赵昕阳*

摘　要： 在大众越来越不满足于趋于同质化的地标性城市特色景点时，城市公共空间中的各类沉浸式数字艺术体验展成为年轻人新的“打卡”项目。商家们也发现艺术和科技双重介入带给观众“震惊”性体验背后潜在的经济效益。不同形式的沉浸式数字艺术体验展在城市文化中心、园区、商业综合体等公共空间的介入，形成了一种符合资本逻辑但带有欺骗性的消费景观。此外，沉浸媒体中的观众由观者转变为参与者，沉浸媒体艺术带给观众身体、社交以及文化上的临场感也暂时掩盖了景观的欺骗性，从而使人忽略了景观背后对观众的规训与控制。这不仅造成城市公共空间由“地方”到“无地方”的转变；同时，商业综合体中沉浸媒体艺术展所强调的小“布尔乔亚”式的身体感受也对观众造成了异化。

关键词： 景观理论　城市公共空间　沉浸媒体艺术

从2015年在上海余德耀美术馆首次尝试展出的“雨屋”，到2017年在北京年轻人朋友圈刷屏的网红自拍展的teamLab，再到如今打开大麦、大众

* 赵昕阳，深圳大学与科廷大学联合培养博士研究生。

点评等数字平台，在一线、二线城市几乎都能搜到几家同时在商场、博物馆展出的“沉浸式数字艺术体验展”，沉浸式数字艺术体验展成为城市公共空间中看似新奇，却又无处不在的新景观。技术的进步加速了新美学的出现，数字技术的创新扩展了现有的感官体验，创造了新颖的感知维度——沉浸式体验；同时在中国千亿级线下娱乐市场升级的背景下，沉浸式数字艺术体验展的介入在城市“景观”的设置中扮演着越来越重要的角色。

本报告以城市公共空间中沉浸式数字艺术体验展的典型案例为研究对象，在对典型案例进行体验式观察的基础上，对相关从业人员进行了深度访谈，并且以焦点小组的方式针对样本观众进行了参与式的访谈。居伊·德波的景观理论赋予了城市公共空间中沉浸式数字艺术体验展一个批判性的研究视角，本报告对沉浸式数字艺术体验展“热”的现象进行了再次解读，试图在城市光怪陆离的“虚假幻象”中，寻找艺术与科技介入的表象化景观背后深刻的现实背景。

一　设置景观：沉浸式数字艺术体验展在城市公共空间中的介入

（一）景观理论

居伊·德波在著作《景观社会》中有一个著名的论断：“在现代生产条件无所不在的社会里，生活本身展现为景观（spectacles）的庞大堆聚。直接存在的一切全都转化为一个表象（representation）。”① 德波认为我们生活的现代社会是一种被展现的图景，真正的真实被景观所遮蔽，取而代之，景观成为看似真实的存在。弗尔茨和贝斯特对景观的概念进行了直接界定——“少数人演出，多数人默默观赏的某种表演”，这句话揭示了景观理论的二元逻辑，景观有自己密不可分的另一半“观众”。少数人是演出背后的操纵

① 〔法〕居伊·德波：《景观社会》，王昭凤译，南京大学出版社，2005，第43页。

者——资本，资本创造了充斥在现今社会各方面的景观，而大多数人则以“一种痴迷和惊诧的全神贯注状态”沉醉于景观的魅力之中。让·鲍德里亚也以“沉默的大多数”来形容这些观众。“景观—观众”的二元结构模式构建了如今资本主义秩序的基础，景观的在场遮蔽了社会本真的存在，在“景观”所创造的广泛性“娱乐”的迷惑下，观众失去了“批判性和创造性”的本真，反而热情地拥抱景观，忽视了除景观之外的一切客观真实。

德波曾经指出景观成为大众“主导性的生活方式”，然而，后来的许多学者纷纷指出，在20世纪60年代，居伊·德波所描绘的景观只是其发展的“初级阶段”，今天我们所说的景观社会已经进入了一个“得到完全发展的阶段”。居伊·德波及其后的思想家们，在景观理论的基础上提出了城市主观性的分离和城市空间商品化，并勾勒出二者之间的联系。以德波为代表的情景主义国际（Situationist International）认为，城市成为“景观”最完美的展示场所，现代城市生活本身也已经成为纷繁复杂、光怪陆离的景观本身。当今社会，在城市化进程以及互联网媒体发展不断加速的背景下，“景观”这一概念不仅充斥了城市的物理空间，还影响了城市的抽象形态空间：居民的生活空间、心理空间、情感空间等。城市似乎变成了资本的最佳载体，资本幻化成一个自主自足的表象世界。

景观理论强调“景观—观众”的二元逻辑关系，景观理论为城市公共空间中沉浸式数字艺术体验展的研究提供了“景观”和“观众”两个视角，并相互阐释，从而揭示沉浸式数字艺术体验展成为网红“打卡”地并且在城市景观中取得合法地位的原因，以及其对城市和大众造成的深刻影响。

（二）作为公共艺术的沉浸式数字艺术体验展在城市公共空间的介入

沉浸式数字艺术体验展在城市公共空间的介入承载了城市公共艺术和激活线下市场的双重功能。一方面，沉浸式数字艺术体验展介入的主要形式是在广场、公园、园区、商业综合体等城市公共空间中创造、建造、实施和传达沉浸式数字媒体艺术，并承载着城市公共艺术的功能，应在创造城市新的公共空间与环境的同时营造出新的城市文化，并且引导人们正确地看待自己的城市和生活，通过满足城市居民的行为以及精神需求，在人们的心中留下城市的文化意象；另一方面，由于沉浸式数字媒体艺术带给受众的沉浸感和互动感，以及新技术所带来的新奇体验赋予了沉浸式数字艺术体验展“娱乐和游戏”的特性，让人们寄希望于沉浸式的艺术形式可以激活文化消费市场，填充国内4000亿线下娱乐升级的需求。

资本的进入，使沉浸式数字媒体艺术市场构筑起了看似和解共赢的铁三角。首先，沉浸式数字艺术体验展的创作者和投资机构，在资本的驱动下进入文化消费市场，沉浸式娱乐IP从2015年到2018年底实现了从几乎为0到超过200的增长，而沉浸新媒体艺术则是其中主要增长的细分领域之一。[①] 选择落地于文化旅游景点、商业综合体的沉浸式娱乐IP最多。其次，对于城市综合体、GLAM（画廊、图书馆、档案馆和博物馆）、文化园区等城市公共空间的运营方来说，沉浸式数字艺术体验展吸引的大量人流量以及产生的二次消费带来了可观的经济效益。teamLab团队在北京798艺术区和深圳欢乐海岸购物中心的两场展出，参观人数分别达到30万人次和40万人次。单个城市展期内净利润至少在3000万元。最后，对于大众的文化消费来说，这也是丰富人们文化需求的重要尝试。相较于传统的画廊、艺术馆中的展览，沉浸式数字艺术体验展对公众来说准入门槛更低。

然而，在这看似牢固的铁三角中，大众是否充当了“沉默的大多数”，而其他二者成为“表演”的少数派？在资本所创造的广泛性“娱乐”的迷惑下，人们以观众的身份热情地拥抱景观，从而忽视除景观之外的客观真实，城市公共空间中的沉浸式数字艺术体验展是否也失去了其面向公众所应具备的艺术价值，成为城市“景观”的一部分？

① 幻境：《2018中国沉浸产业发展白皮书》，2018，http://illuthion.com/talks/2020-illuthion-immersive-industry-whitepaper/。

二　归因景观：沉浸式数字艺术体验展如何介入城市公共空间对观众产生影响

（一）科技与艺术介入：符合资本逻辑的城市景观

德波曾经指出，景观通过两种方式——规训和控制——主导观众的意识。年轻人对于沉浸式数字艺术体验展的向往，来源于“少数人”制造和控制的景观演出。首先，沉浸式数字艺术体验展最主要的特性就是其“转译（representation）”[①] 功能，数字技术的介入可以将现实转译为虚拟，可以将过去转译到现在。然而，与德波时代由商品、广告、资本构建的拜物教景观不同的是，沉浸式数字艺术可以将这种被动的“观看”变为主动的“体验”，这种沉浸式体验的获得建立在完全区隔于现实世界的基础之上。并且艺术的介入，又让沉浸式数字艺术体验展在城市公共空间以公共艺术的身份获得合法地位。资本通过科技和艺术的双重介入，在城市公共空间中营造富有艺术气息，可以体验、沉浸式的景观，观众用劳动获得的收入去支付展览的门票、购买周边衍生品，以及在展览空间周围产生再次消费。

案例研究一

2017 年 11 月于北京举办了沉浸式话剧艺术展“游戏·寻找生命中丢失的一小时（Lost in play，Find the lost one hour of life）”，该展览旨在让在城市中生活的人们可以在繁忙的都市生活中暂停一小时来寻找什么是真正的生活，像“爱丽丝梦游仙境”一样可以与现实社会暂时隔绝。然而，这种体验是虚拟的，绝非真实的。即使观众可以在展览中获得暂时的解脱，但最终

① Maria Roussou，“The Components of Engagement in Virtual Heritage Environments，” *New Heritage*（Routledge，2007），pp. 241 - 257. 此概念应与前文提到的德波的“表象（representation）”有所区分。

还是要回到繁忙的工作中。展览背后是某美妆品牌的赞助，商品被转译为美好的生活方式，掩盖了资本被展现的图景性。观众在虚拟的体验之后，在美好“景观”的诱惑下，又会去进行冲动消费。而且，这里的景观也绝对不仅仅是指数字技术与艺术所带来的虚拟体验，景观也影响着城市的社会关系，它如今已经变成了人们所追求的“主导性的生活模式”。人的存在已经不再由自己真实的需要所构成，而是受到景观的展示性目标和异化性需要的指引。“景观似乎就是它的目标”。西方马克思主义发明了“新型小资产阶级（或小/伪布尔乔亚）”一词——他们不掌握任何生产资料，但是在生活水平、消费水平甚至价值观上，都要向真正的资产阶级看齐。沉浸式数字艺术体验展在公共空间的介入，也进一步使之前被束之高阁为上层所拥有的艺术，可以更大范围地面向大众。沉浸式数字艺术体验展所强调的“艺术”一词，以及其营造出来的“小资产阶级”的生活方式为景观增添了华丽的外衣。

此外，在互联网媒体的推动下，沉浸式数字艺术体验展成为“网红”“打卡”圣地。随处可见的商业广告，充斥在人们生活中的视觉诱惑，接连不断的“网红”示范，以及朋友圈等社交网络上的展示……很难有人可以抵挡这样的景观冲击。景观，是喜新厌旧的。就像德波所说的，“今天各种媒体还不遗余力推崇的商品或者‘健康指南’，明天就可能因为要推销另外一种产品或服务，在广告里成为受攻击的对象”。从韩国杰昆传媒授权的《从梵高到马蒂斯》，到在中国国家博物馆展出的《不朽的梵高》，再到日本teamLab 授权的《花舞印象》，各种来自海外和国内的沉浸式数字艺术体验展 IP 的热度一浪高过一浪。在媒体的塑造下，前一天还被誉为艺术狂欢的“网红”展览，第二天就成了文艺低智化的代名词。德波曾指出，“当景观有三天停止谈论某件事情时，这件事情好像就已不存在了。因为那个时候景观又在议论别的事情”①。热度的背后隐藏着巨大的商业价值。现在很多商

① 〔法〕居伊·德波：《景观社会》，王昭凤译，南京大学出版社，2005，第143页。

业地产项目存在入驻品牌过于相近、同质化严重等问题，在需要引流、提高品牌认知度和品牌格调的时候，可以制造话题和热度的软性的 IP 活动已经代替硬性广告型促销成为首选。为了获得比较优质的 IP，地产开发商还会推出诸如免租、附赠广告营销资源等优惠政策。根据商业地产服务商睿意德（RET）统计，在城市商业综合体的类型活动分布中，场景式的 IP 类活动在所有活动类型中占比最高，达到了 71.67%。[①] 此外，相对于静态橱窗陈列、艺术衍生品开发，商场在引入活动时，会倾向于选择那些更具体验性、互动性、品质感的内容。最终，沉浸式数字艺术体验展与商业资本不谋而合，共同塑造了流光溢彩的充满幻象的城市新景观，观众也成为付费观看这场“表演”的大多数。

（二）沉浸与观众：成为资本的生产要素

在“景观—观众”的二元结构模式下，从积极的用户视角出发，沉浸式数字艺术体验展带给观众更多的是一种“震惊”性的游戏体验，而非带有“灵韵”的艺术文化体验。[②] 也就是说在城市公共空间，尤其是商业地产空间介入的沉浸媒体艺术展，并没有完全发挥其作为公共艺术满足城市人群精神文化需求的作用。对于公共艺术来说，其强调的不应该是在公共空间的介入，更应该强调公共艺术所面向的受众以及其满足大众艺术文化需求所产生的积极作用。

其实，除了身体上的沉浸体验，沉浸媒体也可以带给受众社交和文化上的沉浸感。International Society for Presence Research[③] 在定义沉浸媒体中受众的沉浸感时提出了空间临场感（Spatial Presence）、感知临场感（Sensory Presence）和社交临场感（Social Presence）等概念，随后有学者提出了文化

① 《中国购物中心 IP 应用研究》，2019，https：//www. ret. cn/report/detail? id = 2172。

② 〔德〕瓦尔特·本雅明：《迎向灵光消逝的年代：本雅明论艺术》，许绮玲、林志明译，广西师范大学出版社，2004，第 16 页。

③ “International Society for Presence Research，” https：//ispr. info/about - presence - 2/about - presence/Page8/3/18.

临场感（Cultural Presence）的概念，旨在强调沉浸媒体所带来的文化和社会价值。那么，就艺术本身来说为什么城市公共空间中的沉浸式数字艺术体验展更多的是强调科技所带来的“震惊”感？首先，社交和文化的临场感比空间和感知上的临场感更难以唤起。在沉浸媒体所创造的虚拟环境中，技术和人都扮演着重要的角色。对于社交和文化认同上的临场感，需要“人”更多地参与其中，这就造成了文化临场感的效果在一定程度上的模糊性和不确定性。然而，对于“恐惧”“惊喜”“愉快”等感官刺激，通过技术手段更容易产生效果，也因此更加符合开发周期更短和制作成本更低的商业要求。其次，沉浸媒体艺术还处在一个不断发展的过程中，观众对其接受程度还没有那么高。也就是说，沉浸媒体艺术带给观众新奇的感官体验和视觉体验，但是观众无法或者说还没找到合适的方式去欣赏沉浸媒体艺术本身的艺术价值。艺术家所传达的艺术观念和受众所接受到的艺术感知还存在一定差距。

案例研究二①

通过对“Boost You Art Energy：8-Minute Guided Session（2019）”沉浸式艺术展案例的受众的焦点小组研究可以发现：该艺术展览想通过在VR技术营造的虚拟环境中的探索，重新激活观众的艺术能量；然而在焦点小组访谈中发现观众并没有感受到艺术能量的再激活，反而更多地陷入虚拟环境设置和氛围渲染的“迷茫”“孤独”感之中。同样的在对宣扬中国传统美学的“瑰丽”沉浸数字艺术展的焦点小组访谈中发现，观众也并没有完全体会到作品所传达出来的中国传统艺术精神和文化内涵，而是更多地沉浸于数字技术所带来的新奇体验中。在对工作人员的访谈中发现，主办方也意识到观众没办法很好地解读艺术作品中的文化内涵，因此在展览中设置了导览讲解人员，但是导览讲解强调的依然是如何感受作品视觉上的美与体验上的新奇，受访观众认为对于理解作品的文化内涵没有太大帮助。另外，这两个展览分

① 根据香港K11艺术商场和南京德基购物广场的美术馆工作人员访谈以及焦点小组访谈整理所得。

别位于两个地标性的商业综合体之中：香港 K11 艺术商场和南京德基购物广场的美术馆。在体验这两个展览之余，受访观众都在附近发生了不同程度的消费行为。“Boost You Art Energy：8-Minute Guided Session（2019）”展览的门票甚至与商场中某奶茶品牌捆绑销售。

一方面，沉浸媒体艺术还没找到自己独有的艺术价值和艺术精神；另一方面，观众还沉浸在新技术所带来的新奇体验之中。那些制作成本低、缺乏文化内涵、可以被复制的沉浸式数字艺术体验展应运而生，成为新的城市景观的一部分，“景观一手遮天，除却它所愿意呈现的画面之外，我们的视野里空无一物”①。在资本的推动之下，财富的增长成为社会运动的内驱动力，人的存在成为追逐利益的工具，在“景观—观众”的二元结构模式下，观众反而被景观异化为创造财富的生产要素。

三　景观与分离：沉浸媒体艺术介入所带来的创造性破坏

（一）城市公共空间由“地方”向“无地方”的转变

关于资本主义城市建设的研究，大卫·哈维提曾出“创造性破坏”。这个概念是一个非常辩证的诠释：首先大卫·哈维承认了资本主义所带来的生产力的发展以及突飞猛进的城市化进程是一个“创造性”的过程，有积极的作用；但同时，由于资本无孔不入，也带来了巨大的破坏性——包括对劳动阶级的剥削、对人们的精神压迫、对原住居民生活领域的侵占、对原有文化和审美的吞噬与玷污……大卫·哈维形容：“这种一刀两断的态度就如同一道命令，它将世界视为白板，并且在完全不指涉过去的状况下，将新事物铭刻在上面——如果在铭刻的过程中，发现有过去横阻其间，便将过去的一

① 张一兵：《颠倒再颠倒的景观世界——德波〈景观社会〉的文本学解读》，《南京大学学报》（哲学·人文科学·社会科学）2006 年第 1 期，第 12 页。

切予以抹灭。”①

标准化、均质化的沉浸式数字艺术体验展在城市公共空间的充斥无异于消解了城市原有的特性。由于市场与资本的组织力量和渗透性，“地方”正遭受着系统性的“创造性破坏”。在“南锣鼓巷”式的可复制的商业街日趋为人们所诟病之时，同质化、可复制、缺乏艺术内涵的沉浸式数字艺术体验展取而代之，以新的姿态充斥在商业综合体、文旅景点，甚至博物馆和美术馆之中。当“地方”的概念变得越来越模糊与虚无，就有了马克·奥热提出的“无地方”（placeless）的概念，如主题乐园、游乐场、商场等标准化、均质化、失去意义的地方都归属于“无地方”。

表1　城市公共空间中的“地方/无地方/非地方”

	概念	特征	传统例证	沉浸媒体艺术例证
地方（place）	有意义的空间，有独特的人文、自然景观以及存在的圈内人	有历史、有文化、有独特的自然与人文历史景观和根植性	艺术馆、图书馆、博物馆、档案馆、历史遗址、竞技场	具有独特艺术价值和文化内涵的沉浸式数字艺术体验展览空间
无地方（placelessness）	标准化、均质化、失去意义的地方，缺乏独特的人文景观和存在的圈内人	标准化、均质化的空间，缺少独特人文景观和地方文化以及根植性	城市商业综合体、主题公园、游乐场、网红“打卡”地	同质化、可复制、缺乏艺术内涵的沉浸式数字艺术体验展览空间
非地方（non-place）	单一、同质的人造景观，单一的结构功能体	单一的功能结构，主要为实现旅客某一功能需求，缺乏独特的自然和人文景观	加油站、停车场、高速公路收费站	浸入沉浸式数字艺术体验展后的现实物理空间

资料来源：此表格参考了马克·奥热在《非场所》一书中对“无地方”概念的阐释，以及周逵在《沉浸式传播中的身体经验：以虚拟现实游戏的玩家研究为例》中表2现实和虚拟中“地方/无地方/非地方”的概念、特征和例证。

沉浸媒体艺术在城市公共空间的介入，使其成为面向公众的艺术。城市不应该只是消费的场所，服务于同质化的景观。城市公共空间应该是展现城

① 〔美〕大卫·哈维：《巴黎城记：现代性之都的诞生》，黄煜文译，广西师范大学出版社，2010，第1页。

市独特气质的“地方”，“地方”是“我们身为个体度过日常生活的场所”，城市除了对接“资本”以外，更重要的是承载人们的日常生活——它包含了生活方式、审美、文化、风俗以及人与人之间的情感、关怀和友谊，它还应构建我们的社会关系和精神寄托。

（二）分离的力量与观众的异化

然而，很多人认为城市是天然的消费场所，劳动工作的目的是赚钱，劳动之余的时间是为了花钱，业余生活除了消费似乎变得无事可做。德波说过这样一句话，“分离（separation）是景观的全部”[①]。“非劳动时间的分离”是德波景观理论中重要的论点，人们劳动以外的被动性闲暇生活的认同已经取代了前资本主义社会中与感性的具体劳动相关联的经验。关键在于，劳动之余的闲暇时间成为现实分离的一部分。景观的规训最擅长的不再是主要以控制生产劳动时间为标准，而是在于对劳动之外闲暇时间的支配。

很多存在于城市公共空间中的沉浸式数字艺术体验展成为很好的例证。这些艺术展不但充斥于城市的公共空间，也占据了人们的闲暇时间。尤其是介入商业地产的项目，它们不同于博物馆和美术馆强调学术价值和艺术价值，它们的内容是预先设计好的，对象也是根据大数据在各个媒介平台精准投放获得的。

列斐弗尔曾提出“使日常生活成为艺术”的口号，试图解构和批判被景观构建出的虚假欲望，解放人之为人的真实欲望，从而呈现人的真实本性。[②] 艺术融入生活，让创造性和思辨性回归，用艺术的创造性去解构可复制的景观，并建构我们的生活，去构建积极本真的生存情境，去呼唤“本质”的回归，呼吁艺术化的“日常生活的革命”。然而在现今新的城市景观中，资本披上艺术的外衣介入人们平日里生活的城市公共空间。观众沉浸于景观所制造的充满艺术气息、“小布尔乔亚”式、“丰富多彩”的生活方式

① 〔法〕居伊·德波：《景观社会》，王昭风译，南京大学出版社，2005，第 47 页。

② Henri Lefebvre, “Critique of Everyday Life: Foundations for a Sociology of the Everyday,” *Verso Books* 2 (1991): 19.

之中。这种生活方式可以通过消费获得，如果通过消费并没有获得足够满足的体验，便通过在社交网络上的点赞和评论获得再次满足。一旦我们将这种虚拟的生活方式内化为自己的欲望时，也就失去了自己内心真正的需要，人的异化也就产生，而景观就是一台生产和粉饰异化的新机器。

四　结语

居伊·德波和大卫·哈维的观点为城市公共空间沉浸式数字艺术体验展的介入研究提供了一个辩证的视角，对于景观所造成的“破坏性”的分析，并不意味着对“创造性”的否定；我们要以发展的眼光去看待，探索出更加先进的道路，而不是倒退、通过抹杀创造性来掩盖破坏。

景观设置的原因决定了景观的呈现形式，从而决定其产生的深刻影响。沉浸媒体艺术在城市公共空间的介入，在一定程度上使其成为资本的附庸，如果把其产生的深刻背景都归因于资本，这个命题看似无解。但是沉浸媒体艺术是艺术与科技相结合的新尝试，还在不断发展的阶段，应找到沉浸媒体艺术自身的艺术价值，完善其作为艺术品的流通、收藏以及展示等议题，通过其独特的艺术价值重新将城市中的“无地方”变为“地方”；此外，沉浸媒体艺术品艺术价值的提升，可以让大众接触到更多优质的沉浸媒体艺术品，从而提升大众对沉浸媒体艺术的接受程度和鉴赏能力，将技术上的震惊体验转变为真正艺术“灵韵”的升华。

参考文献

〔美〕道格拉斯·凯尔纳：《鲍德里亚：批判性的读本》，陈维振等译，江苏人民出版社，2005。

范晓莉、赵昆伦：《公共艺术介入城市景观之初探》，《南京艺术学院学报》（美术与设计）2016 第 5 期。

M. Augé，*Non-Lieux*（Verso Press，1995）.

W. Benjamin, *The Work of Art in the Age of Mechanical Reproduction* (Penguin, 1998).

James J. Gibson, *The Ecological Approach to Visual Perception*: *Classic Edition* (Psychology Press, 2014).

G. Riva, G. Castelnuovo, A. Gaggioli, & F. Mantovani, Towards a Cultural Approach to Presence (paper presented at the Proceedings of the Fifth Annual International Workshop PRESENCE Porto Portugal, 2002).

周逵：《沉浸式传播中的身体经验：以虚拟现实游戏的玩家研究为例》，《国际新闻界》2018 年第 5 期。

Matthew Lombard, "Resources for the Study of Presence: Presence Explication," *Retrieved September* 3 (2000).

"Philart", Jeon, Myounghoon and Paul Fishwick, "Special Issue on Arts, Aesthetics, and Performance in Telepresence: Guest Editors' Introduction: Homo Ludens in Virtual Environments," *Teleoperators and Virtual Environments* 26 (2) (2017).

遗产保护篇

Heritage Protection Reports

B.23 中国非物质文化遗产数字化保护研究综述报告

劳秀汶*

摘　要： 自2004年中国加入《保护非物质文化遗产公约》，学界对非物质文化遗产（以下简称“非遗”）数字化的保护日益重视，其研究呈上升趋势。通过梳理近十多年来国内非遗数字化研究的文献发现，一方面案例研究所占比重大，可分为区域非遗及门类非遗的数字化保护，其中，关于中西部地区、传统技艺类非遗的研究较多；另一方面，在理论探索方面，非遗数字化保护与传承的路径框架基本建立，且技术研究成果颇丰。整体而言，目前国内非遗数字化保护研究有待加强：重应用而轻理论，重技术介入而轻问题反思，跨学科合作的研

* 劳秀汶，深圳大学文化产业研究院硕士研究生，研究方向为艺术学理论。

究不足。

关键词： 非物质文化遗产 数字化保护 跨学科合作

一 非物质文化遗产数字化实践及其研究：概述

《保护非物质文化遗产公约》（以下简称“公约”）是世界各地进行非遗保护工作的重要依据。自2003年联合国教育、科学及文化组织通过公约，中国紧随其后，于次年加入①。2005年，国务院办公厅发布非遗保护意见，确立“保护为主、抢救第一、合理利用、传承发展”的基本方针②，并于2006年公布第一批国家级非物质文化遗产名录③。这表明我国的非遗保护工作正式启动。

与此同时，由于科技快速更迭，数字化技术日益丰富文化遗产的保护手段。早在20世纪，不少国家率先投入数字化保护的实践中，如1992年美国的“世界记忆”工程④、1996年中国的“国家数字图书馆”工程⑤。基于物质文化遗产数字化保护的大量实践，在中国加入公约之初，国内高校及学者已着手于数字化技术在非遗保护中的运用，并取得一定的研究成果⑥。此外，在以政府为主导的方针指引下，非遗数字化的实践涵括：建立与完善非

① 《全国人大常委会关于批准〈保护非物质文化遗产公约〉的决定（2004）》，中国非物质文化遗产网，2012年9月13日，http://www.nmchzg.com/contentRead.asp?classid=98&cmsid=13211。

② 《国务院办公厅关于加强我国非物质文化遗产保护工作的意见》，中华人民共和国中央人民政府网，2005年8月15日，http://www.gov.cn/zwgk/2005-08/15/content_21681.htm。

③ 《国务院关于公布第一批国家级非物质文化遗产名录的通知》，中华人民共和国中央人民政府网，2006年6月2日，http://www.gov.cn/zwgk/2006-06/02/content_297946.htm。

④ “Memory of the World,” https://en.unesco.org/programme/mow。

⑤ 魏大威、谢强：《国家数字图书馆的建设与展望》，《国家图书馆学刊》2019年第5期，第7页。

⑥ 例如，2006年前后，山东工艺美术学院中国民艺研究所与浙江大学计算机学院合作，对剪纸这一民间美术进行技术研究与方法探索，具体见彭冬梅、潘鲁生、孙守迁《数字化保护——非物质文化遗产保护的新手段》，《美术研究》2006年第1期，第47~51页。

遗数字化的网络服务体系，组织实施全国文化信息资源共享工程等①。该系列保护工作也有效推动了非遗数字化研究的深入探索。

按公约②，“非遗”包括口头传统、表演艺术等五类。且结合国内具体实践，于国家级名录中，非遗又细分为民间文学、传统音乐、传统舞蹈等十类③，涵盖社会、历史、艺术、科学等不同层面的传统文化表现形式。由此可见，非遗类型繁杂，这在一定程度上表明其保护难度之大。数字化作为非遗保护的一种手段与方法，厘清数字化保护的内容、范围及其可能存在的问题，明确与其他方式如学校教育、家庭传承等不同的保护目标与职责，显得至关重要。如今，关于“非遗数字化”的定义，学界通用学者王耀希的界定④，它基本囊括非遗保护的几个核心环节——采集、存储、处理、展示与传播。然而，目前学者们对非遗数字化的概念探讨与认识仍然有限，数字技术并不是一成不变的，依据新技术，对非遗数字化的内涵及外延进行讨论十分必要⑤。

通过相关可视化图表发现（见图1），自2004年中国加入公约以来，关于非遗数字化的研究文献，其数量呈现逐年上升的趋势，基本与非遗保护实

---

① 谭必勇、张莹：《中外非物质文化遗产数字化保护研究》，《图书与情报》2011年第4期，第7~11页。

② 《〈保护非物质文化遗产公约〉文本》，联合国科教文组织官网，https://ich.unesco.org/en/convention。关于中国《保护非物质文化遗产公约》“前在本”与“订正本”的探讨，可参见巴莫曲布嫫《从语词层面理解非物质文化遗产——基于〈公约〉“两个中文本”的分析》，《民族艺术》2015年第6期，第63~71页。据2006年国内《保护非物质文化遗产公约》订正本的定义，“非物质文化遗产”指“被各社区、团体，有时为个人，视为其文化遗产的各种社会实践、观念表述、表现形式、知识、技能及其有关的工具、实物、手工艺品和文化场所”。“非遗”包括以下内容：口头传统和表现形式，包括作为非遗媒介的语言；表演艺术；社会实践、仪式、节庆活动；有关自然界和宇宙的知识和实践；传统手工艺。

③ 《国家级非物质文化遗产代表性项目名录》，中国非物质文化遗产网，http://www.ihchina.cn/project.html#target1。

④ “非物质文化遗产数字化”具体指运用数字资源采集、存储、处理、展示、传播等技术将非遗资源转换、再现、复原成可共享、可再生的数字形态。王耀希：《民族文化遗产数字化》，人民出版社，2009，第3~18页。

⑤ 马晓娜、图拉、徐迎庆：《非物质文化遗产数字化发展现状》，《中国科学：信息科学》2019年第2期，第122~124页。

践工作的步调一致。且，综合分析国内非遗数字化的研究成果，可得以下三个特点：其一，重视非遗数字化的方法策略、应用性研究，轻视理论的探索与构建；其二，重视非遗数字化的技术研究，而技术与文化的相互关系，探讨不足；其三，个案研究所占比重大，不少研究依托省级乃至国家级课题项目（见图2），可见政府层面对非遗数字化研究的推动作用。以下，将从案例研究及理论探索两方面出发，对国内非遗数字化研究进行梳理，挖掘其研究特征并解析。

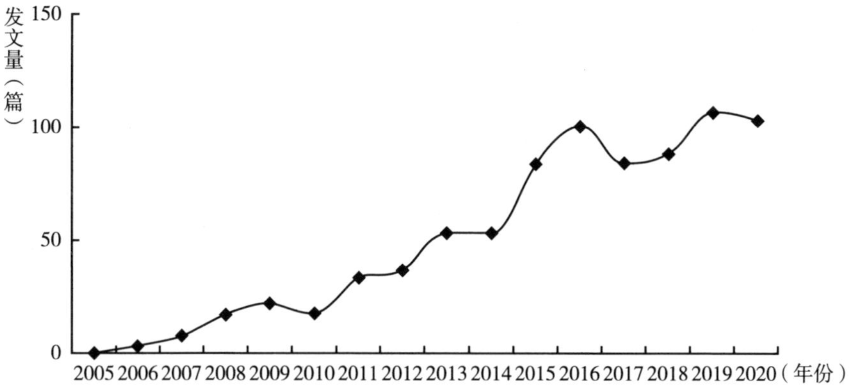

图1　以“非物质文化遗产 数字化”为主题的文献发表情况

资料来源：中国知网学术期刊库。

二　非物质文化遗产数字化保护的案例研究：重应用研究，轻理论探讨

以近十多年非遗数字化的研究观之，案例型、应用性的研究占比大，不论是方法研究，抑或技术应用的探索，皆成果显著，体现了国内非遗保护实践与学理研究并举发展的状貌。此类案例研究的对象，既包括区域非遗，也涵盖类型有别、规模不一、申报级别不同的非遗项目。二者不同的研究尺度，往往能为非遗数字化保护工作提供不同层面的指导：在区域非遗中，数字化研究有利于把握当地非遗的保护现状，以便“对症下药”，结合数字化

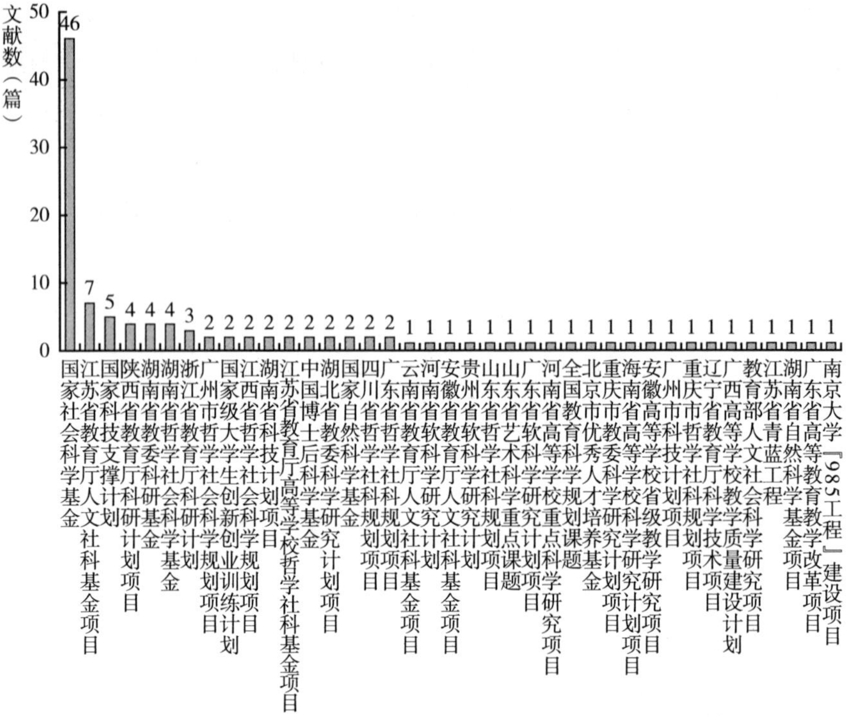

图2　以“非物质文化遗产　数字化”为主题的基金项目分布

资料来源：中国知网学术期刊库。

技术给予恰当的保护对策；对个案研究而言，则有效探讨技术与不同门类非遗的深度融合，有助于避免因宏观分析而脱离实际的弊端，提供具有一定可行性的保护方案。

（一）中观视角：区域非遗的数字化研究

较早探讨区域非遗数字化实践的学者有蔡群、杨海波、常凌翀等。其中，蔡氏等人[①]立足于贵州，把当地非遗分为民间音乐舞蹈、传统戏剧、民间美术及传统手工技艺三类，并总结其演出规模大、文化背景宽的非遗特

① 蔡群、任荣喜、邱望标：《贵州少数民族非物质文化遗产的数字化保护方法研究》，《贵州工业大学学报》（自然科学版）2007年第4期，第43～46页。

点。他们认为，非遗数字化保护的本质在于记录保存，强调数字化保护的“抢救性”功能，因此侧重于数字化技术在非遗保护方面的应用探索。常氏[①]则聚焦于西藏非遗，主要论述影像数字技术对西藏非遗的保护及开发作用。然而，他并非意于把非遗保护完全交托技术，以西藏非遗、英雄史诗《格萨尔王》作例，指出数字化传播的结果，是把这部史诗的丰富民俗转变为单一说唱。因此，他认为媒介技术难以完整记录全部的文化代码，其选择性、简单化的倾向，割裂了非遗与区域文化空间相互依存的关系。这为非遗数字化的保护实践及研究带来反思。

早期的区域研究多以概述为主，深入探讨不足。关于非遗保护的数字化手段，学者的讨论多集中于数字化录音及录像技术、动态三维成像技术、数字化图案数据库及计算机辅助设计系统等，着重非遗保护的储存与展示功能。据非遗数字化保护起步的背景，此类区域研究遵循了非遗保护的在地性原则，并敏锐觉察数字化技术有效助力于濒危非遗的保护，是非遗数字化研究初步且有益的探索。

随着各地非遗实践的推进，非遗数字化研究的文献，不仅数量增多，而且研究也逐渐细化及深化，研究重心不只局限于非遗的抢救与保护，也日益重视其传播与开发。该研究阶段的学者，对区域非遗的保护现状进行更为详尽的调查与分析。除了梳理非遗项目的类别及数量以外，专注于非遗保护的机构设置、相关法律条例建设、技术研发、人才储备、传播平台的搭建等。[②] 与此同时，更有学者突破以往对区域非遗保护现状的罗列式介绍，通过设计问卷调查的方式，了解居民对当地非遗的整体

① 常凌翀：《新媒体语境下西藏非物质文化遗产的数字化保护与传承探究》，《西南民族大学学报》（人文社科版）2010 年第 11 期，第 39 ~ 42 页。

② 孙传明、程强、谈国新：《广西少数民族非物质文化遗产数字化保护现状及对策分析》，《广西民族研究》2017 年第 3 期，第 124 ~ 132 页；王伟杰、肖远平：《贵州少数民族非物质文化遗产数字化保护现状及发展对策》，《湖北民族学院学报》（哲学社会科学版）2018 年第 4 期，第 119 ~ 123 页。

认知，从而探讨非遗数字化传播平台的建构问题。[①] 另外，有学者聚焦于非遗的产业开发，关注区域非遗的活态传承，挖掘可应用于产业的数字化发展模式。[②]

整体观之，关于区域非遗的数字化研究，经过十多年的探索，呈现“遍地开花”的发展态势，各地研究成果不断增多。其中，学者对少数民族地区的非遗，关注度较高，尤其是广西、贵州、西藏、青海等中西部地区的相关研究[③]较多。针对此现象，大致可归纳为以下三点原因：一是中西部地区非遗资源丰富，相较于东部，现代化对中西部地区的冲击力度小，非遗传承所依赖的文化空间及特定人群尚存，民间文化的保存较为完备；二是政府致力于非遗申报的推进，制定了有关非遗保护的政策法规，并能够为非遗数字化保护提供一定的资金、技术支持；三是中西部地区对改善经济状况较为迫切，期以申请非遗项目、引进数字化保护手段，有效开发当地的旅游文化资源，发展文化产业经济。

然而，大多区域非遗的研究思路与论述框架千篇一律，即通过梳理区域非遗的数量及种类、非遗保护的工作进展情况，指出非遗保护形式单一、数据库建设薄弱、技术和人才缺失等问题，并给予相应的建议与对策。虽此框架在一定程度上有利于促进对区域非遗保护的认识，但往往学者们无法跳脱既有的思路，或是进行扎实的田野调查，难以凸显区域非遗的民族特色、地域特色。因此，当数字技术介入非遗保护时，由于学者们大多关注技术的浅层应用，缺乏关于文化与技术融合的深度探研，非遗传承的活态性质尚未得到充分的阐明，而这会给非遗保护实践造成一定的障碍。

---

① 艾雰、李继晓、张国霞：《青海省非物质文化遗产数字化传播平台构建思考》，《图书馆理论与实践》2019 年第 10 期，第 100 ~ 104 页。

② 张妍、罗京艳：《天津非物质文化遗产活态传承与产业化发展模式研究》，《包装工程》2018 年第 18 期，第 73 ~ 77 页。

③ 关于中西部地区非遗的数字化保护研究，参见袁军《计算机数字化技术在贵州民族非物质文化遗产保护中的应用探讨》，《科技通报》2012 第 10 期，第 150 ~ 152 页；吕屏、覃芳兰：《广西龙胜红瑶非物质文化的新媒体传播设计研究》，《包装工程》2018 年第 6 期，第 79 ~ 83 页；艾雰、李继晓、张国霞：《青海省非物质文化遗产数字化传播平台构建思考》，《图书馆理论与实践》2019 第 10 期，第 100 ~ 104 页。

（二）微观视角：门类非遗的数字化研究

中国非遗网的统计数据显示，在已公布的四批国家级非遗名录中，代表性项目共计 1372 个，涵盖 3145 个子项，其中申报传统技艺项目最多，为 506 项；传统医药最少，为 137 项。[①] 国内非遗保护工作开展初期，数字化手段的探索与实践已同步进行。学者彭冬梅、潘鲁生、孙守迁[②]等，分别从理论、内容、技术系统层面对剪纸艺术的保护传承进行深度探讨，尤其提出了多媒体虚拟建模、图像检索等技术研究，具有较高的学术价值，为后来学者广泛引用与借鉴。非遗数字化的个案研究较多，按非遗项目类别，主要分为以下几类。

1. 传统技艺项目

传统技艺包括印刷、纺织、制瓷等传统工艺。在机械复制盛行的当下，雕版印刷、金陵刻经印刷等工艺过程复杂，技术要求较高，且耗时费力，成本高而效率低，传统的印刷工艺越发难以为继。对此，有学者探索传统雕版印刷与数字化技术的融合，提出由数字刻板替代传统的手工刻板的方法，以促进传统雕版工艺的产业升级，开发新的保护与传承方式。[③] 同样有着繁杂工序的传统纺织技艺，也面临现代化的胁迫而渐趋衰落。对于数字化保护手段的应用，目前学者大多仅从方法论层面出发，关注纺织工艺的数据采集与存储、展示与传播，仍缺乏基于工艺特征及文化空间的系统研究。[④]

---

① 国务院先后于 2006 年、2008 年、2011 年和 2014 年公布了四批国家级项目名录，数据截至 2019 年 12 月 31 日。《国家级非物质文化遗产代表性项目名录》，中国非物质文化遗产网，http：//www. ihchina. cn/project#target1。

② 彭冬梅、潘鲁生、孙守迁：《数字化保护——非物质文化遗产保护的新手段》，《美术研究》2006 年第 1 期，第 47 ~ 51 页。

③ 叶宗乐、李大伟：《扬州雕版印刷技艺传承发展现状与问题探究》，《民族艺林》2019 年第 2 期，第 133 ~ 142 页；邓抒扬、许旸：《非物质文化遗产雕版印刷技艺的数字化保护研究》，《出版广角》2019 年第 20 期，第 47 ~ 49 页。

④ 马静：《浅析非物质文化遗产数字化保护——以傣锦为例》，《艺术与设计（理论）》2011 年第 11 期，第 34 ~ 36 页；林毅红：《基于数字化技术视角下的非物质文化遗产保护研究——以黎族传统纺染织绣工艺为例》，《民族艺术研究》2011 年第 5 期，第 116 ~ 121 页。

值得注意的是，刺绣、木雕等民间艺术，在非遗申报中被归类为传统美术项目，而学者在实际研究时，往往将其视为传统手工艺。实际上，此类民间艺术兼有传统美术与技艺的双重属性，它对创作者的专业要求较高，不仅需具备出色的绘画或雕塑能力，也需具有娴熟的工艺技巧。关于各地民间刺绣与数字化手段的结合，探讨不在少数，如常州乱针绣、苏绣、湖湘刺绣等。[①] 虽各地刺绣具有鲜明的民族或地域特色，但它在当下所面临的问题，与传统印刷等工艺十分相似。即手工刺绣受到机器刺绣的猛烈冲击，以师徒或家庭传承为主的刺绣技艺，制作周期长、收入回报低、专业人才流失严重。所以数字化手段的介入，为刺绣的保护与传承提供了新的机遇。为此，有学者着重于探讨记录与还原绣制过程的技术，以建立数字化培训平台，促进传承，同时也注意到刺绣的消费性质，致力于“保护性生产”的探索。[②]

2. 传统体育项目

个案研究中，有关传统体育的讨论，所占篇幅不少。但大多文献主要针对传统体育、武术的整体数字化，而非单个项目，如少林功夫、太极拳等。目前，学界对体育非遗整体数字化的探讨较为充分，厘清了体育非遗的三种保护对策，即立法保护、动态保护及静态保护，其中，学者认为数字化保护属于静态保护，并以此作为体育非遗保护的重要补充，而非根本方式。[③]且，他们对传统武术数字化保护的内容，进行了归纳总结，既包括武术基本功、拳术套路等，也涵括练功场所、武术拳谱和典籍等文化场所与物质资料[④]。同时，体育非遗以传承人为核心、拳术复杂多变的特性，也被大多学

---

① 吴玉红：《湖湘刺绣艺术非物质文化数字化传播研究》，硕士学位论文，湖南师范大学，2012，第1～89页；吕彦池：《非物质文化遗产数字化保护与传承——以苏绣为例》，《自然与文化遗产研究》2019年第8期，第53～55页。

② 项建华：《非物质文化遗产的数字化传承与发展——以常州乱针绣为例》，《浙江艺术职业学院学报》2013年第3期，第26～30页。

③ 高明、段卉、韩尚洁、毛明春：《传统武术非物质文化遗产保护方法研究》，《广西社会科学》2014年第1期，第52～55页。

④ 李永明、梅杭强：《传统武术非物质文化遗产数字化保护的思考》，《河北体育学院学报》2012年第5期，第94～96页。

者所重视，一致强调体育非遗真实性、完整性与活态传承的数字化保护原则，并从传播与消费的角度，探索其“产业化增值”的可行性。①

3. 传统戏剧、传统舞蹈项目

传统戏剧、舞蹈包括昆曲、川剧、皮影戏、壮族师公舞、土家族摆手舞等。传统戏剧或舞蹈的数字化保护研究，以下两类较为常见：对某项技术的应用进行探讨，或从方法论层面提出保护对策。如罗敏具体探讨虚拟现实技术应用于川剧的实施过程②；朱宇翔则立足于动作捕捉技术，从技术概念、捕捉过程、捕捉指标、数据储存与处理、数字化分析五个方面，详细论述土家族摆手舞的数字化保护途径③。传统戏剧、舞蹈内容丰富，从广义来看，它们不仅只局限于自身的单一艺术类型，而是囊括民俗、音乐、民间文学等多门类艺术，且戏剧舞蹈本身程式复杂、多变，这在一定程度上为数字化保护工作设置了重重障碍。对此，有学者以壮族师公舞为研究对象，结合其传承的强偶发性、舞蹈形态的强即兴性及隐喻性等特征，列举数字技术的保护难点，并提出尊重原生态、明确相关权益的保护等对策。④

相较于区域非遗的数字化研究，门类非遗与技术相融合的探讨更为深入。此类研究中，传统技艺的数字化保护，探讨较多，与其申报项目的数量相一致。其次是传统体育、戏剧及舞蹈，有时也涉及传统音乐、传统民俗等。显然，与口头传统、节庆活动等非遗相比，传统技艺、体育等对原生环境的依赖程度较小，可利用数字技术的手段进行更为广泛的展示与传播。

① 蔡莉、刘良辉：《武术非物质文化遗产保护研究》，《体育文化导刊》2014 年第 5 期，第 32 ~ 35 页；郭巍、梁徐静：《武术非物质文化遗产“活态”传承中的数字化技术研究》，《广州体育学院学报》2018 年第 4 期，第 96 ~ 99 页；刘雨、李欣：《少数民族体育非物质文化遗产的数字化保护研究》，《西安体育学院学报》2019 年第 4 期，第 469 ~ 473 页。

② 罗敏：《用虚拟现实技术捕捉“非遗”——以重庆市的川剧保护为例》，《四川戏剧》2016 年第 11 期，第 94 ~ 96 页。

③ 朱宇翔：《土家族摆手舞数字化保护研究》，《北京舞蹈学院学报》2019 年第 1 期，第 79 ~ 84 页。

④ 欧阳爱辉：《族师公舞非物质文化遗产数字化保护机制初探》，《北京舞蹈学院学报》2017 年第 6 期，第 78 ~ 83 页。

且，手工技艺有生产与消费的特征，体育、表演艺术则有一定的娱乐功能，它们均具备开发利用的潜力，易于借助现代技术，进行资源重组，发展文化产业。总体而言，非遗数字化的个案研究仍然是不充分的，具有跨学科背景的研究团队或机构较少，人文领域的学者一般对非遗数字化的理论梳理与探索较为有限。大多个案分析仅停留于表面，其方法策略具有较高的普遍性，容易出现研究同质化的现象。

三　非遗数字化保护的理论探索：重技术介入，轻问题反思

非遗数字化保护的案例研究，由于具有在地特征，能够在一定程度上为理论建构带来实践层面的启发。再者，数字图书馆的建立、档案馆的工作方法也为非遗数字化保护研究提供了方法上的借鉴。更重要的是，科技不断迭代，非遗数字化的应用技术也随之更新与发展，这对非遗数字化保护提供了不断完善的技术支撑。近十年，来自不同学科背景的学者，对非遗数字化这一话题，进行大量的理论探索与技术研究，出现了具有一定学术价值的论著①，其中有学者从教育、法律等层面，展开对非遗数字化问题的外缘性探讨②。

（一）非遗数字化保护与传承的路径与方法

在数字化背景下，学者对非遗保护与传承的路径分析颇丰，大量见诸各类案例研究。而较为系统的论述，可见于黄永林对非遗数字化保护的宏观把握与分析，包括建设资源数据库、建立分类标准规范、利用相关检索、展示

① 李欣：《数字化保护：非物质文化遗产保护的新路向》，科学出版社，2011；杨红：《非物质文化遗产数字化研究》，社会科学文献出版社，2014；卢杰、李昱、项佳佳：《非物质文化遗产濒危评价及数字化保护研究》，华中科技大学出版社，2018。

② 刘正宏：《非物质文化遗产数字化应用与教育化传承研究》，中国轻工业出版社，2018；王历：《非物质文化遗产数字化》，法律出版社，2019。

技术与新媒体平台及发展文化产业五方面的具体建议①。这实际与公约中对非遗保护的要求相一致②，把数字技术应用且贯穿于非遗的保护、存储、传播及开发等系列过程。

1. 非遗数字化的保存与管理

与传统的录音、录像、摄影等保存方式相比，数字技术具有显著的优势，如存储容量大、细节记录全、数据易于提取分析等。因此，利用数字技术对非遗资源进行采集并建立数据库，是非遗保护的基础工作，能够缓解濒危非遗保护的急迫性，也是数字化保护有效开展的前提。早在 2008 年，有学者对非遗数据库的建设进行详细的探讨，其内容包括存储系统、著录系统、处理整合系统、检索系统及备份系统五个部分，并认为这是非遗数字化保护的核心部分。③ 经过近十年的发展，国内的非遗数据库建设形态日趋丰富，但仍存在数据采集标准规范等问题。④

与此同时，数字化作为非遗保护的新手段，必然需要依据技术标准化的特性，对原有的非遗分类方法进行适度的调整与规范。实际上，目前国内非遗依据不同的文献，其分类方法有着明显的差异：按公约，非遗分为五类⑤；按国家级非遗名录，则为十类⑥。这些分类所对应的民间文化形式，数量众多且表现形式复杂，对于精确度要求较高的数字技术而言，采集、存储与检索非遗资源的数据，显然困难重重。据此，黄永林等认为，国内

① 黄永林：《数字化背景下非物质文化遗产的保护与利用》，《文化遗产》2015 年第 1 期，第 1～10 页。

② 非遗保护包含各个方面的确认、立档、研究、保存、保护、宣传、弘扬、传承和振兴。参见《〈保护非物质文化遗产公约〉文本》，联合国科教文组织官网，https://ich.unesco.org/en/convention。

③ 柳霞：《非物质文化遗产资源数据库的建设》，《东岳论丛》2008 年第 6 期，第 196～198 页。

④ 马晓娜、图拉、徐迎庆：《非物质文化遗产数字化发展现状》，《中国科学：信息科学》2019 年第 2 期，第 135～136 页。

⑤ 《〈保护非物质文化遗产公约〉文本》，联合国科教文组织官网，https://ich.unesco.org/en/convention。

⑥ 《国家级非物质文化遗产代表性项目名录》，中国非物质文化遗产网，http://www.ihchina.cn/project#target1。

非遗分类应遵循科学性、本真性、实用性及全面性的原则，提出多层次的非遗分类方法，并强调对非遗文化空间的信息收集，以完善现今单线性分类的不足。①

2. 非遗数字化的展示与传播

非遗与物质文化遗产的一个显著区分，在于非遗的活态传承性质。因此，非遗不仅需要数字技术的静态保护——如把非遗资料进行数字化存档，也同样离不开动态保护。数字博物馆作为非遗动态展示的一种有效途径，被不少学者重视并研究。例如，杨红、张烈对工艺技艺类、表演艺术类与节日仪式类的不同非遗类别，进行了数字化展示方式的探讨，重点强调交互体验、视听结合、沉浸体验等展示手段。② 在他们看来，展示与传播的核心是传承人的表演及制作过程，这体现了对非遗活态保护原则的遵循。

3. 非遗数字化的开发与利用

非遗动态保护与传承的另一种有效方式，则是开发与利用其潜在的经济价值，对非遗进行创意性的转化。虽然非遗的产业化一直备受争议，存在商业开发过度而破坏非遗的原真性问题，但陈少峰分别从非遗理论及现实需求层面进行解析，认为非遗具有潜在的经济属性③。他以动漫产业为切入点，将非遗的产业化抽象为两种模式：一方面以非遗为创意起点，改编成动漫作品，再提炼文化符号，进行衍生品的再开发；另一方面是直接将非遗融入动漫产业链，以符号的形式参与经济活动。此外，也有学者以文化经济学为视野，从非遗的物质性、生活性、在场性等特征出发，指出非遗对文化产业有重要的推动作用。④ 以上学者的探讨，均表明非遗的产

① 黄永林、王伟杰：《数字化传承视域下我国非物质文化遗产分类体系的重构》，《西南民族大学学报》（人文社会科学版）2013 年第 8 期，第 165 ~ 171 页。

② 杨红、张烈：《非物质文化遗产实体展示空间中的数字化应用》，《遗产与保护研究》2016 年第 5 期，第 16 ~ 20 页。

③ 陈少峰：《非物质文化遗产的动漫化传承与传播研究》，博士学位论文，山东大学，2014，第 133 ~ 152 页。

④ 黄永林：《非物质文化遗产特征的文化经济学阐释》，《文化遗产》2018 年第 1 期，第 5 ~ 13 页。

业化并不是“洪水猛兽”，在一定程度上有利于激发民众对非遗的创造性保护。

4. 非遗数字化保护的方法探索

硕博学位论文关于非遗数字化的实际应用，讨论较为深入，具备一定的理论价值。其中，彭冬梅提出信息空间理论，为非遗数字化保护及传播提供了较为系统而科学的方法依据[①]。基于英国经济学者 Max H. Boisot 所建立的 I-Space 模型，她从编码、抽象和扩散三方面对非遗数字化的形态和特征进行有效分析，期以借此搭建一个跨学科交流的平台。该理论也为后来研究者所沿用，如孙传明[②]、秦枫[③]等，并针对不同非遗项目的特性，他们以知识本体理论、编码与解码理论及文化遗产的相关理论进行研究。多种理论的搭建与融合，为非遗数字化的理论研究奠定基础。

此外，档案馆、图书馆等机构对非遗数字化保护的参与，也在不同程度上推动了非遗数字化的深化研究，在建档记录、管理保存等方面提供可借鉴的经验。如张红灵以图书馆的计算机数字手段为视角，立足于非遗文化教育、非遗数据保护、资源共享机制三方面，提出非遗数字化保护需要注重真实性、创新性、专业性与传承人的知识产权等问题[④]；谭必勇等探讨了档案馆参与非遗数字化保护的运作模式及实现策略，体现档案馆对非遗保护的资源数据保存、管理及利用方面的重要作用。[⑤] 以上研究均提倡建立非遗数字化保护的多元运作模式，强调其公共服务功能。这为非遗数字化保护体系的建构做出有益补充。

① 彭冬梅：《面向剪纸艺术的非物质文化遗产数字化保护技术研究》，博士学位论文，浙江大学，2008，第 12～32 页。

② 孙传明：《民俗舞蹈类非物质文化遗产数字化技术研究》，博士学位论文，华中师范大学，2013，第 14～36 页。

③ 秦枫：《非物质文化遗产数字化生存与发展研究——以徽州区域为例》，博士学位论文，中国科学技术大学，2017，第 18～26 页。

④ 张红灵：《数字图书馆建设中的非物质文化遗产数字化保护》，《四川大学学报》（哲学社会科学版）2008 年第 1 期，第 123～125 页。

⑤ 谭必勇、徐拥军、张莹：《档案馆参与非物质文化遗产数字化保护的模式及实现策略研究》，《档案学研究》2011 年第 2 期，第 69～74 页。

（二）非遗数字化保护与传承的技术体系

数字技术研究，是非遗数字化保护的重要部分，相关研究文献基本都涉及技术应用的探论。关于非遗数字化技术体系的构建，国内较为全面详尽的讨论，可追溯至2012年黄永林与谈国新的研究。[①] 在该研究中，他们重点提出并论述六种数字技术深度开发的方式，包括数字化分类体系、数据采集技术标准、新技术综合运用体系等。其中，关于技术体系的搭建，又细分为六种关键技术，[②] 囊括非遗数字化保护的采集与存储、再现与复原、展示与传播、开发与利用等重要环节。

技术体系的形成，与学者们关于技术分析的研究成果密切相关。在数字采集方面，施蕾、蔡群等均论述了动作捕捉技术对建立非遗舞蹈动作数据库的有效性。[③] 在数字保存与建档方面，张媛提出云储存的技术手段，引入美国OAIS功能模型，分析其实际运用价值，认为借用此云端存储服务的建构，可提高存储效率与质量、降低硬件成本、促进存储规范等，为少数民族非遗数字化存储提供了可借鉴的操作性框架。[④] 而在数字传播与开发层面，谈国新提出非遗视频知识元概念、非遗视频语义标注方法等，具体地探讨非遗的可视化呈现，以此建构非遗数字化传播技术的应用理论；[⑤] 余日季则基于AR技术，通过文化数字化植入的ICH开发模式、CDIM理论框架的建构，

① 黄永林、谈国新：《中国非物质文化遗产数字化保护与开发研究》，《华中师范大学学报》（人文社会科学版）2012年第2期，第49～55页。

② 按黄氏与谈氏的研究，国家非遗保护与传承技术体系包括：数字化技术、资源入库技术、资源管理技术、情景构建技术、可视化技术与传播和服务技术等方面。

③ 参见施蕾《动作捕捉技术对非物质文化遗产舞蹈的数字化保护——以花腰彝舞蹈为例》，硕士学位论文，云南艺术学院，2015，第8～37页；蔡群、吕俊：《基于动作捕捉技术的贵州少数民族舞蹈数字化保护研究》，《贵州大学学报》（自然科学版）2009年第4期，第91～94页。

④ 张媛：《少数民族非物质文化遗产数字化保护与共享——基于OAIS开放模式的研究》，《四川图书馆学报》2018年第1期，第1～4页。

⑤ 参见庄文杰、谈国新、侯西龙、李莎《非物质文化遗产视频知识元组织模型研究》，《情报科学》2018年12期，第25～32页；侯西龙、谈国新、庄文杰、唐铭《非物质文化遗产视频语义标注方法研究》，《情报科学》2018年第11期，第88～94页。

探讨了非遗数字化开发的可行性[①]。

关于非遗与科技如何深度融合、技术介入是否对非遗保护产生不良影响等问题，一直是学界关注但未能讨论充分的议题，相关的系统分析不多，但也零零散散地出现在个别研究当中。如卓么措以价值取向的视角，探讨非遗数字化所面临的挑战与机遇，认为需要警惕技术带来的文化同质化、碎片化及表层化的问题。[②] 值得注意的是，由于2015年中山大学就非遗保护问题组织了系列探讨，非遗数字化保护的研究也随之增多，且内容质量较高，突破以往只专注于技术研究的局限，涌现从文化角度来探讨技术介入的研究成果。如杨红从数字化记录的角度出发，指出数字化能有效记录无形与动态的非遗资源，但同时存在数字化标准不到位、技术尚未突破全感官体验等弊端[③]；王明月则以非遗的文化属性为切入点，具体阐述了数字化保护与实践在多方面的风险，她认为非遗的文化属性是非遗与数字化技术衔接的关键，并指出非遗传承人深度参与对于数字化保护的重要意义。[④] 遗憾的是，2015年以后，此类研究与讨论依旧较为欠缺。

四 总结与展望

综上所述，国内关于非遗数字化保护的探讨与研究呈上升趋势，在政府、高校等大力推动下，非遗与数字技术融合的具体实践颇丰，也取得一定的研究成果。但总体看来，无论是实践应用还是理论建构，其研究仍然是不充分的。在实践应用方面，对不同非遗特色的挖掘较为有限，大多数研究仅

---

① 余日季：《基于AR技术的非物质文化遗产数字化开发研究》，博士学位论文，武汉大学，2014，第30～60页。

② 卓么措：《非物质文化遗产数字化保护研究》，《实验室研究与探索》2013年第8页，第227页。

③ 杨红：《非物质文化遗产数字化记录的利弊与策略》，《文化遗产》2015年第2期，第9～13页。

④ 王明月：《非物质文化遗产保护的数字化风险与路径反思》，《文化遗产》2015年第3期，第32～40页。

停留于“提建议”“讲对策”的层面，缺乏一定的理论支撑；而在理论探索方面，存在重技术轻文化的问题，跨学科的探讨较为欠缺，多专注于技术的应用研究。

基于此，并结合现代科技的快速更迭，非遗数字化保护的研究趋向可能出现以下几方面特点：一是数字化技术继续推进，不断突破非遗保护在各个层面的技术难点，完善技术体系的建构；二是非遗保护的实践与研究，会在展示与传播、开发与利用等方面进一步深化，非遗与文化产业结合的探讨将会增多；三是数字博物馆的蓬勃发展，将促进非遗的深度保护与传承，并随着虚拟现实技术（VR）、增强现实技术（AR）等数字技术的优化，关于非遗的展示与交互体验，探讨也会增多；四是非遗保护的多学科、交叉性研究会得到加强，更多复合型、跨领域的学者投入非遗的保护与传承的实践当中；五是关于非遗数字化保护的外延性探讨将会增多，如在法律方面，更多学者会加入有关知识产权的讨论。

数字化技术只是非遗保护与传承的一种方式，并非所有非遗项目，都适合数字技术的介入。因此，数字化保护的个案研究依然是必要的，同时也需要重视非遗传承人的深度参与以及注重对文化空间的保护。只有对门类非遗进行深入的挖掘与认识，数字技术才能有效地介入保护。

参考文献

向云驹：《论“口头和非物质遗产”的概念与范畴》，《民间文化论坛》2004 年第 3 期。

向云驹：《论“文化空间”》，《中央民族大学学报》（哲学社会科学版）2008 年第 3 期。

代俊波、单桂花：《基于 Web 的满族非物质文化遗产数字化保护平台的设计与实现》，《图书馆学研究》2010 年第 18 期。

谭必勇、徐拥军、张莹：《技术·文化·制度：非物质文化遗产数字化研究述评》，《浙江档案》2011 年 6 期。

谈国新、孙传明：《信息空间理论下的非物质文化遗产数字化保护与传播》，《西南民族大学学报》（人文社会科学版）2013 年第 6 期。

代俊波：《基于多媒体技术的满族非物质文化遗产数字化保护应用研究》，《图书馆学研究》2013 年第 14 期。

宋俊华：《关于非物质文化遗产数字化保护的几点思考》，《文化遗产》2015 年第 2 期。

宋俊华、王明月：《我国非物质文化遗产数字化保护的现状与问题分析》，《文化遗产》2015 年第 6 期。

周亚、许鑫：《非物质文化遗产数字化研究述评》，《图书情报工作》2017 年第 2 期。

赵跃、周耀林：《国际非物质文化遗产数字化保护研究综述》，《图书馆》2017 年第 8 期。

B.24
深圳民间艺术创新路径与发展策略研究报告

周钰愉*

摘　要： 当代移民浪潮带动着民间艺术的跨时空流动，使其从乡村走向都市。改革开放后，大量的民间艺术随移民进入深圳，与本土民间艺术融合，进而在都市语境中实现了自身的创新发展。深圳民间艺术的创新是主客观因素共同作用的结果，一方面，深圳利用本地资源构建起新的民间艺术文化生态，为民间艺术产业化和数字化创新提供了有利的条件；另一方面，深圳民间艺术个体也有着明确的发展策略，在文化景观化和异域文化资本化的策略驱动下，深圳民间艺术探索出自身产业化和数字化的创新路径。

关键词： 民间艺术　产业化　数字化　深圳

一　深圳民间艺术文化生态的重构

改革开放后的深圳一方面完成了自身文化土壤从乡村到城市的变更，另一方面萌生了对外来民间艺术的吸引力，即深圳建设初期的城市红利（良好的发展前期、活跃的市场经济、较高的薪酬、尚未高涨的生活成本等）

* 周钰愉，广西科技大学经济与管理学院辅导员。

吸引了大量外来移民，其中也包括民间艺人。而都市生产生活方式和文化表达方式，直接影响民间艺术的创作动机、形态和样式；同时，来深圳的民间艺人的职业身份也随之发生改变，他们往往是从农民或分化或转变为农民工、个体手工业和个体工商户、私营企业主等社会身份，社会身份的转化使民间艺术的创作主体萌发了市场意识，原本反映当地人群生产生活方式的民间艺术以及具有实用价值的民间艺术其存在和传承的土壤发生了颠覆性的变化。① 因此，最初深圳民间艺术的功能和价值也主要偏重于经济而非文化本身，这也成为它们适应和融入产业化的基础。

深圳重构民间艺术文化生态的关键一步是引导产业化。深圳对民间艺术产业化生态的构建是利用本地经济活力和市场规模的优势展开的，即政府一方面制定文化政策鼓励民间创新创业，另一方面也引导民间资本转向文化领域的注入。当文化产业化形成一定的规模，会衍生出多种分支，如文化旅游、创意设计、影视演艺、网络文化、游戏动漫等，产业分支之间不断发生交织，民间艺术的文化生态的边界也得到拓宽，即从现实生活空间延伸到虚拟网络空间。除此以外，深圳还规划了深圳文化产业园区部分改造原本为工业废墟的旧厂房，对外招商引进文化企业，为民间艺术产业化提供场地、配套服务的支持，在一定程度上减轻其生存负担。以深圳华侨城为代表的文化企业开设的文化旅游、文化展演和文化教育等业务，吸附大量游离在都市之中的民间艺术，由此扩大了民间艺术的生存和发展空间，同时也培养了公众的文化消费习惯，延长了民间艺术产品的生命周期；另外，《深圳市文化产业促进条例》（2009）、《深圳文化创意产业振兴发展规划》（2011）等政策的出台，在官方的层面上支持和促进了民间文艺、民族和传统文化的产业化，官方的推动直接催化了民间的产业链的构建。随着产业化进程的推进，部分有资金基础的民间艺术尝试在深圳投资建厂，成为民间艺术产业链上的单元。

① 艾霞、吕青：《社会阶层结构嬗变下的民间艺术文化生态保护》，《西安工业大学学报》2013 年第 7 期，第 589 ~593 页。

深圳对民间艺术文化生态的重构是围绕着改革开放后发生的社会变革展开的，并且在具体的实践中不断衍生出创新的举措。如深圳创意设计行业为民间艺术的呈现形式迎合了现代文化审美和文化消费习惯，而互联网科技企业打造数据库、数字典藏和数字游戏等的尝试则推动了民间艺术数字化保护和开发的进程。总体而言，深圳利用自身的经济优势吸引了大量外来民间艺术，在成分复杂的都市空间中，文化价值观念、生活方式、造物观念、信仰观念、技术因素、民间社会组织形式等发生了变化，深圳顺应这一变化，并在官方和民间、本土和外来的多重现实实践中逐渐构建起一套新的民间艺术文化生态。而这一新的文化生态得以延续的关键，就在于逐渐成熟的产业化和活跃的文化市场，开放、包容、创新的文化氛围，也使得民间艺术能持续地在新的文化生态中进一步创新。

二　深圳民间艺术的创新路径

（一）产业化

文化与经济的同体共生关系决定了民间艺术具有经济功能，[①] 因此民间艺术能适应都市语境下的产业化运作。民间艺术产业化的发展路径是深圳民间艺术由求存转向创新的关键，主要依靠深圳的经济、政策、市场、人才和科技资源，转变生产方式、创新运营模式，最后延长产业链，并形成文化品牌。深圳民间艺术产业化的案例不胜枚举，但都大致有一定的共性，以下将从典型案例进行说明。

贺贺剪纸。贺虹 2005 年在深圳成立了深圳市贺贺文化艺术有限公司，2014 年便在上海文化产权交易中心挂牌上市，成为深圳首个挂牌上市的非遗文化企业。贺虹认为产教融合才能让民间技艺得以传承，除了在广东女子

① 刘昂：《文化产业视域下的民间艺术产业开发研究》，《民俗研究》2012 年第 3 期，第 112 ~ 119 页。

学院开设剪纸课程外，贺虹把剪纸艺术投入产业化运营①，将原本单一手工作坊的传统生产模式转变为“公司＋农户”的运作模式，在江西、河北、天津、陕西设有剪纸生产基地。贺贺剪纸的产品是将剪纸的文化元素运用到服饰、家饰、礼品、名人字画复刻等领域，又不断地根据社会文化消费的新需求开发了剪纸元素的防辐射手机贴、开运门帘、剪纸手工艺画等数百种创意剪纸产品（见图1）。贺虹现在为自己的剪纸衍生品创立了一个“贺”文化品牌，当新的产品被设计和开发以后，会有意识地维护品牌、申请专利。② 另外，在商业模式和产品结构上贺贺剪纸也进行了创新，即将大卖场式的大众产品销售转变为以大众产品为基础，并向上发展出高级定制礼品和可供投资的艺术藏品（见图2）。同时，贺贺剪纸利用互联网平台建立了线上的营销系统，在全国范围内开设了“庆贺一家”连锁平台。贺贺剪纸的创新路径是多层次的，微观层面上，它对自身产品进行了创意设计和开发；中观层面上，它将产品的解构逐步分层，在产业化的道路上既保留了艺术本真，又能生产出批量的文创产品；宏观层面上，它不断向外围扩大产业范围，不断丰富产业生态，与非遗文创产业、教育培训、跨境电商、社区文化消费、剪纸课程、文化旅游、特色小镇等都有过跨界的商业合作。

国瓷永丰源。原是潮州人士刘氏家族红釉彩瓷“满堂红”烧制技艺，第五代传承人刘权辉于2003年在深圳观澜投资建厂。在考察了英、德、日等多国的瓷器企业后，刘权辉发现近代以后的中国传统瓷器制造风格陈旧、缺乏设计感、规格不统一、流程缺乏标准化，在国际市场竞争中处于劣势，因此决心改革。首先，刘权辉高薪聘请了日本瓷器巨头则武公司的佐佐木正

① 在一次调研中，贺虹向笔者表达了自己对产业化的态度：“在这个剪纸的行业里，做产业化，我是第一人。因为当时我看到了产业化的势头。传统和时尚不应该是一对反义词，新的事物出现冲击了传统行业，那就跟它合作。要摆脱一味保护的困境，只能走产业化的路，加工包装成为商品，让消费者在用的过程中喜欢并愿意接着买单，民间艺术才能回到生活……靠政府拨款保护，还是很难，因为（民间艺术的）数量太大了。”

② 目前贺贺文化艺术有限公司拥有国家专利13项，注册有“贺贺”“手工部落”“禧运世家”“手痒痒”等品牌系列产品商标知识产权23项，2011年3月通过了ISO9001：2008质量管理体系认证，在国内备案了剪纸和景泰蓝工艺画的企业质量标准。

图1 贺贺剪纸“开运门帘”文创产品

资料来源：贺虹女士供图。

图2 贺贺剪纸泸州老窖定制款“贺酒”

资料来源：贺虹女士供图。

治，引进世界先进的瓷器生产经验，“工艺学日本人，产业化学德国人，品牌学英国人和法国人”[①]；其次，国瓷永丰源利用深圳科技资源，改良了原来的烧制方式，其窑炉采用了整套现代温控系统，用电脑技术精准把控温度（约±2℃），保证了同批出品的产品规格和质量，尤其是保证最难把控的“帝王黄”和“满堂红”能批量生产[②]；再次，吸纳高端设计人才，培养专属的设计中心，目前，国瓷永丰源在深圳和北京分别设立了设计中心，从中央美术学院、景德镇陶瓷大学等业界拔尖设计师，寻求传统内核的创新表达；最后，转变单一贸易为全产业链生产，把产业的范围扩大，公司从设计到烧制出产都全程参与，并且不断研发技术超前的现代烧制技艺，如色釉分

① 原话出处为深圳卫视《第一现场》栏目组采访，视频资料来源，http：//www.gcyfy.com/news/videodetail_ 491.html。

② 正黄和正红是瓷器最难烧制的两种色彩，需要精准地把控温度，一旦温度过高，瓷体就会飘蓝，反之则色泽不艳。传统的人工烧制靠的是师傅的眼力和经验来判断色泽是否达标，但人工的变数太大，极易烧出次品，不能满足现代化的批量生产需求。因此，国瓷永丰源引进整套的现代温控系统，用计算机技术将窑炉内温度准确地控制在30至40摄氏度之间，且炉内热量不会散发出来，甚至人脸长时间贴在窑炉边上都不会被烫着，一改传统高耗能的烧制方式，低碳环保，同时还确保了热能使用效率。

离、釉中金、釉上彩、釉中彩、釉下彩、浮雕金、釉中珐琅、釉下雕花、亚光金等核心技术。国瓷永丰源的产品定位是高端定制和商务礼品，多次接到国家订单，被选用为国宴的专用瓷器以及作为国礼赠予贵宾。[①] 在产品的结构上，国瓷永丰源分设了“经典系列”“主题系列”“国瓷系列”“定制系列”，其中定制系列中除了餐具、茶具以外，还有生肖礼盘平盘摆件以及南粤瓷盘画等艺术品。国瓷永丰源在北京建造了一处“永丰源国瓷博览馆”（见图3），该博览馆开设有场景式茶歇品鉴体验区、瓷艺体验区、教学培训区、国瓷文化展示区等个性化服务区域，这个空间成为其文化传播、产品体验和商务洽谈的平台。

图3　国瓷永丰源“夫人瓷·西湖蓝”产品

资料来源：国瓷永丰源官方网站，http：//www. gcyfy. com/product/index. html？ t =6。

---

① 国瓷永丰源的定制瓷器曾在2014年被采用为APEC国宴餐具、2015年中国人民抗日暨世界反法西斯战争胜利70周年国宴餐具、2016年杭州G20楼外楼国宴餐具、2017年“一带一路”峰会国宴用瓷、“金砖国家”峰会元首宴及夫人宴用瓷、2018年博鳌亚洲论坛年会宴会用瓷、中国首届进口博览会宴会用瓷等。据公司员工介绍，与其他瓷器企业不同，当产品被选为国宴专用餐具时，国瓷永丰源并非以赠予方式，而是明码标价地买卖。2020年中华人民共和国70周年阅兵仪式“民族团结方阵”巡游花车上的民族团结石榴花瓶出自国瓷永丰源，永丰源研发新型防火材料，来保证成瓷后不会发生形变和爆裂，该巨型石榴瓶的制作突破了瓷器生产的极限。

艺立方。2012 年成立的艺立方文化发展有限公司，是集平台商、运营商、资本商为一体的现代化文化创意集团企业。通过园区运营模式和多地的政府合作，艺立方打造地方民族文化常态化展示、交易的前沿综合体，进而为民间艺人提供作品展示、成品销售、技艺传授和文化交流的空间。艺立方本身不拥有民间艺术资源，只是搭建平台、构建产业生态，再由官方协助引进外地民间艺术入园，园区进行集约化管理，使得双方互利，即民间艺术得到跨地域传播、借助平台实现产业化，而艺立方则掌握了更多的文化资源、扩大平台的影响力，再发散式地向各地输出特色园区运营模式。艺立方的产业化平台分线上和线下两条路径，其中，线下产业化以文化产业园区模式为主，集合多种民间艺术统一推向产业化和公共文化服务（见图 4）。艺立方手信文化产业园园区内的多彩贵州非遗村，是贵州省与深圳市两地政府共同推进的项目，非遗村中汇集 60 多家地方优秀文创企业，设置线下实体体验交易展示馆银饰馆、刺绣馆、蜡染馆、工艺馆、黔茶馆、农特馆、苗药馆、木石馆；艺立方还与民间艺人合作推出非遗及传统文化系列课程、非遗与传统民俗文化表演、非遗及传统文化公益讲座等非遗推广的活动，这一类活动常常为社区公益文化活动。而另一条路径则是线上平台，如艺术品投资平台、文化公共服务数字化平台以及文化大数据资源平台，这一类平台是产业化发展路径中与互联网技术发生碰撞的结果。

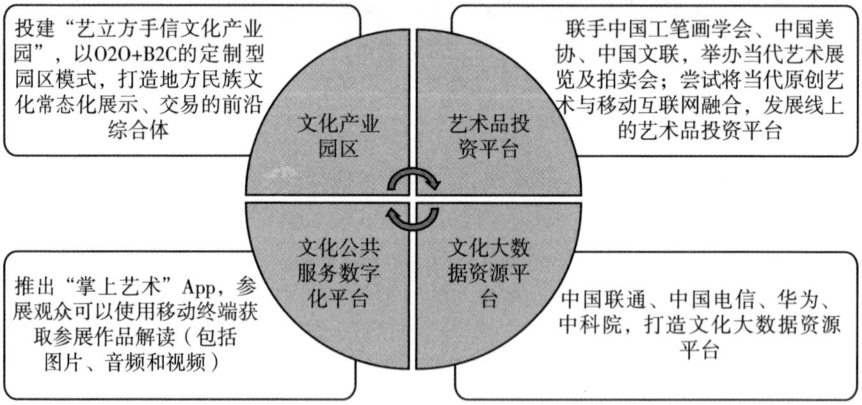

图 4　艺立方线上、线下产业平台示意

资料来源：笔者根据调研资料整理制图。

（二）数字化

深圳民间艺术数字化是产业化路径中的一个分支，是对产业化的进一步创新，其目的也是延伸产业范围。目前，深圳民间艺术数字化主要利用大数据、云计算、人工智能等数字技术对民间艺术资源进行数字化储存、创意加工和内容变现。民间艺术既是数字化的对象，也是内容，由于深圳特殊的历史，外来民间艺术成为可供数字化实践的庞大资源。其中，企业投资平台建设，以民间艺术元素为内容打造文化 IP，进一步又开发 IP 数字文化衍生产品，如华侨城集团旗下的甘坑客家小镇则自创客家凉帽的人物 IP，腾讯运用萨满文化符号策划手游；民间艺人则利用现成自媒体平台，把技艺传授、内容传播与商品售卖相结合，以大众化的信息传播方式完成民间艺术从传统到现代的过渡。

雅昌：2000 年，雅昌开发“雅昌艺术网”，该网站是一个基于互联网的艺术交流平台，连接艺术家、艺术机构和艺术爱好者三方，提供艺术数据采集、分类、储存和管理服务。雅昌艺术品数据库的信息采集包括艺术品平面数据采集、艺术品立体全方面数据采集、艺术品 DNA 采集和空间数据采集，采集是为数据库收入艺术资讯和数据，方便浏览者快速检索和线上体验。其中，平面数据采集是将艺术品转化为高精度数字图像信息，主要用于网页浏览、词条搜索和用户下载、印刷出版；立体全方面数据采集则是利用三维重建、环物拍摄、3D 扫描的技术进行音视频录制，补充艺术品的动态数据；艺术品 DNA 采集主要有高清采集、显微采集和光谱采集三种方式，翔实记录艺术品本体的精确数据，可为后续修复、还原和数字加工提供依据；空间数据采集是对艺术空间、生态的数字化记录，通过专业空间场景采集设备记录空间实景并运用 VR/AR 技术转换数字化场景，如数字虚拟展馆、数字互动体验等。雅昌的中国艺术品数据库为民间艺术的数字化典藏和数字化产品开发提供了数字空间，民间艺人的履历和作品信息得到收录，而专题数字虚拟展馆能跨时空还原民间艺术的文化生态，增强艺术互动和体验感，创新了民间艺术的传播方式。

华侨城甘坑客家小镇：围绕客家民俗、建筑、饮食和民间艺术等设计客家小凉帽人物 IP，将文化旅游景区提升为 IP—Town 特色小镇，其 IP 产业链在线下延伸至餐饮、住宿、旅游纪念品、亲子乐园等板块，又与闪扑动漫合力制作了小凉帽系列的动画片。[①]《小凉帽之白鹭归来》动画片再现了客家生活化场景，以主人公阿凉和阿妹帮扶弱小、与黑商等反面角色斗智斗勇的故事，传递了客家人尊老爱幼、互帮互助、热爱自然等文化价值观。在动画片中，客家民俗与民间艺术的元素穿插在故事场景中，如赤竹镇龙舟赛片段中舞麒麟、踩高跷、艾草香囊、赤龙舟等民间艺术作为背景出现，还原了客家龙舟赛的场面；赤龙舟、竹风车、竹马和稻草龙等民间艺术也通过动画片角色的虚拟制作简略地重现了技艺和工序；祭灶神的片段则通过人物的对白，交代了客家祭灶的传统，以及烧灶神像送神上天述职的民俗。华侨城在平面动画的基础上，融入 VR/AR 技术，推出了立体影视片段的互动体验，如 VR 版《小凉帽之白鹭归来》数字电影和小凉帽 AR 古诗、AR 绘本等衍生品。[②] 目前，华侨城通过创作覆盖全年龄段的动画 IP 来打造 ACG（漫画、动画、游戏）全产业链，以客家民间艺术为代表的民间艺术成为 IP 形象、动画场景、文本内容的创意来源；另外，民间艺术也能借助此 ACG 全产业链，其呈现形式和表达方式趋于年轻化。由此，民间艺术在培养低龄人群的文化审美的同时，也能打破新旧之间的传播壁垒，接触更多年龄层的消费者。

---

① 小凉帽系列动漫作品是在童话小说《会飞的小凉帽》的文本基础上改编的，数获大奖。其中，VR 电影《小凉帽之白鹭归来》获得 2017 年第 74 届威尼斯国际电影节亚太单元最佳沉浸影片、最佳未来电影金狮奖；电视动画片《小凉帽》（第一季 26 集动画片《小凉帽之白鹭归来》、第二季 26 集动画片《小凉帽之魔法凉帽》）获得国家新闻出版广电总局 2018 年优秀原创动漫作品版权开发奖励计划（内容开发类）银奖；根据该小说创作的原创小凉帽 IP 绘本《小凉帽跟白鹭一起飞》荣获中国版权保护中心 2018CPCC 十大中国著作权人年度评选“专家特别提名奖”。

② 小凉帽主题 AR 绘本可将绘本平面内容通过 AR 技术在手机等自媒体终端实现立体呈现，增强了立体动态的互动体验。用户可利用 AR 扫描小凉帽绘本中的任意页触发不同的功能，如扫描封面出现可缩放的三维甘坑小镇模型，可以对小镇进行旋转缩放等操作。扫描任意内页可以在甘坑小镇里面闲逛游玩，还能触发不同的小游戏。

腾讯：2018 年开始布局功能类游戏[①]的自主研发计划，其中腾讯游戏学院和 NEXT Studio 共同孵化出品的移动端叙事型音游《尼山萨满》，是根据《尼山萨满传》改编的，讲述了一位名叫尼山的女萨满，手执萨满神鼓，深入冥界驱魔，帮无辜孩童寻回灵魂的冒险故事。《尼山萨满》以音乐剧的模式，分章节叙述故事，游戏画面及人物形象的设计运用了中国传统剪纸艺术，搭配民族风的配乐及满语旁白，让玩家在闯关的过程中逐章解读萨满文化。如游戏关卡中收集物品的设定，丰富了叙事的分支，通过对收藏图鉴的文字说明，补充了故事内容和画面元素的细节信息，使玩家在通关的游戏体验以外获取额外的知识储备。

三　深圳民间艺术的创新发展策略

（一）文化景观化

“杂态共生”[②] 和 “景观” 构成了都市语境中民间艺术生存与发展的背景和现象。都市由乡村演变而来，其文化系统构成元素复杂，既有前身原生的文化，有外来移民带来的文化，还有都市化以后新生成的文化。其中，前两者是后者的基础，即在一种杂态共生的状态下，不同形态的文化发生融合、异变，彼此发生相互作用，最后在某种契机的作用下，生成了一种改良创新的或全新的文化。同理，源自乡土社会的民间艺术作为外来者和后来者的身份进入都市语境，是在杂态共生中发生调适的，同时，它们也成为其后来者需要面对的杂态，如此循环往复，使得都市语境中的外来民间文化由多元化逐渐趋于均质化。

由于民间艺术是以一种文化符号的形式进行传播，因此，都市语境

① 对比传统游戏，功能游戏更加强调娱乐性以外的功能性，如学习、治疗、生产、商业等现实目的，而非纯粹为玩家提供愉悦感而存在的游戏。2018 年 2 月，腾讯公布了国内首批功能游戏产品，涉及传统文化、理工锻炼、科学普及、亲子互动等。

② 全球化背景下，由跨文化产生的杂态共生状态是多种文化形态的融合。美国文化传播学者詹姆斯·罗尔认为移民、大众传媒和文化产业化是这一现象的推动者。

中的民间艺术呈现出一种去语境和去意义的符号运用和拼贴；在大众媒体和产业化的推波助澜下，民间艺术成为景观式的装置和表演。尽管每一个民间艺人都声称要把异域的艺术特色和文化内涵传递出来，但最终仍是无法逃脱民间艺术文化意义削减、扁平化表现和运用的结局——这是现代性带来的一个弊端。德波认为“在现代生产条件占统治地位的各个社会中，整个社会生活显示为一种巨大的景观的积聚（accumulation de spectacles）。直接经历过的一切都已经离我们而去了，进入了一种表现（representation）”①。意义的削弱或抽离是民间艺术在都市语境中自我调适的选择，相较于乡村，都市中的经济活动更为活跃和复杂，因此“社会中的景观对应于一种异化的具体制造”②，当民间艺术仅仅简化为商品的时候，它们就已经异化了。但异化对于当代民间艺术而言并非是绝对的贬义，而是民间艺术在现代性中的自我调适以及创新转变，在如今“视觉表象化篡位为社会本体基础的颠倒世界”③ 中，民间艺术作为一种有意识的作秀和表演，以及其日益趋于扁平的商业应用，也是民间艺术发展规律中有迹可循的当下性。

都市语境中的民间艺术沉浸在一个杂态共生的背景之中，一方面，本土与外来、外来者之间都发生着融合，彼此之间相互作用；另一方面，也在与都市文化发生交融，都市中“强大的不断更换的审美的源”④ 也在倒逼民间艺术发生调适和异变。因此，顺应、吸收和融入这种杂态共生的环境，并且

---

① 〔法〕居伊·德波：《景观社会》，张新木译，南京大学出版社，2017，第3页。

② 〔法〕居伊·德波：《景观社会》，张新木译，南京大学出版社，2017，第14页。

③ 德波在《景观社会》中宣告马克思所面对的资本主义物化时代而今已经过渡到他所指认的视觉表象化篡位为社会本体论基础的颠倒世界，此处的颠倒是为马克思面对的经济物化颠倒的再颠倒——表象化颠倒，由此过渡为一个社会景观的王国；也即费尔巴哈所指认的“影像胜过实物、副本胜过原本、表象胜过现实、现象胜过本质”的时代。

④ 冯骥才在《灵魂不能下跪——冯骥才文化遗产思想学术论集》中强调了都市化对民间艺术的影响，指出“城市文化是十分敏感的，它们是一种强大的不断更新换代的审美的源，向广大乡间放射，产生影响。愈是挨近城市的地方，民间艺术的变异就愈明显。这种变异是不可克制的，也是正常的文化现象”。冯骥才：《灵魂不能下跪——冯骥才文化遗产思想学术论集》，宁夏人民出版社，2007，第352~353页。

成为一种主体性的、有意识的表演和作秀，未尝不是都市语境中的民间艺术的发展策略之一。

（二）异域文化资本化

民间艺术是具有地域性的艺术，其拥有着较为稳定的、典型性的符号意指，因此常被人们视为某种时空的标志，成为一种具有意义指向性的文化符号。当这些意义指向异域文化的文化符号进入到同一都市语境中，它们“拥有自身的动力——一种关联结构（structure of the conjuncture）——它会富有意义地定义参与其中的其他人与物”①，由此形成一种场域性价值②。都市语境中民间艺术的象征符号在某种层面上明确了艺人与作品的身份与背景，从民间艺术中的一般上升到个体的特殊；另外，在都市语境的经济运作以及商业逻辑的作用下，这些民间艺术的文化符号转化为文化资本，这一转化被视为民间艺术的当代异变，也即在都市语境中生发出当下的场域性价值——异于传统价值的新的部分。“象征符号的资本转换，其性质不只是经济交换，它更像一种社会交换——建立在族群之间关系和彼此认知基础上的经济交换”③，民间艺人擅长将自身携带的异域文化（文化符号）进行资本化转换，其本质是文化与资本的置换，但绝非纯粹的交换和买卖，而是以期实现利益最大化，以资本财富为基础，又额外获得社会地位与文化传播的手段。

民间艺人在都市语境中会有意识地对所掌握的民间艺术进行适应性改良，同时也会无意识地运用熟悉的文化符号，这主要体现在（外来）民间艺人的个人外在形象包装上。在笔者对深圳民间艺术的实地调研和对民间艺人的采访中发现，多数的民间艺人偏好家乡特色服饰、民族服饰或大众化的中国传统服饰

① Sahlins，Marshal David，*Historical Metaphors and Mythical Realities：Structure in the Early History of the Sanduwich Island Kingdom*，Ann Arbor：University of Michgan Press，1981，p. 35.

② 萨林斯（Sahlins）认为，假如场域性价值与文化预设的界定截然不同的话，就具有“反馈作用于传统价值的能力”；“并且通过与客体的交换作用或相互连接，实践不仅承载了行动主体之间前所未有的关系，而且承载了对范畴前所未有的客体化”，此处，指的是外来民间艺术的象征符号在都市语境中发生的资本转换。

③ 王琛：《飘移的时空：当代中国少数民族的经济生活》，社会科学文献出版社，2012，第91页。

(中国风服饰)，在外观上有着突出的身份和风格识别度。满族鞣鞨绣传人孙艳玲日常便装喜穿棉麻丝缎材质的刺绣服饰，在重要场合以及表演状态下，则穿满族旗袍，其在深圳开设的满绣博物馆中，收藏着一套孙女士参加人大会议期间穿着的家传旗袍；此外棉塑艺人罗晓琳、剪影艺人刘期培、捏面人艺人张民忠、剪纸艺人贺虹和田星等民间艺人，均常穿民族风和中国风服饰。这些独具外来族群文化特色的服饰和外观，成为民间艺人的“转喻符号”①，让观者能辨析他们的身份，由此收获来自观者对其族群整体的好奇或是好感，建立起商业运作的客观社会心理的基础；得到都市文化市场的肯定和支持，民间艺人会在一种不自觉的状态下深化自身的文化认同，同时，他们同样在培养着都市语境中的大多数观者对其文化的认同。② 因此，当异域文化符号被视为一种资本时，人们会对自身及其外在环境进行重新认识、控制和改造，是外来文化适应新语境的一种现代参与方式。③

（三）偏心圆结构下的文化衍生

有传播学者④研究了我国文化的历史传播结构，总结为一种“偏心圆

① “隐喻”和“转喻”的用法起源于罗曼·雅各布森（Roman Jakobson）关于失语症的实证研究，他确认了隐喻与相似性、转喻与邻近性之间的直接联系；英国著名文化人类学家埃蒙德·利奇（Edmund Leach）认为“转喻”是指部分代表整体，作为转喻代号的标志是所代事物的一部分，或是与其关系密切的事物。比如：在 A 代表 APPLE 这一表示法中，A 是 APPLE 的代号，因而也是苹果的代号；又如：在欧洲政治的传统中，王位的标志是皇冠，因此皇冠是王位的代号。〔英〕埃蒙德·利奇：《文化与交流》，郭凡等译，上海人民出版社，2000，第 10 ~ 13 页。

② 研究当代深圳外来少数民族经济生活的学者王琛，在《飘移的时空——当代中国少数民族的经济生活》中瞄准了来深圳卖货的凯棠人（苗族），他们在深圳卖货时会优先选择穿着本族服饰的女子，苗族的裙子和包头能成为其独特的外在标识，也是她们无师自通自发运用的策略。这种民族的资本优势在于：“民族特色有一定的市场”以及“国家对少数民族的优惠政策”，发生着“服装—少数民族—国家优惠”的转喻；即使她们对民族身份的象征性利用和资本化转化带着欺骗性，但不失为前期在都市中赚钱的妙招。

③ 马翀炜、陈庆德：《民族文化资本化》，人民出版社，2004，第 86 页。

④ 吴予敏从“生命个体”“社会组织”“历史传承”三个维度对中国传统文化的传播模式进行分析，认为中国的传统文化传播（传承）模式区别于西方的链式模式，而呈现一种偏心圆形的模式。在偏心圆中，以文化遗产为代表的传统是传承的核心，而往后的每一次创新都是基于传统内核之上的对新的文化的吸收和转换，而非全新的、完全脱离传统的生成。

形”的结构模式，指出中国文化的传承“几乎全盘继承了旧的文化以后衍生（而不是分化）出来的，它们同古代经典和历史遗产之间的界限模糊。整个历史性的传播活动，犹如在按照滚雪球的方式进行”①。民间艺术在都市语境中的发展，也同样是基于原生文化传统内核展开的一场滚雪球式的文化衍生和异变。从乡土社会迁移到都市语境，民间艺人在此过程中为了实现技艺带来的利益最大化，会根据当地的文化和市场，选择性地吸收和采纳新元素、根据市场反馈而保留可行性因素，最后可能在一场集体的融合中，相互作用而创新出某种新的艺术。同时，在这场移民潮带来的文化流动之中，艺术和文化本身也始终处于一种变动的状态，“它始终如一地被后来者创造”②。

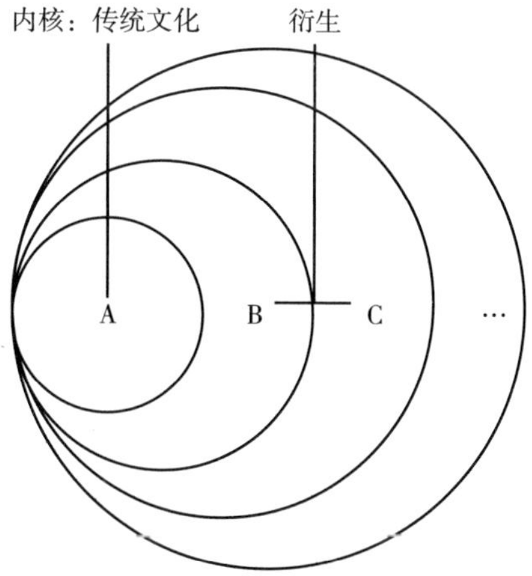

图5　“偏心圆形”文化传承、传播结构

资料来源：笔者根据理论绘制。

都市语境中的民间艺术即使是简化为某种具有意义指向性的文化符号、异化成了商业化的表演，成为都市文化消费中的景观，其艺术背后隐藏的文

① 吴予敏：《无形的网络：从传播学的角度看中国的传统文化》，国际文化出版公司，1988，第212页。

② 〔美〕詹姆斯·罗尔：《媒介、传播、文化——一个全球性的途径》，董洪川译，商务印书馆，2005，第298～300页。

化—心理图式和族群精神也发生了抽离和削弱，但它们仍旧是保留着原生文化的元素的。这不仅是前面所说到的异域文化资本化的行为，也是在一个大的传统文化传承、传播结构笼罩下进行的文化衍生。因此，把握传统文化和族群特色赋予的内核，并逐渐创新演变，这既是民间艺术发展的策略，也是冥冥之中对文化传承与传播逻辑的践行。

结　语

深圳民间艺术的创新发展是都市整体与民间艺人个人共同作用的结果，也是官方与民间良性互动的结果。其中，深圳为民间艺术在都市语境中的进一步创新提供了有利的条件，为其构建起新的文化生态。在新的文化生态中，本土民间艺术和外来民间艺术的矛盾被转化为市场的公平竞争，甚至模糊掉了两者之间的天然矛盾，通过官方和民间搭建的平台，本土民间艺术和外来民间艺术能发生融合，进而实现创新。对于民间艺术而言，创新的基础是生存，深圳为民间艺术重构的文化生态，解决了大部分民间艺术的后顾之忧。在一种地位相对平等的社会环境中，民间艺术得以利用社会资源，进行创新的尝试。

另外，深圳民间艺术创新路径的选择，也受民间艺术个体发展策略的影响。首先，民间艺术在杂态共生的背景之中，会简化为去语境、去意义的表演式的景观，在德波所喻的“巨大的景观积聚”的社会中，顺应、吸收和融入其中；其次，民间艺人擅长将民间艺术所承载的文化符号作为其发展的文化资本，将民间艺术作为其适应新语境的“转喻符号”；最后，民间艺术的发展，其实是遵循着偏心圆结构的中国传统文化传承、传播规律的，即是在延续传统文化内核的基础上，展开的一场滚雪球式的文化衍生和异变。

综合深圳的客观环境与民间艺术的主观策略，深圳民间艺术的主要创新路径集中在产业化和数字化，这也是这些民间艺术得以在都市之中焕发生机的重要原因。从深圳民间艺术的产业化、数字化实践中，可以看到，以乡土文化、族群精神为内涵的民间艺术，要在当今社会中继续生存和发展，需要社会整体和传承个人的良性互动，这为其他民间艺术在现代社会中实现赓续，提供了可供借鉴的经验。

参考文献

〔法〕居伊·德波：《景观社会》，张新木译，南京大学出版社，2017。

〔法〕让·鲍德里亚：《艺术的共谋》，张新木、杨全强、戴阿宝译，南京大学出版社，2015。

〔法〕让·鲍德里亚：《消费社会》，刘成富、全志钢译，南京大学出版社，2014。

潘鲁生：《抢救民艺——潘鲁生民艺访谈录》，山东美术出版社，2006。

李炎：《再显与重构——传统民族民间工艺的当下性》，云南大学出版社，2011。

唐家路：《民间艺术的文化生态研究》，《山东社会科学》2005 年第 11 期。

王兴业：《民族民间艺术资源产业开发对策探讨》，《民族艺术研究》2012 年第 4 期。

张淑华、于凤丽、冯东：《民间艺术新型数字化传播途径探索》，《西北工业大学学报》（社会科学版）2014 年第 3 期。

B.25
大事记

劳秀汶*

2019年

9月

9月11日 深圳市人民政府印发《深圳市关于率先实现5G基础设施全覆盖及促进5G产业高质量发展的若干措施》（以下简称《若干措施》）。该措施有三大亮点：一是在目标设定、任务举措等方面按照“走在全国最前列”的标准考虑；二是突出核心技术研发创新，打造5G研发创新高地；三是突出问题导向，研究解决电信运营企业、重点企业提出的困难和问题。《若干措施》包括六个方面共23条具体措施，其中关于5G场景应用示范，深圳市将大力推动5G政务工程，在交通、城市管理、教育、旅游等十大领域开展5G应用重点项目。

9月17日 国务院办公厅印发《关于促进全民健身和体育消费推动体育产业高质量发展的意见》（以下简称《意见》）。《意见》指出，体育产业在满足人民日益增长的美好生活需要方面发挥着不可替代的作用，倡议强化体育产业要素保障，激发市场活力和消费热情，推动体育产业成为国民经济支柱性产业。其中，关于产业结构的改善，《意见》提出大力发展“互联网+体育”，支持以冰雪、足球、篮球、赛车等运动项目为主体内容的智能

---

* 劳秀汶，深圳大学文化产业研究院艺术学理论专业硕士研究生。

体育赛事发展，促进冰雪产业与相关产业深度融合等相应举措。

9月19日　“2019武汉文旅融合光谷高峰论坛”在武汉光谷举行。本次论坛以“科技赋能文旅，共生共荣共赢”为主题，在文旅产业和科技产业融合的基础上，旨在搭建世界一流的文旅资源对接交易平台。论坛邀请了40余位行业专家，以“文旅+科技”“文旅+IP”为主要议题，在文化旅游新产品供给和新业态融合方面，展开深度探讨与资源对接合作，共同推动武汉的文化、科技、旅游产业的高质量融合创新发展。

9月19～23日　第八届山东国际文化产业博览交易会（以下简称“文博会”）在山东国际会展中心举办。文博会以“壮丽七十年盛世文博汇”为主题，共设置九大展区和1个供需洽谈区。文博会设立分会场42个，组织开展相约文博会系列群众文化活动33场。截至闭幕，主会场有40.1万人次参观，现场零售额达3.0437亿元，现场订单额达4.9122亿元，参观人次和现场交易额均创历史新高。此外，文博会期间共征集文化产业项目322个，投资总额达4792.2亿元，融资总额达1372.2亿元，涵盖文化旅游、影视演艺、创意设计、文化会展商贸、文化制造等领域。

10月

10月21日　2019中国（上海）文旅产业发展高峰论坛在上海开幕。论坛由中国游艺机游乐园协会（CAAPA）主办，以“新文旅新趋势新品质”为主题，旨在拓展文旅产业边界，激发文旅创新、创造活力，推动行业高质量发展。

10月23日　2019“一带一路”艺术上海国际博览在上海世博展览馆开幕。本届展会共有41个国家、100多家画廊及机构携其精品画作参展。展会内容分为“经典”“当代”“未来”三个板块，有江南文化世博、水乡主题展、当代铜艺术主题展，以及海内外优秀画廊等多个艺术展品。展会期间也同步召开“艺术上海大讲堂”，向观众呈现解读演讲。

10月24～27日　第三届中国北京国际语言文化博览会（以下简称“语博会”）在中国国际展览中心举行。本届语博会以“语言让世界更和谐，文明更精彩”为主题。展览分为新中国成立70周年语言文化建设成就展、孔子学院主题展等部分。与以往不同，本届语博会首次融入中国北京国际科技产业博览会。此外，还举办以“语言智能与语言多样性”为主题的国际语言文化论坛，并设立系列分论坛，包括第三届“一带一路”语言文化高峰论坛、第三届中国语言康复论坛等，来自50多个国家和地区的1000余名专家学者和企业界人士参与交流。

10月25日 2019第二届“文化科技融合热点和趋势”论坛在南京国际展览中心（新庄）举办。本届论坛聚焦融媒体、智慧文博、数字娱乐、5G、AI、智能硬件、智慧营销等文化科技融合新热点，总结文化和科技融合成果，展望文化科技融合的国内外发展趋势，为全国文化科技融合产业发展提供新思维和新角度。论坛分为主题演讲和成果发布两大环节。在成果发布环节中，中国人民大学创意产业技术研究院副院长宋洋洋发布并解读《2019中国文化和科技融合发展战略研究报告》（以下简称《报告》），《报告》从范畴与意义、秩序与变革、痛点与趋势、发力与布局几个方面切入，首次成体系地介绍了我国文化和科技融合的态势。

10月25日~27日 2019中国（南京）文化和科技融合成果展览交易会在南京国际展览中心（新庄）举办。本次展会以“新时代、新体系、新体验”为主题，其间举办各类活动近60场，参展主体数量超400家。本次展会的主会场，分为“国家文化和科技融合示范基地成果”“产业支撑体系建设成果”“创新技术与文化体验”“内容生产与传播现代化”四大板块，集中展示了国家示范基地、相关平台机构的最新成果。同期举办国家文化大数据产业联盟成立大会、第二届“文化科技融合热点和趋势论坛”等活动。

11月

11月1~4日 第十二届海峡两岸（厦门）文化产业博览交易会（以下简称“文博会”）在厦门举行。本届文博会以“文旅·共生”为办展理念，围绕“省市名企、工艺艺术、创意设计、数字影视、文创旅游”五大专业板块打造十二大展区。展会期间，还举办各类论坛、对接会、推介会、签约等配套活动39项，并在遍布厦门的28个分会场举办141个专项文化活动。文博会现场首设“两岸主宾市”，邀请台中和宁波联动亮相，加强海峡两岸城市文化交流；另设有两岸文创人才专场对接会，搭建起两岸文创人才“就业+创业+柔性引才”的服务平台。

11月2日 以“数字人文与文化创新”为主题的“2019文化科技创新论坛”在深圳举行，来自美国、加拿大、澳大利亚、中国两岸三地的知名专家学者、业界人士齐聚本届论坛。本届论坛由文化和旅游部科技教育司指导，深圳市委宣传部、南山区人民政府、深圳大学主办，深圳大学社会科学部、文化产业研究院、国家文化创新研究中心与南山区文化广电旅游体育局承办，中国文化创意产业研究会协办。论坛开幕式举行了广东省联合培养研究生示范基地揭牌仪式、《文化科技蓝皮书：文化科技创新发展报告(2019)》发布仪式、深圳大学文化产业研究院与中国人民大学文化产业研究院战略合作协议签署仪式、深圳大学文化产业研究院兼职研究员聘任仪式等重要活动。本届论坛设有主旨论坛、学术论坛和跨界论坛三大板块，与会嘉宾围绕“人工智能艺术”“数字艺术”“未来艺术”“传统文化”等相关议题展开研讨。其中，在跨界论坛上，文化科技领域、人工智能艺术领域高校专家学者和文化企业高管围绕“数字人文与科技创新”“数字人文与文化创意”展开对话，聚焦区块链、5G网络、机器学习、智能生产、大数据、3D全息投影、智慧博物馆等前沿领域，探讨了数字时代科技如何焕新文化生命力。

11月5日 2019广州文化产业交易会（以下简称“文交会”）在广州大剧院启动，由广州市人民政府统筹，中共广州市委宣传部、广州市文化广电旅游局具体负责组织实施。启动仪式上，发布了“2019年广州文化企业50强”榜单，有17个重点项目进行签约，且启动粤港澳大湾区图书馆联盟及“清明上河图3.0”数字艺术展。本届文交会以“丝路文化、人文湾区、创意广州”为主题，围绕“一带一路”倡议和粤港澳大湾区建设，着眼促进文化产业发展和文化交流合作，突出市场化、专业化、国际化，重点围绕创意设计、动漫游戏、新闻出版、文化科技等产业板块，集中推出高峰论坛、产业对接、成果展示等11个系列活动，同期在全市开展百场文化展演活动。

11月5~6日 第三届文创产业大会·天河峰会在广州举行。本届大会以“文创赋能 产业互融”为主题，以“文化科技融合”为主线，设有1场主论坛及4场主题论坛。其中，主论坛围绕“创意经济是粤港澳大湾区未来城市群的头部经济、粤港澳大湾区文旅融合新机遇、文化科技融合促进新业态高质量发展”等内容进行主题演讲和高峰对话；主题论坛则以“文化科技融合、传统文化新场景、文旅新营销、数字内容”为题，多维度、全方位、深层次探讨当前文化产业存在的机遇与挑战。

11月9~11日 SMART度假产业智慧平台联合清华大学文化创意发展研究院，在海南举办了2019年首届博鳌文创论坛暨文创博览会。本次论坛以“共振”为主题，包括1场主论坛、20余场分论坛，邀请百余位文旅、文创和乡村振兴领域的行业专家共同参与，探讨文旅、文创、乡创融合跨界的可能。此外，本次文创博览会设有夜游文创市集，来自日本、韩国、中国台湾、中国澳门以及内地的知名文创品牌共同参与此次盛会。

11月11日 第七届“文化科技创新与文化产业发展高峰论坛”暨“文化产业研究基地工作会”在华中师范大学举行，由华中师范大学、中共武汉市委宣传部主办，华中师范大学国家文化产业研究中心、武汉文化科技创新研究院承办。本次论坛设有专题报告和两场分论坛，主题为“文化创意与城市发展”，旨在探索文化在城市建设中的重要作用，为城市转型发展再谋新篇章。此外，在开幕式上举行了华中师范大学国家文化产业研究中心新增设的两个研究基地的授牌仪式，分别为西南民族文化研究基地及苏州研究中心。

11月24日 中共中央办公厅、国务院办公厅印发《关于强化知识产权保护的意见》（以下简称《意见》），对我国进一步加强知识产权保护作出全面部署。《意见》提出总体要求，力争到2022年，侵权易发多发现象得到有效遏制，权利人维权“举证难、周期长、成本高、赔偿低”的局面明显改观；到2025年，知识产权保护社会满意度达到并保持较高水平，保护能力有效提升，保护体系更加完善，尊重知识价值的营商环境更加优化，知识产权制度激励创新的基本保障作用得到更加有效发挥。对此，《意见》提出了4个保护的具体方向，分别为严保护：强化制度约束，确立知识产权严保护政策导向；大保护：加强社会监督共治，构建知识产权大保护工作格局；快保护：优化协作衔接机制，突破知识产权快保护关键环节；同保护：健全涉外沟通机制，塑造知识产权同保护优越环境。

11月25日 2019第九届中国·嘉兴国际漫画双年展在嘉兴大剧院开幕。本届国际漫画双年展以“智慧城市”为主题，吸引来自38个国家和地区的漫画艺术家投稿，总数达1888件，最终评选出展览作品180件。此外，另有系列特色活动，包括2019中国·嘉兴国际漫画学术研讨会——“互联网+”与国际漫画发展、2019日本漫画作品邀请展、嘉兴首届青少年漫画作品展以及小漫友现场漫画、科技漫画呈现等。

12月

12月2日 第24届秋季广州国际艺术博览会（以下简称“艺博会”）在琶洲广交会展馆闭幕。为期4天的艺博会，吸引了约28万人次进场，总成交额约7.8亿元。本届艺博会以“艺术为人民服务”为策展理念，以“多元艺术，彩绘生活”为主题，会集了来自全球30多个国家和地区的近350家艺术机构，涵盖当代油画、国画、雕塑、装置等各类艺术品门类。另设有“一带一路国际大咖秀颁奖盛典”“‘艺起生活，收藏未来’2019收藏鉴赏高峰论坛”等系列配套活动，共同展现了粤港澳大湾区文化产业一体化发展的新活力与潜力空间。

12月4日 2019粤港澳大湾区科技创新高峰论坛在深圳召开，数百位企业家、行业专家、行业领袖共同探讨未来科技新趋势和新机遇。粤港澳大湾区是继美国纽约湾区、美国旧金山湾区、日本东京湾区之后又一世界级湾区，如何将粤港澳大湾区建设成为更具活力的经济区、宜居宜业宜游的优质生活圈和内地与港澳深度合作的示范区，是本次高峰论坛的重要议题。此外，论坛上举行了"广东省粤港澳经贸发展促进会数字经济专委会筹备组成立暨IBC智库" 启动仪式。

12月5日 在深圳举办的FBEC2019未来商业生态链接大会游戏及数字文创峰会上，全国首个数字文化知识产权保护工作站正式揭牌成立。工作站将为企业提供包括与知识产权相关的资讯、培训、维权援助、纠纷调解、解疑等服务。

12月10日 由故宫文化主办、紫禁书院策划的“金榜题名”互动式展览在北京开幕。人工智能平台公司商汤科技与故宫文化携手合作，将创新的人工智能技术与中国传统文化融合，共同打造了“号舍考生相”和“国子监祭孔”两大互动展项，为观众带来穿越古今的沉浸式互动体验。

12月13日 未来智慧：2019人工智能·艺术与科技展暨数字媒体艺术教育论坛在上海举行。本次展览主题以人工智能与数字艺术为核心，邀请来自中国、美国、德国等20多位国际先锋艺术家、教育家和创意团队的作品，类型涉及人工智能、新媒体、装置艺术、影像等不同形态，力求从“未来智慧”等视角呈现数字媒介在新时代下的样貌。

12月13~17日 中国·吉林国际冰雪产业博览会（以下简称“雪博会”）在长春市国际会展中心举行。本届雪博会以“冬奥在北京·体验在吉林”为主题，首次引入东奥主题，推广冬奥文化。本届雪博会上共计10万平方米展览面积、3448个展位，数十个国家和地区的3000余名嘉宾云集。截至闭幕，现场成交额达2.5亿元，为4年来最高水平，且展会接待15.5万人次，创历史新高。

12月19日 第五届中国网络文化产业年会在北京举行，由中国动漫集团有限公司和北京市文化和旅游局主办，中漫风尚（北京）文化传播有限公司承办。本届年会聚焦“融合·变革”主题，设立“文化融合大背景下的技术驱动和内容创新”“打通文旅融合最后一公里”两大主题论坛，围绕网络文化产业创新发展和网络赋能文旅融合的问题，从宏观和微观两个角度，邀请政府主管部门、行业研究机构、知名企业、专家学者、行业媒体共商“互联网+文旅融合”的未来。同时，本届年会正式启动“2019全民讲解员系列活动”，围绕“讲解员”这一群体，以人为切入点，通过视频节目的内容输出，在传播中国历史文化的基础上，盘活旅游景区及文化场所、园区资源，形成“知识分享＋目的地营销＋形象传播”的良性循环，构建新型文化和旅游融合业态。

2020年

1月

1月4～5日 第十七届中国文化产业新年论坛在北京大学举办。论坛由北京大学主办，北京大学艺术学院、北京大学文化产业研究院、中国文化产业管理专业委员会承办，以“新使命：大国文创与文化小康”为主题。本届论坛为期两天，共有十余场主题活动，包括主论坛、主题论坛、智库对话、青年学者学术年会、大学生文创项目展演等。论坛期间，由北京大学文化产业研究院、国家文化产业创新与发展研究基地发起并联合国内文化产业领域众多研究者共同编撰的《中国文化产业年度发展报告2020》（以下简称《报告》）发布。《报告》包括总报告、行业报告、区域报告、专题报告、案例报告五部分，并提炼出“中国文化产业十大关键词”“中国文化产业十大特征”和“中国文化产业十大趋势”。其中，《报告》梳理的“2019年文化产业十大关键词”，包括文旅融合、数字文产、5G＋文化、AI科技赋能、区块链技术、文博文创、夜间经济等，数字技术的特征较为突出。

2月

2月9日 深圳市人民政府印发了《深圳市文化产业发展专项资金资助办法》（以下简称《办法》）。《办法》包括促进自主创新、加强创意引领、培育产业主体、鼓励内容原创、推动聚集发展、拓展国内外市场、构建产业服务平台、完善金融支持体系、优化发展环境共九方面内容。与原有政策相比，《办法》在创意引领、科技支撑的总体框架下，重点突出自主创新和市场主体培育，增加了“互联网+”、特色文化街区、文化消费、实体书店、4K/8K影视制作、传统戏曲发展等内容，明确加大对公共服务平台建设、促进集聚发展、加强人才培训和课题研究等的支持，以进一步优化文化产业发展环境。

2月20日 敦煌研究院联合人民日报新媒体、腾讯共同打造的微信小程序——“云游敦煌”抢先体验版正式上线。这是首个集探索、游览、保护敦煌石窟艺术功能于一体的微信小程序。通过该小程序，用户可于线上畅享敦煌艺术之美、了解壁画类型及文物数字化工作，还能定制专属个性呈现内容，在体验互动中获得知识。此外，该小程序还整合了预约购票、智慧景区导览、传统文化课程体验等功能，为莫高窟景区游客提供全方位的线下创新服务。截至4月21日，“云游敦煌”小程序在线接待游客超1200万人次，相当于莫高窟2019年接待量216万的5.5倍。

2月23日 中国国家博物馆、甘肃省博物馆、广汉三星堆博物馆等全国八大博物馆齐聚淘宝直播间，开启博物馆“云”春游直播。八大博物馆结合线下实景直播、专业主播讲解、科普讲座等多种形式，营造独特的线上观展体验。数据显示，直播当天有近1000万人在线观看。

2月28日 国家发展改革委、中央宣传部、文化和旅游部等23部门联合印发《关于促进消费扩容提质加快形成强大国内市场的实施意见》（以下简称《意见》）。《意见》从大力优化国内市场供给、重点推进文旅休闲消费提质升级、着力建设城乡融合消费网络、加快构建“智能+”消费生态体系等六方面促进消费扩容提质，并提出19条政策举措。其中，在重点推进文旅休闲消费提质升级方面，具体指出要丰富特色文化旅游产品、改善入境旅游与购物环境及创新文化旅游宣传推广模式。

3月

3月1日 世界文化遗产布达拉宫首次进行了网上直播，并展示未开放区域。这场由布达拉宫和淘宝联合举办的直播活动，吸引了超过百万名观众在线观看。

3月19日 深圳市人民政府办公厅印发《关于加快体育产业创新发展若干措施》（以下简称《若干措施》）。《若干措施》包括9部分总共33条。在“促进产业创新”部分，提出“促进体育科技创新”“推动体育产业融合发展”等具体内容，且制定相应优惠政策，鼓励体育科技成果转化、技术应用推广、科技项目交流合作，积极培育“体育+”和“+体育”的新业态，推动体育与文化、旅游、教育、科技等产业融合发展。

4月

4月3日 抖音发行全新音乐专辑《国韵潮声》，专辑中收录了《龙船调》《好花红》《村庄》等10首融合非遗元素的改编歌曲，将10种非遗元素与音乐结合，并围绕“非遗音乐”开展系列直播，通过新形式普及非遗音乐。

4月13日 上海市人民政府办公厅印发《上海市促进在线新经济发展行动方案（2020~2022年）》（以下简称《行动方案》）。《行动方案》指出，在线新经济是借助人工智能、5G、互联网、大数据、区块链等智能交互技术，与现代生产制造、商务金融、文娱消费、教育健康和流通出行等深度融合，具有在线、智能、交互特征的新业态新模式。《行动方案》突出考虑三方面内容：强化高端产业引领和科技创新策源功能；打造新经济场景，助力产业转型升级；创造新制度供给，营造新经济营商环境。另外，还聚焦12大发展重点，包括工业互联网、在线文娱、在线展览展示、新型移动出行等，且提出实施智能交互技术攻关、应用场景开放拓展、创新型企业培育、品牌网络营销推广等6项专项行动。

4月20日 浙江省文化和旅游厅发布《关于开展省级文化和旅游消费试点城市工作的通知》（以下简称《通知》）。《通知》明确参与申报试点的城市，需根据探索经验模式、把握需求导向、拓展市场空间、构建消费监管体系、健全绩效评估机制五方面重点工作任务，提出试点期内的探索重点、创新举措和实现路径。其中多处提及，试点城市需把握文旅消费数字化发展新趋势，如创新“互联网+文旅”消费模式，大力推动文旅消费线上线下融合发展；实施智慧旅游便民示范工程，推出“20秒景点入园”“30秒酒店入住”等智慧旅游便民服务场景；积极利用大数据、云计算、区块链、人工智能等技术手段，做好文化和旅游消费数据的收集监测、分析应用和及时报送工作。

4月23日 云南省人民政府办公厅印发《关于促进夜间经济发展的指导意见》（以下简称《意见》）。《意见》提出，用3年时间在全省打造一批具有鲜明地方特色与浓郁民族风情的夜间经济集聚区。其中，昆明市打造15至20个夜间经济集聚区，其他每个州、市打造3至5个夜间经济集聚区。并且，《意见》明确鼓励夜间经济街区和商家开展数字化升级改造，通过线上设立夜间经济专区、打造夜间经济品牌、开展夜间经济直播等与线下夜间经济活动相结合的方式，实现餐饮、购物、文旅、休闲等产业交叉融合，延长服务时间，拓展服务空间，创新城市夜间消费场景。

5月

5月7日 （1）成都市人民政府办公厅发布《关于推进“电竞+”产业发展的实施意见》（以下简称《实施意见》）。《实施意见》提出24条发展措施，旨在把成都市建设成为符合人民美好生活需要的“电竞文化之都”。其中，在电竞产业生态建设、赛事体系构建、电竞产业发展载体建设等方面，明确提供程度不一的政策优惠与资金奖励。

（2）青海省人民政府办公厅印发《青海省2020年服务业发展工作要点》（以下简称《工作要点》）。《工作要点》对包括文化旅游业在内的十三项服务业重点领域工作进行了部署。在非遗保护传承上，指出要推进青绣“八个一”工程，制定出台《“青绣”三年行动计划（2020～2022年）》，办好沿黄九省区刺绣艺术大展。此外，《工作要点》还明确，继续完善“青海数字文旅大数据平台”资源信息，推动数字文旅建设；开展资源普查工作，充实文旅资源数据库；推进国家级、省级全域旅游示范区创建等。

6月

6月12日 2020年文化和自然遗产日“云游非遗·影像展”“非遗购物节”启动仪式在北京举行。“云游非遗·影像展”由中国演出行业协会联合腾讯视频、爱奇艺、优酷、抖音、快手、哔哩哔哩（B站）、酷狗、微博等8家网络平台共同承办，1600余部非遗传承纪录影像、非遗题材纪录片在线进行公益性展播，已于6月8日上线。在文化和旅游部非遗司，商务部流通发展司、电子商务司，国务院扶贫办开发指导司共同支持下，阿里巴巴、京东、苏宁、拼多多、美团、快手等电商平台联合举办“非遗购物节”活动。截至6月11日，全国有近6500家店铺参加“非遗购物节”，非遗产品种类8万多种，涉及各级非遗项目约4500项。

6月13日 2020年文化和自然遗产日主场城市活动在广西桂林开幕。其间，桂林主会场和北京会场以连线直播的方式共同启动系列活动。与此同时，各地文物部门、文博单位围绕“文物赋彩　全面小康”主题，通过线上与线下结合的方式，开展4600余项活动。

6月23日 交通运输部发布《关于推进海事服务粤港澳大湾区发展的意见》（以下简称《意见》）。其中，《意见》明确提出，促进粤港澳大湾区多元文化交流，支持粤港澳大湾区海上旅游产业高质量发展，具体举措如协同港澳海事管理机构举办大湾区海事节、支持开展大湾区青少年海事夏令营、支持水上旅游新业态发展、推动粤港澳游艇自由行和支持澳门世界旅游休闲中心建设等。

6月24日 山东省人民政府批复同意《山东省文化旅游融合发展规划》（2020~2025年）（以下简称《规划》）。《规划》力求通过发挥齐鲁文化优势，推动文化与旅游深度融合，大力发展精品旅游，建设红色文化旅游基地、优秀传统文化旅游基地，打造文化旅游融合发展新高地、国际著名文化旅游目的地。其中，《规划》提出大力发展智慧文旅、数字文创产业，以此激发文旅新业态活力。

7月

7月2日 由人民日报文化传媒有限公司主办的大型文化IP活动“中国潮创意概念节”正式启动，旨在打造文创产业前沿发展风向标，引领全行业创意跨界新理念。此次“中国潮创意概念节”传播项目，从7月至9月，开展文创设计大赛、“创意概念节”线下快闪展等系列活动，展示“文化+科技”的前沿创新和传统文化的全新表达，发现传统文化在新时代的无限可能性。

7月6日 安徽省人民政府办公厅发布《关于促进线上经济发展的意见》（以下简称《意见》）。《意见》明确在智能制造、在线新零售、在线教育、智慧旅游、在线文娱、在线科技服务等11个重点领域有所突破。此外，《意见》提出发展壮大市场主体、支持数字技术创新、培育推广知名品牌、建设典型应用场景、建设线上经济创新发展试验区、加强网络和数据安全保护、加强新型基础设施建设等7个主要任务。

7月9~11日 由上海市人民政府主办的2020世界人工智能大会云端峰会在上海举行。本届大会以“智联世界、共同家园”为主题，聚焦“AI技术趋势”“AI赋能经济”“AI温暖家园”三大议题，探讨人工智能技术、产业和应用全球化发展的趋势，传递AI向善、造福世界的人类共同价值理念。本届大会打造全新的线上会展平台，实现3×24小时全天候内容输出，通过1场开幕式、2场全体会议、10+主题论坛、若干行业论坛等的“1+2+10+X”内容板块，形成以上海演播厅为主体，美国、德国、法国、新加坡多地演播室相呼应的并机同播盛会。同时大会提供“3D虚拟AI家园”云展览，创新线上互动体验形式，展现AI应用场景解决新方案。

7月14日 国家发展改革委等13个部门联合发布《关于支持新业态新模式健康发展激活消费市场带动扩大就业的意见》（以下简称《意见》）。《意见》提出四大发展原则及19种发展举措，主要内容包括积极探索线上服务新模式，激活消费新市场；加快推进产业数字化转型，壮大实体经济新动能；鼓励发展新个体经济，开辟消费和就业新空间；培育发展共享经济新业态，创造生产要素供给新方式等。

7月15日 由中国贸促会和阿联酋经济部共同主办的中国—阿联酋经济贸易数字展览会开幕。此次展会利用数字展览平台，为企业提供在线交流洽谈机会和精准配对服务，吸引了来自中国和阿联酋的2100家企业参展，来自阿联酋、埃及、中国等11国的12000余家采购商参与对接。展品涵盖智慧城市、新能源汽车及汽配、建筑建材及工具、智慧家居及礼品、新农业及食品、自由贸易区、纺织时尚及文创、旅游、教育、医疗产品等领域。

7月16～20日 第十六届中国国际动漫游戏博览会（CCG EXPO 2020）在上海世博展览馆举办。本届博览会分为动画、漫画、游戏、文学、互联网社区、周边衍生品六大板块，其中国漫相关企业占比超60%，且设有“战疫主题展”“上海礼物”两个特色展区。展会首日，CCG EXPO组委会与快手二次元、AcFun携手打造了CCG EXPO超·现场云直播——创意文化产业线上高峰论坛，立足于总结“十三五”、展望“十四五”，集结了在影视、游戏、动漫和平台等方面的权威知名人士，在CCG EXPO官方直播室现场深入探讨。展会期间，客流总量超8万人次，官方直播全网在线观看总量超1000万次。

7月18日 中央网信办等七部门联合印发《关于开展国家数字乡村试点工作的通知》（以下简称《通知》），部署开展国家数字乡村试点工作。《通知》提出，到2021年底，试点地区数字乡村建设取得明显成效，城乡数字鸿沟明显缩小，乡村数字经济快速发展，农业生产智能化、经营网络化水平大幅提高，依托互联网开展的农村创业创新蓬勃发展，乡村数字治理体系基本完善，乡村公共服务体系基本建立，乡村网络文化繁荣发展。其内容围绕七方面展开，分别为——开展数字乡村整体规划设计；完善乡村新一代信息基础设施；探索乡村数字经济新业态；探索乡村数字治理新模式；完善“三农”信息服务体系；完善设施资源整合共享机制；探索数字乡村可持续发展机制。

7月24日 “2020北京文化创意大赛”（以下简称“北京文创大赛”或“大赛”）启动仪式召开。从本届开始，北京文创大赛主要赛事和获奖项目首次纳入中国国际服务贸易交易会。本次大赛启用全新“线上 + 线下”路演形式，且对赛制及设置做出调整，首次特别设立直通车赛区。直通车赛区主打“文创 + 科创”的跨界融合，为文化创意研发机构、商业团体、从业者搭建一个跨界融合的展示、交流、优质项目孵化平台，遴选文化产业隐形冠军企业，推动文化产业发展。

7 月 26 日　由中国人工智能学会和杭州市余杭区人民政府主办，CAAI 智能服务专委会承办的 2020 全球人工智能技术大会（2020 GAITC）系列活动——人工智能时代大数据与产业前景专题论坛成功举办。论坛由复旦大学计算机科学技术学院王晓阳教授和北京邮电大学计算机学院杜军平教授共同主持，邀请了来自国内外学术界和产业界的六位专家学者就大数据本真计算、新时代人工智能带来的一些启示、AI 对下一代大数据技术发展方向的影响、知识图谱 15 年的经验与挑战、智能化技术与企业级云原生数据库系统的融合、数据时代变革中的大学教育载体，以及人工智能的数据未来等方面进行了深入交流与研讨，吸引了超过 41 万人次在线观看。

7 月 30 日　国务院办公厅印发《关于提升大众创业万众创新示范基地带动作用　进一步促改革稳就业强动能的实施意见》（以下简称《意见》）。《意见》指出，要深入实施创新驱动发展战略，聚焦系统集成协同高效的改革创新，聚焦更充分更高质量就业，聚焦持续增强经济发展新动能，强化政策协同，增强发展后劲，以新动能支撑保就业保市场主体，努力把双创示范基地打造成为创业就业的重要载体、融通创新的引领标杆、精益创业的集聚平台、全球化创业的重点节点、全面创新改革的示范样本，推动我国创新创业高质量发展。《意见》明确，要从 6 个方面着力提升双创示范基地带动作用。其中，在“发挥多元主体带动作用”方面，提出发挥互联网平台企业带动作用，引导社会资本和大学生创客、返乡能人等入乡开展“互联网 + 乡村旅游”、农村电商等创业项目。

8月

8 月 1 日　2020 全球电竞大会上海浦东举行。大会以“致竞未来”为主题，立足全球电竞市场，从当前电竞产业多元生态新视点出发，力邀全球知名电竞企业、行业机构高层汇聚上海，演讲嘉宾围绕“电照风行，竞有可为”作相关主题演讲，发表全球电竞产业发展前瞻观点。

8月7~9日 CCF-GAIR 2020 全球人工智能与机器人峰会在深圳举行，由中国计算机学会（CCF）主办，香港中文大学（深圳）、雷锋网联合承办，鹏城实验室、深圳市人工智能与机器人研究院协办。本届峰会以“AI新基建，产业新机遇”为主题，设立了15大主题专场，分别是AI前沿专场、机器人前沿专场、AI芯片专场、智能驾驶专场、AIoT专场、服务机器人专场、智慧城市新基建专场等，全面展望AI新十年。

8月15日 “电竞北京2020”——北京国际电竞创新发展大会在首钢文化园三高炉开幕，由北京市委宣传部统筹指导，北京市文资中心具体筹办，北京市相关部门和各区共同主办。本次大会采用“1+4”模式，即举办一场主论坛和四场平行专题论坛，来自全球各地的电竞行业协会代表、专家学者、行业领先企业代表等，以电竞产业发展、行业最新动态、前沿技术、行业发展趋势等话题，展开了广泛的交流和互动。在主论坛上，来自石景山区、海淀区、北京经济技术开发区的主要领导，分别发布了促进电竞产业发展的相关政策，将大力扶持北京电竞企业的发展。

8月18日 “敦煌文化艺术数字动漫及文创产品展”在甘肃省酒泉市敦煌文化创意产业园开展。现场集中展出了壁画、汉简、版画、葫芦雕刻、经卷、汉观、奇石等各门类的艺术作品千余件，另有各类文旅文创产品，如汉观、动漫、彩车及其衍生产品。

8月19日 由甘肃省委宣传部主办，甘肃省文化和旅游厅、甘肃省文物局、敦煌研究院承办的“文化遗产保护管理与传承创新研讨会”在敦煌莫高窟开幕。研讨会旨在深入挖掘敦煌文化遗产蕴含的哲学思想、人文精神、价值理念等，完善敦煌学学科体系和敦煌学研究体系，利用先进数字展示技术和现代传播手段，创新构建文化遗产传播体系。开幕仪式上，敦煌研究院还举行了“甘肃省敦煌文物保护研究中心”揭牌仪式。研究中心的工作将围绕文化遗产的科学认知与价值挖掘、保护技术研发和展示利用等3个主要领域开展，包括文化遗产学基础理论研究、文化遗产的价值挖掘与阐释、文化遗产的数字化保护技术研究、文化遗产展示利用研究和示范等8个重点研究方向。

8月21日 甘肃省人民政府办公厅发布《关于支持大敦煌文化旅游经济圈建设的若干意见》（以下简称《若干意见》）。《若干意见》提出“打造文旅发展高地”“提高对外开放水平”“完善立体交通网络”“加大财税支持力度”“强化支撑保障措施”五方面内容。其中，《若干意见》明确指出加强文物资源保护利用、积极创建文旅融合示范区，具体举措如组建敦煌文物保护国家研究中心，建设石窟监测中心和莫高窟游客服务中心二期工程，培育孵化敦煌艺术大学等。

8月24日 2020全球电竞运动领袖峰会暨腾讯电竞年度发布会（以下简称“峰会”），在海南博鳌亚洲论坛国际会议中心召开。本次峰会以“竞见未来”为主题，与会嘉宾围绕全球化下的“电竞体育交流”“商业模式构建”“技术前沿探索”等主题，分享各自对电竞产业未来的开创性思考并提出建议。此外，会上还发布了由腾讯电竞与超竞教育联合主编、高等教育出版社出版的第二批电子竞技专业方向类教材：《电子竞技赛事导播》《电子竞技俱乐部运营与管理》《电子竞技赛事运营与管理》《电子竞技运动心理学》。

8月26日 由广州市科学技术协会指导、广州计算机学会、广州互联网协会主办的“国际学术会议之都——大数据和人工智能产学研论坛”在广州举行。来自大数据及人工智能行业的专家、企业代表围绕“数字经济、人工智能技术与产业创新发展”“通向人工智能的重要途径”“大数据与AI技术与产业主要差距”等话题进行了探讨，诉说大数据人工智能内容建设瓶颈、变革路径以及宏观产业发展现状、机遇、未来趋势，共同呈现了一场关于大数据和人工智能如何与实体、虚拟经济高质量融合及发展的思想盛宴。

8月29~30日 以“智周万物”为主题的2020年中国人工智能大会在江苏南京举办。大会邀请全球知名学者和企业家代表参与分享讨论，设有1

场大会论坛、4 场同期活动、7 场特邀报告和 6 场前沿方向专题论坛，并设置线上演讲与直播通道，吸引全网近千万人次在线观看。此次大会以“学术突破引领技术创新”为目标，旨在通过最新研究成果的集中分享，洞悉人工智能下一个发展周期的动态和趋势，为科研界、教育界、企业界、投资界以及政府部门等各方提供方向指引和决策支持。

8 月 30 日 为期 16 天的 2020 深圳设计周正式落幕。本届设计周以“云上设计，创意无限”为主题，包括十大重点板块、近 20 个分会场项目以及 40 多个场次的专题活动。设计周首次采用“云看展”方式，吸引了来自全球 56 个国家和地区的访客“云上”观展，参与人数创历史新高，“深圳设计 40 年”“粤港澳大湾区”成为最热关键词。

9月

9 月 4 日 2020 年中国国际服务贸易交易会（以下简称“服贸会”）在北京开幕。本届服贸会由商务部和北京市人民政府共同主办，主题为“全球服务，互惠共享”，采取“1 +8 + N”的举办模式，特设 1 个综合展区、8 个专题展区和若干功能服务区。其中，文化服务专题展以“文化赋能小康 创意点亮生活”为主题，共设立综合展示、融合发展、特色文化、文化交流四大板块 12 个展区，重点展示“文化 + 产品服务”、“文化 + 贸易交易”、“文化 + 国际传播”、“文化 + 金融”、“文化 + 旅游”、“文化 + 体育”等最新发展成果，突出服务贸易特色，让文化赋能发展。

9 月 5 日 第十五届北京文博会中国文化产业发展高峰论坛在国家会议中心举办。在本次论坛上，来自相关主管部门、国际组织及文化产业界企业家及学者，围绕“文化共生 产业共融 美好共享”这一主题展开讨论，并对未来中国文化产业高质量发展的方向与趋势提出了相应的“解题方案”。其中，中国文化产业协会会长张斌指出，新冠肺炎疫情期间以线上消费为主的数字文化产业增长迅猛，以社交媒体、社交平台、数字阅读、数字音频、数字游戏、在线教育等为代表的面向客户端的数字文化产业用户规模明显提升，以移动终端、车载终端、家庭大屏终端等为载体的数字文化产业逆势上扬，以融媒为代表的线上新业态将成为未来行业发展的新趋势。

9月8日　（1）2020全国文化产业和旅游产业融合发展高峰论坛在西宁举办，以“创新、统筹、融合、共享”为主题。论坛上，多位学者围绕疫情对旅游业的影响、中国旅游业新常态、文化产业与旅游产业深度融合发展的体制机制创新与实践探索等方面的新业态、新模式、新途径，进行主旨演讲，分享并交流文旅融合领域的最新理论研究、实践经验和建设成果，探讨文旅产业融合升级的新思路、新方法和新举措。

（2）北京市发布《关于加快国家文化产业创新实验区核心区高质量发展的若干措施》（以下简称《若干措施》）。在文化科技融合发展方面，《若干措施》明确发挥国家级文化和科技融合示范基地作用，将区块链、5G、人工智能、大数据、超高清等新科技用于文化产业；在文化旅游方面，以“文化三里屯”为发展样板，打造10个特色文化旅游消费街区，争创国家文化和旅游消费示范城市，支持建设国家级夜间文旅消费集聚区，促进“夜间经济”发展。

9月9～11日　2020腾讯全球数字生态大会以线上模式展开，主题为“未来经济，数字优先”，400多名与会人员共同探讨新时期数字经济发展新趋势。本次大会分为“云上会”和“云上展”两个板块——“云上会”包括1场“未来经济峰会”与37个特色专场，“云上展”则呈现产业互联网领域优质科技成果。此外，在大会上，腾讯研究院联合腾讯云发布《数字中国指数报告（2020）》（以下简称《报告》）。《报告》显示，2019年数字中国指数增长超70%，产业数字化成经济发展新引擎，尤其是以广州、深圳为双核带动的珠三角城市群数字化程度最高，远高于其他兄弟城市群。《报告》还发现，2020年上半年各月份的用云量，均明显高于去年同期，其中，2月用云量增长超90%，远高于上半年其他月份。反映了云化、数字化是疫情期间的刚需，类似“健康码”、远程办公、在线教育等数字应用需求激增，大幅提高了云资源的使用。

9月10日　（1）大运河文旅季暨第十二届浙江·中国非物质文化遗产博览会（工艺周）于线上开幕。本届博览会以“享·美好生活”为主题，旨在推进将文旅资源优势转化为发展优势，以传统工艺的新火花引导社会关注，共促非遗赋能产业拉动新消费。博览会以“非遗 + 扶贫”“非遗 + 旅游”“非遗 + 产业”为导向，根据线下展陈思路，运用互联网思维，结合3D建模、云直播、VR展示等互联网技术，打破时空限制，进一步强化非遗活态展示、互动体验等特点。此外，还创新植入线上购买功能，运用不同的场景、形式与社群积极互动提升展会品质，基本形成新时代非遗博览会创新模式。

（2）2020线上中国国际智能产业博览会“全球游戏产业创意创新论坛”在重庆举行。本次论坛通过主题分享、圆桌对话、游戏企业展示等环节，增进各国游戏企业间的交流与合作，探索大数据下的游戏行业发展方向，带动重庆游戏产业加速融合创新，共同打造中国游戏产业高地。此外，重庆游戏产业人才培养基地成立仪式在论坛上举行，重庆游戏产业人才培养基地由重庆软件园联合高校和游戏企业共同发起，基地落户重庆软件园。

9月11日　2020世界数字经济大会暨第十届中国智慧城市与智能经济博览会在浙江宁波开幕。大会围绕“数字驱动、智能发展”主题，聚焦数字经济发展新趋势、新热点，以线上线下联动方式举办论坛会议、展览展示、成果发布、工业设计周等十大系列主题活动，旨在打造数字经济展示交流合作国际级大平台。其中，数字经济暨智慧城市体验日、展览展示、访问调研等，是本届大会首次新增的体验活动，旨在打造市民深度参与数字经济发展和智慧城市建设的“窗口”，普及数字新生活。此外，大会还设置“甬上云展”新平台，包括举办云论坛、云展览、云发布、云体验等主题活动。

（大事记统计截至2020年9月11日）

Abstract

Annual Report of Culture and Technology Innovative Development (*2020*) is a report of industry development situation, application, theoretical exploration and the innovation practice in the context of the cultural and technological integration. It not only absorbs the domestic and overseas experts' theories and their prospective research findings, but also includes the latest achievements of Institute for Cultural Industry of Shenzhen University (SICI) and National Research Center for Cultural Innovation in the innovative fields of cultural and technological integration.

The deep integration of culture and technology, and the integration of digitalisation and humanities have become important engines of economic development all over the world, of which the trends and emergent new economy put forward new demands and challenges to the current economic and cultural structure. *Annual Report of Culture and Technology Innovative Development* (*2020*) is none other than the research on the cultural and technological integration, cultural industry observation, digital humanities, and digital creative industries under this background.

"Digital humanities" is a critical representation against the backdrop of cultural and technological integration. Digital humanities related theoretical research, future prospect, industrial observation and its relationship between traditional culture have increasingly become salient, which not only indicate the future for digital economy and digital creative industries, but also show the important aspects and expression in the waves of cultural and technological integration. A new section on "Digital Humanities" is set up in this report, aiming to respond and reflect the trends mentioned above from both the theoretical and practical levels. The report consists of seven parts:

The first part is the general report which summarizes the trends and development of cultural and technological integration in 2019. It discusses the important roles and prospects of the cultural and technological integration by examining the relationship among technological innovation, cultural industries and economic development.

The second part is Digital Humanities. As a new theme of the Annual Report of Culture and Technology Innovative Development (2020), this part focuses on the practices and applications of digital humanities in the fields of big data, artificial intelligence (AI), cultural industries, cultural tourism and museum exhibition art, and examines the practical attributes and implications of "digital humanities +".

The third part is about theoretical frontiers. The four reports in this part put forward the theoretical reflection and prospect on the cultural and technological integration, by examining digital economy, digital creative economy, digital humanities and so forth. These discussions provide more theoretical frameworks for cultural industries research, and offer practical guidelines for the deep integration of culture and technology in the future.

The fourth part is industrial observation. The seven reports in this part discuss cultural and technological integration, and the roles of digital humanities in the development of cultural industries by examining the emerging phenomena from film, tourism, intellectual property, virtual reality, games and art exhibitions.

The fifth part is innovative practices report. The reports employ empirical cases to explain the topics concerning digital technologies, digital economy, and cultural inheritance and innovation.

The sixth part is heritage conservation. Some articles reflect on the relationships between heritage protection and digital humanities on a theoretical level, while some use empirical data to rethink the traditional culture against the backdrop of technological development background.

The seventh part is the memorabilia.

Keywords: Cultural and Technological Integration, Cultural and Creative Industries, Digital Humanities

Contents

Ⅰ General Report

Abstract: Digital content presentation methods, usage scenarios, and interaction methods are constantly enriched. Cultural equipment continues to lower the technical threshold and price threshold of individual users, and through ultra-high definition and interaction, it strengthens the connection between daily production and digital content. In terms of digital content, online literature has achieved the development of all media such as text, audio and video through IP derivation; online video continues to strengthen and enrich user participation in exploring interactive and diversified development; online games are actively exploring the integration and development of e-sports and traditional formats; the application of ultra-high definition live broadcast industry is increasingly rich, "5G +4K +VR" video live broadcast solution is becoming more and more mature. In terms of cultural equipment, film and television equipment and terminal manufacturing continue to innovate digital content interaction methods through ultra-high-definition and augmented reality; performing arts and amusement equipment continue to strengthen data collaboration and intelligent collaboration in order to meet the increasingly complex performances and amusement experiences; cultural information service terminals Continuously lower the threshold for individual users to produce and distribute digital content, and improve the level of digitization in daily life.

Keywords: Cultural and Technological Integration; Digital Content; Cultural Equipment

Ⅱ Digital Humanities Reports

Abstract: Under the background of the deep development of globalization and the accelerating progress of digitization, "Digital Humanities" is becoming a new system of cultural development ability. It includes: The establishment of new relations of cultural productive forces centered on the quasi-object of digitization; Relying on the new audio-visual technology created by the digital economy, cultivating a series of new forms of cultural industry; Reshaping the form of world cultural market based on digital economy and encouraging the competition and cooperation mode of interconnection, such as human-computer collaboration, private custom services, immersive experience and so on. "Digital Humanities" is showing a wide range of economic and social values.

Keywords: Digital Humanities; New Audio-visual Technology; New Forms of Cultural Industry

Abstract: Artificial intelligence is a strategic leading technology for a new round of scientific and technological revolution and industrial transformation in the world. It develops rapidly and is widely used. It is closely integrated with all walks of life. The empowerment of related industries by artificial intelligence has become a major trend and new direction of social development. At present, the innovation and development of the AI-enabled cultural industry is on the horizon, and the research on this aspect is also being actively carried out, which has become a hot topic in academic circles. Artificial intelligence is widely used in various fields of cultural industry, which plays a positive role in the development of cultural industry and brings new opportunities for the development of cultural industry. More importantly, artificial intelligence has brought new opportunities and development directions for the creative transformation and innovative development of traditional culture. But at the same time, there are also many problems in the process of integration of artificial intelligence and cultural industry. In the future, how can artificial intelligence better empower cultural industries and achieve better integration and development? We believe that we should pay attention to technology application, strengthen personnel training, strengthen the provision of high-quality content, fully tap traditional cultural resources, and promote China's transformation from a big cultural country to a cultural power.

Keywords: Artificial Intelligence; Cultural Industry; Integrated Development

B. 4 The History, Present and Future Development Proposals for China "Science and Technology + Tourism" *Li Jingshuang* / 057

Abstract: With the further development of science and technology, the applications such as the big data, Internet and new media are becoming more and more extensive in the development of tourism. No matter from the perspective of the tourist subjects, tourist objects or government management, tourism cannot be separated from the support and application of technology. Against the booming integration wave of "science and technology + tourism", this paper retrospects its history and points out the current problems. At last, the coping strategies for the in-depth integration of ' science and technology + tourism ' in the future are proposed from the perspective of transformation of the new generation consumption pattern, the public's demand for high-quality leisure and cultural products, the development and change of economic and technology with additional industrial convergence.

Keywords: Integration of Technology and Tourism; Cultural Products; Science and Technology Innovation

B. 5 Research on the Innovation of Digital Humanities in Museum Audience Service Big Data

Abstract: The research of modern museum information system is not only the research of cultural relics ontology information, but also the research of Museum related people, objects, data and information interaction among them. The rich digital resources of museums are valuable wealth for the research of Digital Humanities. As an important part of Museum data, audience service big data has important research value. Taking the audience service big data of the National Maritime Museum Of China as an example, this paper analyzes the source, the management, the visualization of the audience service big data, and the phenomenon of the new immigrants in the museum audience, and propose the exploration direction of using the museum data to provide smart service for the new immigrants in the city, as well as the new ideas of Digital Humanities Research.

Keywords: Digital Humanities; Museum; Audience Service Big Data; Smart Service

Abstract: Digital Humanities is emerging as a remarkable new research field in China and the world since 1990s. There is a growing development in research and application. However, there is still no explicit answer to how to define "digital humanities" and what it is in academic. In this article, I will start from the historical development of digital humanities. Secondly, I will present the research fashion about this field in the world, and also focus on the situation in different areas. And third of this article, the debates about the digital humanities will be discussed: some researcher consider it as a new approach to humanities research, others emphasize on digital tools making. Finally, this article will try to answer the question "what is digital humanities" based on the above discussion.

Keywords: Digital Humanities; Humanities Computing; Information Technology

Abstract: At present, the inheritance and innovation development of Chinese excellent traditional culture is faced with the problems of sorting and preserving massive literature and cultural resources, as well as the problems of insufficient interpretation of the connotation of cultural value, and weak effectiveness of communication means and channels. The vigorous development of Digital Humanities provides new ideas for solving these problems, and provides a new path and new paradigm for the protection, integration, research and interpretation, dissemination and promotion of excellent traditional culture. In order to promote the inheritance, creative transformation and innovative development of Chinese excellent traditional culture in the context of digital humanity, we must adhere to the subject consciousness of Chinese fine traditional culture, and do a good job in text selection, context transformation, discourse connection, content reconstruction and achievement sharing of traditional culture.

Keywords: Digital Humanities; Traditional Culture; Cultural Inheritance; Innovative Development

Ⅲ Theoretical Frontiers Reports

Abstract: In this paper I consider digital technology and how it is changing human creativity. More significantly for my discussion, creativity is technology-driven. Throughout history, the development of technology has allowed art and forms of expression to reach others; in many cases art has acted as an 'early warning system' to alert society of threats. Are we happier in this digital age? These critical questions remains to be answered. Time will tell.

Keywords: Digital civilisation; Technology; Digital Technology

Abstract: There has been major debate in recent years about the speed and scale of technological innovation, and whether digital technologies create new issues relating to trust and ethics. This presentation will consider key issues around trust and ethics in the digital age, and the appropriate policy environments for creative innovation, particularly relating to digital platforms.

Keywords: Creative Industries; Artificial Intelligence; Digital Age

B. 10 A Study on the Location Factors of Digital Creative Industry: From the Perspective of Location Theory

Jiang Mimi, *Luo Xiaoyi* / 131

Abstract: Digital creative industries have been a part of the national strategic emerging industries in China. At present, China's digital creative industry is facing a prominent problem of uneven development. The location theory aims to determine an optimal location for enterprises, so as to analyze the regional spatial organization of different industries. This work is to identify the location factors of digital creative industry from the perspective of location theory, and thus provide a theoretical insight for formulating policies to promote the collaborative development of regional digital creative industries.

Keywords: Digital Creative Industry; Location Theory; Regional Economy

Ⅳ Industrial Observation Reports

B. 11 The Imagination on Hakers in China's Sci-Fi Films

Huang Mingfen / 142

Abstract: In China's Sci-Fi films, the description of hackers is based on the in-depth development of the information revolution, focusing on the IT situation, which shows people's prospects for the information society. Relevant imagination reveals the relationship between hackers and information security, social order, and ethical evaluation from the perspective of typfication. It reflects the love life, workplace career, and machine existence of hackers from the perspective of otakuization, and involves the hackers' passion, crack and dilemma for games from the perspective of being superman. The related videos provide a unique frame of reference for us to understand the phenomenon of hacking, so it is worth studying in depth.

Keywords: Sci-Fi Films; Movie of China; Hacker Image

Abstract: With the wealth of people's tourism experience and the improvement of tourism demand, the boundary of the cultural tourism industry is expanding, and presents the characteristics of integrated development with agriculture, industry, sports and other fields of social production and social living gradually. The development of the cultural tourism industry is facing the challenge of transformation and upgrading by reviewing the development context of the cultural tourism industry and integrating the current social development trend and concept. As the core element of the development of the cultural tourism industry, creativity plays an important role in promoting the in-depth integrated development of industries, enriching types of business forms and expanding industrial boundaries. Starting from the definition of the cultural tourism industry, the paper analyzes the current situation, and discusses the new trend, and puts forward some suggestions to further promote the development of the cultural tourism industry.

Keywords: Cultural Tourism Industry; Cultural Resources; Wisdom of Tourism

Abstract: It is a mode of financing development, which promotes the connection between capital demand and timely supply when companies invest in research and development, and forms a better cycle. It has become an important driving force for the development of the cultural industry in the new era. This article takes the digital creative industry as an example to explore the development of the digital creative industry under the model of intellectual property securitization. Based on the analysis of the era, policy and industry background of the development of intellectual property securitization, the connotation and model of intellectual property securitization are analyzed, and the actual model is used to analyze the composition model of intellectual property securitization. Taking into consideration the current development dilemma of the creative industry in the process of intellectual property securitization, the paper proposes to explore the innovative development path of the intellectual property securitization of digital creative enterprises.

Keywords: Digital Creative Industry; Intellectual Property Securitization; Asset Securitization

B. 14 The Report on Publication in VR and AR Era: Challenges, Opportunities and Future

Pang Shuwei / 190

Abstract: Since 2010s, the rapid development of VR and AR technology has brought profound changes for publication, including its objects, participants and rules. In future, publish market will be subdivided, and "publish on demand" may become possible. To promote the transformation of publication in VR and AR era, the legal status for publications should be redefined, the "bottlenecks" of system and mechanism should be broken, and the creativity of different market subjects should be stimulated. Based on that, the industrial model as "big publication" with multi-fields cooperation, multi-subjects participation and multi-levels marketing would be established.

Keywords: VR Technology; AR Technology; Publishing Industry

B. 15 A Report on the Creative Analysis of the Influence of Virtual Reality Industry on Social Individuals: A Case Study on Virtual Reality Games

Gao yu / 200

Abstract: With the great leap-forward development of Virtual Reality (VR) industry in China, the VR technology will spread into every field of society. However, we cannot overlook the great influence of simulation games with VR technology on individuals. By adopting the approaches of literature research, participant observation as well as interviews, this article mainly describes the status quo of VR industry market in China, the features of VR simulation games, and player experiences. The aim is trying to understand the psychological cognition, identity, social communication as well as public life of individuals through analyzing the simulation games with VR technology.

Keywords: Virtual Reality Industry; Simulation Games; Psychological Cognition

B. 16 Education Through Entertainment: The Serious Game in China

Pei Yining / 214

Abstract: A serious game or applied game is a game designed for a primary purpose other than pure entertainment. Serious games has been used in some application areas, such as health, exercise, politics, culture and advertising, Education, and so on. This article based in Game history, after review the serious game concept, introduced serious games development in worldwide. The third part discusses the current situation of serious game development in China from the perspective of policy impact and industry status. Finally, suggestions for serious game development in China are put forward from the perspective of industry development: 1. Set up awards; 2. Hold cross-industry exchanges; 3. Launch education MOD on the existing basis.

Keywords: Serious Game; Meaningful Game; Game Industry

Abstract: Nowadays, the development of science and technology has penetrated into people's daily life, even the art industry is no exception. With the development of technology, VR, multimedia and other multi-media began to affect the way of artists' creation and exhibition. Generally, we all think that art is superior, and the audience needs a certain degree of accomplishment to understand the connotation behind the art. And the presentation of art exhibition is relatively simple, mainly white wall and painting. But in recent years, we have eroded all kinds of "online star" exhibitions in the circle of friends and other social networking sites, "immersion", "interactive experience" and other words are endless, and the impact of technology on the art industry is self-evident.

Keywords: Digital Technology; Multimedia Art Exhibition; Interactive Experience; Digital Museum

V Innovation Practice Reports

Abstract: This paper proposes a tentative model of innovation in Shenzhen, China. Shenzhen, as a Special Economic Zone in the southern province Guangzhou, China, has been developing under the special national economic policy since its establishment in 1979. It is hypothesized that Shenzhen's success is derived from its informational development, which will advance its development into an innovation hub in China and in Asia. Government support, R&D center, speed and price advantage, transportation, infrastructure, and talent base are the factors contributing to Shenzhen's existing informational development and innovation success.

Keywords: Informational Development; Innovation Ecosystem; Network Society; Shenzhen

Abstract: Republican period Shanghai has been conceived as a golden age of cultural dynamism, blending Chinese traditional and Western artistic components. In the past two decades, the twentieth century Chinese art history has shifted from interpreting aesthetic features in paintings towards exploring art institutions and the modern art world. However, the spatial distribution of artists as well as its connection to the boarder urban context have not yet attracted scholarly attention. This has neglected the possible impact of the social and economic conditions (e. g. , accessibility to cultural institutions, social networks of artists' clusters) on art organizations' operations and artists' wellbeing.

This is the first research that applies the Historical Geographic Information System (HGIS) to mapping the Republican period Shanghai artists. The research team spent one year collecting historical data, including artists' residential and business addresses as well as those of the possible contributing factors, such as cultural facilities, business infrastructure, public spaces, bars and entertainment facilities. In the meantime, the HGIS team selected and digitalized old Shanghai maps, put in data and established databases. This research adopts quantitative research methods for data analysis, which reveals the relationship between artists' spatial distribution and the contributing factors. This eventually leads to the modeling of artists' activities. This article reports the way to apply the HGIS technology in Republican period Shanghai art geography research, including technical methods and research methods, as well as the initial findings.

Keywords: Historical GIS; Shanghai Art History; Shanghai Urban History

Abstract: Urban villages are confronted with the dilemmas of cultural transformation in three aspects: sacrificial worship, ethnic group memory and cultural education. The digital technology can promote the regeneration of urban village culture. The first, the technology of virtual reality (VR) can be adopted to promote the spread of village images. The second, the technology of augmented reality (AR) can be adopted to retain the historical memories of the villages. The third, the technology of artificial intelligence (AI) can be adopted to create the interactive village culture. The offline interaction examples indicate that the new paths for future digital village construction include but not limited to three ones: completing the multi-subject virtual interaction with the help of new technology, enhancing the virtual interaction, enhancing the cultural rendering effect.

Keywords: Culture of Urban Village Urbanization; Urbanization; Digitization; Cultural Regeneration

Abstract: National cultural and creative products have become the new favorite of cultural and creative market because of their rich cultural characteristics, but there are still bottlenecks in the development of national cultural and creative products. Taking museum cultural and creative products as an example, this paper sums up and analyzes the successful experience of its consumption mode, authorization mode and development mode, combined with the development trend of cultural industry, and according to the characteristics of national cultural and creative products, puts forward a new idea of national cultural and creative products development with the keywords of "multi", "faster", "better" and "sales" .

Keywords: National Cultural and Creative Products; Museum Cultural and Creative Products; "Internet plus"; Cultural and Creative Product Development

Abstract: The homogenization of the iconic urban landmarks brings increasing dissatisfaction from popular tastes, in the meanwhile, emerging immersive digital art exhibitions have become trendy "ticked box" (daka) destinations in urban public spaces for young people. Businesses have realised the potential economic benefits behind the dual intervention of art and technology in giving viewers a "shock" experience. The disruption of various forms of immersive digital art exhibitions in public spaces such as art and culture centres, parks, and commercial complexes has formed a plausible consumption spectacle which conforms to the logic of capitalism. Moreover, Immersive media make the audience become a participant from a viewer. Audience's physical, social, and cultural presence in immersive media temporarily cover the deceptiveness of spectacles, thereby making audiences ignore the discipline and control behind the spectacle, which caused the transformation of urban public space from "place" to "no place" . Further on, the immersive media art exhibition in the commercial complexes emphasize the bodily experience of "petty bourgeoisie" which also caused the alienation to audiences.

Keywords: Landscape Theory; Urban Public Spaces; Immersive Media Art

Ⅵ Heritage Protection Reports

B. 23 A Report on the Research of Digital Protection of Intangible Cultural Heritage in China

Lao Xiuwen / 306

Abstract: Since China's accession to The Convention for the Safeguarding of the Intangible Cultural Heritage in 2004, the digital protection of intangible cultural heritage has attracted much attention, and the relevant research is on the rise. Through combing the research in the past ten years, it is found that case studies account for a large proportion, which can be divided into the digital protection of region and of various categories. There are many studies on the central and western regions and the traditional craft. Secondly, in terms of theoretical exploration, the path framework for the digital protection has basically been established, and the technical research are quite abundant. On the whole, at present, domestic research on digital protection of intangible cultural heritage needs to be strengthened: focusing on application rather than theory, technology intervention rather than problem reflection, and lacking in interdisciplinary research.

Keywords: Intangible Cultural Heritage; Digital Protection; Interdisciplinary Cooperation

B. 24 Shenzhen Folk Art Innovation Path and Development Strategy Research Report

Zhou Yuyu / 324

Abstract: The wave of contemporary immigration has driven the flow of folk arts across time and space, moving them from the countryside to the city. After the reform and opening up, a large number of folk arts entered Shenzhen with immigrants and merged with local folk arts, thereby achieving their own innovative development in the urban context. The innovation of Shenzhen folk arts is the result of a combination of subjective and objective factors. On the one hand, Shenzhen utilizes local resources to build a new cultural ecology for folk arts, which provides favorable conditions for the industrialization and digital innovation of folk arts; on the other hand, folk artists in Shenzhen also have a range of clear development strategies. Driven by the strategies of cultural landscape and exotic cultural capitalization, folk arts in Shenzhen have explored their own industrialization and digital innovation path.

Keywords: Folk art; Industrialization; Digitization; Shenzhen

皮书

智库报告的主要形式
同一主题智库报告的聚合

皮书定义

皮书是对中国与世界发展状况和热点问题进行年度监测，以专业的角度、专家的视野和实证研究方法，针对某一领域或区域现状与发展态势展开分析和预测，具备前沿性、原创性、实证性、连续性、时效性等特点的公开出版物，由一系列权威研究报告组成。

皮书作者

皮书系列报告作者以国内外一流研究机构、知名高校等重点智库的研究人员为主，多为相关领域一流专家学者，他们的观点代表了当下学界对中国与世界的现实和未来最高水平的解读与分析。截至 2020 年，皮书研创机构有近千家，报告作者累计超过 7 万人。

皮书荣誉

皮书系列已成为社会科学文献出版社的著名图书品牌和中国社会科学院的知名学术品牌。2016 年皮书系列正式列入“十三五”国家重点出版规划项目；2013~2020 年，重点皮书列入中国社会科学院承担的国家哲学社会科学创新工程项目。

S 基本子库
UB DATABASE

中国社会发展数据库（下设 12 个子库）

整合国内外中国社会发展研究成果，汇聚独家统计数据、深度分析报告，涉及社会、人口、政治、教育、法律等 12 个领域，为了解中国社会发展动态、跟踪社会核心热点、分析社会发展趋势提供一站式资源搜索和数据服务。

中国经济发展数据库（下设 12 个子库）

围绕国内外中国经济发展主题研究报告、学术资讯、基础数据等资料构建，内容涵盖宏观经济、农业经济、工业经济、产业经济等 12 个重点经济领域，为实时掌控经济运行态势、把握经济发展规律、洞察经济形势、进行经济决策提供参考和依据。

中国行业发展数据库（下设 17 个子库）

以中国国民经济行业分类为依据，覆盖金融业、旅游、医疗卫生、交通运输、能源矿产等 100 多个行业，跟踪分析国民经济相关行业市场运行状况和政策导向，汇集行业发展前沿资讯，为投资、从业及各种经济决策提供理论基础和实践指导。

中国区域发展数据库（下设 6 个子库）

对中国特定区域内的经济、社会、文化等领域现状与发展情况进行深度分析和预测，研究层级至县及县以下行政区，涉及地区、区域经济体、城市、农村等不同维度，为地方经济社会宏观态势研究、发展经验研究、案例分析提供数据服务。

中国文化传媒数据库（下设 18 个子库）

汇聚文化传媒领域专家观点、热点资讯，梳理国内外中国文化发展相关学术研究成果、一手统计数据，涵盖文化产业、新闻传播、电影娱乐、文学艺术、群众文化等 18 个重点研究领域。为文化传媒研究提供相关数据、研究报告和综合分析服务。

世界经济与国际关系数据库（下设 6 个子库）

立足“皮书系列”世界经济、国际关系相关学术资源，整合世界经济、国际政治、世界文化与科技、全球性问题、国际组织与国际法、区域研究 6 大领域研究成果，为世界经济与国际关系研究提供全方位数据分析，为决策和形势研判提供参考。

法律声明